주역에서 경영을 만나다

주역과 경영의 통섭

주역에서
경영을
만나다

周易

옮긴이 | 오수현

숙명여자대학교 중문과를 졸업하고 중국 산동과기대학 한국어과 교사,
Kelley Associates, (주)효성을 거쳐 현재는 출판기획 및 번역가로 활동중이다.
옮긴 책으로는 〈구글 성공의 7가지 법칙〉〈쉬즈더원〉〈똑똑한 리더의 공자 지혜〉
〈똑똑한 리더의 노자 지혜〉〈중국은 무엇으로 세계를 움직이는가〉
〈위대한 탄생〉 등 다수가 있다.

주역에서 경영을 만나다

초판 1쇄 인쇄 2012년 1월 5일
초판 1쇄 발행 2012년 1월 10일

지은이 사오위
옮긴이 오수현
펴낸곳 도서출판 사과나무
펴낸이 권정자
등록번호 1996년 9월 30일(제11-123)
주소 경기도 고양시 행신동 샘터마을 301-1208

전화 (031) 978-3436
팩스 (031) 978-2835
e-메일 bookpd@hanmail.net

값 20,000원

ISBN 978-89-87162-97-3 03320
*잘못 만들어진 책은 바꾸어드립니다.

| 차례 |

난세를 살아가는 현대인들을 위한 처세서

≪주역≫은 어떤 책인가?

≪주역≫은 고대인들이 점을 쳐서 그것을 기록한 데에서 시작되었다. 말하자면 가장 오래된 점서占書인 것이다. 고대 하夏·상商·주周나라에 각각 ≪역易≫이 있다고 기록되어 있는데, 현재 전해지는 것은 주나라(B.C. 1046~B.C. 256년경)의 ≪역≫뿐이어서 ≪주역≫이라고 부른다.

주역은 유가에서 경전으로 받들면서 ≪역경易經≫으로 불리며, ≪시경詩經≫ ≪서경書經≫과 함께 3경 중의 하나로 유가 경전의 으뜸이 되었다.

특히 공자는 ≪주역≫을 하도 많이 읽어 책을 묶은 가죽 끈이 세 번이나 끊어졌다고 전해져, 여기서 위편삼절韋編三絶이란 고사가 생겨나기도 했다.

그렇다면 주역의 지은이는 누구인가?

여러 가지 설이 있는데 그중 고대 전설상의 제왕 복희씨伏羲氏가 황하에 나타난 용마의 등에 그려진 무늬를 보고 팔괘를 만들었다는 설이 지배

적이다. 여기서 발전하여 주나라 문왕文王이 해석을 붙인 괘사를 지었고, 그 아들 주공이 효사爻辭를 지어 완성했다고 전해진다.

주역의 문장은 아주 단순하지만 그 속에 담긴 뜻이 너무 심오해 일반인들이 이해하기가 쉽지 않다. 그래서 훗날 공자가 이해하기 쉽도록 주석을 달았는데 그것이 바로 '역전易傳'이다. 역전은 〈문언文言〉〈단전彖傳〉상·하, 〈계사전繫辭傳〉상·하, 〈설괘전說卦傳〉, 〈서괘전序卦傳〉, 〈잡괘전 雜卦傳〉의 7종 10편으로 되어 있는데, 이것을 '열 개의 날개' 즉 십익十翼이라고도 한다.

이로써 고대인들의 단순한 점복 기록이 인간사의 변화와 발전의 법칙을 제시하는 철학적 체계를 갖춘 철학서로서 자리잡게 되었다.

≪주역≫은 어떻게 구성되어 있는가?

복희씨가 처음 만들었다는 8괘란, 양효(—)와 음효(- -) 세 개를 배열해 만들어진 여덟 개의 괘로, 건(乾:☰), 태(台:☱), 이(離:☲), 진(震:☳), 손(巽:☴), 감(坎:☵), 간(艮:☶), 곤(坤:☷)이 그것이다.

이 8괘를 상하로 두개씩 중첩해 64개의 배열 방식을 얻은 것이 64괘이고, 각 괘에는 6개의 효爻가 있어, 64괘 384효가 만들어짐으로써 주역의 경문이 완성되었다.

이 64괘는 주역의 가장 기본적이자 상징적인 부호체계로서, 그 기본은 양효(—)와 음효(- -)이다. 여기서 효는 이 세상의 존재하는 모든 사물의 상대적인 기본 분류를 나타내는데, 예를 들면 하늘과 땅, 남자와 여자, 굳셈(剛)과 부드러움(柔) 등 서로 상대적인 의미를 나타낸다.

64괘는 각각 7행의 본문으로 구성되어 있는데, 첫 번째 행은 전체 괘의 의미를 설명하는 괘사卦辭이고, 이어서 여섯 개 효에 대한 설명, 즉 효사爻辭가 붙는다.

효사 앞에는 각 효의 이름이 붙는데 양효일 때는 양을 나타내는 '구九'를, 음효일 때는 음을 나타내는 '육六'을 붙인다. 아래에서 위의 순서대로 이름을 붙이는데 효의 순서에 따른 이름은 다음과 같다.

	(양효)		(음효)
6효	─ 상구		상육 - -
5효	─ 구오	(거중)	육오 - -
4효	─ 구사		육사 - -
3효	─ 구삼		육삼 - -
2효	─ 구이	(거중)	육이 - -
1효	─ 초구		초육 - -

여섯 개의 효는 순서에 따라 시작과 발전, 그리고 성취를 이루는 과정을 의미하고, 각각 지위(신분)를 나타내기도 한다. 각 효는 등급을 구분하여 상하, 귀천, 선후의 지위, 조건, 단계 등을 상징하는데, 사회적 지위에 비유하면 초효는 서민, 2효는 선비(士), 3효는 대부大夫, 4효는 공후公侯, 5효는 천자天子, 상효는 태상왕太上皇이라고 할 수 있다.

각각의 괘사와 효사 뒤에는 단왈, 상왈로 시작하는 문장이 붙어 있는데, 이것이 공자가 지었다는 〈단전〉과 〈상전〉으로, 괘사와 괘상을 설명해주는 길잡이 역할을 한다.

≪주역≫을 어떻게 읽을 것인가?

주역의 문장은 아주 간단하지만 함축된 의미가 깊어 난해하기까지 하다. 그런 탓에 2천여 년 동안 갖가지 견해가 난무하고 저마다 해석도 분분하다. 그래서 ≪주역≫을 해석할 때는 천문지리, 정치, 철학, 군사전략, 인의도덕, 인간관계, 미래예측 등등 실로 다양한 사상들이 총동원되기도 한다.

≪주역≫은 영어로, 〈The Book of Changes〉라고 번역되는데, 즉 '변화의 책'이라고 할 수 있다. 현대에 와서 〈손자병법〉〈오륜서The Book of five Rings〉 등과 함께 서양인들에게 가장 많이 읽히는 동양철학서 중 하나가 되었다.

≪주역≫ 전편에 걸쳐 관통하는 한 가지 글자는 '역易'이다. 역은 '변한다'는 뜻으로, 말하자면 ≪주역≫은 천지만물이 변화하는 궁극의 원리를 밝히고, 이 변화에 대처하는 인간의 처세를 담은 책이라고 할 수 있다. 말하자면 "만물 중에서 변하지 않는 오직 하나는 변화뿐"이라는 진리를 말하고 있는 것이다. 이것은 세상만사 만물은 그 발전이 극에 달하면 반드시 반전反轉한다는 변증법적인 이치를 깨닫게 해준다.

≪주역≫에서 말하는 변화의 원리를 깨닫게 되면 인간사의 구체적인 상황에서 적절하게 처신할 수 있는 지침을 얻을 수 있다. 때문에 예로부터 많은 사람들이 ≪주역≫을 곁에 두고 읽으며 자기 수양의 거울로, 또한 삶의 지침으로 삼았다. ≪주역≫ 자체로도 우주적인 철학을 담고 있지만 64괘 각각은 다양한 인간사를 진단하고 나아갈 방향을 제시해주기 때문에 그때그때 지혜를 얻고자 했던 것이다.

주역 64괘의 괘 풀이와, 384개의 효 풀이는 인생의 다양한 경우에 대한 명쾌한 지침이요 최선의 대비책이라고 할 수 있다. 그러므로 주역의 64괘는 완벽하게 정리된 인생의 지침서인 것이다. 일각에서는 《주역》을 점서로 이용하기도 하지만, 정확히 말하면 《주역》은 철학서이자 교양서이며 실천적 지혜를 강조한 처세의 책이다.

《주역》에서는 치국治國의 도가 자주 언급되는데, 이는 현대로 말하면 '경영의 도'라고 할 수 있다. 이는 곧 회사를 경영하는 CEO에게는 경영철학으로, 개인에게는 자기경영의 도道와 상통한다.

우리가 《주역》을 읽는 목적은 '역易'의 도리를 깨달아 만사 만물이 변화하는 흐름을 감지하고 그 흐름 속에 순응하면서 인생의 지혜를 얻고자 함이다.

지금은 한치 앞도 예측할 수 없는 불확실한 시대이다. 이러한 난세에서 살아남고 변화의 소용돌이에서 중심을 지켜낼 지혜를 《주역》은 가르쳐주고 있다. 이것이 3천년 넘게 사람들에게 읽히고 있는 최고의 처세서로, 또 자기수양의 지침서로 현대에 와서도 《주역》의 이치가 빛을 발하는 까닭이기도 하다

용어해설

효(爻): 괘를 이루는 음양의 부호를 나타내는 획

양효(陽爻): 양(─)으로 된 효

음효(陰爻): 음(- -)으로 된 효

8괘: 3개의 효를 배열하여 만들어진 여덟 개의 괘. 건(乾), 태(台), 이(離), 진(震), 손(巽), 감(坎), 간(艮), 곤(坤)을 말함

상괘(외괘): 3개의 효가 모여 위에 있는 괘

하괘(내괘): 3개의 효가 모여 아래에 있는 괘

괘상(卦象): 괘의 모습

괘사(卦辭): 괘를 풀이한 글

효사(爻辭): 효를 풀이한 글

득중(得中): 상괘나 하괘의 '가운데 효'를 말함. 2효와 5효

중정(中正): 하괘의 '가운데 효'(2효)에 음효가 있거나, 상괘의 '가운데 효'(5효)에 양효가 있을 때를 말함. 좋음

양강(陽剛): 양의 강함

음유(陰柔): 음의 유순하고 부드러움

64괘 괘서표

괘서표란 괘의 모양(卦象)을 가지고 괘의 순서와 이름을 쉽게 찾도록 한 것이다.

상괘→ ↓하괘	건(乾)	태(兌)	이(離)	진(震)	손(巽)	감(坎)	간(艮)	곤(坤)
건(乾)	1 건괘 乾爲天	43 쾌괘 澤天夬	14 대유괘 火天大有	34 대장괘 雷天大壯	9 소축괘 風天小畜	5 수괘 水天需	26 대축괘 山天大畜	11 태괘 地天泰
태(兌)	10 이괘 天澤履	58 태괘 兌爲澤	38 규괘 火澤睽	54 귀매괘 雷澤歸妹	61 중부괘 風澤中孚	60 절괘 水澤節	41 손괘 山澤損	19 임괘 地澤臨
이(離)	13 동인괘 天火同人	49 혁괘 澤火革	30 이괘 離爲火	55 풍괘 雷火豐	37 가인괘 風火家人	63 기제괘 水火旣濟	22 비괘 山火賁	36 명이괘 地火明夷
진(震)	25 무망괘 天雷无妄	17 수괘 澤雷隨	21 서합괘 火雷噬嗑	51 진괘 震爲雷	42 익괘 風雷益	3 둔괘 水雷屯	27 이괘 山雷頤	24 복괘 地雷復
손(巽)	44 구괘 天風姤	28 대과괘 澤風大過	50 정괘 火風鼎	32 항괘 雷風恒	57 손괘 巽爲風	48 정괘 水風井	18 고괘 山風蠱	46 승괘 地風升
감(坎)	6 송괘 天水訟	47 곤괘 澤水困	64 미제괘 火水未濟	40 해괘 雷水解	59 환괘 風水渙	29 감괘 坎爲水	4 몽괘 山水蒙	7 사괘 地水師
간(艮)	33 둔괘 天山遯	31 함괘 澤山咸	56 여괘 火山旅	62 소과괘 雷山小過	53 점괘 風山漸	39 건괘 水山蹇	52 간괘 艮爲山	15 겸괘 地山謙
곤(坤)	12 비괘 天地否	45 췌괘 澤地萃	35 진괘 火地晉	16 예괘 雷地豫	20 관괘 風地觀	8 비괘 水地比	23 박괘 山地剝	2 곤괘 坤爲地

1. 건괘(乾卦)

모든 것에는 때가 있다

乾: 元, 亨, 利, 貞.(건: 원형이정)

≪彖≫曰: 大哉乾元! 萬物資始, 乃統天. 雲行雨施, 品物流形. 大明

終始, 六位時成, 時乘六龍以御天. 乾道變化, 各正性命, 保合太和, 乃

利貞. 首出庶物, 萬國咸寧.(단왈: 대재건원 만물자시 내통천. 운행우시 품물유형. 대명

종시 육위시성 시승육룡이어천. 건도변화 각정성명 보합태화 내이정. 수출서물 만국함녕)

▲ 乾: 하늘 건 / 元:으뜸 원(처음) / 亨: 형통할 형 / 利: 이로울 리 / 貞:곧을 정(정도를 지킴)

【해석】

건괘(乾卦: 乾爲天)는 '하늘'을 상징한다. 만물을 창조한 위대한 근원이요, 막

힘 없이 두루 통하고, 조화롭고 이로우며, 곧고 바르다. ≪단전≫에서 말하기

를, 위대하도다! 만물을 시작하게 하는 창조의 힘이여! 만물이 이에 힘입어

생겨났으니, 그것이 우주자연을 주재하여 구름을 만들고 비를 내리며 만물

의 모습과 형체를 만들어간다. 해는 서쪽으로 졌다가 동쪽에서 떠오르니,

어떤 것이 끝나면 처음부터 다시 시작하는 셈이다.

'건괘'의 여섯 가지 효는 서로 다른 시기에 형성되었는데, 이는 다음의 여섯

가지 형상, 즉, '숨고(潛:잠)', '나타나고(見:현)', '조심하고(惕:척)', '뛰어오르

고(躍:약)', '날고(飛:비)', '높이 올라가는(亢:항)' 모습의 용이 하늘을 운행하

는 모습과도 같다.

하늘의 도가 변함으로써 만물에 각각의 본성과 생명이 부여되고 음양 화합의 원기가 보전될 수 있다. 이에 따라 만물의 성질이 서로 조화를 이루어 각자에게 이로운 것을 누리며, 곧고, 바르고 지속적으로 성장할 수 있게 된다. 하늘이 만물의 위에 있는 것은 임금이 백성의 위에 있는 것과 같아서 천하를 편안하게 한다.

ⓢ 주역 경영

'건乾'은 괘의 이름이다. '건'은 하늘을 상징하지만 하늘과는 다르다. '건'이 가리키는 것은 하늘이 내포하고 있는 '특성'과 하늘이 감당하는 '역할'이다. 청나라의 이도평李道平은 이에 대해 이렇게 말했다.

"성인이 ≪주역≫을 지을 때 인류가 하늘의 특성과 역할을 배우기를 바랐기 때문에 괘의 이름을 '건'이라고 했다."

하늘의 특성과 역할은 '원元', '형亨', '이利', '정貞'으로 대표되는데 이는 각각 '시작'과 '형통함', '이로움', '바름'을 말한다. 이들은 대자연을 하나 되게 하고, 천하를 조화롭고 아름다우며 번성하고 순조롭게 이끈다.

그렇다면 인류는 '건'의 특징인 '원', '형', '이', '정'으로부터 무엇을 배울 수 있을까? 공자는 ≪문언文言≫에서 이렇게 말했다.

"'원'은 선善의 으뜸이고, '형'은 미美의 집합체며, '이'는 의義의 조화요, '정'은 만사의 근간이 된다. 군자는 인仁을 체득함으로써 만인을 지도하고, 모임을 아름답게 함이 족히 예禮에 합당하고, 사물을 이롭게 하기에 일의 조화를 이룰 수 있고, 바른 자세를 취함으로써 만사의 근간을 확립할 수 있다. 군자가 이 네 가지 덕을 행하므로 이를 가리켜 '원', '형', '이', '정'이라고 말한 것이다."

≪문언≫에서는 '원', '형', '이', '정'이 군자의 네 가지 덕행인 '인·의·예·

신仁義禮信'을 대표하고 있는데 거기에 '지智'까지 더한다면 유가에서 말하는 '인·의·예·지·신仁義禮智信'이 하나로 완성되는 셈이다.

공자가 죽간(竹簡, 종이가 발명되기 전 길게 쪼갠 대나무를 가죽 끈으로 엮은 후 그 위에 글을 썼다_역자)을 엮은 가죽 끈이 세 번이나 끊어질(韋編三絶) 정도로 《주역》을 즐겨 읽었던 것도 《주역》과 자신의 학설을 결합하기 위함이 아니었을까?

또한 여기서 우리는 건괘의 의의가 '인·의·예·신'의 네 가지 덕을 갖춘 군자가 되라고 권하는 데 있음을 알 수 있다.

---

management point

'인仁'이란 무엇인가? 맹자는 "어진 이는 남을 사랑할 줄 안다"라고 했다. '사랑'이 손윗사람과 노인, 형제를 공경하고 동년배를 진심으로 대하며 손아랫사람을 아끼는 것이라면, '인'은 그 사랑을 완성하는 군자의 도라고 할 수 있다. 따라서 우리는 마땅히 다른 사람을 '인'의 자세로 대해야 한다.

그렇다면 '예禮'는 무엇인가? 《논어論語》에서는 "예에 맞게 행동하라"는 말이 나온다. '예'란 다른 사람과의 관계에서 지켜야 하는 규칙을 말하는 것으로 이를 기업의 경영에 접목하면 다음 두 가지의 뜻을 살필 수 있다. 하나는 사람과 사람 사이의 관계에 필요한 예절이며, 다른 하나는 기업 경영에 필요한 제도와 규칙을 말한다.

'의義'란 무엇을 말하는가? 공자는 "군자는 의義를 따르고 소인은 이利를 따른다"라고 했다. 많은 사람이 이를 "군자는 의를 따를 뿐 이익은 중시하지 않는다"라고 잘못 해석하고 있지만 본래 뜻은 "군자는 이익을 보면 의를 떠올린다"라는 것이다. 즉, 군자란 눈앞에 이익을 보거든 먼저 그것을 취하는 것이 합당한지를 고민한 다음, 합당하면 취하고 불의하거든 버려야 한다는 말이다.

이처럼 이익을 보면 의를 떠올리는 것이 바른 순서지만 오늘날 이와는 반대로 이익을 위해서 도의를 내팽개치는 기업이 적지 않다.

22

자강불식自强不息

≪象≫曰: 天行健, 君子以自强不息.(상왈: 천행건 군자이자강불식)

【해석】
≪상전≫에서 말하기를, 하늘의 운행이 굳세고 힘차니 군자는 그것을 본받아 스스로 강해지고자 노력하기를 쉬지 않는다.

주역 경영

우리는 어렸을 때부터 가정에서, 학교에서, 직장에서 '자강불식(自强不息, 스스로 강해지고자 노력하기를 쉬지 않는다)'이라는 말을 수없이 듣고 살아왔다. 그만큼 '자강불식'이라는 말에는 사람들의 내면을 성장시키고 의지력을 고취시키는 힘이 있다.

≪상전象傳≫은 공자가 ≪주역≫ 원문에 해석을 붙인 글이다. ≪상전≫에서는 '건'을 또 다른 관점에서 해석하고 있는데, 하늘의 특성이나 역할보다는 하늘의 운행법칙에 대해 강조하고 있다. 하늘은 쉼 없이 힘차게 운행하면서 그 어떤 사물에도 영향을 받지 않고 오직 '스스로 강해지고자 힘쓰므로' 공자는 "군자는 하늘을 본받아 스스로 강해지고자 노력하기를 쉬지 않아야 한다"라고 가르친 것이다.

어릴 때부터 부모님과 선생님으로부터 귀에 못이 박히도록 '자강불식'의 가르침을 받아왔지만, 그러나 사회생활을 시작한 후 온갖 시련과 좌절을 경험하다 보면 자강불식은커녕 '죽지 못해 살고 있는' 자신의 모습을 발견하게 된다. 따라서 "군자는 하늘을 본받아 스스로 강해지고자 힘써 노력하기를 쉬지 않는다"라는 공자의 말을 늘 마음에 품고 내면을 강하게 하면 좌절을 이겨내는 데 도움이 될 것이다.

---

management point

'자강불식'은 '자강(自强, 스스로 강해진다)'과 '불식(不息, 쉬지 않는다)'의 두 가지 뜻으로 나누어 접근할 수 있다. 살면서 '자강'을 실천하기란 그다지 어려운 일이 아니지만, 평생에 걸쳐 노력을 '불식'하기란 결코 쉽지 않다. 누구나 젊었을 때는 무슨 일이든 다 할 수 있으리라는 포부를 안고 꿈을 향해 매진하지만, 한 번 좌절하고 나면 열정은 온데간데없이 사라지고 언제 그랬냐는 듯이 평범하기 그지없는 일상으로 돌아온다. 어느 정도 성공을 거두고 나면 자만해져서 더 이상 매진하기를 거부한 채 그 수준에서 인생을 마무리지어 버리는 경우도 있다. 이는 더 크게 성장할 수 있는 가능성을 미리 차단해버리는 행위이다. 여기서 우리는 끝까지 목표의 끈을 놓지 않아야만 삶을 의미 있게 보낼 수 있다는 사실을 알 수 있다.

잠룡潛龍은 잠시 쓰지 말지니

初九, 潛龍勿用.(초구, 잠룡물용)
≪象≫曰: "潛龍勿用", 陽在下也.(상왈: 잠룡물용 양재하야)

▲ 潛: 자맥질할 잠 / 勿:말 물

【해석】

초구: 용이 물 속에 잠겨 있어 잠시 그 능력을 발휘하지 않는다. ≪상전≫에서 말하기를, 용이 물 속에 잠겨서 능력을 발휘하지 않는 것은 양기陽氣가 이제 막 생겨나서 아래에 머물러 있는 형상을 말한다.

🌀 주역 경영

≪주역≫에서는 '양효陽爻'를 '구九'라고 하고 '음효陰爻'는 '육六'이라고 한다. 건괘의 여섯 가지 효는 전부 양효이다. 그래서 건괘의 첫 번째 효는 '초구初九'라고 부르고 두 번째 효부터 여섯 번째 효까지는 순서대로 '구이九二', '구삼九三', '구사九四', '구오九五', '상구上九'라고 부른다.

본문에 나온 '잠潛'은 '숨어 있다'라는 뜻이다. '용龍'은 군자를 가리키는 말로써 그 중에서도 특히 강인하고 리더십이 뛰어난 지도자를 말한다. '물용勿用'은 "사용하지 말라"는 뜻이 아니라 "잠시 기용하지 않는 것이 좋다"라는 의미이다.

그렇다면 왜 잠시 기용하지 않는 게 좋다는 것일까? 그것은 양기陽氣가 갓 생겨난 탓에 일을 능숙하게 처리할 능력이 미처 갖춰지지 못했기 때문이다. 학업을 마치지 않은 학생은 아직 재능을 펼칠 만한 때가 되지 않았으므로 채용하지 않는 것과 같은 원리이다. 공자는《문언》에서 이 부분을 재차 강조했다.

"잠룡潛龍이라서 쓰지 말라는 것은 그가 몸을 낮추고 물러나 양기를 감추고 있기 때문이다. '잠潛'은 숨어서 드러나지 않은 것, 행함이 있어도 성공하지 못하는 것을 이르니 이런 까닭에 쓰지 않는 것이다."

'잠룡'이 상징하는 또 다른 유형의 사람이 있다. 재능은 있으나 출세를 원하지 않거나 세상의 부귀공명과 담을 쌓고 살아서 그 뜻이 올곧은 사람이다.

공자는 그런 사람들에 대해 이렇게 말한다.

"그들은 '용의 덕을 갖추고 있으나 숨기고 드러내지 않으며', '자신의 뜻을 펼쳐서 세상을 바꾸려 한다거나 이름을 내려고 하지 않는' 사람이므로 비록 초야에 묻혀 살면서 세상 사람들이 몰라줘도 근심걱정이 없다. 스스로 즐겨하면 그것을 행하고, 근심하면 피할 뿐이다."

하지만 아무리 잠룡이라고 해도 언젠가는 밖으로 나와 천하를 누비게 되는 날이 오게 마련이다. 여기서 중요한 것은 어떻게 잠룡을 깨워 일으키느냐, 하는 것이다.

이에 대해서는 "스스로 즐겨하면 행하고, 싫어하면 피한다"라는 원리가 해결책이 될 만하다. 결국 잠룡의 재능을 발휘하게 할 만한 제안들, 즉, 잠룡이 '스스로 즐길 만한 관심거리'를 제시할 수 있어야 한다는 의미이다.

'와룡'이라고 불리며 산중에 은거하던 제갈량이 돌연 세상 밖으로 나와 유비에게 충성을 바치게 된 것도 유비의 삼고초려로 말미암아 적절한 동기부여를 받았기 때문이다.

'잠룡'은 다음 세 가지 유형의 사람을 말한다.

첫째, 중임을 맡기기에는 능력이 부족한 사람. 이런 사람은 열정은 있으나 경험이 부족하다. 이럴 때는 경영자가 그로 하여금 실력을 갈고닦아 성장할 수 있는 기회를 주어야 한다. 이들은 가히 '용'에 비견될 만한 재능을 지니고 있으나 그 재능을 드러나게 해줄 학식과 경험이 부족하므로, 훈련을 통해서 그것들을 계발해주어야 한다.

둘째, 재능은 많으나 스스로 중책 맡기를 거부하는 사람. 이런 경우에는 그저 "개인마다 지향하는 바가 다르려니…" 하고 여기는 수밖에 다른 방법이 없다.

셋째, 때를 기다리는 사람. 일단 성장하기 불리한 환경에 처해 있다고 판단되면 재능을 숨긴 채 때를 기다려야 한다. 이런 사람은 기회만 포착하면 자신의 뜻을 크게 펼칠 수 있는 인물이다.

들판에 나타난 용

九二, 見龍在田, 利見大人.(구이, 현룡재전 이현대인)
≪象≫曰: "見龍在田", 德施普也.(상왈: 현룡재전 덕시보야)

▲ 見: 볼 견, 나타날 현(=現) / 普: 널리 보(널리 미치다)

【해석】
구이: 용이 들판에 나타났으니 재능과 덕이 뛰어난 대인을 만나야 이롭다.
≪상전≫에서 말하기를, 용이 들에 나타났다는 것은 그 인품과 덕행이 점차
사람들에게 받아들여진다는 말이다.

ⓢ 주역 경영

'구이'에서는 '잠룡'이 세상 밖으로 나와 들판 한가운데 나타난다. 이는
그의 인품과 덕행, 능력이 주변 사람들에게 인정받기 시작했다는 뜻이다.
그러나 아직까지는 큰일을 감당할 만한 때가 오지 않았다.

그렇다면 '때'와 '기회'는 어디에 숨어 있는 것일까? 당연히 '대인大人'의
손 안에 있다. 소위 '대인'이라 함은 중요한 자원을 손에 쥔 사람이다.
그들의 손에는 온갖 기회가 잠재되어 있지만 사람들과의 접촉 범위가
넓지 않기 때문에 세상의 모든 '용', 즉 숨은 인재들을 다 발견해내기가
어렵다.

따라서 '잠룡'은 이러한 '대인'을 찾아가서 '대인'이 자신의 인품과 능력
을 알아볼 수 있게끔 해야 한다. 일단 그들에게 인정을 받게 되면 '잠룡'은

큰일을 맡게 될 것이므로 ≪주역≫에서는 "대인을 만나야 이롭다"라고 한 것이다.

물론 '구이' 단계에 있는 군자는 기존의 능력과 인품, 덕에 깊이를 더하고, 배움을 통해 새로운 정보와 지식을 계속 받아들여야 할 것이다.

---

management point

많은 사람이 "용이 들판에 나타났으니 재능과 덕이 뛰어난 대인을 만나야 이롭다"라는 상황을 이미 경험해 보거나 현재 그런 기회를 기다리고 있는 경우이다. 이처럼 자신이 가진 재능을 발휘하기 위해서는 무엇보다 적절한 기회를 만나는 것이 중요하다.

하지만 오늘날 우리 주변에는 자신의 재능을 제대로 발휘해보지도 못한 채 한 자리에만 정체해 있는 젊은이가 적지 않다. 단순히 그들에게 기회가 없었기 때문일까? 아니다. 진짜 원인은 그들이 남과 교류하고 소통하는 것을 소홀히 한 데 있다. 이런 사람들은 언젠가 인정받게 될 날만을 손꼽아 기다리면서도 정작 자신에게 성장의 기회를 제공할 사람을 찾아 나서거나 인맥을 넓히려는 노력이 부족한 경향이 있다. 손바닥도 부딪혀야 소리가 나듯, 기회가 없다고 한탄하고 있지만 말고 '들판에 나온 용'처럼 세상에 나아가 직접 발로 뛰고 부딪혀서 자신을 알려야 할 것이다.

불확실한 상황에 놓였을 때

九三, 君子終日乾乾, 夕惕若, 厲无咎.(구삼, 군자종일건건 석척약 여무구)

≪象≫曰 : "終日乾乾", 反復道也.(상왈: 종일건건 반복도야)

▲ 惕: 두려워할 척 / 厲: 위태로울 려(=禍) / 无: 없을 무(=無) / 乾乾(건건): 쉼 없이 부지런히 힘씀 / 咎: 허물 구

【해석】

구삼: 군자가 온종일 부단히 강해지려고 애쓰고, 한밤중에라도 경각심을 풀지 않는다면 아무리 위험한 상황에 직면하더라도 화를 입지 않는다. ≪상전≫에서 말하기를, 온종일 부단히 애쓴다는 것은 끝까지 정도正道를 지켜야 한다는 말이다.

◎ 주역 경영

'구삼九三'은 '구이九二'에 비해 한층 더 발전한 단계로, 용은 드디어 재능을 발휘할 기회를 얻게 된다. 그러나 아직 상하가 막혀 있는(괘상을 볼 때, 위로는 '구사', '구오', '상구', 아래로는 '초구', '구이'에 의해 둘러싸인 상태임) 중간 단계이므로 조심하지 않으면 예상치 못한 좌절을 겪을 수 있다.

예를 들면 회사에서도 상사나 동료 혹은 부하 직원에게 질투나 경계의 대상이 될 수 있으므로 '구삼'의 단계에서는 늘 근신하는 태도를 지녀야 한다.

'구삼'의 단계에 이르면 인생은 순풍에 돛단 듯 순조롭게 풀리지만은

않는다. 따라서 '건乾'은 '강인함'의 뜻이고 '건건乾乾'은 '굳세고 또 굳셈'이라는 뜻인데, 거기에다 '온종일'이라는 의미까지 더해졌으니 "강해지기 위한 노력을 쉬지 않는다"라는 뜻이 된다. ≪주역≫은 '구삼'에 처하면 거듭해서 정도正道를 행하되 잠시도 멈추지 말라고 권한다. 그리고 저녁이 되면 근신함으로써 다른 이에게 어떠한 공격의 빌미도 제공해서는 안 된다고 덧붙인다. 이렇게 하면 허물이 없으므로 피해를 입지 않을 수 있다는 것이다.

공자는 ≪문언≫에서 이를 비교적 자세히 설명하고 있다.

"군자가 덕을 향해 나아가고 업을 닦나니 충성되고 미덥게 함이 덕에 나아가는 바요, (하늘과 성인의) 말씀(言)을 닦고 그 정성을 세우는 것이 거업巨業이라. 그칠 줄을 알고 그치니 더불어 기미(幾)를 알 수 있고, 마칠 줄을 알고 마치니 더불어 의리를 보존할 수 있다. 이런 까닭에 높은 자리에 있어도 교만하지 않고 낮은 자리에 있어도 근심하지 않는다. 그러므로 굳세고 굳세게 해서 그 때로 인하여 두려워하면 비록 위태로우나 허물이 없으리라."*

"덕에 나아가고 업을 닦는다"라는 것은 군자의 '정도正道'이며 시시각각 '정도'를 명심하고 '그칠 줄을 알고 그친다', '마칠 줄을 알고 마친다'라는 것을 이룰 수 있으면 '비록 위태하더라도 허물이 없는' 경지에 오르게 된다.

---

* 君子進德修業 忠信 所以進德也; 修辭立其誠 所以居業也. 知至至之 可與幾也; 知終終之 可與存義也. 是故居上位而不驕 在下位而不憂. 故乾乾因其時而惕 雖危无咎矣.
(군자진덕수업 충신 소이진덕야 수사입기성 소이거업야. 지지지지 가여기야 지종종지 가여존의야. 시고거상위이불교 재하위이불우. 고건건인기시이척 수위무구의)

'구삼'의 단계에 이른 사람은 중간 관리자라고 할 수 있는데, 이들은 '척惕'이라는 글자에 주목해야 한다. '척'은 근신하라는 뜻이다.

근신에는 두 가지 면이 있다.

첫째, 살면서 신중하고 조심스럽게 행동하라는 말이다. 이렇게 해야 최소한 다른 사람으로부터 반감을 사지 않을 수 있다.

둘째, 철저히 '정도正道'를 고집하라는 말이다. 정도를 행해야만 근신한다고 할 수 있으며, 그렇지 못하면 사람들에게 한낱 가십거리만 될 뿐이다.

근신하면 화를 피할 수 있을 뿐만 아니라 복을 불러올 수 있기 때문에 ≪주역≫에서는 근신의 중요성을 거듭 강조하고 있다.

한번 뛰어올라 다시 추락한다 해도

九四, 或躍在淵, 无咎.(구사, 혹약재연 무구)

≪象≫曰: "或躍在淵", 進无咎也.(상왈: 혹약재연 진무구야)

▲ 或: 혹 혹(혹은, 언제나) / 躍: 뛸 약 / 淵: 못 연

【해석】

구사: 기회를 살펴 뛰어오르면 혹 다시 떨어져 물에 잠긴다 해도 화가 없을 것이다.

≪상전≫에서 말하기를, 뛰어올랐다가도 다시 물 속에 잠긴다는 말은 기회를 살펴 나가야 할 때 나가면 허물이 없다는 말이다.

☯ 주역 경영

'구사九四'의 단계에 이르면 '구이'나 '구삼'에서의 일은 더 이상 관심의 대상이 아니다. 왜냐하면 '구사'는 고대 군왕의 존귀한 위치를 상징하는 '구오九五'에 버금가는 단계이기 때문이다.

하지만, 이처럼 비록 '구사'가 매우 높은 경지의 단계에 있기는 하지만 여전히 '위로 하늘에 있는 것도 아니고 아래로 땅에 있는 것도 아니며 그렇다고 중간에 놓여 인간 세계에 있는 것도 아닌'* 어정쩡한 상황이므로 신중하게 행동해야 한다. 그래서 본문에서는 '혹或'이라는 단어를 썼다.

---

* 上不在天 下不在田 中不在人.(상부재천 하부재전 중부재인)

'혹'이라는 말에는 아직 의심스러운 부분이 해소되지 않았으므로 조심스럽게 행동해야 한다는 뜻이 담겨 있다.

여기서 '뛰어 오르는' 행동은 반드시 해야 하는 것은 아니며 '구사'가 '구오'의 위치에 이르도록 스스로 한 번 시도해 본다는 의미가 담겨 있다. 어쩌면 하늘 높이 치솟아 '구오'의 단계에 들어설 수도 있겠지만 그렇다고 반드시 목표를 이루리라는 보장은 없다. 시도한 것이 성공하지 못하고 다시 떨어져 물 속에 잠길 수도 있다. 이처럼 자유롭게 나아가고 물러설 수 있으니 허물이 없게 된다는 말이다. 물론 '뛰어 오르는' 행위는 바른 도를 전제로 이뤄져야지, 그 목적이 사악하거나 맹목적으로 무리를 떠나는 것이어서는 안 된다.

management point

지위가 높아질수록 내심 더 높은 곳까지 이르고 싶은 것이 인지상정이다. 그러나 모든 사람이 자신의 소원을 다 이룰 수 있는 것은 아니다. 실패하는 원인은 많으나 그 중에서도 가장 근본적인 원인은 '신중하지 못한' 탓이다. 어떤 이는 자기가 이미 '구사'의 단계에 이르러 아랫사람들에게서 칭찬과 인정을 받고 있으므로 더 높은 위치를 향해 뛰어오를 수 있으리라고 착각한다. 그러나 이는 잘못된 생각이다.

여기에 대해서 ≪주역≫은 적당한 시기를 포착하여 나아감과 물러섬을 자유롭게 하여야만 하늘 높이 뛰어오를 수 있다고 충고한다. 시기가 적당하지 않으면 잠시 물러나 상황을 지켜보는 자세가 필요하다.

같은 기운은 서로 호응한다

九五, 飛龍在天, 利見大人.(구오, 비룡재천 이현대인)

≪象≫曰: "飛龍在天", 大人造也.(상왈: 비룡재천 대인조야)

▲ 造:지을 조(짓다, 만들다, 성취를 거둠)

【해석】

구오: 용이 하늘로 날아오르니 재능과 덕을 갖춘 대인을 만나는 것이 이롭다. ≪상전≫에서 말하기를, 용이 하늘로 날아오른다는 것은 군자가 때를 만나 성과를 거둘 때가 이르렀다는 말이다.

ⓢ 주역 경영

드디어 인생의 최고조에 이르러 가장 존귀한 위치인 '구오九五'에 이르렀다. 하지만, 이때 명심해야 할 것은 '구오'가 인생의 종착점은 아니라는 점이다. '구오'의 지위에 오르더라도 신중하지 않게 행동하면 언제 다시 추락하게 될지 모를 일이다.

본문에서는 '구오'가 "대인을 만나보는 것이 이롭다"라고 했다. 여기서 '대인'은 지위가 높은 사람만을 의미하는 것이 아니라 품행이 단정하고 재능과 덕을 겸비한 사람을 가리킨다. 한 조직의 리더라면 유비가 제갈량을 얻기 위해 삼고초려를 한 것처럼 자세를 낮추고 겸손하게 인재를 청빙할 줄 알아야 한다. 이것이 소위 묵자墨子가 말한 '상현(尚賢, 어진 이를 섬김)'의 자세이다.

공자는 ≪문언≫에서 "같은 소리는 서로 호응하며, 같은 기운은 서로 찾고 구한다"*라고 했다. 이는 뜻을 같이 하는 사람끼리 모이게 마련이라는 의미다. 뜻을 같이하면 마음이 통하여 친하게 되기 때문이다. 이처럼 사람은 자신과 비슷한 친구를 찾아 어울리고 또 그런 사람에게 일을 맡기는 경향이 있다. 그런 가운데서도 능력이 있고 품행이 바르며 덕이 깊은 사람만이 모든 일을 잘 다루고 처리할 수 있다.

---

management point

경영이란 사람과 관련된 사업이므로 인재를 발굴하고 그들을 적재적소에 배치하는 것은 리더로서 갖추어야 할 가장 으뜸의 자세다. 그러나 '구오'의 위치에 이른 후 당신은 어쩌면 세상에 의외로 인재가 부족하다는 고민에 빠질 수도 있다. 그렇지만, 인재가 적다는 사실을 느껴봐야만 인재를 더욱 아끼고 존중하며 숨겨진 인재를 발굴하는 데 적극적으로 나서게 되는 법이다. 적절한 인재를 적절한 자리에 배치해야만 그들 안에 잠재된 가치를 최대한 발휘할 수 있다.

---

* 同聲相應 同氣相求.(동성상응 동기상구)

36

흥성함이 극에 달하면

上九, 亢龍有悔.(상구, 항룡유회)
≪象≫曰 : "亢龍有悔", 盈不可久也.(항룡유회 영불가구야)

▲ 亢: 목 항(지극히 높음) / 悔: 뉘우칠 회 / 盈: 찰 영(차다, 넘치다)

【해석】
상구: 용이 지극히 높은 곳까지 날아오르니 반드시 후회와 뉘우침이 있으리라.

≪상전≫에서 말하기를, 용이 지극히 높은 곳까지 날아오르니 반드시 후회와 뉘우침이 있으리라는 말은, "가득 차면 오래가지 못한다"는 뜻이다.

⊙ 주역 경영

성공하는 사람은 항상 만족할 줄 모르고 더 큰 성공을 위해 지칠 줄 모르고 나아간다는 공통점이 있다. ≪문언≫에서는 "나아감을 알되 물러섬은 알지 못하고, 생존은 알되 망함은 알지 못하며, 얻음은 알되 잃음은 알지 못하니"*라고 했다. 그러나 뒤를 돌아보지 않고 계속 나아가기만 하면 어느 순간 능력의 한계를 넘어서게 되고 그때 감추어진 문제가 드러나게 되어 있다. 이것이 바로 "지극히 높은 곳까지 날아오르면 반드시 후회와 뉘우침이 있으리라"라는 구절의 의미이다.

---

* 知進而不知退 知存而不知亡 知得而不知失.(지진이부지퇴 지존이부지망 지득이부지실)

무엇이든지 발전의 양상이 극에 달하면 다시 쇠망하게 마련이며 이는 만물의 필연적인 법칙이다. 이러한 이치를 누구보다도 잘 알고 있던 성인은 '구오'의 위에 위치한 '상구'를 통해 사람들을 일깨웠다. 그러나 사람은 '가진 게 없으면 어떻게 얻을까를 고민하고, 다 얻고 나면 다시 잃게 되지는 않을까 염려하는' 나약한 존재다. 그러므로 진정 '나아가고 물러섬, 번성함과 패망의 도리를 잘 알아 정도正道를 잃지 않는 단계'에 이르려면 먼저 성인이 되어야 한다. 그러나 성인의 경지에 이른다는 것은 무척 어렵다. ≪주역≫에서 말하는 것처럼 '끊임없이 오르고 후회하고 또 오르고 후회하는' 과정을 반복해야 하기 때문이다. 이럴 때일수록 '자강불식'하는 군자가 되어야만 성인의 경지에 근접할 수 있을 것이다.

---

management point

"용이 지극히 높은 곳까지 날아오르니 반드시 후회와 뉘우침이 있으리라"라는 대목에서 '높은 곳'이 의미하는 것은 '자만함'이다. 자만한 사람은 언젠가는 후회할 일을 만나게 되어 있다. 그러나 어느 정도 성공을 거두게 되면 누구에게나 약간의 자만심이 고개를 들기도 한다. 그 때문에 사람은 대부분 끊임없이 성공과 실패를 번갈아가며 경험하는 것이다.

지도자는 스스로 고상하다고 여기거나 자만하지 말아야 한다. 일단 지도자가 그런 마음을 품으면 '존귀한 위치에 있어도 위엄이 없고, 높은 곳에 있어도 따르는 백성이 없으며, 어진 신하의 도움도 받지 못하게 되는' 상황에 이르고 만다. 이는 직위만 얻었을 뿐 정작 가장 중요한 사람의 마음을 잃은 것에 불과하다.

자만함을 멀리하고 편안한 상황 가운데서도 어려움을 생각하며 시종일관 신중한 자세로 잘못을 바로 고쳐나간다면 반드시 풍성한 수확이 있을 것이다.

용 가운데 우두머리가 없다

用九. 見群龍. 无首. 吉.(용구, 현군룡 무수 길)
≪象≫曰: "用九", 天德不可爲首也.(상왈: 용구 천덕불가위수야)

▲ 用九: 시초(蓍草, 점대)로 점을 쳐서 나온 여섯 개의 숫자가 모두 구(양효)를 말함.

【해석】
용구: 한 무리의 용이 나타났는데도 그 가운데 누구도 우두머리를 자처하지 않으니 상서롭다. ≪상전≫에서 말하기를, 한 무리의 용이 나타났으되 우두머리가 없으니 상서롭다는 것은, 우두머리를 자처하지 않는 것이 하늘의 미덕임을 말한다.

주역 경영

'용구用九'와 '용육用六'은 ≪주역≫에서 비교적 특수한 경우로 '건괘'와 '곤괘', 두 괘에만 있는 구절이다. '건괘乾卦'는 여섯 개의 효가 모두 양효陽爻(—)이므로 '용구'라고 하고, '곤괘坤卦'는 여섯 효가 모두 음효陰爻(- -)이므로 이를 가리켜 '용육'이라고 한다. 통상적으로 볼 때 '여러 용 가운데 우두머리가 없는' 상황에 이르면 참으로 난감하지 않을 수가 없다. 통솔자가 없는 조직은 혼란하고 무질서한 상황에 빠질 것임이 분명하기 때문이다. 그러나 그 뒤에 나오는 "우두머리를 자처하지 않는 것이 하늘의 미덕이다"라는 구절에 이르러서야 비로소 그 의미를 이해할 수 있다.
　사실 '여러 용 가운데 우두머리가 없는' 상황은 조직원간의 단합과 협동심이 지극히 높은 경지에 이른 상태라고 할 수 있다. 모든 조직원이 각자의 뛰어난 역량을 바탕으로 자기에게 주어진 업무에 책임과 의무를 성실하게 수행하는 상황이다. 인생의 가치를 실현하고자 하는 열정을 지닌 이들이 모이면, 그런 조직에는 관리자가 따로 필요 없다. 조직이 이런 경지에 오를 수만 있다면 경영자는 전보다 훨씬 많은 책임과 부담을 줄일 수 있을 것이다.

이처럼 '건괘'는 '원(元:시작하게 함)', '형(亨:형통함)', '이(利:이로움)', '정(貞:바름)'의 네 가지 덕을 지니고 있으므로 만물이 각자의 위치에서 맡은 일을 성실히 감당할 때, 저절로 성장할 수 있다. 그래서 본문에서는 "우두머리를 자처하지 않는 것이 하늘의 미덕이다"라고 말한 것이다. 그렇다면 조직을 운영할 때 어떻게 해야 '우두머리가 없는' 이상적인 경지에 오를 수 있을까? 바로 '인仁', '의義', '예禮', '신信'이라는 네 가지 덕을 가진 군자를 조직의 리더로 삼으면 된다. 이러한 리더야말로 부하 직원들을 충분히 신뢰하고 권한을 충분히 이양하여 그들이 각자의 재능과 역량을 발휘하도록 도울 것이다. 그렇게 되면 기업은 비록 '여러 용 가운데 머리가 없는' 상황일지라도 조직이 결코 혼란스러움에 휘말리지 않는다.

---

management point

'여러 용 가운데 우두머리가 없는' 상황이야말로 노자의 '무위이치(無爲而治, 아무것도 하지 않아도 저절로 잘 다스려진다)' 사상이 경영에 가장 잘 실현된 단계라고 하겠다. 그러나 이러한 경영의 경지에 오르려면 세 가지의 조건이 뒷받침되어야 한다. 첫째, 모든 직원이 탁월한 업무 능력을 바탕으로 자발적이고 적극적으로 업무에 임해야 하고, 둘째, 각자 자신의 맡은 업무의 내용과 그에 따른 책임을 충분히 인지하고 있어야 하며, 셋째, 경영자가 부하 직원을 신뢰하고 그들이 독자적으로 업무를 수행하도록 권한을 충분히 이양해야 한다.

하늘보다 앞서거니 뒤서거니 해도

夫大人者, 與天地合其德, 與日月合其明, 與四時合其序, 與鬼神合其
吉凶.(부대인자 여천지합기덕 여일월합기명 여사시합기서 여귀신합기길흉)
先天而天弗違, 後天而奉天時. 天且不違, 況于人乎? 況于鬼神乎?(선
천이천불위 후천이봉천시. 천차불위 황우인호. 황우귀신호)

【해석】
무릇 대인은 그 덕이 천지의 덕과 일치하고 사리에 밝음이 해와 달과 같다.
또한 정치를 함과 백성을 다스림이 사계절의 질서에 순응하는 듯하고, 상벌
이 분명하여 마치 귀신처럼 사리를 판단한다. 그러므로 하늘보다 앞서 행동
해도 어긋나지 않으며, 하늘보다 뒤서거니 행해도 천시(天時: 하늘의 때)를 따
르는 것이 된다. 이처럼 하늘도 그를 거스르지 않는데 하물며 인간이나 귀신
이 거스르겠는가?

🌀 주역 경영

위의 구절은 ≪문언≫에 나오는 말로, '대인大人'이 갖춘 군자로서의 덕을
묘사했다. 여기서 대인은 천지의 덕과 해와 달의 밝음, 사계절의 질서에
순응하는 통찰력, 귀신과 같은 판단력을 지닌 사람으로 인정받는다. 이런
사람이 세상에 존재하기는 할까? 라고 의심이 들 정도이다. 이는 '나아감
과 물러섬, 번성함과 패망함의 이치를 알고 정도를 잃지 않는' 상태와
유사하다. '사계절의 질서에 순응하는' 태도는 '나아감과 물러섬, 번성함

과 패망의 이치를 아는' 상태이며, 뒤에 나오는 나머지 세 가지 경지는 '정도를 잃지 않는' 경지를 의미한다.

일단 천지의 덕과 일치하고 해와 달의 밝음을 지니며 사계절의 질서에 순응하고 귀신 같은 판단력을 지니게 되면 자연히 '하늘보다 앞서 행동해도 어긋나지 않으며, 하늘보다 뒤서거니 행해도 천시를 따르는 것'이 된다. 이런 사람은 이미 천체 운행의 법칙을 파악했기 때문에 과거를 비추어 보아 미래를 알 수 있고 그러다 보니 자연히 재앙이 닥치기 전에 적절히 대비할 수 있는 셈이다.

모든 행동이 자연의 법칙, 즉, 천시에 부합하면 이런 사람이 내리는 결정이나 행동도 하늘의 뜻과 일치하게 될 것이다. 과연 누가 이런 상태에 이를 수 있을까? 어쩌면 노자가 말한 것처럼 '자연을 스승 삼아 본받음(師法自然)'과 '아무것도 하지 않는 것 같으면서도 사실은 하지 않는 것이 없음(無爲而無不爲)'의 경지에 이른 사람만이 가능할지도 모른다.

---

management point

사람들은 현실에서 하늘과 땅, 해와 달, 사계절, 귀신으로 대변되는 '자연의 도'가 실현되기를 바란다. 이러한 '자연의 도'를 기업 경영에 비추어보면, 기업의 목표를 분명히 설정하고 이 목표를 실현하기 위해 어떠한 인적, 물적, 사회적 자원이 필요한가를 분석하는 일이라고 할 수 있다.

상황 분석이 끝나면 지도자는 그에 맞는 계획을 세우고 단계별로 필요한 인적, 물적, 사회적 자원을 배치하게 될 텐데, 그렇게 되면 모든 일은 순조롭게 진행될 것이다.

가끔은 일이 순조롭게 진행되지 않을 때도 있다. 그렇다고 해서 계획을 내팽개치고 되어가는 대로 순리에 맡길 수도 없다. 이렇게 일이 어긋나게 된 것은 그 일에 착수하기 전, 한 가지 일이 제대로 추진되지 않았기 때문이다. 그것은 바로 '인재 발굴과 적절한 배치'이다.

적합한 인재를 찾아냈다면 그들을 적재적소에 배치하여 필요한 자원을 제공해 주어야 원하는 목표를 이룰 수 있다. 이 때문에 탁월한 경영자는 '인재'를 경영의 근본으로 삼는다. 이런 사람이야말로 '대인大人'이라고 할 수 있다. 용이 하늘로 날아오르는 상황에 이르더라도 반드시 "대인을 만나야 이롭다"라고 한 것도 바로 이 때문이다.

2. 곤괘(坤卦)
뒤서거니 해야 안전하다

坤: 元, 亨, 利牝馬之貞. 君子有攸往, 先迷, 後得主, 利. 西南得朋, 東北喪朋, 安貞吉.(곤: 원형 이빈마지정. 군자유유왕 선미 후득주 이. 서남득붕 동북상붕 안정길)

≪彖≫曰: 至哉坤元! 萬物資生, 乃順承天. 坤厚載物, 德合无疆, 含弘光大, 品物咸亨. 牝馬地類, 行地无疆, 柔順利貞. 君子攸行, 先迷失道, 後順得常. 西南得朋, 乃與類行; 東北喪朋, 乃終有慶. 安貞之吉, 應地无疆.(단왈: 지재곤원 만물자생 내순승천. 곤후재물 덕합무강 함홍광대 품물함형. 빈마지류 행지무강 유순이정. 군자유행 선미실도 후순득상. 서남득붕 내여류행 동북상붕 내종유경. 안정지길 응지무강)

▲ 坤: 땅 곤 / 牝: 암컷 빈 / 攸: 바 유(=所) / 迷: 미혹할 미 / 朋: 벗 붕 /疆: 지경 강

【해석】

곤괘(坤卦: 坤爲地)는 '땅'을 상징한다. 만물을 창조한 위대한 근원이 막힘 없이 두루 형통하니 유순한 암말처럼 정도를 지키는 것이 이롭다. 군자가 나아가 뜻을 펼칠 때 앞서 가면 길을 잃을 것이고 뒤따르면 앞에서 이끄는 사람이 있으므로 이로울 것이다. 서남쪽으로 가면 벗을 얻고 동북쪽으로 가면 벗을 잃게 되니, 이는 상생하면 재화와 덕망을 얻고 반목하면 재화와 덕망을 잃는다는 말이다. 이럴 때 정도를 지키면 상서롭게 된다.

≪단전≫에서 말하기를, 만물을 생장하게 하는 곤(坤:땅)의 작용이 지극하구나! 만물은 곤을 바탕으로 생겨나 하늘의 뜻에 순종하여 받든다. 곤은 그 깊음과 두터움으로 만물을 두루 품으니 덕이 무한하다. 그것이 하늘의 덕과 합하면 무궁무진한 힘을 발휘하여 만물을 번성하게 한다. 지상의 동물인 암말은 광활한 대지를 쉼 없이 밟으며 유순하고 바르다. 군자가 먼 길을 갈 때 앞서 가면 정도를 잃을 것이나 뒤를 따라가면 순조롭게 일을 이룰 수 있다. 서남쪽에서 벗을 얻는 것은 비슷한 무리와 함께 가기 때문이다. 동북쪽으로 가면 벗을 잃겠지만 결국에는 경사스러운 일이 생길 것이다. 대지의 덕이 무한하기 때문에 편안한 마음으로 정도를 지키면 상서롭게 된다.

🌀 주역 경영

'곤괘'에서 가장 큰 특징은 바로 군자를 '암말'에 묘사했다는 점이다. 이는 곰곰이 새겨볼 만한 부분이다. '건괘'에서 '용'으로 묘사되었던 군자가 어째서 '곤괘'로 와서 돌연 '암말'로 바뀌었을까? ≪설괘전說卦傳≫에서는 '건'과 '곤', 두 괘의 본질에 대해서 다음과 같이 말하고 있다.

"건은 하늘이요 군자, 아버지이며 곤은 땅이자 신하, 어머니다."

즉, '건'은 지도자이므로 '용'이라고 했고 '곤'은 조력자, 협력자의 의미로 '암말'에 빗댄 것이다. ≪문언≫에서도 같은 맥락에서 '곤'의 본질을 전달하고 있다.

"'곤'의 도는 그토록 유순한 것이어서 하늘을 좇아서 때에 맞춰 행한다."

이와 함께 '용'과 '암말'은 각각 서로 다른 깊은 의미를 지닌다. '용'은 하늘에서 피곤함을 모른 채 날고 '암말'은 땅에서 끝을 모르고 달리니 이 둘은 과연 영원히 쉬지 않는다고 볼 수 있다. 따라서 옛사람들은 용과 암말의 정신을 빗대어 '자강불식'의 자세를 설명한 것이다.

이처럼 '곤'은 조력자를 대표하므로 경솔하게 앞서나가면 자칫 방향을 잃는 수가 있다. 지도자가 먼저 명확한 방향을 제시하지도 않았는데 참모가 제멋대로 나서면 그 결과가 좋을 리 없다.

물론 '곤'도 무시할 수 없는 중대한 가치를 지니고 있다. 지도자에게 아무리 좋은 아이디어가 있다고 해도 참모가 없다면 그 아이디어를 실현시킬 수 없다. 이는 기업에서 지도자와 부하 직원의 관계와도 같다. 아무리 좋은 전략이라도 실행하지 않으면 탁상공론에 불과해 아무런 가치를 발휘하지 못할 것이기 때문이다.

---

management point

당신이 다른 이를 보좌하는 참모의 위치에 있다면 제멋대로 행동하지 말고 반드시 상사의 지시에 따라야 한다. 지도자를 중심으로 철저하게 계획에 따라 움직이면 업무가 순조롭게 이루어져 원만한 결과를 얻을 수 있을 것이다. 모든 구성원은 조직이 자신에게 부여한 가치를 분명하게 인식하고 맡겨진 일을 꼼꼼하게 수행해야 한다. 비록 구성원 한 명, 한 명은 중요한 정책 결정자는 아니지만 그들이 각자의 자리에서 안정적이고 바르게 업무를 수행해야만 조직의 목표가 순조롭게 달성될 수 있다.

덕을 쌓아 만물을 포용한다

≪象≫曰: 地勢坤, 君子以厚德載物.(상왈: 지세곤 군자이후덕재물)

▲ 坤: 땅 곤('순종하며 받든다'는 의미)

【해석】

≪상전≫에서 말하기를, 대지의 형세는 하늘에 순종하며 그 뜻을 받드는 것이다. 군자도 대지의 형세를 본받아 자신의 덕을 두텁게 쌓고 만물을 포용할 수 있어야 한다.

🔯 주역 경영

본문은 '건괘'의 "하늘의 운행이 굳세고 힘차니 군자는 그것을 본받아 스스로 강해지고자 노력하기를 쉬지 않는다"*라는 문구에 대응한다. 여기서는 "군자는 땅의 행위를 본받아야 한다"라고 전하고 있다. 그렇다면 '땅의 행위'란 무엇을 말하는가? 그것은 바로 '만물을 품을 정도로 덕이 두텁고 모든 것을 머금어 광대하며 만물을 형통하게 하는 것'이다. 그러므로 지상의 동물인 암말은 '광활한 대지를 쉼 없이 밟으며 유순하고 바른' 것이 된다.

이렇게 행하기 위해서 어떻게 해야 할까? 공자는 우리에게 그 해답을 제시했다. 즉, "자신의 덕을 두텁게 쌓고 만물을 포용하라"는 것이다.

---

* 天行健 君子以自强不息.(천행건 군자이자강불식)

군자는 땅의 후덕함과 유순함을 본받아 부단히 인품과 덕을 쌓고 만물을 포용해야 한다는 말이다.

이는 유가사상의 핵심인 "자기 자신의 인격을 완성한 다음에야 타인의 인격 완성을 돕는다(修己安人)"처럼 자기 자신에 대한 수양을 강조하는 말이다. 자신의 능력과 인품이 일정한 경지에 이른 다음에야 비로소 다른 사람의 기쁨과 행복, 평안을 위해서 행동할 수 있게 된다.

"자신의 덕을 두텁게 쌓고 만물을 포용하라"는 말은 '덕德'을 핵심으로 삼는 정치사상으로도 확대될 수 있다. 일단 이렇게 되기만 한다면 '북극성 자체는 제자리에 있어도 여러 별이 그 주위를 돌게 되는'* 경지에 이르러 많은 이의 추종을 받게 될 것이다.

---

management point

나라를 다스리는 일 같은 큰일이라도 '자기 자신'을 수양하는 일에서부터 출발해야 한다. 이는 자기 자신을 끊임없이 수양하여 그 인품과 덕이 일정한 경지에 이르러야 비로소 남을 편안하게 하는 지도자가 될 수 있다는 말이다. 따라서 탁월한 경영자가 되기 위해서는 부단히 자기 자신의 인격과 덕을 쌓아올려야 한다.

---

* 譬如北辰 居其所而衆星共之.(비여북진 거기소이중성공지) ─《논어》위정편

48

무서리를 밟으면 겨울이 온다는 것을

初六, 履霜, 堅冰至.(초육, 이상 견빙지)

≪象≫曰："履霜堅冰", 陰始凝也, 馴致其道, 至堅冰也.(상왈: 이상견빙 음시응야 순치기도 지견빙야)

▲ 履: 신 이(밟다, 신다) / 霜: 서리 상 / 冰: 얼음 빙(氷의 本字) / 凝: 엉길 응(엉기다, 춥다) / 馴: 길들 순(따르다, 순종하다)

【해석】

무서리를 밟으면 머지않아 단단한 얼음이 얼게 되리라는 것을 알아차려야 한다.

≪상전≫에서 말하기를, 무서리를 밟는다는 것은 음기가 응결되기 시작했다는 것인데, 자연의 법칙으로 유추하면 추운 겨울이 머지않았으므로 이에 대비를 해야 한다.

☯ 주역 경영

"무서리를 밟으면 단단한 얼음이 언다"라는 것은 사물의 발전 법칙을 설명하는 것이다. 무서리가 내린 다음에는 반드시 강이 얼 정도로 추운 겨울이 다가온다는 말이다. 물론 "석자 얼음도 하루추위에는 얼지 않는다"*라는 말이 있듯이 서리가 내렸다고 해서 바로 온 세상이 얼음으로 뒤덮이는 것은 아니다. 그러나 서리가 내린 후 머지않아 혹독한 추위가

---

* 三尺之氷 非一日之寒.(삼척지빙 비일일지한)

불어 닥치리라는 사실은 조금이라도 논리적인 사고를 하는 사람이라면 누구나 짐작할 수 있는 일이다. 이것이야말로 소위 '하나를 보면 열을 알게 되는' 이치인 셈이다.

사물이 궁극窮極에 이른 모습은 사실 오래 전에 이미 결정되지만, 사람들은 사물이나 정황을 세심하게 관찰하는 힘이 부족하기 때문에 그 징후를 미리 눈치채지 못하는 것뿐이다. 사실, 머지않아 얼음이 어는 추위가 불어 닥치리라는 것은 '무서리'라는 단순한 조짐을 통해서 얼마든지 미리 짐작할 수 있는 일이다.

이러한 이치를 알면 사람들은 사소한 조짐을 통해 머지않아 닥치게 될 일들을 미리 꿰뚫어보는 통찰력을 기를 수 있을 것이다. 그렇게 생각하면 세상의 그 어떤 성공이나 실패라도 하루아침에 이루어진 것은 없으며 오랜 세월 노력이나 폐단이 축적되어 이르게 된 결과라는 점을 알 수 있다.

≪문언≫에서는 이렇게 말했다.

"선善을 쌓는 집에는 반드시 경사가 나고, 선하지 않은 것을 쌓은 집에는 반드시 재앙이 일어난다. 신하가 군왕을 죽이고 아들이 아비를 죽이는 것도 하루아침에 일어난 일이 아니라 오랜 시간에 걸쳐 점진적으로 이뤄진 일이다. 수많은 조짐이 있었겠지만 사람들이 그것을 일찌감치 분별하지 못하여 불행을 미연에 방지하지 못했다."

이처럼 우리가 소위 '문제'라고 여기는 것들은 하루아침에 나타난 것이 아니다. 처음에는 별것 아닌 사소한 문제였지만 여러 가지 요인이 작용하여 서서히 심각해지면서 결국 큰 문제로 확대될 소지가 있던 것들이다. 따라서 중요한 것은 그때그때 화근을 발견해서 문제가 더 이상 커지지 않도록 미연에 방지하는 일이다. 가장 탁월한 위기관리법은 위기가 발생하지 않도록 미리 예방하는 것이다. 위기를 미리 막으려면 "무서리를 밟으면 머지않아 단단한 얼음이 얼게 되리라는 것을 알아차려야 한다"라는 말의 심오한 뜻을 되새겨보아야 한다.

곧고 반듯하고 광대함

六二, 直方大, 不習无不利.(육이, 직방대 불습무불리)

≪象≫曰: 六二之動, 直以方也; "不習无不利", 地道光也.(상왈: 육이지동 직이방야 불습무불리 지도광야)

▲ **地道**(지도): 땅(坤)의 정도 / **光**: 빛 광(=廣, 광대함)

【해석】

육이: 곧고 반듯하고 광대하므로 따로 배워 익히지 않아도 불리할 것이 없다.

≪상전≫에서 말하기를, 육이의 변화와 움직임은 곧고 반듯함을 향하고 있다. 따로 익히지 않아도 불리할 것이 없다는 것은 대지의 뜻이 크고 넓기 때문이다.

주역 경영

앞서 '초육初六'에서 삶의 사소함에 녹아 있는 사물의 발전법칙을 발견하라고 했다면 '육이六二'에서는 삶의 '본질', 즉, '곧고 반듯하며 광대함(直方大)'을 유지하라고 가르친다. 그렇다면 무엇이 '곧고 반듯하며 광대함'인가?

≪문언≫에 그 답이 있다.

"직直은 바르게 하는 것이고, 방方은 의롭게 하는 것이다. 군자는 엄숙한 태도로써 내면의 정직함을 간직하고, 정당한 방법으로써 말과 행동을 다스려야 한다. 이렇게 바름과 의로움을 추구하면 자연히 대담해지고, 덕德의 아름다움이 사방에 두루 퍼져 덕이 외롭지 않게 된다."

사람이 품행이 곧고 반듯하며 아량이 넓다면 굳이 일의 성과에 집착하지 않고 언제 어디서든지 편안한 마음상태로 지낼 수 있다. 이것이야말로 '따로 익히지 않아도 불리할 것이 없는' 경우라고 하겠다.

여기서 '따로 익힌다'라는 말에 대해 고민해보자. 배움의 핵심은 무엇인가? 바로 내용, 알맹이다. 오늘날 우리 사회에는 '정직'이 아닌 '부정한 방법'을 배우는 사람이 적지 않다. 그러나 이러한 배움은 갈수록 사람을 피폐하게 만들 뿐이다.

---

management point

회사에서 환영받는 인재는 어떤 사람일까? 그에 대한 답은 여러 가지가 있겠지만, '말과 행동이 단정하고 바른 사람'이 환영받기는 어디나 마찬가지일 것이다. 말과 행동이 바른 사람만이 자신의 일에 대해 책임을 질 줄 알고 다른 사람에게 선한 영향력을 끼치기 때문이다. 이 때문에 부하 직원이든 상사든 우선적으로 갖추어야 할 것은 진실함과 성실, 그리고 이를 바탕으로 한 바른 언행일 것이다.

재능을 감추고 때를 기다리다

六三, 含章可貞, 或從王事, 无成有終.(육삼, 함장가정 혹종왕사 무성유종)

≪象≫曰: "含章可貞", 以時發也; "或從王事", 知光大也.(상왈: 함장가정 이시발야 혹종왕사 지광대야)

▲ 含: 머금을 함(품다, 머금다) / 章: 글 장(아름다운 글을 따움. '미덕'을 의미함) / 含章(함장): 미덕을 갖추다 / 知: 알 지(여기서는 '智'의 의미)

【해석】

'육삼': 양강陽剛의 미덕을 머금고 있지만 밖으로 드러내지 않아야 정도를 지킬 수 있다. 만일 군왕을 보좌하는 위치에 오른다면 공을 세우고도 자기 것으로 여기지 않아야 유종의 미를 거둘 것이다.

≪상전≫에서 말하기를, 양강의 덕을 갖추고 있어도 드러내지 않고 정도를 지키라는 것은 적절한 시기를 기다려 자신의 가치를 발휘해야 한다는 말이다. 군왕을 보좌한다는 것은 '육삼'의 지혜가 밝고 크다는 뜻이다.

◎ 주역 경영

'육삼六三'은 하괘(下卦, 여섯 개의 효 가운데 아래쪽에 있는 세 개의 효를 일컬음)의 맨 위에 위치하지만 아직 하괘를 벗어나지 못했으므로 많은 어려움에 부딪힐 수 있다. 이 단계에서는 자신의 능력을 감추고 드러내지 않는 것이 최선책이다. 또한 아무리 지혜로워도 자만하지 말고 모든 공로를 군왕께 돌린 후 자신은 보좌하는 역할만 충실히 해야 한다. 이렇게 하면 공적이

54

없더라도 유종의 미를 거둘 수 있을 것이다.

'육삼'에서는 첫째, 몸을 낮추고 기회를 기다린 후 적절한 시기에 자신의 가치를 발휘하고, 둘째, 일편단심으로 군왕을 보좌하며 자신의 공로는 군왕에 돌리는 등의 처세법을 제시하고 있다. 그러나 안타깝게도 오늘날 많은 젊은이가 이와는 반대로 순간적인 충동에 의해 맹목적으로 행동하고, 공치사하며 뽐내다가 주변 사람들과의 관계에서 불필요한 갈등을 겪곤 한다.

---

management point

살면서 자신의 능력을 발휘할 만한 적절한 시기를 잡지 못했다면, 차라리 그 시간을 자신의 인품과 덕을 쌓을 수 있는 기회로 삼아야 한다. 그러면 훗날 기회가 생겼을 때 바로 자신의 가치를 알릴 수 있을 것이다. 또한, 현재 윗사람을 보좌하는 위치에 있다면 자신의 공을 상사에게 돌릴 줄도 알아야 하는데, 그렇게 하면 상사의 신임을 얻게 된다.

자루를 단단히 묶다

六四, 括囊, 无咎无譽.(육사, 괄낭 무구무예)

≪象≫曰: "括囊无咎", 愼不害也.(상왈: 괄낭무구 신불해야)

▲ 括: 묶을 괄 / 囊: 주머니 낭 / 愼: 삼갈 신

【해석】

자루를 단단히 묶으면 해를 입지 않지만 그렇다고 칭송받을 만한 일도 아니다.

≪상전≫에서 말하기를, 자루를 단단히 묶으면 해를 입지 않는다는 것은, 삼가고 신중해야 화를 부르지 않는다는 말이다.

🔄 주역 경영

'육사六四'는 이미 상괘上卦에 진입한 상태이지만 여전히 위험 요인이 많아 불안한 단계이다. 그러므로 '신중하게 행동하는 것'만이 최상의 처세법이다. '신중함'에서는 모름지기 '말과 행동을 삼가는 것'이 가장 중요한 일이 될 것이다. 재앙의 대부분은 말과 행동이 신중하지 않아서 초래되기 때문이다.

'자루를 묶는다는 것(括囊)'은 입을 단속하여 말하지 않고 재능을 감추어 드러내지 않는 자세를 빗댄 것이다. 일단 자루를 단단히 묶으면 자연스럽게 재앙을 만날 기회도 줄어든다. 하지만 이때 주의해야 할 것은 자루를 묶음과 동시에 명예와 칭송을 얻을 기회도 줄게 된다는 사실이다. 물론

56

'육사'의 단계에 이르면 재앙을 피하는 것을 우선시해야 하므로, 비록 칭송을 얻지 못하더라도 말과 행동을 삼가야 한다. 이는 소위 "천지가 닫히면 현인도 숨는다"*라는 말과도 상통된다고 할 수 있다.

---

management point

직장 생활을 하면서 반드시 지켜야 하는 규칙이 있는데, 그것은 해도 되는 말과 행동, 그리고 하지 말아야 할 말과 행동을 잘 구별하여 처신하는 일이다. 이 규칙을 어기고 하지 말아야 할 말과 행동을 하게 되면 반드시 불필요한 마찰과 오해가 생기고 심지어 직장을 잃는 위기를 만날 수도 있다.

증자曾子는 ≪시경詩經≫을 인용해 "깊은 못에 들어가듯, 살얼음을 밟듯 조심하고 또 조심한다"**라고 했다. 이처럼 직장에서도 늘 신중하게 처신하여야만 직장생활이 순조롭다.

---

* 天地閉 賢人隱.(천지폐 현인은)
** 戰戰兢兢 如臨深淵 如履薄氷.(전전긍긍 여림심연 여리박빙)

황색 치마를 입으니

六五, 黃裳, 元吉.(육오, 황상 원길)

≪象≫曰 : "黃裳元吉", 文在中也.(상왈: 황상원길 문재중야)

▲ 黃: 누를 황 / 裳: 치마 상 / 文: 글월 문(미덕을 말함)

【해석】

육오: 황색 치마를 입으니 크게 상서롭다.

≪상전≫에서 말하기를, 황색 치마를 입으니 크게 상서롭다는 것은 내재된 미덕이 그 가운데 있다는 말이다.

☯ 주역 경영

'육오六五'는 군왕을 보좌하는 신하들 가운데 가장 높은 관직에 오르는 단계다. 그러나 기억해야 할 것은 그 관직은 신하의 신분으로 군왕을 보좌하는 자리일 뿐, 절대 '구오(九五, 건괘의 다섯 번째 효, 군왕의 지위를 상징함)의 존귀함'과 착각해서는 안 된다는 사실이다. 왜냐하면 '구오'는 양효陽爻가 양陽의 위치에 있는 반면, '육오'는 음효陰爻가 양의 위치에 있으므로 반드시 서로 다른 처세 원칙을 채택해야 한다.

그렇다면 '육오'에서는 어떻게 처신해야 하는가? 그것은 매우 간단하다. 바로 '무위이치(無爲而治, 자연에 순응하여 아무것도 하지 않아도 저절로 잘 다스려진다)의 도'를 실천하면 된다. 많은 사람이 '무위이치'의 도를 '아무 일도 하지 않는 상태'로 잘못 알고 있다. 그러나 그것은 잘못된 생각이다. 노자

58

는 ≪도덕경≫에서 "무위의 경지에 도달하면 하지 않아도 못함이 없다"라고 했다. 그러므로 '무위'란 '하지 않아도 못함이 없는' 경지에 이르는 과정이라고 할 수 있다. 즉, '도법자연(道法自然, 도는 '스스로 그러함'을 따른다)'처럼 모든 것이 자연스럽게 발생하게 되는 원리인 셈이다.

'곤괘'의 특징은 유순함을 품고 남을 돕는 위치에 있다는 점이다. 따라서 '육오'에서는 아무리 높은 관직에 올랐어도 군왕에 순종하고 협조하는 태도를 잃지 않는 것을 전제로 하여 자신의 장점을 최대한 발휘해야만 일을 순조롭게 처리할 수 있다. 본문의 '내재된 미덕이 그 가운데 있다'라는 부분에서 '가운데(中)'라는 말은 본질적으로 '중용中庸의 도'를 가리킨다. '중용'은 소위 말하는 '중간의', '평범한'이라는 뜻이 아니라 "모든 일을 예의에 맞게 합리적으로 처리하여 최종적인 조화를 이룬다"라는 뜻이다. 즉, '육오'에서 황색 치마를 입으면 크게 상서로운 이유는 재능과 인품, 덕을 가지고 중용의 덕을 유지하기 때문이다.

---

management point

이번 본문에는 기업의 경영자가 마음에 새길 만한 교훈이 많이 포함되어 있다. '육오'의 신분에 있는 사람들은 자신의 신념을 기업 내부에 정착시키고자 하지만 안타깝게도 대부분 실패하고 만다. 물론 GE의 CEO 잭 웰치(Jack Welch)처럼 개인의 확고한 신념을 기업 내부에 뿌리내리게 하는 데 성공한 경영자도 있다. 잭 웰치는 어떻게 성공할 수 있었을까? 그 이유는 너무나도 간단하다. 그가 시대의 흐름에 맞추어 조직을 구조조정하고 업그레이드하는데 조금도 지체하지 않았기 때문이다. 기업의 경영자라면 시장 환경의 변화에 귀를 기울이고 이를 바탕으로 하여 '스스로 그러함'에 따르는 '도법자연道法自然'의 법칙에 순응하여야 기업의 성장을 일궈낼 수 있다.

상황이 극에 달하면

上六, 龍戰于野, 其血玄黃.(상육, 용전우야 기혈현황)

《象》曰: "龍戰于野", 其道窮也.(상왈: 용전우야 기도궁야)

用六, 利永貞.(용육, 이영정)

《象》曰: 用六"永貞", 以大終也.(상왈: 용육영정 이대종야)

▲ 永: 길 영 / 永貞(영정): 영원히 정도를 지킴 / 以大終(이대종): '큰 것으로 종결된다'는 말로, '음이 극에 달하면 반드시 양으로 돌아간다'는 의미

【해석】

상육: 용이 들판에서 싸우니 검푸른 빛이 도는 황색 피가 흐른다.

《상전》에서 말하기를, 용이 들판에서 싸운다는 것은 곤음(坤陰, 곤괘의 음기)의 도가 절정에 이르러 건양(乾陽, 건괘의 양기)에 대적하여 다툰다는 말이다. 곤괘에서는 여섯 효 모두 음효의 숫자인 '육六'을 쓰니 영원히 참고 견디며 정도를 지키는 것이 이롭다.

용육: 영원히 참고 견디며 정도를 지키는 것이 이롭다.

《상전》에서 말하기를, '용육' 상태에서 영원히 참고 견디며 정도를 지키는 것이 이롭다는 것은, 음이 극에 달하면 반드시 양으로 바뀌게 된다는 말이다.

☯ 주역 경영

'용이 들판에서 싸우는' 것은 군주를 보좌하는 사람에게 가장 위험한 상황이다. 군왕을 보좌하는 신하로서 가장 높은 관직에 올라갔지만 이제는

스스로 지도자가 되고 싶어하는 상황이다. 이런 경우에는 당사자 간에 반드시 전쟁이 일어나게 되어 있다. 이 같은 갈등의 양상을 과거 역사 속에서나 오늘의 현실에서 종종 보게 되는데 당연히 다툼의 결과는 쌍방 모두 피해를 입게 된다는 것이다.

사실 '상육'과 '상구'가 전하는 뜻은 비슷하다. 둘 다 무슨 일을 하든지 과도한 지경까지 이르지 말라고 권고한다. 무슨 일이든지 상황이 극에 달하면 반드시 뒤집혀지고 말아 불필요한 피해를 입기 때문이다. 이 말은 ≪주역≫이 전하고자 하는 지혜의 핵심이자 인생의 다양한 상황에 대한 깨우침과 통찰이라고 할 수 있다.

'용육用六'은 '곤괘'의 전반적인 내용을 하나로 정리하면서 '곤괘'의 핵심을 강조하고 있다. 그 핵심은 바로 '영원히 참고 견디며 정도를 지키는 것'이다. 이렇게 해야만 '위대한 결말'로 연결될 수 있다는 것이다. '위대한 결말'에서 말하는 '위대함'은 '곧고 바르고 광대함'의 '광대함'과 상통한다. 즉, 품행이 단정하고 적당한 말을 해야만 덕의 아름다움이 천하에 퍼진다는 뜻이다.

---

management point

경영자로서 가장 중요한 자세는 기업 성장의 필요에 순응하고 자기에게 맡겨진 책임을 다하며 개인적인 욕망 때문에 쓸데없는 분쟁을 불러일으키지 않는 것이다. ≪문언≫에서 말했듯, 음陰이 양陽에 견주어 극성해지면 음양 간에 다툼이 일게 되는데, 이 때문에 많은 사람이 평생 실의에 빠져서 지내기도 한다. 그래서 '곤괘'에서는 마지막으로 "영원히 참고 견디며 정도를 지키는 것이 이롭다"라고 강조함으로써, 자신의 말과 언행을 삼가야만 인생과 사업에서 위대한 결말을 보게 될 것이라고 충고하고 있다.

3. 둔괘(屯卦)
사업의 초창기에는

屯: 元, 亨, 利, 貞. 勿用有攸往, 利建侯.(둔: 원형이정. 물용유유왕 이건후)

≪彖≫曰: 屯, 剛柔始交而難生. 動乎險中, 大亨貞. 雷雨之動滿盈, 天
造草昧, 宜建侯而不寧.(단왈: 둔 강유시교이난생. 동호험중 대형정. 뇌우지동만영 천조초
매 의건후이불녕)

≪象≫曰: 雲雷, 屯. 君子以經綸.(상왈: 운뢰 둔. 군자이경륜)

▲ 屯: 진칠 둔 / 侯: 과녁 후(제후) / 險: 험할 험(높다, 위태롭다) / 雷: 우레 뇌(천둥) / 雨:
비 우 / 盈: 찰 영 / 昧: 새벽 매(어두컴컴하다, 어리석다) / 寧: 편안할 녕

【해석】

둔괘(屯卦: 水雷屯)는 '처음 생성됨'을 상징한다. 지극히 형통하나 정도를 지키
는 것이 이롭다. 아직 앞으로 나아가기에는 적당하지 않으며 이때는 제후(諸
侯)를 세우는 것이 이롭다.

≪단전≫에서 말하기를, '둔괘'는 '처음 생성됨'을 상징한다. 양의 강함과 음
의 부드러움이 교차하기 시작하면서 온갖 어려움이 생겨난다. 그런 험난함
속에서 변하고 발전할 수 있다면 지극히 형통할 것이다. 바야흐로 천둥이
치고 비가 쏟아지며 먹구름과 천둥소리가 천지에 가득한 것이 마치 대자연이
창조되던 초창기 혼돈의 시기와 같다. 그러므로 이때는 마땅히 제후를 세워
야 하며 안일하게 지내서는 안 된다.

≪상전≫에서 말하기를, 검은 구름과 우레 소리가 뒤섞여 혼란스러움은 '처음 생성됨'을 상징한다. 그러므로 군자도 마땅히 그 이치를 살펴 험난한 초창기에 대사를 경영하는 데 힘써야 한다.

⑤ 주역 경영

'건괘'와 '곤괘'를 잇는 것은 '둔괘'로, '둔괘'에 이르면 만물이 처음 생겨나 자라게 된다. ≪서괘전序卦傳≫에서는 '둔'을 가리켜 "만물이 처음 생성된다"라고 풀이했다.

만물이 처음 생겨나게 되면 속세에 오염되지 않은 상태이므로 '건괘'의 특징인 '처음 생성됨(元)', '형통함(亨)', '이로움(利)', '바름(貞)'을 유지할 수 있다. 그러나 만물이 처음 생겨나면 온갖 재난을 만나게 마련이고, 심지어 자라나기도 전에 싹이 뽑혀 없어지는 수가 있다. 따라서 조급하게 성장을 꾀해서는 안 되며 항상심恒常心을 잃지 말고 세심하게 계획을 세우고 시기가 무르익을 때를 기다려야 한다. 그래서 "군자는 그 이치를 살펴 험난한 초창기에 큰 사업을 경영하는 데 힘써야 한다"라고 했다.

'둔괘'는 새로운 일에 착수하거나 변화와 개혁을 시도할 때는 많은 어려움을 만나게 되지만 신중하고 계획적, 체계적으로 경영하면 결국 반드시 '형통'하게 된다는 사실을 알려준다.

---

management point

새로운 일에 착수하거나 변화와 개혁을 시도할 때는 반드시 신중하게 계획을 세우고 고민함으로써 각종 경영자원과 조건이 완벽하게 갖춰질 때를 기다려 행동해야 한다.

존귀한 자가 비천한 자의 아래에

初九. 磐桓. 利居貞. 利建侯.(초구. 반환 이거정. 이건후)

≪象≫曰: 雖磐桓, 志行正也. 以貴下賤, 大得民也.(상왈: 수반환 지행정야. 이귀하천 대득민야)

六二, 屯如, 邅如. 乘馬班如, 匪寇婚媾, 女子貞不字, 十年乃字.(육이. 둔여 전여. 승마반여 비구혼구 여자정부자 십년내자)

≪象≫曰: 六二之難, 乘剛也. 十年乃字, 反常也.(상왈: 육이지난 승강야. 십년 내자 반상야)

▲ 磐: 너럭바위 반 / 桓: 푯말 환 / 磐桓(반환): 머뭇거리며 나아가지 않는 모양 / 邅: 머뭇거릴 전 / 邅如(전여): 머뭇거리며 나아가지 못하는 모양 / 寇: 도둑 구 / 媾: 화친할 구

【해석】

초구: 머뭇거리면서 나아가지 말고 정도를 지키며 조용히 머물고 제후를 세움이 이롭다.

≪상전≫에서 말하기를, 비록 머뭇거리며 나아가지 않고는 있지만 그 뜻이 바르고, 존귀한 자가 비천한 사람에게 낮추니 민심을 크게 얻는다.

육이: 초창기에는 너무 어렵고 힘들어서 방황만 하다가 전진하지 못한다. 말을 탄 이들이 속속 몰려오는데 그들은 강도가 아니라 구혼자다. 하지만 여자는 정도를 지키면서 혼인을 허락하지 않고 십 년이 지나서야 비로소 시집을 간다.

≪상전≫에서 말하기를, 육이가 전진하기 어려운 것은, 음의 부드러움이 양의 강함을 뛰어넘어 그 위에 있기 때문이다. 십 년이 지나서야 비로소 시집간

64

다는 것은 정도를 지키며 때를 기다리다가 마침내 형세가 호전되었음을 말한다.

◎ 주역 경영

《주역》은 우리 인생에서 만날 수 있는 384가지의 상황에서 어떻게 대처해야 할지를 알려주고 있다. 만일 우리가 철저하게 《주역》의 이치를 따른다면 '하늘보다 앞서서 행동하여도 어긋나지 않으며, 하늘보다 뒤서거니 행하여도 하늘의 변화 규칙을 따르는* 경지에 이를 수 있을 것이다. 또한 '스스로 그러함'의 법칙에 순응하여 일을 처리함으로써 모든 일이 순조롭게 이루어질 것이다.

'둔괘'는 우리가 어떤 일의 초창기에 만나게 될지도 모르는 여섯 가지 상황을 설명하고 있다.

'초구'는 비록 양효가 양의 위치에 있긴 하지만 양 날개가 충분히 자라지 않아 경거망동할 수 없으므로 앞으로 나아가지 못하고 머뭇거리는 상황이다. 그러나 출발이 좋고 양효로서 음('육이'를 가리킴)의 아래에 있으므로 사람의 마음을 얻을 수 있다. 그래서《주역》은 조용히 처신하며 정도를 지키면서 초창기의 기운을 키워나가면 반드시 성장의 기회를 얻게 될 것이라고 말한다.

'육이'는 음효로서 음의 자리에 있어 품성이 유약하므로 험난한 초창기에는 스스로 고난을 이겨내기 어렵다. '십 년이 지나도록 출가하지 않은' 것은 무엇 때문인가? 그것은 '육이'가 음효로서 양효('초구'를 가리킴)의 위에 있으므로 양효를 거스르는 형상이다. 그러므로 '초구'의 힘을 빌려

---

* 先天而天弗違 後天而奉天時.(선천이천불위 후천이봉천시)

난관을 극복할 수도 없고, 그 때문에 나아가기가 어려운 것이다. 그래서 본문에서는 정도를 지키며 때를 기다리다가 형세가 호전되고 나서야 시집을 간다고 했다.

> ## management point
>
> 무슨 일이든 초창기에는 신중한 태도로 조심스럽게 행동하면서 인적, 물적 자원 등 성장의 조건을 마련하고 기회를 모색해야 한다. 이때는 조력자로서 인내심을 가지고 마음을 지키고 조급해하지 말아야 한다. 이는≪자암이전紫 岩易傳≫에서 "강태공姜太公은 해빈海濱에, 이윤伊尹은 신야莘野에, 제갈량諸葛 亮은 남양南陽에 있다"라고 하여, 인재가 재능을 숨기고 때를 기다리는 모습 을 묘사한 문장과도 상통한다.

일에 뛰어드는 자세

六三, 卽鹿无虞, 惟入于林中; 君子幾, 不如舍, 往吝.(육삼, 즉록무우 유입우
림중 군자기 불여사 오왕린)

≪象≫曰: "卽鹿无虞", 以從禽也; "君子舍之, 往吝", 窮也.(상왈: 즉록
무우 이종금야 군자사지 왕린궁야)

六四, 乘馬班如, 求婚媾, 往吉, 无不利.(육사, 승마반여 구혼구 왕길 무불리)

≪象≫曰: 求而往, 明也.(상왈: 구이왕 명야)

▲ 鹿: 사슴 록 / 虞: 헤아릴 우(虞人:산림과 들짐승을 맡은 관리) / 惟: 생각할 유 / 幾: 기미 기(낌새)
/ 往: 갈 왕 / 吝: 아낄 인(린) / 舍: 집 사 / 窮: 다할 궁

【해석】
육삼: 사슴을 잡으러 깊은 산중에 들어갈 때는 안내자가 없으면 비록 군자라
도 빠져나오기 힘든 법이다. 군자는 적당한 기회가 생겼을 때라야 일에 뛰어
들되, 그렇지 않을 때는 포기하는 편이 낫다. 만일 독단적으로 행동하여 계속
해서 사슴을 쫓는다면 반드시 어려운 일에 부딪힐 것이다.

≪상전≫에서 말하기를, 사슴을 쫓는데 안내자가 없다는 것은 짐승을 쫓음
에 지나친 욕심을 부리는 것이다. 이런 상황에서 군자는 상황을 살펴 그만둬
야 하는데, 독단적으로 행동하면 끝에 가서 반드시 험한 꼴을 당하고 만다.

육사: 말을 타고 달려오는 이가 구혼자이니, 앞으로 나아가 그를 맞이하는
것이 상서로우며 불리할 것이 없다.

≪상전≫에서 말하기를, 구혼자가 올 때는 앞으로 나아가 맞이하는 것이
현명하다.

⑤ 주역 경영

'둔괘'의 '육삼'에서는 길 안내자 없이 사냥에 나서는 이의 모습을 통해, 어떤 일에 맹목적으로 뛰어들면 어려움에 부딪히고 만다는 것을 경고하고 있다. 이에 대해 ≪주역≫의 지은이는 "일을 시작할 때는 기회를 살펴야 하며 필요하다면 과감하게 포기할 줄도 알아야 한다"라고 지적한다. 오늘날 우리 주변에는 적지 않은 이들이 창업을 준비한다. 그러나 전문가의 도움 없이 성급하게 일을 추진한다면 창업은 결국 실패로 끝나고 만다는 사실을 기억해야 한다.

'육사'에 이르자 상황은 변한다. 지위가 높아지고 사방이 편안해지는데 이때 가장 필요한 것은 인재를 발굴하는 일이다. 이 시기에는 유비가 제갈량을 얻기 위해 삼고초려 한 것도 배울 만하다. 무슨 일이든 진실하고 꾸밈없는 마음으로 임한다면 반드시 좋은 결과를 거두게 될 것이며, 이런 상황을 가리켜 소위 "나아가면 길하거나 적어도 불리하지는 않다"라고 말한다.

'둔괘'는 모든 것이 이제 막 태동하는 시기이므로 때로는 좌절도 하고 어려운 상황에 부딪히기도 한다. 그럴 때마다 전문가의 도움을 받아야만 순조롭게 어려움을 이겨낼 수 있다.

---

management point

어떤 일을 도모할 때 자기 자신에게 그 일을 감당할 만한 충분한 능력이 없다면 과감하게 포기하고 전문가를 찾아가 도움을 받는 것이 중요하다. 필요한 인재를 얻기 위해서는 가끔 남에게 고개를 숙일 줄도 알고 자신을 낮추는 자세를 보일 줄도 알아야 한다. 그래야만 상대방의 장점으로 자신의 단점을 보완할 수 있으며 위기를 순조롭게 이겨낼 수 있다.

널리 은택을 베풀지 못할 때는

九五, 屯其膏. 小貞吉, 大貞凶.(구오, 둔기고. 소정길 대정흉)

≪象≫曰: "屯其膏", 施未光也.(상왈: 둔기고 시미광야)

上六, 乘馬班如, 泣血漣如.(상육, 승마반여 읍혈연여)

≪象≫曰: "泣血漣如", 何可長也?(상왈: 읍혈연여 하가장야)

▲ 膏: 살찔 고(은혜, 은택) / 泣: 울 읍(울다, 근심) / 漣: 물놀이 연(잔물결, 우는 모양)

【해석】

구오: 초창기의 어려움을 극복하고 널리 은택을 베풀어야 한다. 유순하고 낮은 지위에 있는 자는 은택을 베풀지 않아도 정도만 지키면 상서롭다. 하지만 힘 있고 높은 지위에 자는 아무리 정도를 지키더라도 널리 은택을 베풀지 않으면 상서롭지 못하다.

≪상전≫에서 말하기를, 초창기에 어려움이 있을 때 널리 은택을 베풀어야 한다는 것은, 구오가 아직 널리 은택을 베풀지 못했음을 말한다.

상육: 말을 타고 서성거리면서 나아가지 못하니 피눈물을 흘리며 흐느낀다.

≪상전≫에서 말하기를, 피눈물을 흘리며 흐느끼지만 어찌 이런 상황이 오래 가겠는가?

⑤ 주역 경영

'구오'는 양효가 양의 위치에 있어 상황이 호전되어 초창기의 어려움은 이미 극복할 수 있었지만 폭넓게 은택을 베풀 만한 수준에는 아직 이르지 못했다. 따라서 이때 가장 필요한 것은 '신중함'이며 '정도를 지키는' 태도이다. 정도를 지키면 상서로울 수 있고 위험을 피할 수 있다. 앞에서 정도를 지키는 것이 '성실'과 '신의'를 지키는 의미임을 언급한 바 있다. '구오'에서도 마찬가지로 정도를 지킨다는 것은 '약속을 지키고 말과 행동이 일치해야 한다는 것'을 의미한다.

　'상육'에서는 절망의 궁지에 몰려, 빠져나갈 수 없는 난감함 속에서 '피눈물이 흐르는' 상황에 이른다. 그러나 고난과 위험이 극에 달하면 반드시 새로운 변화가 일어나는 법. 그렇게 되면 난감했던 상황은 더 이상 지속되지 않으므로, ≪상전≫에서는 "어찌 이런 상황이 오래 가겠는가?"라고 한 것이다. 이 정도 되면 '둔괘' 역시 전진하며 발전하는 시기에 이르렀다고 할 수 있다.

---

management point

창업 후 회사가 일정 궤도에 들어서면 업무나 직원, 내부 관리시스템 등이 기본적으로 안정된 단계에 이르게 된다. 이때 가장 중요한 것은 성실과 신의를 중시하고 말과 행동을 일치시켜 부하 직원들과 업계로부터 신임을 얻는 일이다. 일단 발전 초기에 회사의 성장을 가로막는 장애물을 극복하고 나면, 낡은 사고방식이나 시스템을 새로운 방식으로 바꾸는 등 변화를 시도해야 한다. 이는 고통스럽지만 새로운 발전 단계로 진입하기 위해 반드시 필요한 과정이다.

4. 몽괘(蒙卦)

공부하고 또 공부하라

蒙: 亨. 匪我求童蒙, 童蒙求我; 初筮告, 再三瀆, 瀆則不告. 利貞.(몽: 형. 비아구동몽 동몽구아 초서곡 재삼독 독즉불곡. 이정)

《彖》曰: 蒙, 山下有險, 險而止, 蒙. "蒙, 亨", 以亨行時中也. "匪我 求童蒙, 童蒙求我", 志應也. "初筮告", 以剛中也; "再三瀆, 瀆則不 告", 瀆蒙也. 蒙以養正, 聖功也.(단왈: 몽 산하유험 험이지 몽. 몽형 이형행시중야. 비아구동몽 동몽구아 지응야. 초서곡 이강중야 재삼독 독즉불곡 독몽야. 몽이양정 성공야)

《象》曰: 山下出泉, 蒙; 君子以果行育德.(상왈: 산하출천 몽 군자이과행육덕)

▲ 筮: 점대 서 / 告: 알릴 고, 청할 곡 / 瀆: 도랑 독(더럽히다, 모독하다)

【해석】

몽괘(蒙卦: 山水蒙)는 '몽매함'을 상징한다. 몽매해도 결국 형통할 수 있다. 다만 내가 나서서 몽매한 자에게 배우라고 요구하는 것이 아니라 몽매한 자가 스스로 다가와 배움을 청해야 한다. 처음 물어오면 대답을 해주어야 하지만, 같은 문제를 두세 번 거듭 묻는 것은 스승을 모독하는 행위다. 스승을 모독하면 더 이상 대답하지 않아도 되니 정도를 지키는 것이 이롭다.

《단전》에서 말하기를, 몽매함은 산 아래에 험난한 장애물이 있는 형상과 도 같다. 험난한 장애물을 만났다고 해서 걸음을 멈춘 채 나아가지 않으면 통하지 않게 되고, 통하지 않으면 자연히 몽매해지는 것이다. 하지만, 몽매해도 결국 형통할 수 있다는 것은 가르치는 자가 시의적절한 중도中道에 따라 그를 가르치기 때문이다. 내가 나서서 몽매한 자에게 배우라고 요구하는 것이 아니라 몽매한 자가 스스로 다가와 배움을 청해야 한다는 말은, 그렇게 해야만 비로소 둘의 뜻이 서로 통하게 되기 때문이다. 처음 물어오면 대답을 해주어야 한다는 것은, 스승은 양陽의 강한 기질을 가지고 중용의 도를 행할 수 있어서 가르칠 능력이 있기 때문이다. 같은 문제를 두세 번 거듭 묻는 것은 스승을 모독하는 행위이므로 더 이상 대답하지 않아도 된다는 말은 지나친 가르침이 교육을 모독한다는 뜻이다. 몽매함을 가르칠 때에는 순수하고 사악함이 없는 본성을 길러내야 하는데, 이것이 바로 성인聖人이 말하는 교육의 대업이다.

≪상전≫에서 말하기를, 산 아래에 샘물이 솟아나는 것은 몽매함을 퇴치하고 지혜가 계발됨을 상징한다. 군자는 그 이치를 본받아 과감하게 덕을 길러내야 한다.

☯ 주역 경영

≪서괘전≫에서는 '물생필몽物生必蒙'이라고 하여 "만물이란 초창기에는 어리고 몽매한 법이다"라고 했다. 여기서는 그들을 일깨워 지혜를 계발하는 계몽 교육이 필요함을 강조하고 있다. '몽괘'에서 설명하고자 하는 것도 바로 이런 뜻이다. ≪예기禮記≫ '학기學記'편에서는 "군왕은 나라를 세우고 백성을 다스림에 있어서 가르침과 배움을 우선으로 삼는다"라고 하여 계몽 교육의 중요성을 알리기도 했다.

물론 가르침과 배움에 임할 때는 능동적이고 적극적인 태도가 필요하다. 그래서 본문에서도 "내가 나서서 몽매한 자에게 배우라고 요구하는 것이 아니라 몽매한 자가 스스로 다가와 배움을 청해야 한다"라고 했다.

배움에 대한 갈망과 결단이 있는 사람이라야 진정으로 지식을 습득할 수 있다는 말이다. 또한 본문에서는 배움을 모독하지 말라고 충고한다. 여기서 '배움을 모독하는 태도'란 '배움에 최선을 다하지 않는 태도'를 말한다. 어떤 일을 모독한다는 것은 그 일에 집중하지 않고 정신을 딴 데 파는 행위이므로, 배움에 있어서도 스승의 말씀을 경청하지 않고 같은 질문만 거듭 하면 스승을 모독하는 행위라고 할 수 있다. 반면 정신을 집중하여 스승의 말씀을 마음에 새기는 자는 반복하여 가르칠 필요가 없다. 또한, 계몽의 단계에서는 사악함이 없는 순수한 품성을 기르는데 신경 쓰면 자연스럽게 성인의 반열에 들어설 것이다.

'몽괘'의 상괘는 '간艮', 하괘는 '감坎'으로 이루어지는데 이는 각각 '산'과 '물'을 상징한다. 따라서 샘물이 산이라는 장애를 뚫고 솟아나오는 것은 몽매함이 퇴치되고 지혜가 계발됨을 상징하며, 산을 뚫고 나온 샘물이 강을 이루는 것은 성장하는 모습을 상징한다. 따라서 군자란 모름지기 과감하게 행동하여야 자신의 덕을 기를 수 있다. 이처럼 '몽괘'는 고대의 교육 사상과 방식을 표현하고 있다.

---

management point

성장 초기에는 배움에 집중하여 어리석음을 벗어나야 한다. 배울 때도 반드시 주도적이고 적극적인 자세로 임해야 알찬 지식을 얻을 수 있다. 또한 배움에 있어서는 무엇보다도 내면의 인품과 덕을 기르는 데 집중해야 한다.

바른 법을 따르게 한다

初六, 發蒙, 利用刑人, 用說桎梏, 以往吝.(초육, 발몽 이용형인 용탈질곡 이왕린)

≪象≫曰: "利用刑人", 以正法也.(상왈: 이용형인 이정법야)

九二, 包蒙, 吉. 納婦, 吉, 子克家.(구이, 포몽 길. 납부 길 자극가)

≪象≫曰: "子克家", 剛柔接也.(상왈: 자극가 상유접야)

六三, 勿用取女, 見金夫, 不有躬, 无攸利.(육삼, 물용취녀 견금부 불유궁 무유리)

≪象≫曰: "勿用取女", 行不順也.(상왈: 물용취녀 행불순야)

▲ 刑人(형인): 사람을 처벌함 / 說: 벗을 탈(=脫), 말씀 설 / 桎: 족쇄 질 / 梏: 쇠고랑 곡
/ 桎梏(질곡): 나무로 만든 형구(刑具) / 包: 쌀 포(꾸러미) / 納: 바칠 납 / 婦: 지어미 부 /
取: 취할 취(=娶, 장가들 취) / 躬: 몸 궁 / 不有躬(불유궁): 몸을 버림

【해석】

초육: 몽매함을 일깨워줄 때는 반드시 벌刑을 주어 본보기를 삼음이 이롭다.
그렇게라도 해서 죄를 짓지 않게끔 해야지, 되는 대로 내버려 두면 반드시
후환이 생길 것이다.

≪상전≫에서 말하기를, 벌이 이롭다는 것은 벌을 줌으로써 바른 길을 가르
칠 수 있기 때문이다.

구이: 몽매한 사람을 포용하고 사리에 어두운 자를 용납하면 길하니, 자식이
라 하더라도 집안을 다스릴 수 있다.

≪상전≫에서 말하기를, 자식이라도 집안을 다스릴 수 있다는 말은 양강('스
승'을 상징함)과 음유(몽매함을 상징함)가 서로 받아들인 결과이다.

74

육삼: 이런 여인은 아내로 맞아들이지 말아야 할지니, 돈 많은 남자를 만나면 자신을 지키지 못하기 때문이다. 따라서 이런 여자를 아내로 맞으면 이로울 바가 없다.

≪상전≫에서 말하기를, 이런 여자는 아내로 맞아들이지 말라는 것은 그 행실이 정도에 어긋나기 때문이다.

☯ 주역 경영

가르침에 임할 때 가장 먼저 해야 할 일은 그들에게 규칙을 알리는 것이다. 규칙을 알지 못하면 일을 그르치고 어긋나게 하여 골칫거리를 남길 수 있다.

사람은 태어나면서부터 모든 것을 저절로 알게 되는 것이 아니라 아무것도 모르는 백지 상태이다. 따라서 몽매함을 포용하고 바른 도를 가르쳐 지혜를 계발해주어야 한다.

이처럼 몽매함을 일깨우는 것은 아내를 맞아들이는 일이나 집안을 순조롭게 다스리는 일처럼 상서로운 일이다. '집'은 누구에게나 지극히 중요한 의미를 지니는 곳이므로 아내를 얻고 가정을 다스리는 것은 무엇보다도 중요한 일이다. 이렇게 중요한 일에 무지몽매한 사람을 포용하는 일을 빗댈 정도이니, 몽매함을 일깨우는 일이 얼마나 상서로운 일인가를 짐작할 수 있다.

'육삼'에서는 충성과 절개의 신념을 강조한다. 여인의 덕을 가장 잘 반영하는 말은 '절개'라고 할 수 있다. 부끄러움을 모르고 절개에 대한 신념도 부족한 여인은 멀리해야 하므로, ≪주역≫에서는 "이런 여자를 아내로 맞으면 이로울 바가 없다"라고 표현했다.

당두봉갈當頭棒喝의 가르침

六四, 困蒙, 吝.(육사, 곤몽 인)

≪象≫曰: "困蒙之吝", 獨遠實也.(상왈: 곤몽지린 독원실야)

六五, 童蒙, 吉.(육오, 동몽 길)

≪象≫曰: "童蒙之吉", 順以巽也.(상왈: 동몽지길 순이손야)

上九, 擊蒙, 不利爲寇, 利御寇.(상구, 격몽 불리위구 이어구)

≪象≫曰: "利用御寇", 上下順也.(상왈: 이용어구 상하순야)

▲ 困: 괴로울 곤 / 吝: 아낄 인(린) / 巽: 손괘 손(유순하다) / 擊: 부딪힐 격 / 寇: 도둑 구

【해석】

육사: 몽매함의 곤경에 처했으니 어려움이 있을 것이다.

≪상전≫에서 말하기를, 몽매함의 곤경에 처하면 어렵게 된다는 것은, 양강陽剛한 품성의 스승에게서 떨어져 홀로 있기 때문이다.

육오: 어린아이는 몽매하나 겸손히 배우니 상서롭다.

≪상전≫에서 말하기를, 어린아이가 몽매해도 상서로운 것은 겸손히 배우기 때문이다.

상구: 몽매함을 공격하되 지나치게 포악해서는 안 되며 나쁜 행위를 방지할 수 있는 정도면 이롭다.

≪상전≫에서 말하기를, 나쁜 행위를 방지하는 것이 이롭다는 것은 상하관계를 순조롭게 한다는 뜻이다.

일단 몽매함을 깨우치지 못하면 일을 제멋대로 하고, 또 그러다 보면 반드시 어려움을 당하게 된다. 이 때문에 ≪주역≫의 저자는 '육사'를 통해 우리에게 "몽매하다면 현실을 회피하지 말고 마음을 비우고 가르침을 청함으로써 '몽매함의 곤경'을 피하라"고 권고한다.

많은 경영자가 부하 직원 교육에 큰 공을 들이지만 가끔 그에 상응하는 효과를 보지 못하고 오히려 직원들이 회사를 떠나는 결과를 초래하기도 한다. 그럴 때마다 경영자는 '몽매하나 겸손히 배우는 어린아이 같은 사람'을 무척이나 그리워한다.

'상구'를 읽으면 불교에서 말하는 소위 '당두봉갈(當頭棒喝, 선승이 새내기 학자를 거두어들일 때 막대기로 일격을 가하거나 소리를 질러 문득 깨닫도록 하는 것)'의 가르침이 떠오른다.

불교의 가르침을 받는 자가 수양이 어느 수준에 이르러 더 이상 올라가기 어렵다면 그때가 바로 선승의 지적이 필요한 시기이다. '당두봉갈'은 그들로 하여금 천천히 깨닫는 수준을 넘어 갑자기 번쩍! 하는 깨달음을 얻게 해주는 중요한 가르침의 방식이다.

'계몽'도 '당두봉갈'과 비슷한 면이 있지만, 계몽은 그 엄격함이 정도껏 해야 한다. 그렇지 않을 경우, 얻는 것보다 잃는 것이 더 많게 될 것이다. 또한 이러한 방식의 교육은 쌍방이 서로 원한다는 전제 하에서 이뤄져야 한다.

배움을 청하는 자가 마음을 다하여 임하고, 가르치는 자가 학생의 실력을 끌어올리기를 진심으로 원할 때 비로소 "상하관계가 순조롭다"라고 할 수 있다.

5.수괘(需卦)
때를 기다리다

需: 有孚, 光亨, 貞吉, 利涉大川.(수: 유부 광형 정길 이섭대천)

≪彖≫曰: "需", 須也, 險在前也, 剛健而不陷, 其義不困窮矣. "需, 有孚, 光亨, 貞吉, 位乎天位", 以正中也. "利涉大川", 往有功也.(단왈: 수 수야 험재전야 강건이불함 기의불곤궁의. 수 유부 광형 정길 위호천위 이정중야. 이섭대천 왕유공야)

≪象≫曰: 雲上于天, 需, 君子以飮食宴樂.(상왈: 운상우천 수 군자이음식연락)

▲ 需: 구할 수(기다리다) / 孚: 미쁠 부(성실, 믿음) / 涉: 건널 섭 / 陷: 빠질 함

【해석】

수괘(需卦: 水天需)는 '기다림'을 상징한다. 기다림의 도를 믿고 따르면 앞날에 광명이 따르고 형통할 것이다. 바른 길을 가면서 참고 견디면 상서로우니 큰 강을 건너기에 이로울 것이다.

≪단전≫에서 말하기를, '수需'는 기다리는 것이다. 앞에 위험이 있지만 강건함으로 대처하면 위험에 빠지지 않을 수 있다. 기다림의 도를 믿고 지킨다면 앞날이 밝고 형통하게 된다는 것은 구오가 하늘의 자리, 바르고 중심 되는 자리에 있기 때문이다. 이를 바탕으로 적극적으로 처신하면 반드시 성공할 것이므로 큰 강을 건너기에 이롭다고 했다. ≪상전≫에서는 말하기를, 구름이 하늘 높이 올라가 있음은 기다림을 상징한다. 군자는 이 괘의 이치를 살펴 조급하게 생각하지 말고 때를 기다리며 즐거워해야 한다.

⊙ 주역 경영

'수괘'는 상괘가 '감坎'이고 하괘가 '건乾'으로 '기다림'을 상징한다. ≪주역 정의周易正義≫에서는 이렇게 설명했다. "수괘는 기다림을 뜻하는데, 만물의 시작이 모호하고 여리기 때문에 수양을 통해 성장해야 한다는 말이다."

'부孚'는 '신뢰'이고 '광光'은 '광명'의 뜻이다. 거기에다 '정결貞吉'이라는 말까지 더해지면, 기대하는 것이 있으면 성실과 신의로써 정도를 지켜야 '형통함'과 '상서로움'을 얻게 된다는 말이 된다. 그뿐만 아니라 큰 강을 건넜기 때문에 어떤 어려움에도 대처할 수 있다.

'수괘'는 앞서 나온 '둔괘', '몽괘'와는 비슷한 면이 없다. '수괘'에서는 사람들에게 과감하게 앞으로 나아가고 사소한 일에 신경 쓰지 말며 강건하게 대처하면 된다고 했다. 물론 가장 중요한 것은 '수괘'에서는 '구오九五'가 중심 되는 위치에 있어서 큰 강을 건너기에 유리하다는 점이다. 큰 강을 건너기에 유리하므로 앞을 향해 직진하기에 적합한 것이다.

그래도 우리는 기다림을 통해 적절한 기회를 잡아 행동하는 법을 배워야 한다. 흔히 "기회는 준비하는 자에게 주어진다"라는 말을 자주 하는데, 군자도 마찬가지로 음식으로 몸을 보양하는 한편 여가생활을 통해 정신을 가다듬고 적절한 때가 오기를 기다렸다가 실력을 발휘해야 한다.

---

management point

경영자가 성실과 신의를 지키고 공명정대하며 바른 도를 지키며 기다릴 줄 안다면 어려움을 당해도 순조롭게 이겨낼 수 있다.

위험을 무릅쓰면 안 되는 이유

初九, 需于郊, 利用恒, 无咎.(초구, 수우교 이용항 무구)

≪象≫曰: "需于郊", 不犯難行也, "利用恒无咎", 未失常也.(상왈: 수우교 불범난행야 이용항무구 미실상야)

九二, 需于沙, 小有言, 終吉.(구이, 수우사 소유언 종길)

≪象≫曰: "需于沙", 衍在中也, 雖小有言, 以終吉也.(상왈: 수우사 연재중야 수소유언 이종길야)

九三, 需于泥, 致寇至.(구삼, 수우니 치구지)

≪象≫曰: "需于泥", 災在外也, 自我致寇, 敬愼不敗也.(상왈: 수우니 재재외야 자아치구 경신불패야)

▲ 郊: 성밖 교 / 恒: 항상 항 / 咎: 허물 구 / 衍: 넘칠 연(여유 있음) / 泥: 진흙 니(이)

【해석】

초구: 교외郊外에서 기다리는 것을 말한다. 항심恒心을 가지고 대처하면 이로우니 그렇게 하면 허물이 없을 것이다.

≪상전≫에서 말하기를, 교외에서 기다린다는 것은 어려움을 무릅쓰고 무모하게 행동하지 않음을 말한다. 항심을 갖고 대처해야 이롭다는 것은 충동에 이끌리지 않고 바른 도를 따르기 때문이다.

구이: 모래벌판에서 기다리니 다소 헐뜯는 말이 들리나 결국에는 상서로울 것이다.

≪상전≫에서 말하기를, 모래벌판에서 기다린다는 것은 마음이 조급하지 않고 여유가 있기 때문이다. 그러면 다소 헐뜯는 말이 들리더라도 전혀 동요

하지 않고 끝까지 기다리니 결국 상서롭게 된다.

구삼: 진흙탕에서 기다리니 도적을 불러들일 것이다.

≪상전≫에서 말하기를, 진흙탕에서 기다린다는 것은 재앙이 아직은 밖에 있다는 말이다. 따라서 이때는 스스로 도적을 불러들이지 않도록 삼가고 신중해야 한다.

⑤ 주역 경영

'수괘'에서는 '초구'에서부터 줄곧 '기다리는' 장소, 즉, 교외, 모래벌판, 진흙탕이 언급되는데 여기서는 아무리 기다려도 특별히 큰 재앙을 불러들이지는 않는다. 진흙탕에서 기다리면 도적을 불러들인다고 했지만, 행동을 삼가면 어떤 피해도 입지 않을 수 있다고 했다.

여기서 강조하는 것은 항심恒心, 즉 '변함없는 마음'이다. 사람에게 한결같은 마음이 없다면 일을 제대로 마무리하지 못하게 된다. 성공한 사람들은 대부분 "초지일관 변함없는 마음이 성공의 중요한 조건입니다"라고 말한다. 그리고 사람들에게 일어나는 재난 대부분은 자기 자신이 불러들인 것으로, 일을 신중하게 처리하지 못했기 때문에 재난이 발생하는 것이라고 했다. 그래서 일을 할 때는 반드시 사소한 부분까지도 세심하게 처리하는 것을 잊지 말아야 한다.

---

management point

어떤 일을 처리하든 반드시 '한결같은 마음(恒心)'을 유지해야 중도에 포기하는 일이 없다.

주변 형세 변화에 민감하라

六四, 需于血, 出自穴.(육사, 수우혈 출자혈)

≪象≫曰: "需于血", 順以聽也.(상왈: 수우혈 순이청야)

九五, 需于酒食, 貞吉.(구오, 수우주식 정길)

≪象≫曰: "酒食貞吉", 以中正也.(상왈: 주식정길 이중정야)

上六, 入于穴, 有不速之客三人來, 敬之, 終吉.(상육, 입우혈 유불속지객삼인래 경지 종길)

≪象≫曰: "不速之客來, 敬之終吉", 雖不當位, 未大失也.(상왈: 불속지 객래 경지종길 수부당위 미대실야)

▲ 穴: 구멍 혈 / 聽: 들을 청 / 速: 빠를 속 / 敬: 공경할 경 / 雖: 비록 수(~라 하더라도)

【해석】

육사: 피바다에서 기다리더라도 능히 험난한 구렁텅이에서 빠져나올 수 있을 것이다.

≪상전≫에서 말하기를, 피바다에서 기다린다는 것은 위기의 상황에서도 순리를 따라 변화를 받아들임으로써 벗어날 시기를 기다린다는 뜻이다.

구오: 술과 음식 가운데서도 기다리며 정도를 지키니 상서로울 것이다.

≪상전≫에서는 말하기를, 술과 음식 가운데서도 기다린다는 것은 곤경 속에서도 마음의 즐거움을 지킨다는 것으로, 이는 사리에 통달했다는 뜻이다. 그러므로 정도를 지키면 상서롭다고 했다.

상육: 험난한 구렁텅이에 빠졌을 때 불청객 세 사람이 찾아오리니, 그들을

공경으로 대하면 마침내 구원을 얻게 될 것이다.

《상전》에서 말하기를, 불청객 세 사람이 올 때 공경함으로 대하면 마침내 구원받게 되는 것은 비록 마땅한 위치에 있지 못하더라도 침착하게 정도를 지키며 때를 기다렸기 때문이다.

⑤ 주역 경영

'육사', '상육'에서 가장 다행인 것은 피바다에서 기다려도 벗어나고, 구렁텅이에 빠져도 구조해 줄 사람이 나타난다는 점이다. 어째서 이런 행운이 따르는 것일까? 여기에는 두 가지 비결이 있다. 첫째는 하늘의 뜻에 순응하여 천명을 거스르지 않았기 때문이고, 둘째는 공손한 자세로 사람을 대하며 예의를 지켰기 때문이다.

'구오'에서는 상괘의 중심으로 바른 자리(中正)를 얻었으므로 조건이 무척 좋다고 할 수 있다. 먹을 것과 입을 것이 모두 갖추어져 근심이 없더라도 바른 도를 지켜야만 향락에 빠져 의지를 잃지 않게 된다.

여기서 참된 즐거움이란, 술과 음식이 가져다주는 즐거움이 아니라 어떤 고난 속에서도 단정함을 잃지 않는 낙관을 말하는 것이다. 이런 상황을 종합해보면 '기다리면서 하늘의 뜻에 순응하고 바른 도를 지키며 겸손하게 사람을 대하는 도리'를 발견할 수 있다.

---

management point

새로운 프로젝트를 추진할 때는 반드시 시장의 수요라는 외부적 요인, 그리고 회사가 갖춘 내부적인 역량이나 자원이 얼마나 있는지 고려해야 한다. 이와 함께 경영의 과정에서는 바른 도를 지키고 신중함과 공경함으로 남을 대해야 어려움을 이겨낼 수 있다.

---

6. 송괘(訟卦)
시작 단계에서 다툼을 방지한다

訟: 有孚窒惕, 中吉, 終凶, 利見大人, 不利涉大川.(송: 유부질척 중길 종흉 이현대인 불리섭대천)

≪彖≫曰: 訟, 上剛下險, 險而健, 訟. "訟, 有孚窒惕, 中吉", 剛來而得中也. "終凶", 訟不可成也. "利見大人", 尚中正也. "不利涉大川", 入于淵也.(단왈: 송 상강하험 험이건 송. 송 유부질척 중길 강래이득중야. 종흉 송불가성야. 이현대인 상중정야. 불리섭대천 입우연야)

≪象≫曰: 天與水違行, 訟. 君子以作事謀始.(상왈: 천여수위행 송 군자이작사모시)

▲ 訟: 송사할 송 / 窒: 막을 질 / 惕: 두려워할 척 / 剛: 굳셀 강 / 險: 험할 험 / 見: 볼 견, 나타날 현(=現) / 淵: 못 연 / 尚: 오히려 상(높이다, 숭상하다)

【해석】

송괘(訟卦: 天水訟)는 '다투어 송사를 벌이는 것'을 상징한다. 성실한 마음을 품고 다투려는 생각을 누르고, 작은 것을 탐하다가 큰 것을 잃지 않도록 경계해야 한다. 다툼은 중도에 그만두면 상서롭지만 끝까지 가면 흉하다. 이때는 대인이 출현하는 것이 이로우며 큰 강(大川)을 건너기에는 이롭지 않다.

≪단전≫에서 말하기를, '송괘'는 양강陽剛이 위에 있고 험난함이 아래에 자리하여 음험하면서도 강건하므로 다른 사람과 다투어 송사를 벌이게 된다.

송사가 생기면 성실한 마음을 품어 다투려는 생각을 버리고 작은 것을 탐하느라 큰 것을 잃지 않도록 경계해야 한다. 중도에 그만둠이 상서롭다는 말은 강한 자가 다투어 송사할 때는 반드시 중용의 도를 지켜야 한다는 뜻이다. 끝까지 가면 흉하다는 것은 다투고 송사하는 방법으로는 아무것도 이룰 수 없다는 뜻이다. 대인이 출현하는 것이 이롭다는 것은 송사를 판결하는 데 정도를 지켜야 한다는 말이다. 큰 강을 건너기에 이롭지 않다는 것은 그렇게 하면 깊은 물에 빠질 수 있기 때문이다.

≪상전≫에서 말하기를, 하늘은 서쪽으로 돌고 강물은 동쪽으로 흘러 서로 어긋나게 운행함은 다툼이 발생하는 것이다. 군자는 이 괘의 이치를 살펴 일의 시작을 잘 도모해야 한다.

◎ 주역 경영

≪서괘전≫에서는 '송괘'에 대해 "음식에는 반드시 송사가 생긴다"라고 풀이했다. 여기서 '음식'은 무엇을 가리키는가? 당연히 '이익'을 말한다. 우리 주변을 살펴보면 모든 다툼은 바로 '이익'에 대한 갈등에서 시작되었음을 알 수 있다. 즉, 이익이 없으면 송사를 일으키지 않는다는 말이다. 그렇다면 이익의 충돌은 왜 생기는 것일까? 그것은 '성실한 마음이 없기' 때문이다. 즉, 송사가 생기는 이유는 이익이 충돌하기 때문이며, 이익이 충돌하는 것은 사람들의 성실한 마음이 사라졌기 때문이다.

분쟁의 근원은 이익 간의 충돌이며 충돌을 완화하기 위해 가장 중요한 것은 공명정대함을 유지하는 것이다. 일단 공정함을 잃고 한쪽으로 치우치면 반드시 혼돈이 생긴다. 또한 송사 양측이 다투는 것은 다 이익 때문이니 송사의 마지막에 가서는 결국 좋지 않은 인상만을 남기게 될 것이므로 "끝까지 가면 흉하다"라고 했다.

양측이 다투다가 어느 한쪽이 잘못됐다고 판명나지 않는 한 송사는 끊임없이 이어질 것이므로, 이때 '대인이 출현하는 것이 이롭다'라고 했다. 또한 송사가 주변에서 일어나면 큰일을 진행하는데 좋지 않은 영향을 주므로 '큰 강을 건너기에는 이롭지 않다'라고 했다.

---

management point

"시작이 반이다"라는 말이 있다. 이처럼 어떤 행동을 취하기 전에는 반드시 신중하게 고려하여 실패로 이어질 수 있는 모든 요인을 사전에 배제해야 한다. 이와 함께 다툼 대부분은 성실과 신의가 부족하여 생기는 것이므로 모든 사람(특히 경영자)은 성실과 신의를 지키는 데 신경을 써야 할 것이다.

소송은 무조건 피할 것

初六, 不永所事, 小有言, 終吉.(초육, 불영소사 소유언 종길)

≪象≫曰: "不永所事", 訟不可長也. 雖"小有言", 其辯明也.(상왈: 불영소사 송불가장야 수소유언 기변명야)

九二, 不克訟, 歸而逋, 其邑人三百戶, 无眚.(구이, 불극송 귀이포 기읍인삼백호 무생)

≪象≫曰: "不克訟, 歸逋竄也", 自下訟上, 患至掇也.(상왈: 불극송 귀포찬야 자하송상 환지철야)

六三, 食舊德, 貞厲, 終吉, 或從王事, 无成.(육삼, 식구덕 정려 종길 혹종왕사 무성)

≪象≫曰: 食舊德, 從上吉也.(상왈: 식구덕 종상길야)

▲ 永: 길 영 / 克: 이길 극 / 逋: 달아날 포 / 眚: 눈에 백태 낄 생(허물, 재앙) / 竄: 숨을 찬 / 患: 근심 환 / 掇: 주울 철 / 厲: 갈 려(위험)

【해석】

초육: 송사에 오래 얽매이지 않으면 말(言) 때문에 생긴 마찰이나 갈등이 다소 있더라도 결국에는 상서로울 것이다.

≪상전≫에서 말하기를, 송사에 오래 얽매이지 않는다는 것은 소송을 오래 끌지 말라는 말이다. 그렇게 되면 비록 구설에 휘말려 약간의 마찰이나 갈등이 있더라도 결국 시시비비가 분명히 가려질 것이기 때문이다.

구이: 소송에서 이기지 못하고 서둘러 귀가하는 모습이 마치 죄인이 도망가는 듯하나, 그 대신 삼백 호의 고을사람은 재앙을 면할 수 있다.

≪상전≫에서 말하기를, 소송에서 이기지 못하고 도망치듯 돌아간다는 것은 숨는 것이다. 지위가 낮은 사람이 지위가 높은 사람과 소송하면 장차 환란이 닥칠 것이 뻔하다.

육삼: 예전에 쌓아놓은 덕의 대가를 누리고 정도를 지키며 위험을 방지하면 결국에는 상서롭게 된다. 혹시 군왕의 대업을 보좌하는 일을 맡더라도 그 공을 자처하지 않을 것이다.

≪상전≫에서 말하기를, 예전에 쌓아놓은 덕의 대가를 누린다는 것은 상위의 양강에게 순종하여 상서롭다는 말이다.

🜁 주역 경영

여기에서는 송사에 대처하는 세 가지 방법에 대해 서술하고 있다. '초육'은 음효陰爻가 양의 자리에 위치하므로 실력만으로는 도저히 이길 수 없는 상태이므로 "송사에 오래 얽매이지 않는다"라고 했다. 따라서 말(言) 때문에 약간의 마찰이 있더라도 적당한 시기에 물러서면 상서롭게 된다. 이와 함께 무리하게 논쟁하지 말고 사리를 분명하게 밝히면 끝에 가서는 오해가 풀리고 사람들에게서 인정을 받게 된다.

'구이'에서는 송사에서 패한 후 서둘러 귀가하는 모습이 마치 죄인이 도망가는 듯한 모습이 나온다. 비록 소송에서 이기지는 못하더라도 물러서서 평안을 되찾은 후 훗날 다시 일을 도모하는 것이 현명하다는 말이다. 많은 사람이 이렇게 함으로써 마침내 재기를 위한 기회를 얻는 것을 자주 본다.

'육삼'에서는 과거에 쌓은 덕의 대가를 누리며 신중하게 세월을 보내므로 남과 더불어 다투지 않는다. 또한 다른 사람을 보좌하여도 그 공로를 독차지하지 않고 윗사람에게 돌린다. 이는 '곤괘'에서 말한 "혹 군왕을 보좌하게 되더라도 공을 이루고 자기 것으로 여기지 않아야 유종의 미를 거둘 것이다"*의 상황과 유사하다.

이 세 가지 상황을 종합해 보면, 될 수 있는 한 송사를 피하라는 메시지를 얻을 수 있다. 어쩌면 '송괘'의 궁극적인 의미는 세상 사람들에게 "송사를 피하라"고 권하는 데에 있는지도 모른다. 이는 마치 공자가 ≪논어≫에서 "송사를 처리하는 데 있어서는 나도 남만큼 잘할 수 있겠지만 나는 송사가 없어지기를 바란다"**라고 말한 것과 같다.

---

management point

회사를 경영하다 보면 이익분배 과정에서 이해 관계자들이 만족하지 못하고 갈등을 빚는 경우가 종종 있다. 이런 일을 처리할 때는 되도록 남과 송사를 벌이는 등 다투는 일을 피하여 둘 다 패망하는 일을 막아야 한다.

---

* 或從王事 无成有終 .(혹종왕사 무성유종)
** 聽訟 吾猶人也 必也使無訟乎 .(청송 오유인야 필야사무송호)

다툼의 끝은?

九四, 不克訟, 復卽命, 渝, 安貞吉.(구사, 불극송 복즉명 유 안정길)

≪象≫曰: "復卽命, 渝", 安貞吉不失也.(상왈: 복즉명 유 안정길부실야)

九五, 訟, 元吉.(구오, 송 원길)

≪象≫曰: "訟, 元吉", 以中正也.(상왈: 송 원길 이중정야)

上九, 或錫之鞶帶, 終朝三褫之(상구, 혹석지반대 종조삼치지)

≪象≫曰: 以訟受服, 亦不足敬也.(상왈: 이송수복 역부족경야)

▲ 復: 돌아올 복(마음을 돌이킴, 뉘우침) / 卽: 곧 즉(나아감) / 命: 목숨 명(천명, 올바른 도리)
/ 渝: 변할 유 / 碩: 클 석 / 鞶: 큰띠 반 / 帶: 띠 대 / 褫: 빼앗을 치

【해석】

구사: 소송에 이기지 못하니 마음을 돌려 바른 도리로 돌아가고 태도를 고쳐
편안한 마음으로 정도를 지키면 상서롭다.

≪상전≫에서 말하기를, 마음을 돌려 바른 도리로 돌아가고 태도를 고쳐
편안히 정도를 지키면 결코 손해를 보지 않는다.

구오: 송사를 분명하게 판결할 수 있으면 크게 상서롭다.

≪상전≫에서 말하기를, 송사를 분명하게 판결할 수 있어 크게 상서로운
것은 중정中正의 도를 행할 수 있기 때문이다.

상구: 혹 다툼에서 이겨 진귀한 가죽 띠를 하사받게 되더라도 하루에 세
번이나 그것을 빼앗길 것이다.

≪상전≫에서 말하기를, 송사를 벌여 옷을 하사받더라도 그것은 존경받을

만한 것이 못된다.

⑤ 주역 경영

'구사'는 양강陽剛의 기질을 가지므로 다투기를 좋아하지만 음陰의 자리에 있어 기꺼이 물러서서 송사하지 않는다. 우리 주변에는 불필요한 송사를 추진하다가 손해만 보고 후회하는 사람이 적지 않다. ≪주역≫에서는 송사에서 패한 후에는 '마음을 돌려 바른 도리로 돌아가' 처음의 태도를 바꾸고 정도를 지키라고 말한다.

'구오'에서는 양이 양의 자리에 있어 위치가 올바르니 중정의 도를 행한다고 할 수 있다. 그래서 송사에 휘말리더라도 그것은 분명히 남에게 모함을 받은 것이거나 오해에서 비롯된 것이다. 따라서 송사를 회피할 필요가 없으며 공명정대하게 송사를 판결해야 한다.

'상구'는 소송 때문에 상을 받게 되더라도 소송 기간에는 끊임없이 상황이 변화하므로 단기간에 받았던 상을 여러 차례 다시 빼앗길 수도 있다는 말이다. 그래서 ≪상전≫에서는 송사에서 이겨서 상을 받게 된 것은 존경받을 만한 일이 못 된다고 단호하게 밝힌다. 이 말은 사람들에게 아예 송사를 하지 말라고 충고하는 것이나 다름없다. 앞선 글에서 "군자는 이 괘의 이치를 살펴 일을 할 때 시작을 잘 도모해야 한다"*라고 언급한 것처럼, 일을 하기 전에는 신중하게 고민해야 하며 모든 일은 사전에 그 책임과 범위를 명확하게 밝혀 놓아야 송사할 일이 원천적으로 발생하지 않게 된다.

---

* 訟 君子以作事謀始.(송 군자이작사모시)

7. 사괘(師卦)
공정하고 공평하게

師: 貞, 丈人吉, 无咎.(사: 정 장인길 무구)

≪象≫曰: 師, 衆也. 貞, 正也. 能以衆正, 可以王矣. 剛中而應, 行險而順, 以此毒天下, 而民從之, 吉又何咎矣?(단왈: 사 중야. 정 정야. 능이중정 가이 왕의. 강중이응 행험이순 이차독천하 이민종지 길우하구의)

≪象≫曰: 地中有水, 師. 君子以容民畜衆.(상왈: 지중유수 사. 군자이용민휵중)

▲ 師: 스승 사(군사, 벼슬아치) / 丈: 어른 장(丈人: 지략과 덕망이 뛰어난 사람) / 應: 응할 응 / 毒: 독 독(공격함, 정벌함) / 容: 얼굴 용(담다) / 畜: 기를 축, 기를 휵(=慉)

【해석】

사괘(師卦: 地水師)는 '군대'를 상징한다. 정도를 지키면서 잘 분별하여 장자(長者, 덕망이 높고 능력이 뛰어난 사람)를 총사령관으로 삼으면 상서롭고 후환이 없을 것이다.

≪단전≫에서 말하기를, '사師'는 군사의 무리요, '정貞'은 바르게 한다는 뜻이니, 수많은 군사를 바르게 인도하면 왕의 대업을 이룰 수 있다. 총사령관은 강건하면서도 정도를 지켜 군왕과 교감하고, 위험한 전쟁을 수행하면서 군사들을 믿고 따르게 한다. 위험한 일을 행하면서 하늘의 이치에 순응하고 형법으로써 천하를 다스리면 백성이 기꺼이 따르게 된다. 이것이야말로 상서로운 징조이니 어찌 위험이 따르겠는가?

≪상전≫에서 말하기를, 땅 속에 물이 있는 것이 '사師'이다. 군자는 그것을 보고 백성을 포용하고 민중을 기른다.

ⓢ 주역 경영

≪서괘전≫에서는 "사師는 군사, 군대를 뜻한다"라고 했다. '군대'는 관리하거나 통솔해야 하므로, '사괘'에서 말하고자 하는 것은 조직이나 단체를 관리하는 방법이다.

조직을 관리할 때 가장 중요한 요소는 무엇일까? 당연히 조직의 리더인 '경영자'를 빼놓을 수 없을 것이다. 경영자는 조직 운영의 성패를 결정짓는 으뜸의 요소라고 할 수 있다. 그렇다면 경영자는 어떻게 조직을 관리해야 하는가? ≪주역≫에서는 그것을 한 마디로 즉, '공정함'으로 표현한다. 경영자가 공명정대한 원칙을 가지고 자신의 말과 행동을 바르게 할 때 그 단체는 탁월한 조직으로 거듭날 수 있다. 그러나 현실에서는 경영자 대부분이 공평과 공정을 말로만 앞세울 뿐, 진정으로 이를 실천하기란 쉽지 않다.

---

management point

조직 관리의 핵심은 '공평과 공정함'이다. 탁월한 경영자가 되려면 솔선수범하여 바른 도를 지켜 나가야 한다.

규율과 제도는 조직의 생명

初六, 師出以律, 否臧凶.(초육, 사출이율 부장흉)

≪象≫曰: "師出以律", 失律凶也.(상왈: 사출이율 실률흉야)

九二, 在師, 中吉, 无咎, 王三錫命.(구이, 재사 중길 무구 왕삼석명)

≪象≫曰: "在師中吉", 承天寵也. "王三錫命", 懷萬邦也.(상왈: 재사중
길 승천총야 왕삼석명 회만방야)

六三, 師或輿尸, 凶.(육삼, 사혹여시 흉)

≪象≫曰: "師或輿尸", 大无功也.(상왈: 사혹여시 대무공야)

▲ 否: 아닐 부 / 律: 법 율(률) / 臧: 착할 장 / 否臧(부장): 불선(不善), 불량 / 在師(재사):
군대를 통솔함 / 錫命(석명): 포상 명령을 내림 / 寵: 괼 총(사랑하다, 은혜) / 懷: 품을 회(마음,
정) / 或: 혹 혹(있다) / 輿: 수레 여 / 尸: 주검 시 / 輿尸(여시): 수레로 시체를 실어나름(패전의
상황)

【해석】

초육: 군대가 출동할 때는 군율로 통제해야 하며, 군기가 바로 잡히지 않으면
반드시 흉함이 있을 것이다.

≪상전≫에서 말하기를, 군대가 출동할 때 군율로 통제해야 한다는 것은
규율을 잃으면 반드시 흉하다는 말이다.

구이: 군대를 통솔할 때 중용의 도를 지키면 상서롭고 어려움이 없을 것인
바, 왕이 여러 차례 명을 내려 치하할 것이다.

≪상전≫에서 말하기를, 군대를 통솔할 때 중용의 도를 지키니 상서로울
것이라 함은 천자의 은총을 받음을 말하고, 왕이 여러 차례 명을 내려 치하할

것이라 함은 천하를 위로하고 어루만질 뜻을 가지고 있음을 말한다.

육삼: 군대가 전쟁터에서 시체를 싣고 돌아올 것이니 흉하다.

≪상전≫에서 말하기를, 군대가 전쟁터에서 시체를 싣고 돌아올 것이라 함은 출병이 완전히 실패했음을 말한다.

☯ 주역 경영

'초육'에서는 출병을 준비하는 모습이 나온다. 이는 마치 조직이 경영자의 지시를 따라 새로운 프로젝트에 착수하는 모습과도 같다. 이때 가장 중요한 것은 각종 관리 시스템을 수립하고 개개인이 맡을 직책을 명확하게 규정하는 일이다. 이렇게 하지 않으면 내부 관리가 혼란스러워지고 만다. 많은 기업이 관리에 필요한 내부 제도를 마련하고 있지만 그것이 종종 유명무실해지는 것은 그러한 내부 제도를 철저하게 집행하는 데 실패했기 때문이다.

'구이'에서는 경영인으로서 군대나 단체를 통솔할 때 객관적인 중도中道를 지키는 것이 무엇보다 중요하다고 강조한다. 여기서 '중도'는 중용中庸의 도, 즉, 모든 것을 적절하게 처리하는 것을 말하며 이렇게 하면 반드시 길하다. 그래서 ≪상전≫에서는 이러한 중도를 지키면 "천자의 은총을 받게 된다"라고 했다. '중용'은 곧 '스스로 그러한 자연의 도'이자 '하늘의 도'이며 중용의 도를 행하면 '하늘보다 앞서서 행동하여도 어긋나지 않으며, 하늘보다 뒤서거니 행하여도 하늘의 변화 규칙을 따르는'* 경지에 이르게 된다. 따라서 경영자는 자연히 그 보상을 받게 되는 것이다.

'육삼'에서는 출병이 이롭지 않다고 말한다. 그 이유는 무엇일까? 왜냐

---

* 先天而天弗違 後天而奉天時.(선천이천불위 후천이봉천시)

하면 육삼은 음효陰爻로서 양의 자리에 있는 데다, 유약함이 강건함을 누르고 있는 형상이기 때문이다. 이런 상황에서 출병하게 되면 반드시 좋은 결과를 얻을 수가 없으므로 결국 '전쟁터에서 시체를 싣고(輿尸) 돌아오고', '출병이 완전히 실패하고 마는' 상황에 이르게 된다.

---

management point

조직의 경영자라면 가장 먼저 조직의 제도와 규율을 마련하여 조직 내 각 구성원의 직책과 업무 내용을 명확하게 규정해야 할 필요가 있다. 그리고 이를 바탕으로 적당한 사람을 그에 걸맞은 자리에 배치하여 모든 사람이 각자의 능력을 최대한 발휘하게 해야 한다.

소인 절대 등용금지

六四, 師左次, 无咎.(육사, 사좌차 무구)

≪象≫曰: "左次, 无咎", 未失常也.(상왈: 좌차 무구 미실상야)

六五, 田有禽, 利執言, 无咎. 長子帥師, 弟子輿尸, 貞凶.(육오, 전유금 이집
언 무구. 장자솔사 제자여시 정흉)

≪象≫曰: "長子帥師", 以中行也. "弟子輿尸", 使不當也.(상왈: 장자솔
사 이중행야. 제자여시 사부당야)

上六, 大君有命, 開國承家, 小人勿用.(상육, 대군유명 개국승가 소인물용)

≪象≫曰: "大君有命", 以正功也. "小人勿用", 必亂邦也.(상왈: 대군유
명 이정공야. 소인물용 필난방야)

▲ 左次(좌차): 군대를 철수시킴 / 常: 항상 상(법, 전법) / 禽: 날짐승 금 / 帥: 장수 수, 거느릴
솔(=率) / 開國(개국): 새로 제후를 봉함 / 承家(승가): 대부로 임명해 세습케 함

【해석】

육사: 군대를 철수시켜 뒤에 주둔하여 지키면 화가 없을 것이다.

≪상전≫에서 말하기를, 군대를 철수시키므로 화가 없을 것이라 함은 아직
용병술의 통상적인 법도를 잊지 않았기 때문이다.

육오: 논밭에 들짐승이 있으니 잡아야 이롭고 재앙이 없을 것이다. 강인하고
중용의 도를 행하는 장자가 군대를 이끌고 출정하는 것은 가능하지만, 어리
석고 비속한 소인은 반드시 시체를 싣고 패퇴하고 말 것이니, 정도를 지켜야
흉함을 막을 수 있다.

≪상전≫에서 말하기를, 강인하고 중용의 도를 행하는 장자가 군대를 이끌

고 출정함이 가능하다는 것은 그가 중도를 지키며 처신하기 때문이다. 어리석고 비속한 소인은 반드시 시체를 싣고 패퇴할 것이라 함은 그를 장수로 임용하는 것이 타당치 않음을 말한다.

상육: 군왕이 명령을 내려 공신에게 상을 주어 격려하거나 제후에 봉하고 혹은 대부에 임명할 때 소인은 중용하지 말아야 한다.

≪상전≫에서 말하기를, 군왕이 명을 내리는 것은 공적을 평가한 것이다. 소인을 중용하지 말아야 한다는 것은 소인을 중용하면 반드시 나라가 혼란스러워질 것이기 때문이다.

☯ 주역 경영

'좌차(左次, 군대를 철수시킴)'는 '퇴각'의 뜻으로 이해할 수 있다. '육사'는 음효로서 음의 자리에 있으므로 다른 사람과 다투기에 적합하지 않으므로 철수하는 것이 현명하다. 기회를 살피어 물러서야 할 때는 물러서야 한다는 말이다.

'육오'는 음효가 양의 자리에 있으므로 재능 있는 인재를 골라 군대를 통솔케 하는 것이 적합하다. 그래서 장자長者가 군대를 이끌고 출정하게 해야 하며, 그렇지 않을 경우 국가를 위험에 빠뜨릴 수 있다는 것이다. 전쟁이 끊이지 않던 춘추전국시대에는 이러한 상황이 무수히 발생했다.

'상육'에 이르면 논공행상論功行賞의 단계가 되는데, 이때 장수들은 전공을 객관적으로 평가하여 재능있는 자에게 상을 주고 무능하고 품행이 저속한 소인은 멀리해야 한다.

이때는 반드시 정도를 지키고 공명정대하게 행동해야 하는데, 그렇지 않으면 조직의 혼란을 가져올 수 있다.

이런 내용은 오늘날 기업의 경영에도 연계시켜 생각해 볼 수 있다.

우선 조직을 경영하는데 가장 첫번째 업무는 제도를 정비하여 각종 직책을 명확히 하는 것이다. 둘째, 조직을 이끌기 위해서는 반드시 중용의 도를 지켜야 하며, 셋째, 물러서야 할 때를 잘 파악하여 맹목적으로 전진해서는 안 된다. 넷째, 조직의 경영자는 반드시 재능과 덕을 겸비한 인재여야 하며 소인을 임용하면 실패할 수밖에 없다는 사실을 알아야 한다. 다섯째, 반드시 공명정대하게 공을 가려 상벌을 처리해야 한다.

---

management point

재능과 덕을 겸비한 사람을 조직의 경영자로 임용하고, 또한 객관적이고 신뢰할 만한 사실을 근거로 공적을 평가하고 상벌을 내려야 한다. 이와 함께 운영의 효율을 떨어뜨리는 등 조직에 악영향을 미치는 직원은 서서히 멀리해야 한다.

---

8. 비괘(比卦)
리더를 따른다는 것

比: 吉. 原筮, 元, 永貞, 无咎. 不寧方來, 後夫凶.(비: 길. 원서 원 영정 무구. 불녕방래 후부흉)

≪彖≫曰: '比, 吉也. 比, 輔也, 下順從也. "原筮, 元, 永貞, 无咎", 以剛中也. "不寧方來", 上下應也. "後夫凶", 其道窮也.(단왈: 비 길야. 비 보야 하순종야. 원서 원 영정 무구 이강중야. 불녕방래 상하응야. 후부흉 기도궁야)

≪象≫曰: 地上有水, 比. 先王以建萬國, 親諸侯.(상왈: 지상유수 비. 선왕이 건만국 친제후)

▲ 比: 견줄 비(따르다, 좇다) / 原: 근원 원 / 筮: 점대 서 / 輔: 덧방나무 보(보좌, 도움)

【해석】
비괘(比卦: 水地比)는 '존경하여 가까이 따르는 것'을 상징한다. 상서로우니 잘 살펴서 가부可否를 결정해야 한다. 만일 섬길 대상이 존귀하고 덕망이 높은 데다, 변함없이 정도를 지킬 수만 있다면 화는 없을 것이다. 순순히 복종하지 않던 나라까지도 다 달려와 섬기게 될 것이다. 그러나 뒤늦게 따르는 자는 흉할 것이다.

≪단전≫에서 말하기를, '비比'는 상서롭다. '비'는 섬기며 따른다는 뜻으로 아래에 있는 여러 음효가 양강한 군왕에게 순종함을 가리킨다. "자세히 살펴서 섬길 대상을 결정해야 하는데 그 대상이 존귀하고 어른스러운 덕을 갖추

었으며 오래토록 변치 않고 정도를 지킬 수 있으면 화는 없다"라는 것은, 구오가 강건하면서 거중(居中, 세 효의 가운데 있음)하기 때문이다. 순순히 복종하지 않던 나라까지도 달려와 섬기며 따른다는 것은 상하가 호응하기 때문이다. 뒤늦게 따르는 자는 흉할 것이라 한 것은 그가 이미 곤경에 빠졌기 때문이다.

≪상전≫에서 말하기를, 땅 위에 물이 있음은 '따름', '가까이 함'을 상징한다. 선왕들은 이 괘의 이치를 살펴 만국을 세우고 제후와 친근히 지냈다.

⑤ 주역 경영

경영에서 가장 큰 어려움은 무엇일까? 그것은 윗사람과 아랫사람 사이의 장벽을 허물고 서로 화합하게 하는 것이다. 상사가 아무리 좋은 솔루션을 제시했다고 하더라도 이를 실행하는 부하 직원이 없다면 결국 경영자의 아이디어는 유명무실한 탁상공론이 되고 말 것이다. 하지만, 오늘날 적지 않은 기업에서 이러한 상황이 발생한다. '비괘'는 바로 이런 상황을 겨냥하고 있다.

조직 내 상하계급 간의 조화를 이루기 위해서 가장 중요한 것은 '비', 즉, 상하가 서로 '따르게 하는' 것이다. 특히 사람 사이의 정情의 가치를 중요시하는 유교사회에서는, 경영에 이 점을 활용하면 상하계급 간에 서로 따르게 하는 것이 가능할 것이다.

그렇다면 따르게 해야 할 대상은 도대체 누구란 말인가?

괘사에서는 이에 대해 "만일 섬길 대상이 존귀하고 어른스러운 덕이 있는 데다 변치 않고 정도를 지킨다면 화는 없을 것이다"라고 명확히 밝히고 있다. '존귀하고', '어른스러우며', '정도를 지키는' 이 세 가지 덕을 갖춘 상사라면 안심하고 일을 맡기며 따르면 된다.

인품과 덕의 깊이를 보고 부하 직원을 채용하면 일이 흐지부지되는 일은 없을 것이다. 부하 직원은 존귀하고 어른스러우며 올바른 길을 가는 상사를 따르고 상사 또한 이러한 부하 직원을 아끼면 조직 내부에서는 상하 계층이 서로 화합하여 계급 간에 불협화음이 생기지 않을 것이다.

따르고 섬길 때는 성실히

初六, 有孚比之, 无咎, 有孚盈缶, 終來有他, 吉.(초육, 유부비지 무구, 유부영부 종래유타 길)

≪象≫曰: 比之初六, 有他吉也.(상왈: 비지초육 유타길야)

六二, 比之自內, 貞吉.(육이, 비지자내 정길)

≪象≫曰: "比之自內", 不自失也.(상왈: 지지자내 부자실야)

六三, 比之匪人(육삼, 비지비인)

≪象≫曰: "比之匪人", 不亦傷乎?(상왈: 비지비인 불역상호)

▲ 孚: 미쁠 부(믿음) / 盈: 찰 영 / 缶: 장군 부(술독) / 他吉(타길): 의외의 상서로움/ 匪:(=非)

【해석】

초육: 성실한 마음으로 섬기고 따르면 허물이 없을 것이다. 마음에 성실함이 가득하면 항아리에 맛있는 술이 가득 찬 것과 같아서 뜻밖의 상서로움이 있을 것이다.

≪상전≫에서 말하기를, 시작 단계에서 섬기고 따르면 뜻밖의 상서로움이 있을 것이다.

육이: 마음속으로부터 섬기고 정도를 지키면 상서로울 것이다.

≪상전≫에서 말하기를, 마음속으로부터 섬기고 따른다는 것은 자신의 진심을 잃지 않기 때문이다.

육삼: 섬기며 따르고자 하나 마땅한 사람을 만나지 못한다.

≪상전≫에서 말하기를, 섬기며 따르고자 하나 마땅한 사람을 만나지 못하

니 어찌 슬프지 아니한가?

⑤ 주역 경영

'섬기며 따르면' 좋은 관계를 유지할 수 있는데, 여기에는 인정人情의 가치가 중요하게 작용한다. 그러나 인정을 지나치게 강조하면 공정하지 못하고 부당한 대우를 받을 수 있다.

　이 때문에 경영자는 반드시 두 가지 방면에서 부하 직원을 평가할 수 있어야 한다. 하나는 성실과 신의信義를 갖추었는지를 알아야 한다. 성실과 신의는 가장 중요한 요소이므로, 성실과 신의 없이는 누군가를 따르는 것이 아무런 의미가 없다. 둘째, 정직한 인품과 덕을 가지고 있느냐의 여부를 살펴야 한다. 인품과 덕은 인재를 채용할 때 살펴야 하는 가장 기본적인 요건이다. 인품과 덕이 없는 사람이 상사를 따른다면 결국 계파를 만들어 조직의 분열을 가져올 수 있다.

　물론 부하 직원이 어느 상사를 따라야 하느냐는 충분히 고민해봐야 할 문제이다. 만약 부당한 사람을 따르게 된다면 자신까지도 불리한 처지에 놓일 수 있기 때문이다. 예를 들어 도적 같은 이를 따르게 된다면 자신도 피해를 입을 수 있다.

> *management point*
>
> 직장인이라면 반드시 세 가지 소양을 갖추어야 한다. 그것은 각각 성실과 신의를 갖추고, 인품과 덕이 탁월해야 하며, 사물을 바라보는 명확한 판단력이 있어야 한다. 이러한 세 가지 소양을 갖추면 순조롭고 안정적인 직장 생활을 할 수 있다.

윗사람의 권위

六四, 外比之, 貞吉.(육사, 외비지 정길)

《象》曰: 外比于賢, 以從上也.(상왈: 외비우현 이종상야)

九五, 顯比, 王用三驅, 失前禽, 邑人不誡, 吉.(구오, 현비 왕용삼구 실전금 읍인
불계 길)

《象》曰: "顯比"之吉, 位正中也; 舍逆取順, 失前禽也; 邑人不誡,
上使中也.(상왈: 현비지길 위정중야 사역취순 실전금야 읍인불계 상사중야)

上六, 比之无首, 凶.(상육, 비지무수 흉)

《象》曰: "比之无首", 无所終也.(상왈: 비지무수 무소종야)

▲ 于: 어조사 우(＝於) / 顯: 나타날 현(밝게 드러냄. 공명정대함) / 驅: 몰 구 / 舍: 집 사(＝捨,
버릴 사) / 取: 취할 취 / 使: 하여금 사(사용)

【해석】

육사: 외부에서 섬기며 따르니 정도를 지키면 상서로울 것이다.

《상전》에서 말하기를, 외부에서 현인을 섬기며 따른다는 것은 윗사람에게
순종함을 말한다.

구오: 사심 없이 강직하고 바르게 천하를 따르도다. 임금이 사냥을 할 때
삼면을 에워싸고 몰아붙이되 한쪽 면은 터놓아 짐승들이 달아나고 싶으면
얼마든지 달아날 수 있도록 하며, 고을 사람들에 대해서도 특별히 훈계하지
않으니 상서롭다.

《상전》에서 말하기를, 사심 없이 강직하고 바르게 따르는 일이 상서로운

것은 그 위치가 바르면서 중앙에 있기 때문이다. 순종하는 자는 받아들이고 거역하는 자는 놓아주므로, 전방의 짐승들이 달아나고 싶으면 얼마든지 달아나게 한다. 관할 고을 사람들에 대해서도 특별히 훈계하지 않는다는 것은 임금이 중도를 실행하기 때문이다.

상육: 남을 가까이 따를 때 시작 단계에서 머뭇거리는 등, 순조롭게 시작하지 못하면 흉하다.

≪상전≫에서 말하기를, 남을 가까이 따를 때 시작 단계에서 주저하는 등, 순조롭게 시작하지 못하면 좋은 결과가 있을 수 없다.

ⓢ 주역 경영

'육사'와 '육이'는 서로 대응한다. '육이'는 내괘(하괘를 말함)에 있으면서 외괘(상괘를 말함)의 '구오'를 따르므로 "내부에서 구오를 섬기며 따른다"라고 할 수 있다. 이에 반해 '육사'는 외괘에서 '구오'를 따르므로 "외부에서 구오를 따른다"라고 했다. '육사'가 상괘에 있기는 하지만 음효로서 음의 자리에 위치하여 유순하고 바른 자리에 있으므로 강건하고 바른 '구오'를 받들며 따를 수 있는 것이다.

'구오'는 존귀한 군왕의 자리로 사심 없이 강직하고 바르게 천하의 사람을 섬기니 그 은택이 천하에 퍼진다. 이러한 지도자는 특별히 강요하지 않아도 사람들이 저절로 따르게 된다. 그래서 삼면을 포위하고 몰아붙였을 때 순종하는 자는 거두어들이고 거역하는 자는 놓아주는 식의 자연스러운 방법으로 경영을 하는데, 이러한 경영 방식을 가리켜 지혜롭다고 한다.

'상육'에 이르면 난감한 상황이 발생한다. 높은 지위에 있지만 그 누구도 가까이 따르려고 하지 않고, 다른 이들이 하나같이 '구오'를 따르자 상육은 외톨이로 남게 된 것이다. 위로 따를 대상도 없고 아래로도 인심을 얻지 못하니 좋은 결과가 있을 수 없다.

'비패'에서 강조하는 것은 상하 계층 간에 조화를 이루려면 공통된 사상과 철학을 가져야 한다는 것이다. 그렇지 않으면 조직은 위기에 처하고 만다.

---

management point

경영자는 부하 직원에게 강요하는 것이 아니라 자연스러운 경영 방식을 통해 부하 직원이 능동적이고 적극적으로 일에 뛰어들게 해야 한다. 자신의 스타일과 맞지 않는 직원이 있다면 다그치거나 나무라지 말고 친근한 태도를 잃지 않으면서 서서히 멀리한다.

---

9. 소축괘(小畜卦)
축적함에 대하여

小畜: 亨, 密雲不雨, 自我西郊.(소축: 형 밀운불우 자아서교)

≪彖≫曰: "小畜", 柔得位而上下應之, 曰小畜. 健而巽, 剛中而志行,

乃亨. "密雲不雨", 尙往也; "自我西郊", 施未行也(단왈: 소축 유득위이상

하응지 왈소축. 건이손 강중이지행 내형. 밀운불우 상왕야 자아서교 시미행야)

≪象≫曰: 風行天上, "小畜", 君子以懿文德(상왈: 풍행천상 소축 군자이의문덕)

▲ 畜: 쌓을 축(=蓄) / 密: 빽빽할 밀 / 郊: 성밖 교 / 柔: 부드러울 유 / 健: 튼튼할 건 / 巽: 유순할
손(공손함) / 懿: 아름다울 의 / 密雲不雨(밀운불우): 구름이 잔뜩 끼었으나 비가 오지 않음

【해석】

소축괘(小畜卦: 風天小畜)는 '쌓아올려서 멈추게 함'을 상징한다. 형통하다. 구
름이 잔뜩 끼었으나 비가 내리지 않는 것은 그 구름이 서쪽 끝에서 날아왔기
때문이다.

≪단전≫에서 말하기를, '소축'은 음유가 마땅한 자리를 얻고, 상하의 양강이
모두 그에 호응하기 때문에 '소축'이라고 했다. 강건하면서도 겸손하고 유순
하며 양강이 가운데 위치하여 그 뜻이 실행될 수 있으므로 형통한 것이다.
구름이 잔뜩 끼었는데도 비가 내리지 않음은 양기가 아직 상승하고 있음을
말한다. 바람이 서쪽 바깥에서 불어온다는 것은 음양이 사귀기 시작했으나
아직은 효과가 충분히 발휘되지 않고 있음을 말한다.

≪상전≫에서 말하기를, 바람이 하늘에서 부는 것은 아주 작은 축적을 상징한다. 군자는 이 괘의 이치를 살펴 자신의 학문과 덕을 쌓아 기른다.

🌓 주역 경영

'소축괘'는 '쌓아올려서 작게 이루는 것'을 상징한다. 그러나 아직 그 뜻을 펼칠 단계에는 이르지 못하였다. 이때는 자신의 인품과 덕을 부단히 수양하면서 때를 기다려야 할 것이다.

'소축괘'는 하나의 음陰이 다섯 개의 양陽 사이에 있으므로 작은 것이 큰 것을 축적한다고 할 수 있지만, 그 축적이 미미하므로 '소축'이라고 한다. 그러나 이 때문에 부드러운 음이 주도적인 위치에 있는 다섯 양을 축적하므로 이는 강건한 '구오'의 행위에는 도움이 될 것이다. 따라서 이렇게 하면 자연히 형통하게 되는 것이다.

자신이 참모의 위치에 있다면 학식과 인품, 덕을 기르는데 힘쓰면서 언젠가 재능을 발휘하여 뜻을 펼칠 기회를 기다려야 한다. 물론 '소축'의 경지에 이르면 이미 보통 수준의 부하 직원은 아닌 셈이다. 그들은 상사의 결정이나 행동에 어느 정도 영향을 미칠 수 있는 존재, 혹은 전반적인 형세를 주도하는 중고위층 관리자의 수준이라고 할 수 있다.

---

management point

만약 당신이 '소축'이 상징하는 위치, 즉, 일정한 정책 결정권을 가진 중고위층 간부의 위치에 놓였다면 필요한 점은, 반드시 자신의 학식과 인품, 덕을 기름과 동시에 상사를 적극적으로 도와 더 많은 지원을 얻어낼 수 있어야 할 것이다.

길을 잘못 들어섰을 때

初九, 復自道, 何其咎? 吉.(초구, 복자도 하기구 길)

≪象≫曰: "復自道", 其義吉也.(상왈: 복자도 기의길야)

九二, 牽復, 吉.(구이, 견복 길)

≪象≫曰: 牽復在中, 亦不自失也.(상왈: 견복재중 역부자실야)

九三, 輿說輻, 夫妻反目.(구삼, 여탈복 부처반목)

≪象≫曰: 夫妻反目, 不能正室也.(상왈: 부처반목 불능정실야)

▲ 復: 돌아올 복 / 自道(자도): 자신의 원래 위치 / 義: 옳을 의(이치) / 牽: 끌 견 / 說: 벗을 탈(=脫) / 輻: 바퀴살 복 / 反目(반목): 서로 미워함

【해석】

초구: 제자리로 돌아왔으니 무슨 허물이 있겠는가? 상서로울 따름이다.

≪상전≫에서 말하기를, 제자리로 돌아옴은 이치상 상서로운 것이다.

구이: 초구에 이끌려 제자리로 돌아오니 상서롭다.

≪상전≫에서 말하기를, 초구에 이끌려 제자리로 돌아오는 것은 '구이'가 중심에 자리하기 때문이며 자신의 본질을 잃지 않아야 하기 때문이다.

구삼: 수레의 바퀴살이 빠지니, 부부가 갈등하고 불화한다.

≪상전≫에서 말하기를, 부부가 갈등하고 불화한다는 것은 아내를 바로잡을 수 없음을 말한다.

⑤ 주역 경영

여기서 말하는 것은 잘못을 범하는 초기에 즉시 깨닫고 바른 길로 돌아서면 아무런 피해도 없고 상서로울 것이라는 내용이다. 그러나 많은 사람이 자신의 의견만을 고집한 채 잘못된 길에서도 뉘우치지 않고 돌아서지 않아 결국 실패의 길로 들어선다.

'구삼'은 하괘下卦의 맨 위에 있어 기질이 강건하고 도도하면서 쉼 없이 움직이는 데다가 '육사'와도 근접해 있어, 결국 '육사'에 누름을 당한다. 둘은 서로 대치하고 충돌하나 '육사'가 음의 기질을 가지고 '구삼'을 타고 누르기 때문에 음기가 강해지고 양기는 쇠하게 된다.

급기야 '구삼'은 양이면서도 음을 제압할 수 없어 주도적인 지위를 잃고 음양의 균형이 깨진다. 이 같은 음양의 충돌을 피할 수 없어 끝내 수레바퀴가 빠지고 부부가 반목, 불화하는 괴리가 생기는 것이다. 그렇다면 어떻게 해야 이러한 위험을 피할 수 있는가? 거기에는 단 하나의 출구만 있을 뿐이다. 즉, 자신의 인품과 덕을 끌어올려 '육사'와의 관계에서 겸손하고 양보하는 태도를 보이는 것이다.

---

management point

자신이 잘못된 길을 걷고 있다는 것을 알게 됐을 때 그 어떤 요행 심리도 품지 말고 즉시 조치를 취해서 정확한 길로 돌아서야 한다.

성실과 신의

六四, 有孚, 血去惕出, 无咎.(육사, 유부 혁거척출 무구)

≪象≫曰: "有孚惕出", 上合志也.(상왈: 유부척출 상합지야)

九五, 有孚攣如, 富以其鄰.(구오, 유부연여 부이기린)

≪象≫曰: "有孚攣如", 不獨富也.(상왈: 유부련여 부독부야)

上九, 旣雨旣處, 尚德載, 婦貞厲, 月幾望, 君子征凶.(상구, 기우기처 상덕재
부정려 월기망 군자정흉)

≪象≫曰: "旣雨旣處", 德積載也. "君子征凶", 有所疑也.(상왈: 기우기
처 덕적재야 군자정흉 유소의야)

▲ 惕: 두려워할 척 / 攣: 걸릴 련(연관됨) / 攣如(연여): 긴밀히 결합함 / 鄰: 이웃 린(인) /
旣: 이미 기 / 處: 살 처(축적됨) / 載: 실을 재 / 厲: 갈 려(위험) / 幾: 기미 기(낌새) / 幾望(기망):둥글어짐

【해석】

육사: 마음이 진실하면 피해를 면하고 두려움에서 벗어나니 허물이 없을
것이다.

≪상전≫에서 말하기를, 마음이 진실하면 두려움에서 벗어날 수 있다는 것
은, (육사가 상위의 구오와) 의기투합함을 말한다.

구오: 진실하고 성실한 마음으로 긴밀히 협력하니 정성이 충만하여 그 이웃
에까지 영향을 미친다.

≪상전≫에서 말하기를, 진실하고 성실한 마음으로 긴밀히 협력한다는 것은
혼자만의 정성이 충만한 것이 아님을 말한다.

상구: 짙은 구름은 이미 비를 내리고 양의 기운이 축적되었으니, 고상한

공덕이 어느새 가득 쌓였구나. 부인은 정도를 지켜서 위험을 막아내야 하니, 마치 달이 둥글어져도 결코 가득 차지 않는 것과 같이 해야 한다. 이때 군자가 계속해서 나아가면 재난이 닥칠 것이다.

≪상전≫에서 말하기를, 짙은 구름은 이미 비를 내리고 양의 기운은 이미 축적되었다는 것은 공덕이 가득 쌓였음을 말한다. 이때 군자가 계속해서 앞으로 나아가면 재난이 닥칠 것이라 함은 형세가 변화, 발전하여 사람들이 의심할 것이기 때문이다.

ⓢ 주역 경영

'육사'는 '소축괘'의 괘주(卦主, 중심이 되는 효)로 '구오'에 가까이 있다. 옛말에 "임금과 친구하는 것은 호랑이와 벗 삼는 것과도 같다(伴君如伴虎)"라고 했다. 이는 조금이라도 신중하지 않으면 친근한 사이임에도 결국 죽임을 당하게 된다는 말이다. 그러나 '소축괘'에서 '육사'는 손해 없이 평안 무사할 뿐이어서 가히 "피해를 면하고 두려움에서 벗어난다"라고 할 만하다. 어째서인가? 그것은 마음이 진실하기 때문이다. '육사'에서는 성실과 신의로써 행동하여 '구오'가 지시한 모든 임무를 즉시 완성함으로써 '구오'를 감동시켜 그의 신임과 지지를 얻을 필요가 있다. 이것이 바로 '의기투합하는' 것이다.

'육사'가 '구오'에 대해 성실과 신의를 지키면 '구오'는 자연히 '육사'를 신뢰할 것이다. 그렇게 되면 '육사'는 '구오'의 지지를 등에 업고 부단히 자원을 늘려갈 수 있는 것이다. 이것 역시 지혜로운 경영자가 해야 할 행동이며, 따라서 재능을 갖춘 부하 직원이 나타나면 적극적인 지원을 아끼지 말아야 할 것이다.

'상구'에 이르면 위험한 상황이 생기기 시작한다. '상구'는 '구오'를 위

116

에서 누르고 있으므로 소위 '손익'에 관한 의심을 받을 수 있다. 따라서 '상구'는 도덕적인 수양을 통해 정도를 지켜야 한다. 그렇지 않고 경솔하게 행동하면 '구오'의 의심을 사서 위험에 처할 수 있다.

---

management point

부하 직원이라면 다음 두 가지 사항에 유의해야 한다. 첫째, 약속을 지킴으로써 상사의 신임을 얻어야 한다. 둘째, 자신의 인품과 덕을 수양하여 겸손하고 성실하게 업무를 처리해야 한다.

그리고 지도자는 능력 있는 부하 직원에게 관심을 가지고 그를 적극적으로 지원함으로써 그가 더 높은 실적을 거둘 수 있게 도와야 한다.

---

10. 이괘(履卦)

신중히 행동한다는 것

履: 履虎尾, 不咥人, 亨.(이: 이호미 부질인 형)

≪彖≫曰: "履", 柔履剛也, 説而應乎乾, 是以"履虎尾, 不咥人, 亨".
剛中正, 履帝位而不疚, 光明也.(단왈: 이 유리강야 열이응호건 시이이호미 부질인
형. 강중정 이제위이불구 광명야)

≪象≫曰: 上天下澤, "履": 君子以辯上下, 定民志.(상왈: 상천하택 이 군자
이변상하 정민지)

▲ 履: 밟을 리 / 咥: 깨물 질 / 疚: 오랜 병 구(병폐) / 旣: 이미 기 / 辯: 말 잘할 변(=辨)

【해석】

이괘(履卦: 天澤履)는 '나아가 행함'을 상징한다. 호랑이 뒤를 밟는데도 사람을
물지 않으니 형통하다.

≪단전≫에서 말하기를, 나아가 행한다는 것은 음유한 자가 양강한 자의
뒤를 따라감을 말한다. 이때 음유한 자는 온화하고 기꺼운 마음으로 양강한
자와 호응, 화합해야 한다. 그렇게 하여 호랑이 뒤를 따라가는데도 호랑이가
사람을 물지 않는다면 형통한 것이다. 양강이 중앙의 자리(中正)에서 정도를
지키므로 제왕의 지위에 올라서도 폐단을 피할 수 있으니 광명정대하다.

≪상전≫에서 말하기를, 위는 하늘이요, 아래는 호수와 못이니 예禮를 따라
행함을 상징한다. 군자는 이 괘의 이치를 살펴 위와 아래를 바로잡고 백성의

뜻을 안정시킨다.

ⓒ 주역 경영

≪서괘전≫에서는 "물건을 쌓아올린 다음에는 예가 있는 법이니 그러므로 이괘履卦로 받는다(物畜然後有禮, 故受之以履)"라고 말한다. 여기서 '이履'는 곧 '예禮'를 말한다. '이괘'는 '예'의 중요성을 강조한다. '예'는 어디에 반영되는가? 본문에서는 '온화하게 기꺼이 하는 마음으로 양강한 자와 호응, 화합하고', '양강이 중앙의 자리에서 정도를 지킨다'라고 했는데, 여기에 '예'의 중요성이 강조되고 있다. 그렇게 되기만 하면 호랑이 뒤를 따라가도 물리지 않을 정도로 형통하게 되고 제왕의 지위에 올라서도 폐단을 피하는 경지에 이르게 된다.

'예'를 행하기 위해서는 반드시 규칙과 제도를 세워야 한다. 이는 ≪상전≫에서 "위 아래를 바로잡고 백성의 뜻을 안정시킨다"라고 한 말과도 상통한다. 모든 예법은 반드시 백성의 뜻에 부합되어야 하는데 그렇지 않으면 어떠한 예법도 삶 속에서 실천될 수 없다. 여기에서 '위 아래를 바로잡는다'는 것은 단순히 상하관계에서 계급의 높고 낮음만을 따진다는 것이 아니라 각 계층별 사람들의 직책을 분명히 한다는 말이다.

---

management point

경영자로서 가장 중요한 임무는 예법을 확정하는 것이다. 기업을 경영하는 과정에서는 관리 시스템을 명확히 하고 직책을 분명히 규정하여 직원들이 주어진 직책에 최선을 다하여 자신의 가치를 발휘하도록 유도하는 것이다.

명리를 탐하지 않는 사람

初九, 素履, 往无咎.(초구, 소리 왕무구)

≪象≫曰: "素履之往", 獨行願也.(상왈: 소리지왕 독행원야)

九二, 履道坦坦, 幽人貞吉.(구이, 이도탄탄 유인정길)

≪象≫曰: "幽人貞吉", 中不自亂也.(상왈: 유인정길 중부자란야)

六三, 眇而視, 跛而履, 履虎尾咥人, 凶, 武人爲于大君.(육삼, 묘이시 파이리 이호미질인 흉 무인위우대군)

≪象≫曰: "眇而視", 不足以有明也, "跛而履", 不足以與行也, "咥人之凶", 位不當也, "武人爲于大君", 志剛也.(상왈: 묘이시 부족이유명야 파이리 부족이여행야 질인지흉 위부당야 무인위우대군 지강야)

▲ 素: 흴 소(소박함) / 往: 갈 왕 / 坦: 평평할 탄 / 幽: 그윽할 유 / 眇: 애꾸눈 묘 / 跛: 절름발이 파 / 咥: 깨물 질

【해석】

초구: 소박한 태도로 처신하며 계속해서 앞으로 나아가니 재난이 없다.

≪상전≫에서 말하기를, 소박한 태도로 처신하며 계속해서 앞으로 나아간다는 것은 독자적으로 자신의 염원을 실천할 수 있음을 말한다.

구이: 평탄한 대로를 걸어 세상의 명리를 탐하지 않는 담박한 사람이 정도를 지키니 상서롭다.

≪상전≫에서 말하기를, 명리를 탐하지 않는 담박한 사람이 정도를 지키니 상서롭다는 것은, 자신의 내면세계를 스스로 어지럽히지 않음을 말한다.

육삼: 외눈박이면서 잘 볼 수 있다고 생각하고 절름발이면서 잘 걸을 수

있다고 생각하면, 호랑이의 뒤를 밟다가 물릴 것이니 그렇게 되면 흉하다. 그런 사람은 한낱 무인에 불과하니 오직 군주의 휘하에서만 능력을 발휘할 수 있다.

≪상전≫에서 말하기를, 외눈박이가 스스로는 잘 볼 수 있다고 생각해도 사물을 명확히 분별하기 어려우며 절름발이가 스스로는 잘 걸을 수 있다 해도 그와 함께 길을 가는 것은 불가능하다. 호랑이가 사람을 물어 흉함은 그 위치가 타당하지 않기 때문이다. 한낱 무인이니 군주의 휘하에서만 능력을 발휘할 수 있다는 것은 그 뜻이 굳세기 때문이다.

ⓒ 주역 경영

'초구'는 정상적인 예법에 근거해서 일을 도모하면 부당한 일을 만나지 않을 것이다. 여기서 핵심은 반드시 진정성 있고 순박한 태도로 임해야 한다는 것인데, 그렇게 하지 않으면 위기를 만나게 될 것이다.

가장 주목해야 하는 부분은 '구이'다. 평탄한 길을 걷다 보면 사람들은 태만해져서 신중함을 잃기 쉽다. 그러나 인생에서 대부분의 문제는 바로 평탄할 때 생겨나게 된다.

≪주역≫의 저자는 모든 일이 순조롭게 진행될 때야말로 정도를 지켜야 한다고 말한다. 그래서 "명리를 탐하지 않는 담박한 사람이 정도를 지키니"에서 '명리를 탐하지 않는 사람'이란 '구이'에서 양陽의 강인함을 지니면서도 겸허하게 음陰의 자리에 있는 사람을 상징한다. 비록 '구이'가 양효로서 음의 자리에 있기는 하지만 하괘의 중간에 있어 정도를 따르므로 어느 쪽으로도 치우치지 않는다.

'육삼'은 하괘의 맨 끝에 위치하고 음효로서 양의 자리에 있으니 문제가 비교적 심각하다. 외눈박이여서 보지 못하고 절름발이여서 걷지 못하기 때문에 쉽게 상처를 입을 수 있는데 문제의 원인은 간단하다. 바로 그 자리가 적당하지 않기 때문이다. 그렇다면 어떻게 해야 위험과 화禍를 피하고 상서로움을 회복할 수 있는가? 그 답은 바로 '군주의 휘하에 거처하며' 충성을 바치는 것이다. 그렇게 하면 '구오(군주를 상징함)'의 신임을 얻게 되어 위아래가 호응하여 길하게 된다.

---

management point

기업이 승승장구할 때는 자신감에 넘쳐 무리하게 사업을 확장하기 쉽다. 그럴 때일수록 어려운 시절을 잊지 않게끔 늘 경각심을 유지하면서 중용의 도를 지키고 무모한 행동을 피해야 한다. 이렇게 해야만 기업이 지속적이고 안정적으로 발전할 수 있다.

과거에서 미래의 교훈을 얻다

九四, 履虎尾, 愬愬, 終吉.(구사, 이호미 색색 종길)

≪象≫曰: "愬愬終吉", 志行也.(상왈: 색색종길 지행야)

九五, 夬履, 貞厲.(구오, 쾌리 정려)

≪象≫曰: "夬履貞厲", 位正當也.(상왈: 쾌리정려 위정당야)

上九, 視履考祥, 其旋元吉.(상구, 시리고상 기선원길)

≪象≫曰: 元吉在上, 大有慶也.(상왈: 원길재상 대유경야)

▲ 愬: 하소연 할 소, 놀라 두려워할 색 / 愬愬(색색): 놀라 두려워하는 모양 / 夬: 터놓을 쾌(＝決, 쾌할 쾌) / 祥: 상서로울 상 / 旋: 돌 선(몸을 돌리다)

【해석】

구사: 호랑이 뒤를 밟으면서도 끝까지 두려워하며 조심하면 마침내 상서로울 것이다.

≪상전≫에서 말하기를, 끝까지 두려워하며 조심하면 마침내 상서로울 것이라 함은 진취적인 뜻이 실현됨을 말한다.

구오: 결단성 있게 일을 하되 정도를 지키면 위험을 방비할 수 있다.

≪상전≫에서 말하기를, 결단성 있게 일을 하되 정도를 지켜서 위험을 방비한다는 것은 구오가 제왕의 자리에 있기 때문이다.

상구: 나아감의 과정을 돌아보고 길흉의 징조를 살핀 뒤, 돌아보아 스스로 반성하면 크게 상서롭다.

≪상전≫에서 말하기를, 나아감은 궁극에 이르러서야 비로소 크게 상서롭게

되는데, 그것은 아주 경사스러운 일이다.

ⓢ 주역 경영

'이괘履卦'에서는 세 차례나 "호랑이의 뒤를 밟는다"라는 말이 나오는데 그 결말은 각기 다르다. 괘사(卦辭, 각 괘에 대한 해석)에서는 호랑이의 뒤를 밟은 결과에 대해 "사람을 물지 않으니 형통하다"라고 했다. 이는 예법에만 부합되면 호랑이와 맞닥뜨리더라도 형통하게 된다는 말이다.

'육삼'의 효사(爻辭, 각 효에 대한 해석)에도 호랑이의 뒤를 밟는다는 말이 나오는데 그 결과는 좋지 않아 사람이 호랑이에게 물리고 만다. 이는 '육삼'이 음효로서 양의 자리에 있으니 허약하면서도 경거망동하여 '이' 의 도리를 위배했기 때문이다.

세 번째는 본문에서 언급된 것처럼 "호랑이 뒤를 밟으면서도 끝까지 두려워하며 조심하면 마침내 상서로울 것이다"라는 말이다. 이는 조심스럽게 신중함을 유지하면 결국 상서롭게 될 것이라는 뜻으로 괘사와 거의 일치하는 표현이다. 여기서 우리는 증자曾子가 ≪시경詩經≫을 빗대어 "깊은 못에 들어가듯, 살얼음을 밟듯 조심하고 또 조심한다"*라고 한 말을 떠올릴 수 있다. 인생은 이처럼 삼가고 조심해야 결국 상서롭게 된다.

'구오'는 양효가 양의 자리에 있고 제왕의 자리이니 과감한 결단이 필요하지만 반드시 지도자로서 정도를 지켜야 한다.

'상구'는 자세히 음미해 볼 만한 가치가 있는 부분이다. '상구'는 '이괘履卦'의 마지막 효로서 여정의 종점에 도달했다고 말할 수 있다. 이때는

---

* 戰戰兢兢 如臨深淵 如履薄氷.(전전긍긍 여림심연 여리박빙)

많은 사람이 나아가기만 할 뿐 물러섬을 몰라 결국에는 후회막급하게 되는 상황이 발생한다.

《주역》의 저자는 이 단계에서는 '나아감의 과정을 돌아보고 길흉의 징조를 살핌'으로써 성공과 실패, 득과 실을 종합하여 결과적으로 상서로움을 회복하라고 말한다.

---

management point

임무를 완수한 다음에는 반드시 지난 일을 돌아보고 그간의 득과 실, 성공과 실패를 가늠해보고 다음 행동에서 교훈을 삼아야 한다. 이렇게 하면 무슨 일을 하든지 순조롭고 원만하게 진행될 수 있다.

---

11. 태괘(泰卦)
소통의 중요함

泰: 小往大來, 吉, 亨.(태: 소왕대래 길 형)

≪彖≫曰: "泰, 小往大來, 吉, 亨." 則是天地交而萬物通也, 上下交而其志同也. 內陽而外陰, 內健而外順, 內君子而外小人, 君子道長, 小人道消也.(단왈: 태 소왕대래 길 형. 즉시천지교이만물통야 상하교이기지동야. 내양이외음 내건이외순 내군자이외소인 군자도장 소인도소야)

≪象≫曰: 天地交, "泰"; 后以財成天地之道, 輔相天地之宜, 以左右民.(상왈: 천지교 태 후이재성천지지도 보상천지지의 이좌우민)

▲ 泰: 클 태 / 小: 음(陰)을 지칭함 / 大: 양(陽)을 지칭함 / 交: 사귈 교 / 消: 사라질 소(소멸함)

【해석】

태괘(泰卦: 地天泰)는 '음양이 교감하여 원활히 소통함'을 상징한다. '음기는 올라가고 양기는 내려오니(小往大來)' 상서롭고도 형통하다.

≪단전≫에서 말하기를, 음양이 교감하여 상서롭고 형통하다는 것은 하늘의 기운과 땅의 기운이 교감하여 만물의 생장을 원활하게 하고 상하의 존귀함과 비천함이 교감하여 사람들의 뜻이 합치되는 것이다. 양강이 하괘에 있고 음유가 상괘에 있으며, 강건한 자가 하괘에 있고 유순한 자가 상괘에 있으며, 군자는 하괘에 있고 소인은 상괘에 있다. 그래서 군자의 바른 도가 날로 성장하고 소인의 사악한 도가 날로 소멸하게 된다.

≪상전≫에서 말하기를, 하늘과 땅이 만남은 원활한 소통을 상징한다. 군주는 이 괘의 이치를 살펴 하늘과 땅이 교감하는 도를 다듬어 세우고, 천지가 만물을 낳고 자라게 하기에 마땅하도록 보조하고 후원함으로써 백성을 도와야 한다.

⑤ 주역 경영

'태괘'는 하괘가 건乾이고 상괘가 곤坤이다. 땅이 위에 있고 하늘이 아래에 있어서 마치 두 괘의 위치가 뒤바뀐 듯한 모습인데 어찌하여 '태泰'라고 하는가? 그것은 ≪주역≫에서 말하는 근본, 즉, "교감하고 변화하는 가운데 비로소 상서로울 수 있다"라는 것이 가장 잘 실현된 형태이기 때문이다. 땅이 상승하고 하늘이 하강하면서 하늘과 땅이 교차하고 이로써 변화가 일어나 상서로운 것이다.

천지가 서로 만나면 만물이 나고 자라 형통하며, 건과 곤, 두 괘가 교차하면서 군주와 신하로 대표되는 상하계급의 뜻이 합치된다. 이렇게 되면 그 결과는 반드시 군자를 가까이 하고 소인을 멀리 하게 된다. 소위 "군자의 바른 도는 날로 성장하고 소인의 사악한 도는 날로 소멸한다"라는 말과 같다.

그렇다면 경영자는 하늘과 땅의 만남에서 무엇을 배울 수 있는가? 자연히 하늘과 땅의 도를 배우게 되고 이로써 소통과 교류의 힘에 의지하여 조직을 잘 경영할 수 있을 것이다.

> *management point*
> 경영자는 늘 부하 직원과의 소통할 수 있는 길을 열어 두어 기업의 상하 계층이 하나의 목표를 향해 달려가게 해야 한다.

언제나 평탄한 길은 없다

初九, 拔茅茹, 以其彙, 征吉.(초구, 발모여 이기휘 정길)

≪象≫曰: "拔茅征吉", 志在外也.(상왈: 발모정길 지재외야)

九二, 包荒, 用馮河, 不遐遺; 朋亡, 得尚于中行.(구이, 포황 용빙하 불하유
붕망 득상우중행)

≪象≫曰: "包荒", "得尚于中行", 以光大也(상왈: 포황 득상우중행 이광대야)

九三, 无平不陂, 无往不復; 艱貞无咎, 勿恤其孚, 于食有福.(구삼, 무평불
피 무왕불복 간정무구 물휼기부 우식유복)

≪象≫曰: "无往不復", 天地際也.(상왈: 무왕불복 천지제야)

▲ 拔: 뺄 발 / 茅: 띠 모 / 茹: 먹을 여(소·말을 기르다) / 包: 쌀 포 / 荒: 거칠 황 / 馮: 탈
빙 / 遐: 멀 하 / 亡: 망할 망(없음) / 尚: 오히려 상(보좌함) / 陂: 비탈 피, 방죽 파 / 艱: 어려울
간 / 恤: 구휼할 휼(우려, 걱정) / 除: 섬돌 제(끝, 마지막)

【해석】

초구: 풀을 뽑으면 그 뿌리가 엉키어 여러 포기가 함께 나오는 것은 그들이
같은 무리이기 때문이다. 이럴 때 앞으로 나아가면 상서로울 것이다.

≪상전≫에서 말하기를, 풀을 뽑듯이 앞으로 나아가면 상서로울 것이라고
함은 초구의 뜻이 밖으로 나가 발전을 도모하는 데 있기 때문이다.

구이: 거친 것을 포용하는 도량이 있으니 능히 큰 강물을 건널 수 있고 멀리
있는 사람을 배척하지 않으며 가까운 이들과 결탁하여 붕당을 결성하지도
않으니 중용의 도에 따라 행하는 군주를 보좌할 수 있다.

≪상전≫에서 말하기를, 거친 것을 포용하는 도량이 있어 중도에 따라 행하

는 군주를 보좌할 수 있음은 구이가 광명정대하기 때문이다.

구삼: 언제까지 평탄하기만 하고 비탈지지 않은 땅은 없으며, 언제까지 앞으로만 나아가고 돌아오지 않는 것은 없으니, 고난 속에서도 정도를 지키면 화를 면할 수 있다. 지나치게 걱정하지 말고 성실과 신의를 지키면 저절로 행복을 누리게 될 것이다.

≪상전≫에서 말하기를, 언제까지 앞으로만 나아가고 돌아오지 않는 것이 없다고 함은 구삼이 하늘과 땅이 만나는 곳에 있기 때문이다.

◎ 주역 경영

'초구', '구이', '구삼'은 모두 양효로 이루어져 있어서 동시에 같이 움직인다. 그래서 '풀을 뽑으면 그 뿌리가 엉키어 여러 포기가 함께 나오는' 것처럼 세 효가 서로 연결되어 있다. 이 세 효가 하나로 단결하면 앞으로 나아감에 어떤 것이 가로막을 수 있겠는가?

'구이'는 양효가 하괘의 가운데에 놓여 있고 위로는 '육오'와 대응하니 그 도량이 넓고 광명정대하다고 할 만하다.

'구삼'은 "언제까지 평탄하기만 하고 비탈지지 않은 땅은 없으며 언제까지 앞으로만 나아가고 후퇴하지 않는 것은 없다"라는 말의 이치를 잘 보여주고 있다. 이는 인생이 영원히 순조롭게 이어지리라는 법은 없으며 그렇다고 좌절만 연이어 나타나지 않는다는 진리를 말해준다. 따라서 위태로운 상황에 처하더라도 순탄하게 일이 풀리게 되리라는 희망을 잃지 말아야 한다.

지혜로운 경영자도 이와 같다. 일본 경제가 유례없는 경기침체로 허우적거릴 때 다른 회사는 하나같이 당면한 위기를 벗어나고자 머리를 싸매고 있었다. 그러나 마쓰시타 전기의 창업주, 마쓰시타 고노스케(松下幸之

助, 1894~1989)는 달랐다. 그는 잠시잠깐의 어려움을 벗어나려고 애쓰기보다는 향후 언젠가 경제가 되살아날 때를 목표로 하고 전략을 추진했다. 이 때문에 마쓰시타 전기는 업계에서 최고의 기업이 될 수 있었다. 이는 전 세계적으로 경제위기를 겪고 있는 기업의 경영자들이 마음에 새길 만한 교훈을 준다.

---

management point

위기는 한순간일 뿐이다. 따라서 위기에 봉착했을 때일수록 오히려 상황이 호전될 때를 대비할 줄 알아야 한다. 마찬가지로 성장과 번영도 영원한 것이 아니다. 따라서 일이 잘될수록 언제 닥치게 될지 모르는 위기와 좌절의 상황을 대비해야 한다.

잘될 때일수록 위기의식을 품어라

六四, 翩翩不富以其鄰, 不戒以孚.(육사, 편편불부이기린 불계이부)

≪象≫曰: "翩翩不富", 皆失實也; "不戒以孚", 中心願也.(상왈: 편편불부 개실실야 불계이부 중심원야)

六五, 帝乙歸妹, 以祉元吉.(육오, 제을귀매 이지원길)

≪象≫曰: "以祉元吉", 中以行願也.(상왈: 이지원길 중이행원야)

上六, 城復于隍; 勿用師, 自邑告命, 貞吝.(상육, 성복우황 물용사 자읍고명 정린)

≪象≫曰: "城復于隍", 其命亂也.(상왈: 성복우황 기명난야)

▲ 翩: 빨리 날 편 / 翩翩(편편): 새들이 나란히 날아가는 모양 / 鄰: 이웃 린 / 戒: 경계할 계 / 歸: 돌아갈 귀(시집가다) / 妹: 누이 매(소녀) / 祉: 복 지(복록) / 隍: 해자(垓字) 황

【해석】

육사: 훨훨 가볍게 날아 내려와 재물에 의지하지 않고도 주변 사람들의 지지를 얻을 수 있는 것은, 성실과 신의를 바탕으로 서로 충고할 필요 없이 가까이 따르기 때문이다.

≪상전≫에서 말하기를, 훨훨 가볍게 날아 내려와 재물에 의존하지 않는다는 것은 실속을 챙기지 않는다는 말이다. 서로 훈계할 필요 없이 가까이 따른다는 것은 내면의 소망이 부합되어 서로 한마음이 되었기 때문이다.

육오: 제을(帝乙, 은나라의 천자)이 어린 딸을 출가시켜 복을 얻고 크게 상서롭다.

≪상전≫에서 말하기를, 그로써 복을 얻고 크게 상서롭다는 것은 육오가

중용의 도를 지켜 좌우로 치우치지 않은 채 자신의 염원을 실현하기 때문이다.

상육: 공들여 쌓은 성벽이 성을 쌓아올리느라 파내었던 구덩이 속으로 다시 무너져 내리니, 이때는 군사를 일으키거나 대중을 동원해서는 안 된다. 오히려 공문을 발표하여 스스로 낮추어야 하나니 정도를 지켜도 유감이 없지 않다.

《상전》에서 말하기를, 성벽이 구덩이로 무너져 내림은 천명이 치세에서 난세로 바뀌는 시기에 이르렀음을 말한다.

🌀 주역 경영

'육사'는 상괘의 첫 번째 자리에 있어서 하괘를 이루는 양효와도 기운이 통하여 성실과 신의를 얻을 수 있다. 따라서 재물에 의지하지 않고도 주변 사람들의 지지를 얻을 수 있게 된 셈이다. 사실 어느 시대든 성실과 신의는 지극히 중요한 가치로 인정받아 왔다. 그래서 누구나 자신의 협력 파트너가 성실과 신의를 갖추기를 원하며, 재물에만 의존해서 다른 사람의 도움을 받고 싶어하지는 않는다. 그래서 "서로 충고할 필요 없이 가까이 따른다는 것은 내면의 소망이 부합되어 서로 한마음이 된 것이다"라고 말한 것이다.

'육오'는 상징의 의미다. 음효로서 양의 자리에 있기 때문에 반드시 재능 있는 사람의 지지를 얻어야 한다. 이때는 반드시 하괘의 '구이'와 교류해야 상서롭기 때문에 어린 딸을 출가시켜 음양의 장벽을 깨뜨리고 상하가 호응하며 뜻이 합치되게 했다. 그래서 "그로써 복을 얻고 크게 상서롭다"라고 한 것이다.

'상육'은 '태괘泰卦'에서 가장 중요한 괘다. 다른 괘는 모두 '크게 상서로움', '길함'을 얻을 수 있었지만 오직 '상육'만이 신중하게 처리하지 못해서 어려움에 부딪힌다. 이는 ≪주역≫의 저자가 강조하고자 한 "안일함이 극에 이르면 재앙이 닥친다(泰極否來)"라는 의미를 담고 있다. '상육'의 괘는 사람들에게 "안락함에 놓여 있을 때는 재앙이 닥칠 것을 미리 준비하라"는 내용을 일깨워준다. 이렇게 해야만 미연에 재난을 막거나 피할 수 있을 것이다.

---

management point

한 조직을 이끄는 리더의 위치에 있다면 반드시 재능 있는 인재를 발굴한 후, 그들과 소통하고 교류하여 기업의 상하계급 간에 뜻이 맞도록 해야 한다. 이와 함께 기업이 순조롭게 성장할 때는 언젠가 닥칠지 모를 위기를 항상 대비하는 자세도 갖추어야 한다.

---

12. 비괘(否卦)
때를 기다린다는 것

否: 否之匪人, 不利, 君子貞; 大往小來.(비: 비지비인 불리 군자정 대왕소래)

≪彖≫曰: "否之匪人, 不利, 君子貞; 大往小來." 則是天地不交而萬物不通也, 上下不交而天下无邦也. 内陰而外陽, 内柔而外剛, 内小人而外君子, 小人道長, 君子道消也(단왈: 비지비인 불리 군자정 대왕소래. 즉시천지불교이만물불통야 상하불교이천하무방야. 내음이외양 내유이외강 내소인이외군자 소인도장 군자도소야)

≪象≫曰: "天地不交, 否", 君子以儉德辟難, 不可榮以祿(상왈: 천지불교 비 군자이검덕피난 불가영이록)

▲ 否: 꽉 막힐 비 / 匪: (=非) / 邦: 나라 방 / 消: 사라질 소 / 辟: 임금 벽, 피할 피(=避)

【해석】

비괘(否卦, 天地否)는 '꽉 막혀 통하지 않음'을 상징한다. 막혀서 통하지 않는 것은 인간 세상의 정도가 아니므로 군자가 정도를 지키기에 불리하다.

≪단전≫에서 말하기를, 꽉 막혀서 통하지 않는 상태는 인간 세상의 정도가 아니므로 군자가 정의를 지키기에 불리하다. 양기가 올라가고 음기는 내려온다는 것은 하늘과 땅, 음과 양이 교감하지 못하여 만물의 생장이 순조롭지 못하고 군주와 신하가 서로 화합하지 못하여 한 나라를 이루지 못함을 말한다.

괘상卦象을 보면 음이 하괘에 있고 양이 상괘에 있다. 유순한 자가 하괘에 있고 강건한 자는 상괘에 있으며 소인은 하괘에 있고 군자는 상괘에 있음이다. 이로써 소인의 사악한 도가 날로 흥성하고 군자의 정도는 날로 쇠미하게 된다.

≪상전≫에서 말하기를, 하늘과 땅의 기운이 교감하지 않음은 막혀서 통하지 않음을 상징한다. 군자는 이 괘의 이치를 보아 재능과 덕을 감추고 드러내지 않음으로써 화를 피하고, 영예를 추구하거나 공을 독차지해서는 안 된다.

☯ 주역 경영

'비괘'는 하늘이 위에 있고 땅이 아래에 있어서 '태괘'와는 정확하게 반대되는 괘상이다. 이러한 괘상은 다음과 같은 결과를 초래한다. 즉, 하늘과 땅 사이에 변화가 없어 천지가 교감하지 못하게 되고, 천지가 교감하지 않으면 만물이 생겨나거나 자라지 못하게 된다. 이를 경영의 과정에 접목시켜 보면 상사와 부하 직원 사이에 소통의 기회가 없어서 조직의 상하 계층간 사고방식이나 목표가 일치되지 않아 힘을 합해 전진하기가 어려운 상황이다.

일단 어떤 조직이 '비괘'가 상징하는 단계에 이르면, 거의 소멸하게 된다고 볼 수 있다. 소인이 모든 것을 주도하고 능력 있는 사람은 외부에 격리되니 어찌 발전이 있겠는가?

그러나 사물의 발전이 극에 달하면 그 반대로 전환되게 마련이다. '비否'가 극에 이른 다음에는 필연적으로 '태泰'로 전환되게 되어 있다. 따라서 이때는 군자가 한발 물러나 재능을 감추고 덕을 수양할 뿐, 영화와 부귀를 도모하려고 해서는 안 된다.

군자의 길, 소인의 길

初六, 拔茅茹, 以其彙; 貞吉, 亨.(초육, 발모여 이기휘 정길 형)

≪象≫曰: "拔茅貞吉", 志在君也.(상왈: 발모정길 지재군야)

六二, 包承, 小人吉; 大人否, 亨.(육이, 포승 소인길 대인비 형)

≪象≫曰: "大人否, 亨", 不亂群也.(상왈: 대인비 형 불란군야)

六三, 包羞.(육삼, 포수)

≪象≫曰: "包羞", 位不當也.(상왈: 포수 위부당야)

▲ 拔茅茹(발모여): 띠풀을 뽑음 / 彙: 무리 휘 / 包: 쌀 포 / 亂: 어지러울 란 / 群: 무리 군 / 羞: 수치 수

【해석】

초육: 풀을 뽑는데 뿌리가 서로 연결되어 여러 포기가 함께 나오니, 그들이 같은 무리이기 때문이다. 군자가 정도를 지키면 상서롭고 형통할 것이다. ≪상전≫에서 말하기를, 풀을 뽑는데 뿌리가 서로 연결되어 있으니 정도를 지키면 상서롭다는 것은 군자는 여전히 위로 양강과 상응할 뜻이 있음을 말한다.

육이: 군왕의 포용을 받으며 그 뜻을 받드니 소인도 상서롭다. 대인은 꽉 막힌 상황에 기꺼이 순응하니 장차 형통할 것이다. ≪상전≫에서 말하기를, 대인이 꽉 막힌 상황에 기꺼이 순응하니 형통할 수 있다는 것은 군자는 뭇 소인과 함께 혼란에 휘말려 들지 않음을 말한다.

육삼: 포용되어 오히려 치욕을 당하도다.

≪상전≫에서 말하기를, 포용되어 오히려 치욕을 당한다는 것은 육삼의 위치가 부당함을 말한다.

⊙ 주역 경영

'비괘'에서는 군자에게 매우 높은 수준의 요구를 제시하고 있다. 즉, 부단히 삼가고 덕을 수양하며 위험을 피하고 부적절한 부귀영화를 거절할 줄도 알아야 한다는 것이다. 그 가운데서도 무엇보다도 중요한 것은 정직과 도를 지키는 것이다.

따라서 군자는 다음 세 가지를 행해야 한다. 첫째, 조직의 전반적인 발전을 도모할 뿐 개인의 사사로운 욕심을 드러내서는 안 된다. 둘째, 소인과 어울려 패거리를 만들거나 상사에게 아첨하지 말고 자기만의 명확하고 독립적인 견해를 가져야 한다. 셋째, 잘못을 포용해서는 안 되는데 그렇지 않으면 자기 자신을 수치스럽게 할 뿐이다.

---

management point

경영이 순조롭게 이뤄지지 않을 때는 자기만의 정직하고 독립적인 견해를 견지해야지 중간에 그것을 버리고서 상사의 잘못된 판단에 영합하거나 소인배들과 패거리를 지어 몰려다녀서는 안 된다.

영원한 실패는 없다

九四, 有命无咎, 疇離祉.(구사, 유명무구 주리지)

≪象≫曰: "有命无咎", 志行也.(상왈: 유명무구 지행야)

九五, 休否, 大人吉; 其亡其亡, 繫于苞桑.(구오, 휴부 대인길 기망기망 계우포상)

≪象≫曰: "大人之吉", 位正當也.(상왈: 대인지길 위정당야)

上九, 傾否; 先否後喜.(상구, 경비 선부후희)

≪象≫曰: 否終則傾, 何可長也!(상왈: 부종즉경 하가장야)

▲ 疇: 밭두둑 주 / 離: 떠날 리 / 其亡其亡(기망기망): 곧 망할 것 같은 상황 / 繫: 맬 계(묶음) / 苞: 그령 포(싸다, 덤불) / 桑: 뽕나무 상 / 祉: 복 지 / 傾: 기울 경(무너짐) / 喜: 기쁠 희

【해석】

구사: 천명을 받들면 재난이 없을 것이니 같은 무리가 서로 따르며 모두 복을 받을 것이다.

≪상전≫에서 말하기를, 천명을 받들면 화禍가 없을 것이라 함은, 막힘을 통함으로 전환하려는 뜻이 실행되기 때문이다.

구오: 꽉 막혀서 통하지 않던 국면이 끝나니 대인이 상서롭다. 장차 멸망할 수도 있다는 점을 명심하고 경계를 늦추지 않으면 마침내 뽕나무 떨기에 묶어 놓은 것처럼 견고해질 것이다.

≪상전≫에서 말하기를, 대인이 상서로움은 구오의 자리가 중정(中正)하고 마땅하기 때문이다.

상구: 꽉 막혀 통하지 않던 국면을 무너뜨리면 먼저 막힘이 있었기 때문에

결국에는 기쁨이 있다.

≪상전≫에서 말하기를, 막힘이 끝에 가면 반드시 무너지니, 어찌 오래갈 수 있겠는가!

🌀 주역 경영

'육삼'에서는 이미 소인의 기질이 극에 달하였으나 '구사'에 이르면 모든 것이 뒤바뀌어 대중이 단결함으로써 소인의 도에 대응하기 시작한다. '구사'는 '구오'에 인접해 있어 '구오'의 명령을 집행할 수 있으므로 '뜻이 실행된다'라고 한 것이다.

'구오'는 막혔던 상황이 종식되고 재능 있는 인재가 기회를 얻어 그 지혜를 발휘할 때가 되었다. 이 때문에 '대인이 상서롭다'라고 한 것이다. 여기서 강조하고자 하는 것은 "비否가 극에 달하면 태泰가 온다"라는 것이다. 머지않아 멸망할 것이라고 여길수록 상황을 바꾸려고 노력하면 점차 상황이 호전될 것이다. 이것은 역사를 발전으로 이끄는 필연적인 법칙이기도 하다.

'상구'에서는 아무리 난감한 상황이 닥쳐도 걱정하지 말라고 한다. 왜 인가? 위기가 극에 달하면 상황이 순조롭게 전환되기 때문이다. 이 세상에 영원한 재앙은 없는 법이다. 우리가 해야 할 것은 단지 정도를 지키면서 시기를 기다리는 것뿐이다.

---

management point

영원히 지속되는 좌절은 없고 영원한 실패도 없다. 신념을 잃지만 않으면 자신감은 영원히 지속될 것이고 반드시 난관을 극복하여 새로운 성장의 기회를 맞을 수 있다.

140

13. 동인괘(同人卦)
협심과 화합

同人: 同人于野, 亨, 利涉大川, 利君子貞.(동인: 동인우야 형 이섭대천 이군자정)

≪彖≫曰: "同人", 柔得位得中而應乎乾, 曰同人. 同人, 曰 "同人于野, 亨, 利涉大川", 乾行也. 文明以健, 中正而應, 君子正也. 唯君子爲能通天下之志.(단왈: 동인 유득위득중이응호건 왈동인. 동인 왈 동인우야 형 이섭대천 건행야. 문명이건 중정이응 군자정야. 유군자위능통천하지지)

≪象≫曰: 天與火, 同人; 君子以類族辨物.(상왈: 천여화 동인 군자이류족변물)

▲ 涉: 건널 섭 / 應: 응할 응 / 與: 줄 여(베풀다, 동아리가 되다) / 辨: 분별할 변

【해석】

동인괘(同人卦: 天火同人)는 '다른 사람과의 화합, 협동심'을 상징한다. 야외에서 다른 사람과 화합, 협력하니 형통하다. 큰 강을 건너기에 이로우며 군자의 정도를 지키는 것이 이롭다.

≪단전≫에서 말하기를, 다른 사람과 화합, 협력한다는 것은 유순한 자가 올바른 자리에서 중도를 지키며 상위의 강건한 자와 상응하기 때문이다. '동인괘'는 야외에서 다른 사람과 화합, 협력함이 형통하며 큰 강을 건너기에 이롭다. 그것은 강건한 자의 행동이 효과를 발휘하기 때문이다. 문명과 강건함을 지니고 행위가 중정하면서도 서로 조화를 이루는 것이야말로 군자의 정도이다. 그러므로 오직 군자만이 천하의 사람과 뜻이 통할 수 있다.

≪상전≫에서 말하기를, 하늘과 불이 서로 친화함은 다른 사람과 화합, 협력함을 상징한다. 군자는 이것을 보고 같은 무리를 분석하고 사물을 변별하여 같은 점을 취한다.

☯ 주역 경영

≪서괘전≫에서는 "사물이 언제까지나 막혀 있을 수만은('비괘否卦'를 상징함) 없기 때문에 '동인괘'로 받는다(物不可以終否, 故受之以同人)"라고 했다. 줄곧 막혀 있는 것은 좋지 않으므로 다른 사람과 협력하여야 한다는 말이다. 그래서 '동인괘'에서는 다른 사람과 어떻게 협력하느냐에 대해서 설명한다. 어떤 사람들이 서로 합심하여 공동으로 사업을 일으키면 자연히 형통하게 되고 많은 어려움을 극복할 수 있다. 소위 '큰 강을 건너기에 이로운' 상황인 것이다. 그러나 이때 반드시 지켜야 할 것은 정도, 즉, 바른 도를 어겨서는 안 된다는 점이다.

'동인괘'는 음효 하나에 양효 다섯 개로 구성되어 있다. 음효가 '육이'에 있으므로 길하고, 위로는 '구오'와 협력할 수 있어서 상하가 교차하니 지극히 형통하다고 할 수 있다.

그래서 ≪단전≫에서는 '동인괘'에 대해 "문명과 강건함을 지니고 행위가 중정하면서도 서로 조화를 이루는 것이야말로 군자의 정도이다"라고 온갖 아름다운 말로 형용한 것이다.

그러나 다른 사람과 협력할 때는 협력의 방법에 주의해야 하며 일률적으로 모든 것을 받아들여서도 안 되고 무조건 거절해서도 안 된다. 그래서 ≪주역≫에서는 "같은 무리를 분석하고 사물을 분별하여 같은 점을 취한다"라고 했다.

집 밖에서 인재를 찾다

初九, 同人于門, 无咎.(초구, 동인우문 무구)

≪象≫曰: 出門同人, 又誰咎也?(상왈: 출문동인 우수구야)

六二, 同人于宗, 吝.(육이, 동인우종 인)

≪象≫曰: "同人于宗", 吝道也.(상왈: 동인우종 인도야)

九三, 伏戎于莽, 升其高陵, 三歲不興.(구삼, 복용우망 승기고릉 삼세불흥)

≪象≫曰: "伏戎于莽", 敵剛也, "三歲不興", 安行也?(상왈: 복용우망 적강야 삼세불흥 안행야)

▲ 无: 없을 무(=無) / 咎: 허물 구(재앙, 화) / 宗: 마루 종(우두머리) / 伏: 엎드릴 복 / 戎: 되 융(병기, 무기) / 莽: 우거질 망(풀숲) / 升: 오를 승 / 陵: 큰 언덕 릉

【해석】

초구: 문 밖에서 다른 사람과 화합하고 협력하니 화가 없을 것이다.

≪상전≫에서 말하기를, 문을 나서자마자 다른 사람과 화합하고 협력하는데 누가 탓하겠는가?

육이: 오직 종친과만 화합하고 협력하면 폐해가 있을 것이다.

≪상전≫에서 말하기를, 오직 종친과만 화합, 협력하는 것은 폐단을 불러오는 길이다.

구삼: 군대를 풀숲에 매복시키고 높은 구릉에 올라 적의 동정만 살피며 삼년이 되어도 군사를 일으켜 싸우지 못한다.

≪상전≫에서 말하기를, 군대를 풀숲에 매복시킨다는 것은 적이 막강함을

말한다. 삼년이 되어도 군사를 일으켜 싸우지 못하니 어찌 경솔하게 행동할
수 있겠는가?

주역 경영

'초구', '육이'는 모두 남과 협력하는 방법에 대해 서술하고 있다. '초구'는
문을 나서자마자 뜻이 맞는 사람을 만나게 되니 화가 없을 것이라고 했다.
'육이'에서는 종친과만 협력하려 한다고 했는데 이는 오늘날 가족기업의
형태와도 유사하다. 가족기업은 고위층 핵심 간부 자리에 가족이나 친척,
친구를 임용한다. 그런데 이는 기업의 시야를 좁히며 성장을 가로막는
결정적인 원인이 된다. ≪주역≫의 저자도 이에 통감하고 "오직 종친과
만 화합하고 협력하면 폐해가 있을 것이다"라고 했다. 어떤 조직이든
성장하기 위해서는 친인척 이외의 재능 있는 인재를 발굴하여 임용할
줄 알아야 한다. 만약 자신을 둘러싼 좁은 인간관계에만 시야를 국한한다
면 조직의 빠른 성장을 기대할 수 없다.

　'구삼'은 하괘의 가장 윗자리에 있고 양효로서 양의 자리에 있으니 경
쟁하여 이기려고 하나 '종친'과는 정면으로 맞설 수 없다. 그래서 '군대를
풀숲에 매복시키고 높은 구릉에 올라 적의 동정만 살피나' 결국 '삼년이
되어도 군사를 일으켜 싸우지 못하는' 상황에 이르게 된다.

---

management point

경영자는 반드시 개방적이고 드넓은 도량을 가지고 친인척 이외의 우수한
인재를 영입하여 기업의 성장을 도모할 줄 알아야 한다. ≪주역≫에서 말한
"오직 친인척과만 화합하고 협력하면 폐해가 있을 것이다"라고 한 권고를 새
겨듣지 않는다면 기업을 난감한 상황에 빠뜨릴 수 있다.

마지막에 웃으려면

九四. 乘其墉. 弗克攻. 吉.(구사, 승기용 불극공 길)

≪象≫曰: "乘其墉", 義弗克也. 其"吉". 則困而反則也.(상왈: 승기용 의
불극야 기길 즉곤이반칙야)

九五. 同人. 先號咷. 而後笑. 大師克 相遇.(구오, 동인 선호도 이후소 대사극
상우)

≪象≫曰: 同人之先. 以中直也. 大師相遇. 言相克也.(상왈: 동인지선 이중
직야 대사상우 언상극야)

上九. 同人于郊. 无悔.(상구, 동인우교 무회)

≪象≫曰: "同人于郊". 志未得也.(상왈: 동인우교 지미득야)

▲ 乘: 탈 승(타다, 오르다) / 墉: 담 용(성벽) / 弗: 아닐 불(=不) / 克: 이길 극(능하다) / 困:
괴로울 곤(곤경) / 反: 되돌릴 반(돌아옴) / 則: 법칙(正道) / 號: 부르짖을 호(울다) / 咷: 울
도 / 笑: 웃을 소 / 遇: 만날 우 / 郊: 성밖 교 / 悔: 뉘우칠 회

【해석】
구사: 성벽에 오르기는 했으나 스스로 물러나 공격하지 않으니 상서롭다.
≪상전≫에서 말하기를, 성벽에 오르기는 했으나 도의상 공격할 수 없다.
이 일이 상서로운 것은 도의에 위배되는 까닭에 돌아오는 길을 택했기 때문
이다.
구오: 다른 사람과 화합하고 협력할 때 처음에는 대성통곡하다가 나중에는
기쁘게 웃는다. 대군이 난관을 극복하고 동맹자와 서로 만나다.
≪상전≫에서 말하기를, 다른 사람과 화합하고 협력할 때 처음에 대성통곡

하는 것은 구오가 중정하여 정직하게 행하기 때문이다. 대군이 동맹자와 만난다는 것은 구오가 난관을 극복하고 이미 승리를 거뒀음을 말한다.

상구: 교외에서 다른 사람과 화합하고 협력하나 회한은 없다.

≪상전≫에서 말하기를, 바깥에서 다른 사람과 화합하고 협력한다는 것은 같은 뜻을 추구하는 의지가 아직 실현되지 않았음을 말한다.

ⓒ 주역 경영

'구사'는 양효가 음의 자리에 있어서 다른 사람과 다투기가 적합하지 않다. 게다가 음의 자리는 후퇴를 상징하므로 '구사'는 즉시 생각을 바꾸어 후퇴하기로 한다. 이렇게 하면 싸움을 피할 수 있으니 상서롭게 된다.

'구오'는 양효가 양의 자리에 있고 제왕의 기운이 있다. 게다가 '육이'와는 한 마음으로 상응하는 천부적인 동맹자이니 상서롭다고 할 수 있다. '육이'와의 사이에 '구삼'과 '구사'가 가로막고 있어서 '대성통곡'하기는 했지만 적을 이기고 승리를 거둔 후에 기쁘게 웃을 수 있다.

'상구'는 '바깥에서 다른 사람과 화합하고 협력'하지만 이미 현실과는 멀리 떨어져서 그 뜻을 실현하기 어렵다. 현실과 떨어져 있으므로 전쟁을 피할 수 있으니 후회도 미련도 없다.

---

management point

이 세상에 그 어떤 일도 순조롭게만 진행되는 경우는 없다. 인재를 선발하고 그들과 협력하는 과정도 마찬가지로 어렵다.

따라서 강인함과 바름을 유지해서 자신의 도덕을 수양하여야만 탁월한 인재를 선발할 수 있다.

14. 대유괘(大有卦)
큰 부자의 도리

大有: 元亨.(대유: 원형)

≪彖≫曰: "大有", 柔得尊位大中, 而上下應之, 曰大有. 其德剛健而文明, 應乎天而時行, 是以元亨.(단왈: 대유 유득존위대중 이상하응지 왈대유. 기덕 강건이문명 응호천이시행 시이원형)

≪象≫曰: 火在天上, "大有": 君子以遏惡揚善, 順天休命.(상왈: 화재천 상 대유 군자이알악양선 순천휴명)

▲ 大有(대유): 많이 가짐 / 遏: 막을 악(막다, 저지하다) / 揚: 오를 양(선양하다) / 休: 쉴 휴

【해석】

대유괘(大有卦: 火天大有)는 '큰 부富'를 상징하며 지극히 형통하다.

≪단전≫에서 말하기를, '대유'란 음의 부드러움이 존귀한 위치에 있어 높고 크면서도 중도를 행하는 데다, 상하에 있는 양강이 모두 그와 호응한다. 그러므로 '대유'라고 한 것이다.

이 괘가 상징하는 인격은 강건하면서도 학문에 밝아 능히 자연의 법칙에 순응하고 만사를 적정한 때에 행할 줄 앎으로써 이 때문에 지극히 형통한 것이다.

≪상전≫에서 말하기를, 불(태양)이 하늘에 있음은 '대유'를 상징한다. 군자는 이 괘의 이치를 살펴 악을 막고 선을 드러내며 하늘의 뜻에 따르고 천명을

아름답게 완수할 수 있어야 한다.

☯ 주역 경영

《서괘전》에서는 "다른 사람과 화합하고 협력하면 만물이 반드시 내게 돌아온다. 그러므로 '대유'로써 그 뒤를 잇는다"*라고 했다. 다른 사람과 협력할 줄 알기 때문에 많은 수확을 얻을 수 있는 것이다.

그러나 수확이 많다고 해서 다 좋은 것은 아니다. 수확한 것이 있으면 다시 흩어지게 마련이기 때문이다. '대유괘'에서는 얻은 모든 것을 어떻게 처리하는지에 대해서 우리에게 알려주고 있다.

'대유괘'는 다섯 번째 효에 놓인 음陰이 나머지 다섯 개의 양陽과 조화를 이루므로, "음의 부드러움(陰柔)이 존귀한 위치에 있어 높고 크면서 중도를 행하는 데다, 상하에 있는 양의 강함(陽剛)이 모두 그와 호응한다"라고 했다.

음효가 양의 자리에 있으니 높고 크며 제멋대로 명령을 내리지도 않는다는 좋은 점이 있다. 음이 한 발 물러섬으로 한 발 나아감에 적합하니 하늘의 도를 철저히 지키고 '무위이치(無爲而治, 자연에 순응하여 아무것도 하지 않아도 천하는 저절로 잘 다스려진다)'를 숭상하여 중용의 도를 행하니, 이렇게 하면 지극히 형통해질 수 있다.

군자는 마땅히 어떻게 행해야 할까? 매우 간단하다. '악을 막고 선을 드러내면' 된다. 사악한 것이 생겨나는 것을 막고 선행을 격려하며 하늘의 뜻에 순응하면서 자신을 부단히 수양하는 것이다.

---

* 與人同者 物必歸焉 故受之以大有.(여인동자 물필귀언 고수지이대유)

'동인同人'이 시작된 후에는 반드시 '대유大有'가 얻는 것이 있다. 이때는 "그 얻은 것을 어떻게 지킬 것인가"를 알아야 한다. ≪주역≫은 우리에게 이 세상에서 가장 중요한 임무는 '악을 막고 선을 드러내는 것'이라고 알려준다. 사악한 것은 그 싹부터 잘라내고 선한 행동이 끊임없이 퍼져 나가도록 하여 조화롭고 안정된 사회를 지향하는 것이다.

짐을 실을 때는 반듯하게

初九, 无交害, 匪咎; 艱則无咎.(초구, 무교해 비구 간즉무구)

≪象≫曰: "大有"初九, 无交害也.(상왈: 대유초구 무교해야)

九二, 大車以載, 有攸往, 无咎.(구이, 대거이재 유유왕 무구)

≪象≫曰: "大車以載", 積中不敗也.(상왈: 대거이재 적중불패야)

九三, 公用亨于天子, 小人弗克.(구삼, 공용향우천자 소인불극)

≪象≫曰: 公用亨于天子, 小人害也.(상왈: 공용향우천자 소인해야)

▲ 交: 사귈 교 / 害: 해칠 해 / 艱: 어려울 간 / 載: 실을 재 / 攸: 바 유(=所) / 積: 쌓을 적 / 亨: 제사 드릴 향(=享), 형통할 형, / 弗: 아닐 불 / 克: 이길 극

【해석】

초구: 해로운 자와 사귀지 않으면 허물이 없다. 그러나 힘들고 어려움을 잊지 않아야 허물을 피할 수 있다.

≪상전≫에서 말하기를, '대유괘'의 초구는 해로운 자와 사귀지 않는다.

구이: 큰 수레로 재물을 실어 나르니 어디든 갈 수가 있고 허물이 없다.

≪상전≫에서 말하기를, 큰 수레로 재물을 실어 나르되 한가운데에 반듯하게 실으면 실패하지 않을 것이다.

구삼: 공후가 천자에게 경의를 표하며 조공하나 소인은 할 수 없다.

≪상전≫에서 말하기를, 공후는 천자에게 경의를 표하며 조공을 하는데 소인이 큰일을 맡으면 해가 있을 것이다.

ⓒ 주역 경영

'초구'에는 두 가지 뜻이 담겨 있다. 첫째, 신중하고 안정적으로 처신하되 사귐에 지나침이 없으면 해가 없으리라는 뜻이다. 둘째, 작은 성공에 우쭐대지 않고 초창기의 어려움을 기억한다면 허물을 피할 수 있다는 말이다.

'구이'는 '육오'와 상응하는 매우 중요한 사람으로 임무가 막중하다고 할 수 있으므로 반드시 어느 한쪽으로 치우침 없이 중도를 지켜야만 실패하지 않는다.

'구삼'은 '육오'로부터 대우를 받게 되는데 이는 '구삼'이 중요한 성과를 얻었거나 중요한 위치에 임용되었음을 말한다. 만약 소인이 큰일을 맡으면 해가 있을 것이니 소인이 그 뜻을 이루든지 소인이 임용되든지 결국에는 손해로 끝을 맺고 말 것이다.

---

management point

'대유괘'의 단계에 이르면 창업 초창기의 어려움을 잊지 말고 정도를 지켜서 기업의 안정적인 발전을 도모해야 한다.

신의를 바탕으로 뜻을 세운다

九四, 匪其彭, 无咎.(구사, 비기방 무구)

≪象≫曰: "匪其彭无咎", 明辯晢也.(상왈: 비기방무구 명변절야)

六五, 厥孚交如, 威如, 吉.(육오 궐부교여 위여 길)

≪象≫曰: "厥孚交如", 信以發志也; "威如之吉", 易而无備也.(상왈: 궐부교여 신이발지야 위여지길 이이무비야)

上九, 自天佑之, 吉, 无不利.(상구, 자천우지 길 무불리)

≪象≫曰: "大有"上吉, 自天佑也.(상왈: 대유상길 자천우야)

▲ 彭: 총소리 팽, 북적거릴 방 / 辯: (＝辨, 분별할 변) / 晢: 밝을 절(지혜) / 厥: 그 궐(＝其) / 孚: 미쁠 부(참되다) / 威: 위엄 위 / 備: 갖출 비 / 佑: 도울 우

【해석】

구사: 크게 부유하나(大有) 지나치게 성대하고 요란하지 않으니 허물이 없다.

≪상전≫에서 말하기를, 크게 부유하나 지나치게 성대하지 않으니 허물이 없다는 것은 사리를 분명히 가릴 줄 아는 지혜를 가지고 있다는 말이다.

육오: 성실과 믿음으로 서로 사귀며 위엄을 갖추니 상서롭다.

≪상전≫에서 말하기를, 성실과 믿음으로 서로 사귄다는 것은 성실함으로 다른 사람의 진실한 마음을 일깨운다는 말이다. 위엄을 갖추니 상서롭다는 것은 육오의 위엄은 평범한 가운데 저절로 드러나는 것으로 방비함이나 경계함이 없기 때문이다.

상구: 하늘이 도우니 상서로우며 이롭지 않은 바가 없다.

≪상전≫에서 말하기를, '대유괘'의 상구가 상서로운 것은 하늘이 돕기 때문이다.

☯ 주역 경영

'대유괘'는 세력만 믿고 자만해서는 안 된다는 말이다. 기업이 어느 정도 성장하면 경쟁 상대를 무너뜨리기 위해 총력을 기울이지만 이는 옳지 않은 방법이다. 어떤 업계든 다른 업체와 끊임없이 경쟁하는 가운데서 성장할 수 있기 때문이다. 따라서 경쟁과 동시에 협력의 길을 모색하여 업계의 전반적인 성장을 이끌어내는 지혜가 필요하다. '구사'에서 말하는 "크게 부유하나 지나치게 성대하고 요란하지 않다"는 것도 바로 이런 도리를 말한다.

'육오'는 하나의 음효가 다른 다섯 개의 양효를 다스리는데 어떻게 그런 일이 가능할까? 그것은 바로 '신의信義' 때문이다. 성실과 신의를 지키면서 말과 행동을 일치시키므로 모든 이의 진심을 얻을 수 있는 것이다. 이는 민간 기업의 경영권 승계 문제에서도 시사하는 바가 크다. 경영자의 능력이 부족하다고 해도 성실과 신의를 지키기만 있다면 그는 기업을 지속적이고 안정적으로 성장시킬 수 있을 것이다. 이는 '육오'의 내용과 같은 맥락이다.

'상구'는 양강(양의 강함)이 위에 있고 아래의 '육오'와 대비를 이루는데 여기에는 세 가지의 미덕이 포함되어 있다.

첫째는 객관적인 법칙에 겸손히 순응한다는 것이고 둘째는 성실과 신의로써 모든 것을 대한다는 것, 셋째는 재능과 덕을 겸비한 사람을 본받는다는 것이다. 이 세 가지 미덕을 겸비한 사람은 하늘이 도울 것이니 어찌 근심이 있겠는가?

154

'신의信義'라는 글자 속에는 경영의 근본이 담겨 있다. 즉, 부하 직원을 신뢰하고 존중하며, 그들에게 적절한 권한을 부여하는 것이다. 그러나 안타깝게도 적지 않은 경영자가 이 '신의'라는 가치를 무시하여 말과 행동에서 믿음을 주지 않는다. 그런 사람에게는 도우려는 사람이 나타나지 않을 것이며 그렇게 되면 기업은 결국 위기에 봉착하고 말 것이다.

15. 겸괘(謙卦)
겸양의 미덕

謙: 亨, 君子有終.(겸: 형 군자유종)

≪彖≫曰: "謙", 亨. 天道下濟而光明, 地道卑而上行.(단왈: 겸 형. 천도하제이광명 지도비이상행) 天道虧盈而益謙, 地道變盈而流謙, 鬼神害盈而福謙, 人道惡盈而好謙,(천도휴영이익겸 지도변영이유겸 귀신해영이복겸 인도악영이호겸) 謙尊而光, 卑而不可逾, 君子之終也.(겸존이광 비이불가유 군자지종야)

≪象≫曰: 地中有山, 謙; 君子以裒多益寡, 稱物平施.(상왈: 지중유산 겸 군자이부다익과 칭물평시)

▲ 謙: 겸손할 겸 / 濟: 건널 제 / 卑: 낮을 비 / 虧: 이지러질 휴 / 盈: 찰 영 / 益: 더할 익 / 逾: 넘을 유 / 裒: 모을 부(취하다) / 寡: 적을 과 / 施: 베풀 시

【해석】

겸괘(謙卦: 地山謙)는 '겸허함'을 상징한다. 형통하니 군자는 끝까지 겸허할 수 있다.

≪단전≫에서 말하기를, 겸허하면 형통하다. 하늘의 도는 그 기운이 내려와서 만물을 도와 생장시키니 천체가 더욱 밝게 빛난다. 땅의 도는 그 기운이 낮은 곳에 머물지만 이내 끊임없이 상승한다.

하늘의 법칙은 가득 찬 것을 이지러지게 하고 겸허한 것을 채워주며, 땅의 법칙은 가득 찬 것을 무너뜨려 함몰시키고 겸허한 것을 채워 충실하게 한다.

귀신의 법칙은 가득 찬 것을 헤치고 겸허함에 복을 베풀며, 사람의 법칙은 가득 찬 것을 미워하고 겸허함을 좋아한다. 겸허한 사람은 높은 지위에 있으면 그 덕이 빛나고, 낮은 지위에 있어도 보통 사람이 넘보지 못하는 품행을 지니게 되니, 오직 군자만이 한결같이 겸허할 수 있다.

≪상전≫에서 말하기를, 땅 속에 산이 있음은 겸허함을 상징한다. 군자는 이 괘의 이치를 살펴 지나치게 많은 것은 덜어내고, 모자라는 데에 채워 넣음으로써 사물을 고르게 한다.

☯ 주역 경영

'겸괘'는 하괘가 간괘艮卦이고 상괘는 곤괘坤卦로, 산이 땅 아래에 있음을 상징한다. 높은 산이 땅 아래 숨어 있으니 얼마나 겸손한지 알 수 있다.

'겸괘'는 매우 중요한 괘라고 할 수 있는데, 인생에서 뜻을 이루게 되는 순간에 특히 이 괘에 주목해야 한다. ≪서괘전≫에서는 "크게 가진 자는 절대로 자만해서는 안 되므로 겸허함을 상징하는 '겸괘'가 뒤이어 배열된 것이다"* 라고 했다. '대유괘'에서 사람들은 원하는 것을 얻게 되므로 자만해지기 쉬운데 이는 아주 위험한 태도이다. 따라서 ≪주역≫의 저자는 우리에게 겸손의 이치를 배우라고 한 것이다.

어째서 겸손해야 하는가? 그것은 하늘의 도, 땅의 도, 사람의 도를 막론하고 모두 겸손을 좋아하며 교만을 꺼리기 때문이다. 겸손한 사람은 어느 위치에 있든 좋은 결과를 얻을 수 있다. 그래서 '겸괘'에서는 "형통하니 군자는 끝까지 겸허할 수 있다"라고 했다.

그렇다면, 우리는 '겸괘'에서 무엇을 배워야 하는가?

---

* 有大者不可以盈 故受之以謙.(유대자불가이영 고수지이겸)

첫째, 겸손을 배워야 한다. 이는 겉모습뿐만 아니라 마음속에서 우러나오는 낮아짐을 말한다. 둘째, 넘치는 데서 덜어내어 부족함을 채움으로써 사물간의 균형을 맞추고 공평을 추구해야 한다. 이른 바 '기업의 사회적 책임'을 생각한다면 여기에 '겸괘'의 진정한 의의가 있다.

---

management point

경영자라면 반드시 균형의 의미를 알고 기업 내부에서 이를 실천해야 하는데, 그렇지 않으면 조직 구성원의 마음이 흐트러지고 불안하며 효율이 낮아진다. 균형의 핵심은 '사물을 고르게 베풀어' 공평하고 공정하며 공개적으로 모든 부하 직원을 대하는 데 있다.

겸허하고도 또 겸허하라

初六, 謙謙君子, 用涉大川, 吉.(초육, 겸겸군자 용섭대천 길)

≪象≫曰: "謙謙君子", 卑以自牧也.(상왈: 겸겸군자 비이자목야)

六二, 鳴謙, 貞吉.(육이, 명겸 정길)

≪象≫曰: "鳴謙貞吉", 中心得也.(상왈: 명겸정길 중심득야)

九三, 勞謙, 君子有終, 吉.(구삼, 노겸 군자유종 길)

≪象≫曰: "勞謙君子", 萬民服也.(상왈: 노겸군자 만민복야)

▲ 謙謙(겸겸): 겸손하고 또 겸손하다(최고의 겸양을 말함) / 牧: 칠 목(기르다, 수양하다) / 鳴: 울 명(명성이 널리 퍼짐) / 中心(중심): 내심, 마음 속 / 勞: 일할 로(노) / 勞謙(노겸): 겸허함의 수양이 높은 경지에 이름

【해석】

초육: 겸허하고도 겸허한 군자로다. 그 같은 미덕으로 큰 강을 건너니 상서롭다.

≪상전≫에서 말하기를, 겸허하고도 겸허한 군자는 겸손하게 낮추는 도道로써 스스로 수양할 수 있다.

육이: 겸허함의 명성이 널리 퍼지니, 정도를 지키면 상서롭다.

≪상전≫에서 말하기를, 겸허하다는 명성이 널리 퍼지는데 이럴 때 정도를 지키면 상서로울 것이라 함은 겸허함이 마음속에서 우러나야 한다는 말이다.

구삼: 공로가 있으면서도 겸허하다. 군자는 끝까지 늘 이와 같으니 상서롭다.

≪상전≫에서 말하기를, 공로가 있으면서도 겸허한 군자에게는 모든 사람들

이 공경하며 따른다.

⑤ 주역 경영

'초육'에서는 겸손하고도 겸손한 군자는 어떤 일이든 할 수 있으니 거대한 물살을 건너는 것처럼 위험한 일도 감당할 수 있다. 여기서 겸손이 무척 중요한 미덕임을 알 수 있다. 그러나 겸손은 배움을 통해 얻을 수 있는 것이 아니라 스스로 자기를 관리하면서 갈고 닦아나가야 하는 가치이다. 따라서 "겸손하게 낮추는 자세로써 스스로 수양할 수 있다"라고 한 것이다.

'육이'는 겸손함의 명성이 외부 사람에게 점차 알려지기 시작한 것으로 이렇게 해야 상서로울 수 있다는 것이다. 마찬가지로 이는 마음이 순수하고 바름을 유지해야 가능한 일이다.

'구삼'은 양효가 양의 자리에 있고 하괘의 맨 위에 위치하지만, '겸괘'의 '구삼'은 "공로가 있어도 자만하지 않으며 겸손을 유지할 수 있다. 이런 사람은 자연히 많은 이로부터 존경을 받을 수 있기 때문에 모든 사람이 공경하며 따른다"라고 했다.

다시 말해 이 세 가지 효는 모두 겸손의 미덕을 강조한다고 할 수 있다. 어떤 위치에 있든 겸손은 매우 중요한 미덕임이 분명하다.

---

management point

늘 겸손한 마음을 유지하면 당신이 어떤 위치에 있든 생각지도 못한 유익을 누릴 수 있을 것이다.

불리한 상황에 놓이지 않으려면

六四, 无不利, 撝謙.(육사, 무불리 휘겸)

≪象≫曰: "无不利撝謙", 不違則也.(상왈: 무불리휘겸 불위칙야)

六五, 不富以其鄰, 利用侵伐, 无不利.(육오, 불부이기린 이용침벌 무불리)

≪象≫曰: "利用侵伐", 征不服也.(상왈: 이용침벌 정불복야)

上六, 鳴謙, 利用行師, 征邑國.(상육, 명겸 이용행사 정읍국)

≪象≫曰: "鳴謙", 志未得也; "可用行師", 征邑國也.(상왈: 명겸 지미득야 가용행사 정읍국야)

▲ 撝: 찢을 휘(낮춤, 겸손함, 손을 저어 사양함) / 鄰: 이웃 린 / 侵: 침노할 침 / 伐: 칠 벌 / 師: 스승 사(군사) / 征: 칠 정 / 邑國(읍국): 자신의 영지(領地) / 鳴謙(명겸): 겸양의 명성이 널리 퍼짐

【해석】

육사: 이롭지 않은 바가 없으니, 겸허하다는 명성마저도 손사래를 치며 사양하는 미덕을 발휘해야 한다.

≪상전≫에서 말하기를, "손사래를 치며 겸허함의 미덕을 발휘하는 것이 이롭지 않은 바가 없다"는 것은, 그것이 겸허함의 법칙에 어긋나지 않기 때문이다.

육오: 재물에 의지하지 않고도 주변으로부터 지지를 얻을 수 있으니 그들과 함께 나아가 징벌함에 이롭지 않은 바가 없다.

≪상전≫에서 말하기를, 나아가 정벌함이 이로운 것은 복종하지 않는 교만한 자를 정벌하기 때문이다.

상육: 겸허함의 명성이 널리 퍼지니 출병하기에 이로우나 인근의 읍국邑國만을 정벌해야 한다.

≪상전≫에서 말하기를, 겸허하다는 명성은 널리 퍼졌지만 천하를 안정시키려는 뜻은 아직 실현되지 않았으니 출병할 수는 있으나 부근의 읍국만을 정벌할 수 있을 따름이다.

주역 경영

"교만은 화를 부르고 겸손은 복을 부른다"라는 말이 있다. 이렇듯 겸손하기만 하면 무슨 일을 하든지 순조롭게 잘 이루어지며, 재물에 의지하지 않고도 다른 사람의 마음을 얻게 된다. 겸손은 심지어 성실과 신의의 가치보다 더 강력한 힘을 발휘하기도 한다. 왜냐하면 겸손함은 전쟁에서 복종하지 않는 자들까지 정복할 수 있는 힘이 있기 때문이다.

'겸괘'에서는 다음과 같은 결론을 얻을 수 있다. 그것은 언제, 어디서, 무슨 일을 하든지 겸손의 미덕을 지킬 수만 있다면 반드시 상서로운 결과를 얻을 수 있다는 것이다.

---

management point

경영자나 부하 직원이 어떠한 상황에 놓여 있든지, 항상 겸손의 미덕을 간직하면서 이를 발휘하려고 애쓰면 다른 사람들로부터 머리 숙여 존경과 신뢰를 얻을 수 있다.

---

16. 예괘(豫卦)
미래를 통찰하다

豫: 利建侯行師.(예: 이건후행사)

≪彖≫曰: "豫", 剛應而志行, 順以動, 豫. 豫, 順以動, 故天地如之,
而況建侯行師乎?(단왈: 예 강응이지행 순이동 예. 예 순이동 고천지여지 이황건후행사

호) 天地以順動, 故日月不過, 而四時不忒: 聖人以順動, 則刑罰淸而
民服. 豫之時義大矣哉.(천지이순동 고일월불과 이사시불특 성인이순동 즉형벌청이민

복 예지시의대의재)

≪象≫曰: 雷出地奮, 豫; 先王以作樂崇德, 殷薦之上帝, 以配祖考.
(상왈: 뇌출지분 예 선왕이작악숭덕 은천지상제 이배조고)

▲ 豫: 미리 예 / 侯: 제후 후 / 況: 하물며 황 / 順動(순동): 순응하여 움직임 / 忒: 변할 특(어긋나다)
/ 雷: 우레 뇌 / 奮: 떨칠 분(흔들리다) / 殷: 성할 은 / 薦: 천거할 천(바침) / 配: 술빛깔 배

【해석】

예괘(豫卦: 雷地豫)는 '기쁨과 즐거움'을 상징한다. 제후를 봉해 나라를 세우고
(建侯), 군대를 출병하여(行師) 전쟁을 하기에 이롭다.

≪단전≫에서 말하기를, 양강이 음유와 상응하여 그 염원이 실현되고 순리
에 따라 움직이게 되니 이것이 바로 기쁨과 즐거움이다. 기쁨과 즐거움은
순리에 따라 행동함으로써 생겨나는 것이니 천지의 운행도 모두 이와 같은
데, 하물며 제후를 봉하여 나라를 세우고 군사를 일으켜 출정하는 일이야

더 말할 나위가 있겠는가?

천지가 만물의 근본 이치에 순응하여 운행하므로 일월日月의 운행이 잘못되지 않고 사시四時의 변화가 어긋나지 않는다. 성인聖人이 백성의 마음에 순응하여 만사를 행하므로 형벌이 분명하여 민중이 기꺼이 복종하나니 '기쁨'의 도가 참으로 크다!

≪상전≫에서 말하기를, 하늘에서 우레 소리가 나면서 광활한 대지가 진동함은 기쁨과 즐거움을 상징한다. 선대의 군왕들은 이것을 보고 음악을 만들어 그 공덕을 찬미하고 성대한 제사를 거행하여 천제께 봉헌하면서 아울러 선조를 배향한다.

⑤ 주역 경영

'예괘豫卦'는 '기쁨'을 상징한다. ≪서괘전≫에서는 "대유(大有, 모든 것을 가짐)하면서도 겸손할 수 있으면 반드시 마음의 평안과 즐거움을 얻을 수 있다. 그러므로 '대유괘'와 '겸괘'의 뒤를 이어 '예괘'가 배열되었다"*라고 했다. '예괘'는 기쁨의 뜻을 갖고 있을 뿐만 아니라 편안한 처지에서도 언제 닥칠지 모를 위험에 대처할 수 있도록 준비하라는 뜻도 포함하고 있다.

괘사卦辭에서 "제후를 세우고 출병하니 전쟁을 하기에 이롭다"라고 한 것은 기쁨을 느끼는 순간에도 제후를 세우고 복종하지 않는 자들을 다스리는 것이 옳다는 뜻이다. '대유괘'와 '겸괘'의 다음에는 군왕이 폭넓은 지지를 등에 업게 되므로 비로소 그 뜻이 성취되는 순간이 다가온다. 이럴 때는 무슨 일을 하든지 좋은 결과를 얻을 수 있다. 그것은 '예豫'가 순리에 따라 행동하는 것이고 천지의 도리에 부합하는 것이므로 '하늘보

---

* 有大而能謙必豫 故受之以豫.(유대이능겸비예 고수지이예)

다 앞서서 행동하여도 어긋나지 않으며, 하늘보다 뒤서거니 행하여도 하늘의 변화 규칙을 따르는'* 경지에 이르렀기 때문이다. 무슨 행동을 하든지 천지의 도리에 부합된다고 볼 수 있다.

---

management point

모든 행동이 천지天地의 뜻과 인의仁義와 도덕道德에 부합하면 비로소 성공을 거머쥘 수 있다. 반면 도의를 저버리면 반드시 실패하여 좌절하고 말 것임을 경고하고 있다.

---

* 先天而天弗違 後天而奉天時.(선천이천불위 후천이봉천시)

성공 뒤에는

初六, 鳴豫, 凶.(초육, 명예 흉)

≪象≫曰： 初六"鳴豫", 志窮凶也.(상왈: 초육명예 지궁흉야)

六二, 介于石, 不終日, 貞吉.(육이, 개우석 부종일 정길)

≪象≫曰： "不終日貞吉", 以中正也.(상왈: 부종일정길 이중정야)

六三, 盱豫悔; 遲有悔.(육삼, 우예회 지유회)

≪象≫曰： "盱豫有悔", 位不當也.(상왈: 우예유회 위부당야)

▲ 鳴: 울 명 / 志: 뜻 지 / 介: 끼일 개(성품이 강직함) / 于: 어조사 우(＝如, ~와 같다) / 盱: 처다볼 우(검고 아름다운 눈) / 悔: 뉘우칠 회 / 遲: 늦을 지

【해석】

초육: 기쁨을 얻었다고 뽐내며 자만하니 흉하다.

≪상전≫에서 말하기를, 기쁨을 얻었다고 뽐내며 자만하는 것은 그 뜻(志氣)이 이미 다해 장차 흉하게 되리라는 뜻이다.

육이: 강직하기가 돌과 같아서 안락함을 마다하며 단 하루도 쉼 없이 기꺼이 정도를 지키니 진정으로 상서롭다.

≪상전≫에서 말하기를, 안락함을 마다하여 단 하루도 그침 없이 기꺼이 정도를 지키는 것이 진정 상서로운 것은 육이가 음효로서 음의 자리에 있고 정도를 지키기 때문이다.

육삼: 애교 띤 눈초리로 아첨하며 안락을 구하니 반드시 회한이 있을 것이요, 그 안락 속에 마냥 머무르면서 떠나지 못하니 또다시 회한이 일 것이다.

≪상전≫에서 말하기를, 애교 띤 눈초리로 아첨하며 안락을 구하므로 반드시 회한이 있을 것이라는 것은 그 위치가 마땅하지 않음을 말한다.

ⓒ 주역 경영

'초육'은 음효가 양의 위치에 있고 즐거움에 빠진 채 작은 성공에 본분을 잃고 우쭐대는데, 이 사실을 외부인이 알게 되면 반드시 흉하게 될 것이다. '초육'에서는 겸허함의 명성이 널리 알려지면 상서로움을 얻을 수 있지만 환락에 빠지는 것이 외부에 알려지면 흉하게 되리라는 것을 경고한다. 그러나 많은 사람이 작은 성공을 거둔 후, 향락에 빠지고 즐거움을 좇으며 자만하여 모든 것을 잊어버리곤 한다. 그렇게 되면 사람들이 그에 대해 반감을 가지고 떠나게 되고 결국 흉하게 된다.

'육이'는 돌과 같이 강직해서 비록 바깥 환경이 바뀌더라도 전혀 흔들리지 않으니 이런 사람은 자연히 길하다.

'육삼'은 기쁨을 얻기 위해 상사에게 아첨하는 행위를 해서는 안 되며 만일 그렇게 했다 하더라도 즉시 뉘우치고 바뀌어야 한다고 말한다. 만일 즉시 행동을 고치지 않으면 결국 후회하는 일이 생길 것이다.

---

management point

성공을 거둔 후에는 겸손하고 유순한 태도를 유지하며 결코 자만하지 않아야 한다. 자칫 남들에게 과시하고 싶어하고 향락에 빠지기 쉬운데 이를 경계해야 한다.

기쁨을 얻는다는 것

九四, 由豫, 大有得; 勿疑, 朋盍簪.(구사, 유예 대유득 물의 붕합잠)

≪象≫曰: "由豫大有得", 志大行也.(상왈: 유예대유득 지대행야)

六五, 貞疾, 恒不死.(육오, 정질 항불사)

≪象≫曰: 六五"貞疾", 乘剛也; "恒不死", 中未亡也.(상왈: 육오정질 승강야 항불사 중미망야)

上六, 冥豫成, 有渝, 无咎.(상육, 명예성 유유 무구)

≪象≫曰: "冥豫"在上, 何可長也?(상왈: 명예재상 하가장야)

▲ 由: 말미암을 유 / 由豫(유예):그로 말미암아 안락함 / 疑: 의심할 의 / 盍: 덮을 합(합하다) / 簪: 비녀 잠 / 疾: 병 질 / 恒: 항상 항 / 渝: 변할 유 / 冥: 어두울 명(정신이 흐리멍덩함)

【해석】

구사: 사람들이 이로 말미암아 안락함을 얻으니 크게 얻는 바가 있을 것이다. 의구심을 품지 않으면 주위의 벗들은 마치 머리카락이 비녀로 한데 묶이듯 친밀하게 결속될 것이다.

≪상전≫에서 말하기를, 사람들이 구사로 말미암아 안락함을 얻으므로 크게 얻는 바가 있다는 말은, 뜻하는 바가 충분히 실현됨을 뜻한다.

육오: 정도를 지키면 질병을 막아 오래토록 죽지 않을 수 있다.

≪상전≫에서 말하기를, 늘 병을 앓는 것은 육오가 음효로서 양의 자리에 있기 때문이며, 오래토록 죽지 않는 것은 그가 중용의 도를 잃지 않았기 때문이다.

상육: 이미 환락에 빠져 정신이 혼미해졌으나 바로잡기만 하면 그럭저럭 화禍는 면할 수 있을 것이다.

≪상전≫에서 말하기를, 환락에 빠져 정신이 혼미해졌으니, 어찌 그 환락이 오래 지속될 수 있겠는가?

🌀 주역 경영

'예괘'를 읽고 나면 진정한 '기쁨'을 얻는다는 것이 쉽지 않은 일임을 깊이 느낄 수 있다. 유일한 기쁨인 '구사'도 제후를 세우고 군대를 이끌어야 하는 막중한 책임을 안고 있는 데다 바른 위치에 있지 않아 마음속으로 의심을 품고 있다. 효사에서는 이에 대해 "결코 의구심을 품지 마라"고 한다.

'육오'가 비록 상괘의 가운데 있으나 음효로서 양의 위치에 있으니 늘 두렵고 불안하다. 그러므로 반드시 바른 도를 지켜서 질병을 막아야 '오래토록 죽지 않는' 상태에 오를 수 있다.

'상육'은 우매하여 극단적인 향락으로 치닫는 것을 말하는데, 어떻게 하면 이러한 위험을 피할 수 있을까? 그 출구는 하나밖에 없다. 즉시 돌아서서 정도를 지키는 것뿐이다.

> ### management point
> 진정한 기쁨은 일을 이루는 과정에서 얻는 성취감으로 느낄 수 있다. 반면, 지난날의 공로나 그럴듯한 직책에 기대어 얻는 기쁨은 모두 일시적인 것에 불과하다. 그때그때 잘못된 점을 반성하고 고쳐나간다면 위기를 모면하고 진정한 기쁨을 회복할 것이다.

17. 수괘(隨卦)
누구를 따를 것인가?

隨: 元亨, 利貞; 无咎.(수: 원형 이정 무구)

≪彖≫曰: "隨", 剛來而下柔, 動而說 "隨", 大亨, 貞无咎, 而天下隨時. 隨時之義大矣哉!(단왈: 수 강래이하유 동이열. 수 대형 정무구 이천하수시. 수시지의대의재)

≪象≫曰: 澤中有雷, 隨; 君子以向晦入宴息.(상왈: 택중유뢰 수 군자이향회입연식)

▲ 隨: 따를 수 / 說: 기꺼울 열, 말씀 설, 달랠 세 / 澤: 못 택 / 雷: 우레 뇌(뢰) / 晦: 그믐 회 / 向晦(향회): 해질 무렵 / 宴: 잔치 연 / 息: 숨쉴 식 / 宴息(연식): 휴식함

【해석】
수괘(隨卦: 澤雷隨)는 '따르는 것'을 상징한다. 지극히 형통하니 정도를 지키는 것이 이롭고 화가 없을 것이다.

≪단전≫에서 말하기를, '섬기며 따르는 것'은 양의 강건함이 내려와 음의 부드러움(陰柔) 아래에 있는 것으로, 그의 행동은 상대방(음유)으로 하여금 기꺼이 복종하고 즐거이 따르게 할 것이다. 대형통大亨通의 정도를 지키면 허물이 없을 것이며, 천하의 사람들이 모두 때맞추어 찾아와 따르니, 때맞춰 따름의 도는 위대하다!

≪상전≫에서 말하기를, 큰 못에서 우레 소리가 나는 것은 따름을 상징한다.

군자는 이것을 보고 천시天時에 따라 날이 저물면 집으로 들어가 쉰다.

☯ 주역 경영

≪설괘전≫에서는 '수괘'가 따름의 의미라고 강조하며, "즐거움에는 반드시 따르는 무리가 있기 때문에 '따름'을 상징하는 '수괘'를 배열한 것이다"*라고 했다. 사람을 기쁘게 하면 따르는 사람이 있게 마련이라는 뜻이다. 그러나 '따르는 사람이 있다'라는 측면에서만 '수괘'를 바라보면 전체의 의미를 왜곡하는 실수를 범할 수 있다.

'수괘'에는 다음 두 가지의 의미가 담겨 있다. 첫째는 '천시天時'라는 의미이다. '하늘의 때'에 순응함으로써 외부 세계의 시기와 조건이 무르익었을 때 행동에 들어간다는 말이다. 둘째는 다른 사람을 따르는 방법을 제시했다. 정이(程頤, 중국 북송 시대의 대 유학자)는 이에 대해 명쾌하게 밝혔다.

"무릇 임금은 선善을 따르고 신하는 임금의 명을 받들면 무슨 일을 하든지 발전하게 되니, 이것이 다 '수隨'이다."

≪단전≫에서는 양강한 자가 음유한 자 아래에 기꺼이 머무른다고 강조했다. 이는 높은 위치에 있으면 낮은 곳에 처할 줄도 알아야 하고, 귀한 처지에 있어도 천함을 누릴 줄 알아야 한다는 것이다. 일단 이렇게 하면 사람들의 마음을 얻을 수 있다는 말이다.

≪상전≫에서는 하늘의 때(天時)에 순응하여 행동한다는 가장 근본적인 태도, 즉, "군자는 이것을 보고 천시에 따라 날이 저물면 집으로 들어가 쉰다"라는 말로 '수괘'의 요지를 설명했다. 그야말로 '해가 뜨면 일하고 날이 저물면 쉰다'라는 관점이다.

---

* 豫必有隨 故受之以隨.(예필유수 고수지이수)

대장부를 따를까, 소인을 따를까

初九, 官有渝, 貞吉, 出門交有功.(초구, 관유유 정길 출문교유공)

≪象≫曰: "官有渝", 從正吉也; "出門交有功", 不失也.(상왈: 관유유 종정길야 출문교유공 부실야)

六二, 係小子, 失丈夫.(육이, 계소자 실장부)

≪象≫曰: "係小子", 弗兼與也.(상왈: 계소자 불겸여야)

六三, 係丈夫, 失小子, 隨有求得, 利居貞.(육삼, 계장부 실소자 수유구득 이거정)

≪象≫曰: "係丈夫", 志舍下也.(상왈: 계장부 지사하야)

▲ 官: 벼슬 관 / 渝: 변할 유 / 係: 걸릴 계(계파) / 交: 사귈 교 / 兼: 겸할 겸 / 與: 줄 여

【해석】

초구: 주체적인 지위가 바뀌었으니 정도를 지키면 상서로우며 문을 나가 교류하니 성공할 수 있을 것이다.

≪상전≫에서 말하기를, 주체적인 지위가 바뀌었다는 것은 정도를 따르면 상서로울 수 있다는 말이다. 문을 나가 교류하므로 성공할 수 있다는 것은 그 행위에 잘못이 없음을 말한다.

육이: 아래의 소인小人을 따르면 위의 대장부를 잃는다.

≪상전≫에서 말하기를, 소인을 따른다는 것은 동시에 양쪽과 가까이 친할 수 없음을 말한다.

육삼: 위의 대장부를 따르면 아래의 소인을 잃는다. 남을 따르면서 원하던 것은 얻을 것이나 편안히 거처하며 정도를 지키는 것이 이롭다.

≪상전≫에서 말하기를, 위쪽의 대장부를 따른다는 것은 아래쪽의 소인을 버리려 함을 말한다.

ⓢ 주역 경영

본문의 '주체적인 지위가 바뀌었으니'라는 문구에서 '관盥'은 한 사람이 가진 사상의 주체, 즉, '사고방식'을 말한다. '유隃'는 '변화'를 가리킨다. '초구'의 의미는 외부 세계의 변화에 따라 사고방식이 끊임없이 바뀐다는 것이다. 이렇게 되면 자연히 어려움에 빠져들지 않게 되는데, 물론 바른 도를 지킨다는 것이 전제가 되어야 한다.

'육이', '육삼'의 두 효에서는 하나가 대장부를 잃고 또 다른 하나가 아랫사람을 잃게 된다. 이는 윗사람과 아랫사람을 동시에 얻을 수 없다는 뜻이다. 일단 누구를 따르기로 할지 과감하게 결단을 내려야지, 우유부단하면 다른 중요한 것을 놓치고 후회하고 만다.

이를 오늘날 기업의 경영에 접목해 본다면 전략적 방법 하나를 얻을 수 있는데 그것은 바로 "경영의 방향을 명확하게 설정하여 집중하라"는 것이다. 최근 많은 기업이 경영의 다각화를 지향하고 있지만, 이는 종종 인력과 자금 등 자원이 분산되어 구심점을 잃고 다른 업체에 경쟁우위를 빼앗기는 결과를 초래하기도 한다.

---

management point

기업의 전략적 위상과 나아가야 할 방향을 명확히 설정한 후, 회사의 모든 자원을 그쪽 방향으로 집중시키면 역량을 충분히 발휘하여 시장에서 승리할 수 있다.

174

사람을 대하는 자세

九四, 隨有獲, 貞凶; 有孚在道, 以明, 何咎?(구사, 수유획 정흉 유부재도 이명 하구)

≪象≫曰: "隨有獲", 其義凶也; "有孚在道", 明功也.(상왈: 수유획 기의 흉야 유부재도 명공야)

九五, 孚于嘉, 吉.(구오, 부우가 길)

≪象≫曰: "孚于嘉吉", 位正中也.(상왈: 부우가길 위정중야)

上六, 拘係之, 乃從, 維之; 王用亨于西山.(상육, 구계지 내종 유지 왕용향우서산)

≪象≫曰: "拘係之", 上窮也.(상왈: 구계지 상궁야)

▲ 獲: 얻을 획 / 何: 어찌 하 / 咎: 허물 구 / 嘉: 아름다울 가 / 拘: 잡을 구 / 乃: 이에 내 / 從: 따를 종 / 維: 바 유(묶음) / 亨: 형통할 형, 제사지낼 향(=享)

【해석】

구사: 사람들이 따르고 신망을 얻으나 정도를 지킴으로써 흉함을 막아야 한다. 성실하게 정도에 맞게 행하면 자연히 광명정대할 것이니 어찌 재난을 만나겠는가?

≪상전≫에서 말하기를, 사람들이 따르고 신망을 얻으나 '구사'의 위치로 보아 실로 흉하다. 성실하게 정도에 맞게 행한다는 것은 광명정대하기 위함 이다.

구오: 성실하게 좋은 말과 착한 행동을 따르니 상서롭다.

≪상전≫에서 말하기를, 성실하게 좋은 말과 착한 행동을 따라 상서롭다는 것은 '구오'의 위치가 바르게 중앙에 있어 치우치지 않기 때문이다.

상육: 갇히고 나서야 마지못해 복종한다. 그를 묶어 두고 감화시키기 위해 군왕이 서산에서 하늘에 제사를 지낸다.

≪상전≫에서 말하기를, 상육이 갇혔다는 것은 마지막 단계에서 '수隨'의 도가 이미 궁극에 이르렀음을 말한다.

☯ 주역 경영

'구사'는 비록 위기가 만나도 성실과 신의를 지키고 정도를 따라 행동하면 광명정대하게 되니 위험을 피할 수 있다. 이렇듯 '수괘'에서는 정도를 지키는 것이 얼마나 중요한지 다시 한번 증명하고 있다.

'구오'는 지극히 높은 군왕의 위치에 있으니 이때는 어떤 사람을 따라야 하는가? '수괘'는 우리에게 아름답고 선한 사람을 따라야 한다고 알려준다. 진실로 선善을 추구하고 재능 있는 인재를 발탁하며, 아름다움과 선함, 재능 있는 인재로 하여금 서로 따르게 한다면 어찌 상서롭지 않겠는가?

'상육'에 이르면 상황은 난감해진다. 따르는 사람이 없으면 사람들에게 가서 따를 것을 강요하게 된다. 그러나 이렇게 되면 그들은 겉으로는 따르는 척해도 속으로는 불복하니 그 결과는 배반만이 있을 뿐이다.

---

management point

경영자는 평소에 직원들을 관심 있게 지켜보고 인품과 덕, 능력이 출중한 부하 직원을 발탁하여 업무에 대한 책임감과 적극성을 유도해야 한다.

---

18. 고괘(蠱卦)
폐단을 다스리다

蠱: 元亨, 利涉大川; 先甲三日, 後甲三日.(고: 원형 이섭대천 선갑삼일 후갑삼일)

≪彖≫曰: "蠱", 剛上而柔下, 巽而止, "蠱". "蠱", 元亨而天下治也. "利涉大川", 往有事也. "先甲三日, 後甲三日", 終則有始, 天行也.(단왈: 고 강상이유하 손이지 고 고 원형이천하치야. 이섭대천 왕유사야. 선갑삼일 후갑삼일 종즉유시 천행야)

≪象≫曰: 山下有風, "蠱"; 君子以振民育德.(상왈: 산하유풍 고 군자이진민육덕)

▲ 蠱: 독 고(독충) / 巽: 손괘 손(유순하다, 공손하다) / 止: 멎을 지 / 振: 떨칠 진

【해석】

고괘(蠱卦, 山風蠱)는 '폐단을 없애고 혼란을 다스림'을 상징한다. 지극히 형통하니 큰 강을 건너는 것이 이롭다.

다만 일을 시작하기 전 3일 내로 철저한 조사와 연구를 통해 치밀한 계획을 세우고, 또 일을 시작한 후 3일 내로 그 계획의 실행을 철저히 감독하여 꼼꼼하게 결함을 보완해야 한다.

≪단전≫에서 말하기를, '고'는 양강은 위에 있고 음유는 아래에 있어, 위아래 즉, 양강과 음유가 교류하지 못하여 순탄한 화합이 막힌 것이다. 폐단을 제거하고 혼란을 다스리면 지극히 형통하다는 것은 천하가 잘 다스려짐을 말한

다. 큰 강을 건너는 것이 이롭다는 것은 혼란을 다스리려면 용감하게 앞으로 나아가 적극적으로 행동해야 한다는 것이다. 일을 시작하기 전 사흘 내로 철저한 계획을 세우고, 또 일을 시작한 후 사흘 내로 계획의 실행을 철저히 감독해야 한다는 것은 낡은 것 대신 새로운 것을 시작함을 의미하는데, 이것이 바로 대자연의 운행 법칙이다.

≪상전≫에서 말하기를, 산 아래에 큰 바람이 불면 혼란을 다스린다는 뜻이다. 군자는 이 괘의 이치를 살펴 백성의 정신을 고쳐시키고 도덕성을 길러줘야 한다.

☯ 주역 경영

≪서괘전≫에서는, "기쁨으로 사람을 따르는 자에게는 반드시 모종의 일이 발생하기 때문에 '고괘'를 배열했다"라고 했다.

어떤 일이 한번 시작된 후에는 반드시 조정해야 하는 경우가 발생하므로 '고괘'에서는 바로 재조정의 도리를 말하고 있다.

≪주역≫의 저자는 "일을 시작하기 전 사흘 내로 철저한 계획을 세우고 또 일을 시작한 후 사흘 내로 계획의 실행을 철저히 감독해야 한다"라는 문구에서 '갑甲'이라는 글자를 통해 '시작'의 의미를 강조했다. 그것은 바로 "어떤 일을 시작하기 전에는 과거의 일은 털어버리고 새로움을 받아들이라"는 뜻이다. 그리고 어떤 일에 뛰어든 후에는 환경을 새롭게 바꾸고 새로운 명령을 내려야 한다고 했는데, 이것이 바로 '고괘'에서 말하는 '폐단을 없애고 혼란을 다스린다'는 말의 뜻이다.

"군자는 이 괘의 이치를 살펴 백성의 정신을 고쳐시키고 도덕성을 길러줘야 한다"라는 의미는 폐단을 바로잡고 혼란을 다스리는 시기에는 반드시 사람들의 사기를 진작시켜야 하는데, 그렇지 않으면 도와줄 사람이 아무도 나서지 않는 난처한 상황을 만나게 된다는 뜻이다.

이와 함께 대부분의 폐단은 덕을 잃음으로써 생기는 것이므로 도덕의 기준을 바로세워야 한다. 이는 몰락하는 기업의 경영인에게도 마찬가지로 도움이 되는 말이다. 루이스 거스너(Louis Gerstner)가 죽어가던 공룡기업 IBM을 구제할 때 채택했던 방식이 바로 이러한 전략이었다. 우선 사람들의 자신감을 회복시킨 다음 내부 시스템 구축을 강화하여 정상적인 경영 상황으로 회복한 것이다.

---

management point

기업이 위기를 만나거나 곤경에 빠졌을 때에는 반드시 직원의 사기를 진작시켜서 업무에 대한 열정과 책임감을 불러 넣어줘야 한다. 이와 함께 기업의 시스템에 대한 관리를 강화하여야 하며, 그 중에서도 특히 간부급 직원의 인품과 도덕의 수준을 높여야 한다.

선대의 사업을 승계할 때는

初六, 幹父之蠱, 有子考, 无咎, 厲終吉. (초육, 간부지고 유자고 무구 여종길)

≪象≫曰: "幹父之蠱", 意承考也. (상왈: 간부지고 의승고야)

九二, 幹母之蠱, 不可貞. (구이, 간모지고 불가정)

≪象≫曰: "幹母之蠱", 得中道也. (상왈: 간모지고 득중도야)

九三, 幹父之蠱, 小有悔, 无大咎. (구삼, 간부지고 소유회 무대구)

≪象≫曰: "幹父之蠱", 終无咎也. (상왈: 간부지고 종무구야)

▲ 幹: 줄기 간(고침) / 考: 상고할 고(돌아가신 아버지) / 承: 받들 승(잇다) / 悔: 뉘우칠 회

【해석】

초육: '아버지 대代에서 남긴 폐단을 고치니(幹父之蠱)' 이런 아들이 있으면 아버지는 죄를 면할 수 있을 것이다. 위험은 있으나 결국은 상서로울 것이다. ≪상전≫에서 말하기를, 아버지 대의 폐단을 고친다는 것은 '아버지의 유지를 계승하는(意承考)' 데 의미가 있다.

구이: 어머니가 남긴 폐단을 고칠 때 무리하게 정도만 고집해서는 안 된다. ≪상전≫에서 말하기를, 어머니의 폐단을 고칠 때는 강약의 조화를 추구해야 한다.

구삼: 아버지 대의 폐단을 고치니 약간의 후회는 있어도 큰 잘못은 없을 것이다.

≪상전≫에서 말하기를, 아버지 대의 폐단을 고치는 것은 결과적으로 큰 잘못은 아니다.

⑤ 주역 경영

'고괘'는 '수정하고 바로잡는 것'이다. 그런데 무엇 때문에 수정하고 바로 잡는 것일까? 후임자가 전임자의 폐단을 바로잡으려 할 때는 반드시 적절한 시기를 틈타 시행해야 한다.

적절한 시기가 이르지 않았는데도 무리하게 강행하며 상황을 바로잡으려 한다면 분명 돌이킬 수 없는 위기에 봉착하고 말 것이다. 그러나 후임자가 그렇게 행동하는 것은 기업의 빠른 성장을 도모하고자 함이므로 그 의도에는 잘못이 없다. 그러므로 다소 어려움에 봉착하더라도 언젠가 순조롭게 이겨내게 된다.

---

management point

담당자를 바꾸거나 전임자가 해왔던 방식을 바꾸거나, 혹은 오랫동안 이어져 내려온 기업 내의 폐단을 바로잡을 때는 반드시 적절한 시기와 상황의 조건을 살펴야 한다. 그렇지 않으면 아무리 좋은 의도라고 하더라도 반발과 좌절에 부딪히게 마련이다.

폐단은 그때그때 없애라

六四, 裕父之蠱, 往見吝.(육사, 유부지고 왕현린)

≪象≫曰: "裕父之蠱", 往未得也.(상왈: 유부지고 왕미득야)

六五, 幹父之蠱, 用譽.(육오, 간부지고 용예)

≪象≫曰: "幹父用譽", 承以德也.(상왈: 간부용예 승이덕야)

上九, 不事王侯, 高尚其事.(상구, 불사왕후 고상기사)

≪象≫曰: "不事王侯", 志可則也.(상왈: 불사왕후 지가칙야)

▲ 裕: 넉넉할 유(느긋하다, 용납하다) / 往: 갈 왕(그 상태로 계속됨) / 見: 볼 견, 나타날 현(=現)
/ 吝: 아낄 린(한스럽다) / 譽: 명예 예, 기릴 예 / 尚: 높을 상

【해석】

육사: 아버지 대의 폐단을 지나치게 너그러이 그대로 두면, 훗날 반드시
원통해할 일이 생길 것이다.

≪상전≫에서 말하기를, 아버지 대의 폐단을 너그럽게 수용하여 그대로 두
면 끝내 폐단을 바로잡을 수 없다.

육오: 아버지 대의 폐단을 고침으로써 칭찬과 명예를 얻는다.

≪상전≫에서 말하기를, 아버지 대의 폐단을 바로잡고 칭찬과 명예를 얻는
다는 것은 미덕으로써 선대의 사업을 계승했기 때문이다.

상구: 왕과 제후가 사업을 도모하지 않으며, 공을 이루고 물러나니 고상하다.

≪상전≫에서 말하기를, 왕과 제후가 사업을 하려고 꾀하지 않으니 그 고결
한 뜻은 본보기가 될 만하다.

⑤ 주역 경영

'육사'는 음효가 음의 자리에 있으므로 상대적으로 부드럽고 유순하다. 그래서 전임자가 남긴 폐단에 대해서 지나치게 관대해지는데, 그러면 결국 오랫 동안 누적되어 왔던 폐단들을 없앨 기회를 놓치고 심각한 위기에 봉착하고 만다.

급기야 더 이상 어쩔 수 없는 상황에 이르러서야 부랴부랴 조치를 취해보지만, 이미 때는 늦었다. 따라서 전임자가 남긴 폐단이나 문제점은 반드시 즉시 바로잡아 조직의 성장 공간을 확보해야 한다.

'육오'는 비록 음효가 양의 자리에 있기는 하지만 과거의 잘못된 점을 과감하게 바로잡아 비교적 좋은 명성을 얻는다.

'상구'는 숨은 선비와도 유사하나 진정한 의미에서 은자隱者는 아니다. 왜냐하면 그는 웅지를 펼치고자 시기가 조정될 때를 기다리는 것이기 때문이다.

---

management point

전임자가 남긴 문제점은 즉각 조치를 취하여 바로잡아야 한다. 그렇지 않으면 문제가 갈수록 커지고 심각해져 결국에는 통제할 수 없는 지경에 이르러 조직에 더 큰 위기를 초래할 수 있다.

---

19. 임괘(臨卦)
리더십의 기술

臨: 元亨, 利貞. 至于八月有凶.(임: 원형 이정. 지우팔월유흉)

≪象≫曰: "臨", 剛浸而長, 説而順, 剛中而應. 大亨以正, 天之道也; "至于八月有凶", 消不久也.(단왈: 임 강침이장 열이순 강중이응. 대형이정 천지도야 지우팔월유흉 소불구야)

≪象≫曰: 澤上有地 "臨"; 君子以教思无窮, 容保民无疆.(상왈: 택상유지 임 군자이교사무궁 용보민무강)

▲ 臨: 임할 임(다스리다) / 至: 이를 지 / 浸: 담글 침(점점) / 説: 기쁠 열(=悅) / 消: 사라질 소 / 久: 오랠 구(변치 않음) / 窮: 다할 궁 / 容: 얼굴 용(포용하다) / 疆: 지경 강(한계, 끝)

【해석】

임괘(臨卦: 地澤臨)은 '윗사람이 아랫사람을 다스림'을 의미한다. 지극히 형통하나 정도를 지키는 것이 이롭다. 8월이 되면 흉함이 있을 것이다.

≪단전≫에서 말하기를, 윗사람이 아랫사람을 다스린다는 것은 양의 강한 기운이 점차 자라나서 만물이 기뻐하고 따르며, 강건한 자가 가운데 있어 상하가 그에게 호응함을 말한다. 정도를 지키면 크게 형통할 수 있음은 대자연의 법칙이다. 8월이 되면 흉할 것이라 함은 양기가 점점 사그라져 좋은 시절과 아름다운 경치가 오래 갈 수 없기 때문이다.

≪상전≫에서 말하기를, 못 위에 땅이 있음은 윗사람이 아랫사람에게 군림

함을 상징한다.

군자는 이 괘의 이치를 살펴 변함없이 사람들을 교화하고 사랑할 것을 다짐하며 또 만백성을 끝없이 포용하고 보호하고자 한다.

주역 경영

'임괘臨卦'는 지극히 크다는 의미로 앞서 말한 '고괘'를 수정한 것이니 반드시 발전할 것이다. 그래서 ≪서괘전≫에서는 이렇게 말했다. "일이 시작된 후에는 커질 수 있으므로 '고괘' 다음에 '임괘'를 배열했으며 '임臨'은 큰 것이다."

이와 함께 '임'에는 감독하고 통치한다는 의미도 있다. ≪설괘전≫에서는 "임臨은 감시하는 것이다"라고 했고 ≪이아전爾雅傳≫ '석고釋詁편'에서는 "임臨은 살펴보는 것이다"라고 했다.

"8월이 되면 흉할 것이다"라는 것은 ≪주역≫의 저자가 계절을 비유로 들어 일찌감치 가을을 대비하라고 사람들을 일깨운 것이다. ≪예기禮記≫ '월령月슈편'에서도 8월을 가리켜 "이 달은 스산한 기운이 점점 강해지고 양기는 나날이 스러진다"*라고 했다.

국가나 기업이나 크게 성장하려면 우선 사람들이 안정된 생활을 누리고 즐겁게 지내게 해야 한다. 그리고 개개인이 각자 맡은 일에 책임을 다하고 발전하기 위해 끊임없이 고민하며 더 나은 전략과 방법을 모색해야 한다.

오늘날 경영계에 등장한 코칭 리더십(Coaching leadership)이 이와 일맥상통하는 개념이다. 경영자는 기업을 경영하기 위한 전략과 관리제도를

---

* 是月也 殺氣浸盛 陽氣日衰.(시월야 살기침성 양기일쇠)

마련해야 할 뿐만 아니라 솔선수범하여 부하 직원을 가르칠 줄도 알아야 한다.

---

management point

기업이 빠른 속도로 성장할 때는 내부 직원에 대한 교육과 훈련을 통해 그들을 기업 성장의 원동력으로 삼아 기업의 발전을 꾀하는 것이 무엇보다도 중요하다.

기업을 살리는 주인정신

初九, 咸臨, 貞吉.(초구, 함림 정길)

≪象≫曰: "咸臨貞吉", 志行正也.(상왈: 함림정길 지행정야)

九二, 咸臨, 吉, 无不利.(구이, 함림 길 무불리)

≪象≫曰: "咸臨吉无不利", 未順命也.(상왈: 함림길무불리 미순명야)

六三, 甘臨, 无攸利; 旣憂之, 无咎.(육삼, 감림 무유리 기우지 무구)

≪象≫曰: "甘臨", 位不當也; "旣憂之", 咎不長也.(상왈: 감림 위부당야 기우지 구부장야)

▲ 咸: 다 함(=感, 감화시키다) / 甘: 달 감 / 旣: 이미 기 / 憂: 근심할 우 / 咎: 허물 구

【해석】

초구: 민중을 감화시켜서 통치하며 정도를 지키니 상서롭다.

≪상전≫에서 말하기를, 민중을 감화시켜서 통치하며 정도를 지키니 상서롭다는 것은 생각과 행동이 올바름을 뜻한다.

구이: 민중을 감화시켜서 통치하면 상서롭고 이롭지 않은 바가 없을 것이다.

≪상전≫에서 말하기를, 민중을 감화시켜서 통치하면 상서롭고 이롭지 않은 바가 없을 것이라고 함은 민중이 아직 명령에 순종하지 않기 때문이다.

육삼: 달콤한 말로써 민중을 통치하니 이로울 바가 없다. 그러나 그것을 우려하여 일찌감치 바르게 고친다면 과오를 면할 것이다.

≪상전≫에서 말하기를, 감언이설로 민중을 통치한다는 것은 그 자리가 마땅치 않음을 말한다. 그러나 그것을 우려하여 일찌감치 바르게 고친다면

그 과오는 오래 가지 않을 것이다.

⑤ 주역 경영

임괘臨卦에는 '지극히 크다'라는 뜻과 함께 '감독하고 통치한다' 라는 의미도 포함되어 있다. 그래서 '초구'는 민중을 감화시켜 통치하면서 정도를 지키기만 하면 위험이 없고 상위자의 신임도 얻을 수 있다.

'구이'도 이와 마찬가지다. 여기서는 "민중이 아직 명령에 순종하지 않았다"라는 부분을 주목해야 한다. 민중이 명령에 순종하지 않아도 상서롭고 불리함이 없다는 것은 약간 이해하기 어렵지만, 현실과 접목시켜 생각해 보면 금세 이해가 된다.

상사라면 누구나 부하 직원이 적극적이고 주동적으로 일하여 자신에게 맡겨진 일과 책임을 자발적으로 해결하기를 원할 것이기 때문이다. 따라서 '초구'와 '구이'는 모두 상위자의 요구에 호응하여 스스로를 감시하는 것이기 때문에 자연히 상사의 신임을 얻게 되고 이 때문에 상서롭다고 하는 것이다.

'육삼'은 감언이설만 믿고 통치하면 형통하지 않게 된다는 말이다.

≪논어≫에서는 "교묘한 말과 잘 보이기 위한 낯빛을 하는 사람치고 진실한 사람이 없다"*라고 했다.

일반적으로 윗사람은 넓은 도량을 가지고 관용을 베풀기 때문에 너무 늦지 않고 제때 깨달아 방법을 고치기만 하면 큰 과오가 없을 것이다.

---

* 巧言令色者 鮮矣仁.(교언영색자 선의인)

천하를 다스리는 도리

六四, 至臨, 无咎.(육사, 지림 무구)

≪象≫曰: "至臨无咎", 位當也.(상왈: 지림무구 위당야)

六五, 知臨, 大君之宜, 吉.(육오, 지림 대군지의 길).

≪象≫曰: "大君之宜", 行中之謂也.(상왈: 대군지의 행중지위야)

上六, 敦臨, 吉, 无咎.(상육, 돈림 길 무구)

≪象≫曰: "敦臨之吉", 志在内也.(상왈: 돈림지길 지재내야)

▲ 至: 이를 지(현장에 친히 나감) / 知: 알 지(=智, 지혜 지) / 宜: 마땅할 의 / 敦: 두터울 돈

【해석】

육사: 직접 현장에 나아가 민중을 통치하니 허물이 없다.

≪상전≫에서 말하기를, 직접 현장에 나아가 민중을 통치하므로 허물이 없다는 것은 그 위치가 정당함을 말한다.

육오: 지혜로써 민중을 통치하니, 위대한 군주는 이렇게 하는 것이 당연하고 상서롭다.

≪상전≫에서 말하기를, 위대한 군주가 이렇게 하는 것이 당연하다는 말은 중용의 도를 실행해야 한다는 뜻이다.

상육: 두터운 덕으로 민중을 통치하니 상서롭고도 화될 것이 없다.

≪상전≫에서 말하기를, 두터운 덕으로써 민중을 통치함이 상서로운 것은 마음에 온유하고 두터운 덕이 있기 때문이다.

'육사'의 자리는 부하 직원과 친밀한 관계를 유지하는 위치이다. 윗부분과 아랫부분이 맞닿는 자리에 있으므로 능히 통치 대상인 민중에게 친근해질 수 있으니, 허물이 없다는 것이다.

'육오'의 '임臨'은 의심할 여지없이 "군주가 천하를 다스린다"라는 뜻이다. 군왕은 지혜로써 민중을 통치하니, 여기에서 지혜는 자연히 인품과 덕, 천지의 도를 가리킨다. ≪상전≫에서는 "중도中道를 실행해야 한다"라고 했는데, 이처럼 그 행위가 중용의 도에 부합되면 위대한 군주가 천지와 동일한 지혜를 갖게 된다. 이렇게만 하면 '하늘보다 앞서서 행동하여도 어긋나지 않으며, 하늘보다 뒤서거니 행하여도 하늘의 변화 규칙을 따르게 되는' 경지에 이르러 자연히 길하게 될 것이다.

'상육'은 비록 극점에 다다랐으나 온유하고 두터운 덕을 갖추고 있으므로 여전히 상서롭고 해로울 것이 없다.

---

management point

부하 직원을 관리할 때는 주의해야 할 세 가지 사항이 있다. 첫째, 부하 직원과 소통할 기회를 되도록 많이 가져서 친밀감을 유지해야 한다. 둘째, 공평하고 공정하며 공개적인 방식으로 부하 직원을 대해야 한다. 셋째, 온유하고 두터운 덕으로써 부하 직원을 대하여 그들로 하여금 늘 관심받고 있다는 느낌을 갖게 해야 한다.

20. 관괘(觀卦)
통찰력의 기술

觀: 盥而不薦, 有孚顒若.(관: 관이불천 유부옹약)

≪彖≫曰: 大觀在上, 順而巽, 中正以觀天下, 觀 "盥而不薦, 有孚顒

若", 下觀而化也. 觀天之神道, 而四時不忒; 聖人以神道設敎, 而天下

服矣.(단왈: 대관재상 순이손 중정이관천하 관. 관이불천 유부옹약 하관이화야. 관천지신도

이사시불특 성인이신도설교 이천하복의)

≪象≫曰: 風行地上, 觀: 先王以省方觀民設敎(상왈: 풍행지상 관 선왕이성

방관민설교)

▲ 觀: 볼 관 / 盥: 대야 관 / 薦: 천거할 천 / 顒: 공경할 옹 / 巽: 공손할 손 / 忒: 변할 특(착오,

어긋남) / 服: 입을 복, 복종할 복 / 省: 살필 성

【해석】

관괘(觀卦: 風地觀)는 '관찰'을 상징한다. 제사를 지낼 때 손을 깨끗이 씻으면,

아직 제물은 올리지 않았으나 이미 정성과 경건함으로 충만해 있음을 알

수 있다.

≪단전≫에서 말하기를, 높은 곳에서 폭넓은 시야를 가지고 모든 사물을

한눈에 바라볼 수 있다. 유순하고 겸손하며 중정中正의 도를 지킨다는 생각으

로 천하의 사물을 관찰해야 한다. 제사를 관찰할 때 제사하는 사람이 손을

깨끗이 씻으면 아직 제물은 올리지 않았으나 정성과 경건함이 충만한 모습이

니, 아래에서 제사 행위를 바라보는 사람들이 감화를 받는다. 대자연의 신묘한 법칙을 관찰하면 사계절의 변화에 한치도 어긋남이 없으니 성인은 그 신묘한 법칙을 본받아 교화를 펴서 천하 만민을 따르게 한다.

≪상전≫에서 말하기를, 드넓은 대지에 바람이 부는 것은 '관찰'을 상징한다. 선대의 임금은 이것을 보고 사방을 순시하면서 민정을 살피고 교화 정책을 편다.

⑤ 주역 경영

'관괘'에는 다음 두 가지의 뜻이 내포되어 있다. 하나는 '관찰'의 뜻이다. 스스로 위에 있는 윗사람으로서 아래를 살펴보는 것이다. 다른 하나는 '올려다보는' 것이다. 아래에 있는 아랫사람으로서 윗사람을 우러러본다는 말이다. 그러므로 윗사람은 반드시 인품과 덕이 훌륭하고 행동거지가 하늘의 뜻에 부합되어야 한다.

관찰을 잘하면 미미한 조짐만 가지고도 전체를 꿰뚫어보는 능력, 즉 통찰력을 얻게 된다. 이 때문에 괘사에서도 "제사를 시작할 때 손을 깨끗이 씻으면 아직 제물은 올리지 않았으나 이미 정성과 경건함으로 충만해 있음을 알 수 있다"라고 했다.

백성으로 하여금 우러러보게 하려면 반드시 '중용의 도'를 갖추어야 한다. 우러러보는 행위는 관찰만을 의미하는 것이 아니라 만백성을 일깨우고 이끌어야 나올 수 있는 행동이다.

그래서 ≪단전≫에서는 "제사 행위를 단壇 아래서 바라보는 사람들이 감화를 받도다"라고 했다. 따라서 반드시 아름답고 선한 면을 백성들에게 보여주어 그들로 하여금 미덕을 숭상하고 기꺼이 따를 수 있게 유도해야 한다.

관찰한 후 진퇴를 결정한다

初六, 童觀, 小人无咎, 君子吝.(초육, 동관 소인무구 군자린)

≪象≫曰: 初六"童觀", 小人道也.(상왈: 초육동관 소인도야)

六二, 窺觀, 利女貞.(육이, 규관 이녀정)

≪象≫曰: "窺觀女貞", 亦可醜也.(상왈: 규관여정 역가추야)

六三, 觀我生, 進退.(육삼, 관아생 진퇴)

≪象≫曰: "觀我生進退", 未失道也.(상왈: 관아생진퇴 미실도야)

▲ 童: 아이 동 / 童觀(동관):어린아이 같은 유치함으로 봄 / 窺: 엿볼 규 / 窺觀(규관): 편협함으로 봄 / 醜: 추할 추 / 觀我生(관아생): 자신의 행동을 관찰함

【해석】

초육: 어린아이처럼 관찰하면 소인은 허물이 없으나 군자는 곤경에 처한다.
≪상전≫에서 말하기를, 어린아이처럼 관찰하니(童觀) 이는 식견이 얕은 소인의 도이다.

육이: 남몰래 엿보듯이 관찰하니(窺觀) 여자가 정도를 지키는 데에 이로울 뿐이다.
≪상전≫에서 말하기를, 남몰래 엿보듯이 관찰하는 것은 여자에게만 이로울 뿐, 군자에게는 수치스러운 것이다.

육삼: 자신의 행동을 관찰한 후 나아가서 취할지 아니면 물러나서 지킬지 결정한다.
≪상전≫에서 말하기를, 자신의 행동을 관찰한 후 전진과 후퇴를 결정한다

는 것은 '관찰의 도'를 잃지 않았음을 말한다.

⑤ 주역 경영

'초육'은 '구오'에서 가장 먼 지점에 있고 음효로서 양의 자리에 있어 위치가 마땅하지 않으므로, 순박한 백성이나 어린아이들처럼 문제를 단순하게 바라보게 된다. "소인은 허물이 없다"라고 한 부분에서 '소인'은 평민, 백성을 가리킨다. 소인은 국가의 정치를 잘 이해하지 못하기 때문에 어린아이처럼 얕은 견해를 갖지만 그 때문에 허물은 없다. 그러나 만일 군자가 소인처럼 얕은 견해를 가진다면 액운과 재난을 피하기 어렵다.

'육이'에서 거리낌 없이 당당해야 하는 군자라면 남몰래 관찰하는 행위를 해서는 안 된다. 따라서 남몰래 엿보는 행위는 여인의 소행이며 만일 군자가 이렇게 행동한다면 부끄러운 짓이 된다.

'육삼'은 덕망이 높은 사람의 미덕을 바라본 후 즉시 자신과 비교해 보고 이로써 인생의 나아감과 물러섬을 결정한다. 이는 공자가 "어진 이를 보면 그처럼 어진 사람이 되기를 바라고, 어질지 못한 이를 보면 그를 거울삼아 자기 자신을 돌아본다"*라고 한 것과도 상통하는 말이다.

---

management point

직장생활에서 살아남으려면 우선 롤모델(Role model)을 찾은 다음 끊임없이 그의 장점을 배워 자기의 단점을 개선해 나가야 한다. 이렇게 하면 순조롭게 직장생활을 영위해 나갈 수 있다.

---

* 見賢思齊(견현사제)

끊임없는 자기반성

六四, 觀國之光, 利用賓于王.(육사, 관국지광 이용빈우왕)

≪象≫曰: "觀國之光", 尚賓也.(상왈: 관국지광 상빈야)

九五, 觀我生, 君子无咎.(구오, 관아생 군자무구)

≪象≫曰: "觀我生", 觀民也.(상왈: 관아생 관민야)

上九, 觀其生, 君子无咎.(상구, 관기생 군자무구)

≪象≫曰: "觀其生", 志未平也.(상왈: 관기생 지미평야)

▲ 賓: 손님 빈(벼슬을 함) / 尙: 오히려 상(높이다, 중시하다) / 平: 평평할 평(안녕함)

【해석】

육사: 국가의 빛나는 통치 업적을 우러러 바라보면 왕으로부터 귀빈 예우를 받을 수 있다.

≪상전≫에서 말하기를, 국가의 빛나는 통치 업적을 우러러 바라본다는 것은 왕이 귀한 손님을 예의로써 맞이한다는 말이다.

구오: 자신의 행위를 관찰하면 군자는 반드시 과오가 없게 될 것이다.

≪상전≫에서 말하기를, 자신의 행위를 관찰하려면 먼저 민정을 살펴야 한다.

상구: 모든 사람이 그의 행위를 관찰하니, 이런 군자는 과오가 없을 것이다.

≪상전≫에서 말하기를, 모든 사람이 그의 행위를 관찰하므로 뜻이 안일하거나 해이해지지 않는다.

◎ 주역 경영

본문에서 언급한 바와 같이 '한 국가가 외부의 귀빈을 예의로써 맞이하는' 것은 첫째, 국가의 실력을 자랑하고, 둘째, 인재를 끌어들이기 위한 이유에서이다. 재능 있는 사람은 이 기회를 틈타 "대인을 만나봄이 이롭다"는 사실을 기억하고 왕의 손님이 되도록 해야 한다. 그렇게 되면 비로소 재능을 펼칠 기회를 얻게 될 것이다.

'구오'는 왕의 신분으로서 사람들에게 우러름을 받게 된다. 이때 주의 해야 할 것은 항상 자기 자신을 돌아보아 반성하여 잘못을 저지르지 않아야 한다는 점이다. 왕이 자기 자신을 관찰한다는 것은 곧, 백성을 살피는 일이나 마찬가지다. 자기 자신을 수양하면 백성의 삶을 세심히 살필 수 있는 인격이 길러지기 때문이다. 항상 자기 자신을 반성하는 군주 밑에 있는 백성은 자연히 편하고 즐거운 삶을 누릴 수 있고 따라서 '과오가 없게' 된다.

'상구'는 사람들이 그의 행위를 관찰하나 그 뜻이 완전히 실현되지는 못한다. 이는 완벽한 아름다움을 실현하는 것이 매우 어렵고, 그에 따라 자신의 행위로써 백성을 교화하는 것이 더욱 어렵게 된다는 뜻이다. '아래 백성이 윗사람의 솔선수범하는 것을 보고 배우면 천하가 군자의 도를 회복하게 되는' 경지에 이르기란 결코 쉬운 일이 아니다.

---

management point

지도자라면 끊임없이 자기 자신을 성찰省察하면서 부족한 점을 찾아내어 즉시 고쳐야 한다.

---

21. 서합괘(噬嗑卦)

공정함에 대하여

噬嗑: 亨, 利用獄 (서합: 형 이용옥)

≪彖≫曰: 頤中有物, 曰噬嗑. 噬嗑而亨, 剛柔分, 動而明, 雷電合而章. 柔得中而上行, 雖不當位, 利用獄也. (단왈: 이중유물 왈서합. 서합이형 강유분 동이명 뇌전합이장. 유득중이상행 수부당위 이용옥야)

≪象≫曰: 雷電, 噬嗑; 先王以明罰勅法. (상왈: 뇌전 서합 선왕이명벌칙법)

▲ 噬: 씹을 서 / 嗑: 말 많을 합(입을 다물다) / 獄: 옥 옥(감옥) / 頤: 턱 이 / 雷: 우레 뇌 / 電: 번개 전 / 勅: 조서 칙

【해석】

서합괘(噬嗑卦: 火雷噬嗑)는 '교합(咬合, 음식을 씹은 후 입을 꼭 다묾)'을 상징한다. 형통하니 법을 집행하여 옥사獄事를 처리하는 것이 이롭다.

≪단전≫에서 말하기를, 입안에 음식이 있으니 씹어야 입을 다물 수 있다. '서합괘'가 형통한 것은 강건함과 부드러움의 두 요소가 선명하게 대비되어 신속하게 행동하면서도 작은 터럭 하나까지 세심하게 살피며, 마치 천둥과 번개처럼 상응, 화합하여 괘의 도리를 실현하기 때문이다. 음유한 자로서 중앙에 위치하고 위로 올라가려고 애쓸 수 있으니, 비록 위치가 마땅하지 않더라도 법을 집행하여 옥사를 결단하기에는 이롭다.

≪상전≫에서 말하기를, 천둥과 번개가 섞여서 몰아침은 교합을 상징한다.

선대의 군왕은 이 괘의 이치를 살펴 형벌을 엄격하고 분명히 하여 법령을 공표했다.

ⓢ 주역 경영

'서噬'는 아랫니와 윗니로 음식을 씹는다는 말이고, 합嗑은 음식을 씹은 뒤 입을 꼭 다물고 있다는 뜻이다. ≪서괘전≫에서는 이 괘에 대해 이렇게 설명했다. "볼 수 있는(觀卦) 뒤에는 반드시 합치는 바가 있으므로 서합괘를 그 뒤에 배치했다. '합(嗑, 씹다)'은 '합(合, 합치다)'의 의미이다."

교화를 한 다음에는 객관적인 성과, 즉, 민심을 얻을 수 있다. 그렇다면 '서합'은 '형벌을 엄격하고 분명히 하여 법령을 공포한다'라는 것과 어떤 관계가 있는가?

공자는 ≪잡괘전≫에서 "서합은 먹는 것이다"*라고 하여 이에 대한 답을 제시했다. 먹으려면 반드시 이를 사용하여 씹는 활동을 해야 하므로 '교합'이라고 한 것이다. '서합괘'의 목적은 백성의 마음을 하나 되게 함에 있는데, 이때는 반드시 형법을 공정하고 정확하게 시행한다는 것을 전제로 해야 한다. 입에 들어 있는 음식을 씹어야, 삼키든지 뱉든지 할 수 있듯이, 사회에 해를 끼치는 범죄 행위를 발본색원해야 공정한 법 집행을 할 수 있다.

'서합괘'는 '육이', '육오'가 모두 음효로서 각 괘의 중앙에 놓여 있으며 상하가 호응한다는 특징을 가지고 있다. 음유가 중앙에 놓여 있어 강건함을 펼치기에는 적합하지 않다. 따라서 반드시 부드러움으로 강건함을 이길 수 있는 조치를 취해야 하는데, 형벌과 법령을 엄격하게 하는 것이

---

* 噬嗑 食也.(서합 식야)

200

최상의 방법이다. 이는 노자가 말한 '무위이치無爲而治'의 사상과도 유사하다. 사람들이 공동의 법률과 규칙을 지킨다면 경영이라는 과정이 필요 없게 될 정도로 조직이 자연스럽게 잘 운영될 것이다.

---

management point

기업이 어느 정도 성공을 거둔 뒤에는 반드시 사람들의 마음을 모아 조직 구성원으로서의 자부심을 높여야 한다. 이때 피해야 할 것은 상벌 체계가 명확하지 않은 인사 시스템이다. 이 때문에 경영자는 가장 먼저 상벌 체계를 분명히 정하여 직원들의 성과와 실책에 대한 보상과 문책을 분명히 해야 할 필요가 있다.

작은 조짐으로 전체를 통찰한다

初九, 屨校滅趾, 无咎.(초구, 구교멸지 무구)

≪象≫曰: "屨校滅趾", 不行也.(상왈: 구교멸지 불행야)

六二, 噬膚, 滅鼻, 无咎.(육이, 서부 멸비 무구)

≪象≫曰: "噬膚滅鼻", 乘剛也.(상왈: 서부멸비 승강야)

六三, 噬腊肉, 遇毒; 小吝, 无咎.(육삼, 서석육 우독 소린 무구)

≪象≫曰: "遇毒", 位不當也.(상왈: 우독 위부당야)

▲ 屨: 신 구(발에 신음) / 校: 학교 교(목제 형틀) / 屨校(구교): 발에 채우는 형틀 / 滅: 멸망할 멸 / 趾: 발 지 / 噬: 씹을 서 / 膚: 살갗 부(연한 살코기) / 鼻: 코 비 / 腊: 포 석(말린 고기) / 遇: 만날 우 / 乘: 탈 승

【해석】

초구: 발에 찬 형틀이 발꿈치를 덮었으나 해로움은 없다.

≪상전≫에서 말하기를, 발에 찬 형틀이 발꿈치를 덮었으니 더 이상 나아갈 수 없다.

육이: 부드럽고 연한 고깃덩어리를 깨무는데 고기가 코로 들어가 막히지만 별 탈은 없다.

≪상전≫에서 말하기를, 부드럽고 연한 고깃덩어리를 깨무는데 고기가 코로 들어가 막힌다는 것은 강건한 자를 타고 눌러야 함을 말한다.

육삼: 말린 고기를 뜯어먹다가 중독되니 유감스러우나 큰 과오는 없다.

≪상전≫에서 말하기를, 중독되는 것은 육삼의 위치가 마땅하지 않기 때문

이다.

🌀 주역 경영

'서합괘'에서 하괘의 세 효는 거의 해를 입을 수 있는 상황이지만 다행히 결국에는 큰 피해가 없게 된다. 어째서인가? 즉시 뉘우치고 행동을 고치기 때문이다. 여기에 대해서는 공자가 ≪계사전繋辭傳≫ 하편에서 분명하게 설명했다.

"소인은 어질지 못함을 부끄러워하지 않으며 의롭지 못함을 두려워하지 않는다. 또한 이익이 없으면 권하지 아니하고, 위협하지 않으면 두려워하지 않는다. 가벼운 벌을 받음으로써 크게 조심하는 것이 소인의 복福이다."*

≪주역≫에서 "발에 찬 형틀이 발꿈치를 덮었으나 해로움이 없다"라고 한 것은 경미한 징벌을 통해 큰 경고를 받았고 이 때문에 바로 자신의 행위를 바로잡을 수 있게 되었으니 '해로움이 없다'라고 했다.

---

management point

아무리 작은 어려움이나 위기라 하더라도 그 이면에는 더 큰 위기가 잠재되어 있을 수 있다. 따라서 경영자는 작은 조짐을 통해 전체를 꿰뚫는 통찰력을 키움으로써 제때 전략을 수정하고 심각한 위기가 생기는 것을 미연에 방지해야 한다.

---

* 小人不恥不仁 不畏不義 不見利不勸 不威不懲 小懲而大誡 此小人之福也.(소인불치불인 불외불의 불견리불권 불위부징 소징이대계 차소인지복야)

큰 문제가 생기는 조짐에서

九四, 噬乾胏, 得金矢; 利艱貞, 吉.(구사, 서간자 득금시 이간정 길)

≪象≫曰: "利艱貞吉", 未光也.(상왈: 이간정길 미광야)

六五, 噬乾肉, 得黃金; 貞厲, 无咎.(육오, 서간육 득황금 정려 무구)

≪象≫曰: "貞厲无咎", 得當也.(상왈: 정려무구 득당야)

上九, 何校滅耳, 凶.(상구, 하교멸이 흉)

≪象≫曰: "何校滅耳", 聰不明也.(상왈: 하교멸이 총불명야)

▲ 胏: 밥찌끼 자(뼈가 붙은 마른 고기) / 乾: 하늘 건, 마를 간 / 矢: 화살 시 / 艱: 어려울 간
/ 黃金: (=黃銅) / 耳: 귀 이 / 何: 어찌 하 / 聰: 귀 밝을 총

【해석】

구사: 뼈에 붙은 마른 고기를 먹다가 구리 화살촉을 얻는다. 어렵고 힘든
가운데서도 정도를 지키니 이로우며 또한 상서롭다.

≪상전≫에서 말하기를, 비록 어렵고 힘든 가운데서도 정도를 지키는 것이
이롭고 상서롭기는 하지만 법을 집행하고 옥사를 다스리는 도를 크게 떨치지
는 못한다.

육오: 말린 고기를 먹다가 황동 한 덩이를 얻으니 정도를 지켜서 위험을
방지하면 과오를 면할 수 있다.

≪상전≫에서 말하기를, 정도를 지켜서 위험을 방지하면 과오를 면할 수
있다는 것은 그 행위가 정당함을 말한다.

상구: 목에 칼을 쓰고 귀를 막고 있으니 흉하다.

≪상전≫에서 말하기를, 목에 칼을 쓰고 귀를 막고 있다는 것은 귀가 밝지 않음을 말한다.

⑤ 주역 경영

'구사'는 양효로서 음의 위치에 있고, '육오'는 음효로서 양의 위치에 있으니 드러내놓고 행동하기에는 적당하지 않으므로 정도를 지켜야 한다. 일단 정도를 위배하면 위기가 닥치게 된다.

'상구'의 핵심은 '초구'와 대응하는 데 있다. '초구'는 경미한 징벌을 통해 크게 경고하는 것인 데 반해 '상구'는 사소한 악惡이 쌓여 돌이킬 수 없는 지경에 이르러 결국 흉하게 된다. 이 점은 공자가 ≪계사전≫ 하편에서 말한 것과 같다.

"선행이 쌓이지 않으면 명성을 이룰 수 없고, 악행이 쌓이지 않으면 자신을 망치지 않는다. 소인은 작은 선행을 무익하다고 생각하여 행하지 않고, 작은 악행을 해로울 것이 없다고 생각하여 버리지 않는다. 그러므로 악행이 쌓이면 숨길 수 없게 되고 죄가 커지면 벗어날 수 없다."*

---

management point

문제를 발견했을 때 즉시 바로잡지 않으면 잘못이 쌓여 돌이킬 수 없는 상황에 이르고 흉하게 된다. 옛말에 "천리에 달하는 제방도 조그만 개미구멍에 무너질 수 있다"라고 했듯이, 미미한 문제를 신중하게 처리하지 않으면 결국 기업을 파멸로 이끌 수 있다.

---

* 善不積不足以成名 惡不積不足以滅身. 小人以小善爲無益而弗爲也 以小惡无爲無傷而弗去也; 故積惡而不可掩 罪大而不可解.(선부적부족이성명 악부적부족이멸신. 소인이소선위무익이불위야 이소악무위무상이불거야 고적악이불가엄 죄대이불가해)

22. 비괘(賁卦)
아름다움에 대하여

賁: 亨, 小利有攸往.(비: 형 소리유유왕)

≪象≫曰: "賁", 亨, 柔來而文剛, 故"亨"; 分剛上而文柔, 故"小利有攸往". 天文也; 文明以止, 人文也. 觀乎天文, 以察時變; 觀乎人文, 以化成天下.(단왈: 비 형 유래이문강 고형 분강상이문유 고소리유유왕. 천문야 문명이지 인문야. 관호천문 이찰시변 관호인문 이화성천하)

≪象≫曰: 山下有火, 賁; 君子以明庶政, 无敢折獄.(상왈: 산하유화 비 군자 이명서정 무감절옥)

▲ 賁: 꾸밀 비, 클 분 / 庶: 여러 서 / 敢: 감히 감 / 折: 꺾을 절 / 折獄(절옥): 위법 사건을 처결함

【해석】
비괘(賁卦: 山火賁)는 '보기 좋게 꾸밈'을 상징한다. 형통하나 일의 성장, 발전에는 작은 이로움이 있을 따름이다.

≪단전≫에서 말하기를, 적절히 꾸미면 형통하며 음유가 와서 양강을 꾸미니 형통하다. 양강을 위에 둔 채 음유를 꾸미게 하므로 일의 발전에 작은 이로움이 있는 것이다. 양강과 음유가 서로 엇섞여 조화를 이루는 것이 대자연의 꾸밈이요, 문명과 예의를 행하면서 일정한 한도를 지키는 것이 인간의 꾸밈이다. 대자연의 꾸밈을 관찰하여 계절이 바뀌는 법칙을 알 수 있고, 인간

의 꾸밈을 관찰하여 천하를 교화할 수 있다.

≪상전≫에서 말하기를, 산 아래에 불빛이 있음은 꾸밈을 상징한다. 군자는 이것을 보고 정사를 분명히 하고자 하며 감히 겉치레로 형벌刑罰 문제를 다루지 않는다.

☯ 주역 경영

≪설괘전≫에서는 "비賁는 꾸밈이다"라고 했다. '비괘'는 사물은 적당한 꾸밈이 있어야 한다는 말이다. ≪서괘전≫에서는 "물건이 구차하게 합하고만 있을 수 없기 때문에 이로써 '비괘'를 배치했다"라고 했다. 사물이란 강제로 합하게 할 수 없기 때문에 적당히 꾸며준 후에 서로 보완하여 장점이 부각되게 해야 한다.

그렇다면 어떻게 꾸밈을 결정하는가? ≪주역≫의 저자는 이에 대해 하늘의 도를 본받으라고 권한다. 하늘의 도를 따라 인간의 꾸밈을 결정하고 그런 다음에야 이에 근거해 천하를 교화할 수 있다. ≪상전≫에서 "군자가 이것을 보고 정사政事를 분명히 하고자 한다"라고 한 것도 이와 상통한다. 각 정사의 요구와 기준, 결과를 철저하게 관철한 다음에야 사실에 근거해서 상벌에 관한 문제를 처리할 수 있다.

---

management point

신상필벌信賞必罰 문제를 처리할 때는 반드시 사실을 기초로 해야 한다. 사실에서 벗어나는 어떤 것에 근거해서 경거망동하게 판단하면 좋지 않은 결과를 초래할 뿐이다.

한발 한발 걸어가라

初九, 賁其趾, 舍車而徒.(초구, 비기지 사거이도)

≪象≫曰: "舍車而徒", 義弗乘也.(상왈: 사거이도 의불승야)

六二, 賁其須.(육이, 비기수)

≪象≫曰: "賁其須", 與上興也.(상왈: 비기수 여상흥야)

九三, 賁如, 濡如, 永貞, 吉.(구삼, 비여 유여 영정 길)

≪象≫曰: "永貞之吉", 終莫之陵也.(상왈: 영정지길 종막지릉야)

▲ 趾: 발 지 / 舍: 집 사(버림, 놓아둠) / 徒: 무리 도(걷다) / 須: 수염 수 / 興: 일어날 흥 / 濡: 젖을 유 / 莫: 없을 막(말다) / 陵: 큰 언덕 릉(=凌, 능가함)

【해석】

초구: 두 발을 꾸미고 수레를 놓아둔 채 걸어서 간다.

≪상전≫에서 말하기를, 수레를 놓아두고 걸어가는 것은 도의상 수레를 타는 것이 옳지 않다고 생각하기 때문이다.

육이: 수염을 꾸민다.

≪상전≫에서 말하기를, 수염을 꾸민다는 것은 육이가 위에 있는 구삼을 따라 움직임을 말한다.

구삼: 꾸미고 또 다듬어 곱게 매만지니, 끝까지 정도를 지켜야 상서로울 것이다.

≪상전≫에서 말하기를, 끝까지 정도를 지켜야 상서로울 것이라 함은 '꾸밈'이 '질박함'을 능가해서는 안 된다는 말이다.

208

🌊 주역 경영

'초구'는 수레가 있어도 타지 않고 걸어가는 것이 현자의 행동이라고 한다. 소위 "현자가 수레를 탄 셈치고 천천히 걸어가면 영원히 수치스럽지 않다"라는 말이다. 여기서 말하고자 한 것은 군자가 자제할 줄 알고 스스로 삼간다는 말이다.

'육이'는 '구삼'과 같이 움직이므로 '음유가 와서 양강을 꾸미는' 상황이라고 할 수 있다. 비록 가서 잘하더라도 명예도 없고 허물도 없다.

'구삼'은 매우 아름다우나 아름다움 때문에 바른 도를 포기하니 효사에서 '구삼'은 반드시 "끝까지 정도를 지켜야 길하다"라고 강조했다.

---

management point

많은 경영자가 삼갈 줄 모르고 종종 자기만족에 빠져 지내면서 자기와 직원 간에는 마치 엄청난 계급 차이라도 있는 것처럼 행동한다. 그러나 이는 절대 해서는 안 될 행동이다. 기업의 기반이 되는 직원을 배려하지 않고서는 기업의 경영 효율은 한없이 추락하고 만다. 이럴 때일수록 경영자는 《주역》에서 '수레를 탄 셈치고 천천히 걸어가는' 겸손의 지혜를 배워야 한다.

진퇴進退는 분명하게

六四, 賁如, 皤如, 白馬翰如；匪寇, 婚媾. (육사, 비여 파여 백마한여 비구 혼구)

≪象≫曰：六四當位, 疑也；"匪寇婚媾", 終无尤也. (상왈: 육사당위 의야 비구혼구 종무우야)

六五, 賁于丘園, 束帛戔戔；吝, 終吉. (육오, 비우구원 속백전전 인 종길)

≪象≫曰：六五之吉, 有喜也. (상왈: 육오지길 유희야)

上九, 白賁, 无咎. (상구, 백비 무구)

≪象≫曰："白賁无咎", 上得志也. (상왈: 백비무구 상득지야)

▲ 皤: 머리 센 모양 파 / 翰: 날개 한 / 匪: 큰 상자 비. 부정의 뜻을 나타냄(＝非) / 寇: 도둑 구 / 媾: 화친할 구 / 尤: 더욱 우 / 丘: 언덕 구 / 園: 동산 원 / 束: 묶을 속 / 帛: 비단 백 / 戔: 쌓을 전, 해칠 잔 / 戔戔(전전): 얼마 되지 않는 모양

【해석】

육사: 잘 꾸며서 온몸이 순백이요, 타고 가는 백마는 바람에 날리는 깃털과 같다. 앞에서 다가오는 이는 도적이 아니라 구혼자로다.

≪상전≫에서 말하기를, 육사의 위치는 의혹과 위험이 많은 곳이지만 앞에서 다가오는 이가 도적이 아니라 구혼자이므로 결국에는 원망이 없다.

육오: 구릉 위의 정원을 꾸미는 데 겨우 한 묶음의 비단만 쓰니 인색한 것 같으나 끝내는 상서롭다.

≪상전≫에서 말하기를, 상서롭다는 것은 반드시 경사가 있을 것임을 말한다.

상구: 순백으로 꾸미니 허물이 없다.

≪상전≫에서 말하기를, 순백으로 꾸미니 허물이 없다는 것은 내실을 숭상하는 뜻에 부합하기 때문이다.

ⓢ 주역 경영

'육사'는 깊은 생각에 잠기게 하는데, 이는 '둔괘屯卦'의 '육이'에서 "초창기는 어렵고 힘들어 방황하며 나아가지 못한다. 말을 탄 이들이 속속 몰려오나 그들은 강도가 아니라 구혼자다"*라고 한 부분과 놀라우리만치 흡사하다.

'둔괘'의 '육이'는 상황이 어렵더라도 조급하게 행동하지 말라고 하지만 '비괘'의 '육사'는 빠른 속도로 행동에 돌입해도 된다고 한다. 그것은 왜일까? '둔괘'의 '육이'는 하괘下卦에 위치해 있어서 위를 구하므로 조급하게 행동하면 일을 이룰 수 없었지만, '비괘'의 '육사'는 상괘上卦에 있어서 아래(초구)에 호응하므로 우물쭈물할 수 없는 것이다. 그래서 ≪상전≫에서는 주저하지 않으면 반드시 수확이 있을 것이라고 말한다. 이것이 바로 ≪주역≫의 근본적인 요지라고 할 수 있다.

≪주역≫의 저술 목적은 사람들이 어느 때 나아가고, 어느 때 물러서야 할지를 알게 하는 것이다. 나아갈 때는 반드시 적당한 시기를 보아 나아갈 것이며, 그렇지 않으면 한 번 잃은 기회는 다시 얻기 힘들다.

'육오', '상구', 이 둘은 모두 허물이 없다. 왜냐하면 그 본질이 비슷하기 때문이다. '육오'는 구릉의 숲이니 자연의 아름다움이라고 할 수 있고 '상구'는 순백의 꾸밈이니 소박함의 극치라고 할 수 있다. 이 둘은 서로 부합되므로 '경사가 있고', '뜻에 부합한다'라고 한 것이다.

---

* 屯如 邅如. 乘馬班如 匪寇婚媾.(둔여 전여. 승마반여 비구혼구)

23. 박괘(剝卦)

은인자중(隱忍自重)이 필요할 때

剝: 不利有攸往.(박: 불리유유왕)

≪彖≫曰: "剝", 剝也, 柔變剛也. "不利有攸往", 小人長也. 順而止
之, 觀象也; 君子尙消息盈虛, 天行也.(단왈: 박 박야, 유변강야. 불리유유왕 소인
장야. 순이지지 관상야 군자상소식영허, 천행야)

≪象≫曰: 山附於地, 剝: 上以厚下安宅.(상왈: 산부어지 박 상이후하안택)

▲ 剝: 벗길 박(괴롭히다, 다치다, 상하다) / 消: 사라질 소 / 息: 숨쉴 식 / 消息(소식): 소멸과
증식 / 盈: 찰 영 / 盈虛(영허): 가득 차고 이지러짐 / 附: 붙을 부 / 厚: 두터울 후

【해석】

박괘(剝卦: 山地剝)는 '벗겨져 떨어짐'을 말한다. 일의 성장과 발전에 이롭지
않다.

≪단전≫에서 말하기를, '박'은 벗겨져서 떨어진다는 뜻으로 음유가 잠식하
여 양강의 성질을 변화, 쇠퇴시키는 것이다. 일의 성장과 발전에 불리하다는
것은 소인의 세력이 자라고 있기 때문이다. 형세에 순응하여 멈추어야 하니,
그것은 괘상卦象을 보고 얻은 깨달음이다. 군자는 소멸과 생성, 가득 차고
기욺이 되풀이되는 원리를 숭상하니, 그것이 대자연의 운행 법칙이다.

≪상전≫에서 말하기를, 높은 산이 무너져서 땅과 가까이 붙는 것은 '떨어져
벗겨짐(剝落)'을 상징한다고 했다. 위에 있는 자는 여기에서 깨달아 아래의

기초를 두텁게 함으로써 저택을 안전하게 한다.

☯ 주역 경영

'박괘'는 흥성興盛이 극에 달하여 다시 쇠퇴하는 과정이 반복되는 단계로, 모든 것이 벗겨져 떨어진다. ≪서괘전≫에서는 "꾸밈을 이룬 후에 형통하면 다 되기 때문에 '박괘'를 배열한 것이다. '박'은 깎는 것이다"라고 했다. 과도하게 꾸밈을 추구하면 재물과 인력이 헛되이 낭비되어 벗겨져 나가게 되어 있다.

'박괘'는 하나의 양효와 다섯 개의 음효로 구성되는데 다섯 음이 하나의 양을 깎아서 몰락시키고 만다. 따라서 괘 해석에서 "일의 성장과 발전에 이롭지 않다"라고 한 것이다. '박괘'에서는 소인이 뜻을 이루어 군자의 행위에 해를 입히는 모습이 나온다. 그렇다면 군자는 어떻게 대처해야 할까? ≪단전≫에서는 이에 대한 답으로 "형세에 순응하여 멈추라"라고 말한다. 당연히 여기서 '멈춤'은 어떤 일도 하지 않는다는 뜻이 아니라 자기를 수양하는 데 집중하라는 의미이다. ≪상전≫에서는 "아래의 기초를 두텁게 함으로써 저택을 안전하게 한다"라고 하였는데 그 뜻은 아랫사람들이 힘을 비축함으로써 기초를 탄탄하게 한 다음 시기가 무르익기를 기다려 재기한다는 뜻이다.

---

management point

탁월한 경영인은 적당한 시기를 기다려 언제 나아가고 물러서야 할지 판단하는 지혜가 있다. 일단 기업 내부에서 소인이 뜻을 이루면 지혜롭게 한발 물러서서 문을 닫고 덕을 수양하며 힘을 비축하고 기회를 기다려야 한다.

침상의 다리까지 깎여나가니

初六, 剝牀以足, 蔑貞, 凶.(초육, 박상이족 멸정 흉)

≪象≫曰: "剝牀以足", 以滅下也.(상왈: 박상이족 이멸하야)

六二, 剝牀以辨, 蔑貞, 凶.(육이, 박상이변 멸정 흉)

≪象≫曰: "剝牀以辨", 未有與也.(상왈: 박상이변 미유여야)

六三, 剝之, 无咎.(육삼, 박지 무구)

≪象≫曰: "剝之无咎", 失上下也.(상왈: 박지무구 실상하야)

▲ 牀: 평상 상 / 以: 써 이(~까지에 이름) / 蔑: 업신여길 멸 / 辨: 분별할 변 / 與: 줄 여(무리, 우호 세력)

【해석】

초육: 침상의 다리까지 깎여나가니 정도를 지키지 않으면 흉하다.

≪상전≫에서 말하기를, 침상의 다리가 깎였다는 것은 이미 아래의 기초까지 훼손되었음을 말한다.

육이: 침상의 몸체를 깎기에 이르니, 정도를 지키지 않으면 흉하다.

≪상전≫에서 말하기를, 침상의 몸체까지 깎여나갔다는 것은 호응하여 도와주는 이가 없음을 말한다.

육삼: 깎여나가지만 화禍는 없다.

≪상전≫에서 말하기를, 깎여나가지만 화가 없다는 것은 위, 아래의 같은 무리에게서 벗어남을 말한다.

⑤ 주역 경영

'박괘'에서는 '초육'과 '육이' 모두에서 '흉하다(凶)'라는 단어가 언급되어 가히 두려움에 떨게 할 만한 괘이다. 그것은 왜일까? 기반을 잃기 때문이다. 효 풀이(爻辭)에서는 '침상의 다리까지 깎였다', '침상의 몸체를 깎이기에 이른다'라고 되어 있는데 어떻게 다리와 몸체까지 잃고 제대로 설 수 있을까? 이는 '정도를 지키지 않는' 수준에서 더 나아가 '정도를 위배하는' 수준이므로 흉하다고 하지 않을 수 없다.

'육삼'은 음효가 양의 위치에 있으므로 깎여나가도 큰 허물이 되지는 않는다.

이와 같은 '깎임'은 경영자가 정도를 잃었을 때 나타나는 현상이다. 앞서 '비괘'에서 언급한 것처럼 꾸밈이 지나쳐 흥청망청 재물과 인력을 낭비하게 되는 현상인 셈이다. 따라서 정도를 지켜 깎여나감이 일어나지 않게 해야 한다.

---

management point

어느 시기를 막론하고 정도를 지키는 것은 경제 불황에 대응하는 최상의 방법이 되어왔다. 특히 기업의 경영자에게 있어서는 경영의 정도를 지키는 것이 무엇보다도 강조되는데, 이를 위배하지만 않는다면 기업이 쇠퇴의 길로 빠지는 일은 없을 것이다.

216

바닥을 치고 올라와라

六四, 剝牀以膚, 凶.(육사, 박상이부 흉)

≪象≫曰: "剝牀以膚", 切近災也.(상왈: 박상이부 절근재야)

六五, 貫魚 以宮人寵, 无不利.(육오, 관어 이궁인총 무불리)

≪象≫曰: "以宮人寵", 終无尤也.(상왈: 이궁인총 종무우야)

上九, 碩果不食, 君子得輿, 小人剝廬.(상구, 석과불식 군자득여 소인박려)

≪象≫曰: "君子得輿", 民所載也; "小人剝廬", 終不可用也.(상왈: 군자득여 민소재야 소인박려 종불가용야)

▲ 膚: 살갗 부(침상의 바닥) / 切: 끊을 절 / 災: 재앙 재 / 貫: 꿸 관 / 宮: 집 궁 / 寵: 사랑할 총 / 尤: 더욱 우(허물, 재앙) / 碩: 클 석 / 果: 열매 과 / 輿: 수레 여 / 廬: 오두막집 려

【해석】

육사: 깎여나감이 침상의 눕는 자리에까지 미쳤으니 흉하다.

≪상전≫에서 말하기를, 깎임이 침상의 눕는 자리에까지 이르렀다는 것은 이미 재난에 바싹 다가가 있음을 말한다.

육오: 꼬챙이에 물고기를 꿰듯이 궁녀들을 줄지어 이끌고 왕에게 총애를 구하니 이롭지 않은 바가 없다.

≪상전≫에서 말하기를, 궁녀들을 줄지어 이끌고 군왕에게 총애를 구한다는 것은 결국 화를 입지 않을 것임을 말한다.

상구: 큰 과실이 따먹히지 않았으니 군자가 그것을 따면 큰 수레를 얻는 것이요, 소인이 그것을 따면 집을 허물게 된다.

≪상전≫에서 말하기를, '군자가 큰 수레를 얻는다는 것'은 만민이 다 탈 수 있음을 말하고, 소인이 집을 허물게 한다는 것은 소인을 임용하지 않아야 한다는 말이다.

⑤ 주역 경영

'육사'는 이미 침상의 눕는 자리까지 깎여짐을 당했으니 어찌 흉하다고 하지 않겠는가? 그러나 '육사'는 새로운 시작을 의미하기도 한다. 깎여짐이 극에 이른 다음에는 자연히 호전의 기미가 보이게 되고 이 때문에 '육오'가 시작되면서 모든 것이 나아지는 것이다.

'육오'는 순서에 따라 총애를 얻을 수 있으니 이롭지 않음이 없다. '상구' 는 '박괘'에서 유일한 양효로서 괘의 맨 끝에 위치하여 위에서 아래 다섯 음효를 누른다. 이때 소인의 길은 없어질 것이고 군자의 길은 영원히 지속될 것이며, 깎여짐이 다하면 다시 회복될 것이다. 소인이 비록 뜻을 이루었다 해도 그것은 일시적일 뿐 영원히 지속될 수 없다. 군자는 상황을 살피고 시기를 기다리면서 소인배와 어울려 다녀서는 안 된다.

---

management point

아무리 곤란한 상황에 빠져도 당황하여 허둥대서는 안 된다. 왜냐하면 어떤 어려움이든 거기에는 해결 방법과 전략이 숨어 있기 때문이다. 인생의 밑바닥으로 추락하더라도 이는 상황이 호전될 수 있음을 알리는 기회이기도 하다. 이는 경제의 성장주기와도 비슷하다. 경제 성장률이 최고점을 치고 나면 바닥으로 떨어지거나, 경제 불황으로 바닥까지 경험한 후에는 이내 회복세로 들어서는 모습과 마찬가지다.

---

24. 복괘(復卦)
정기(正氣) 회복에 대하여

復: 亨. 出入无疾, 朋來无咎; 反復其道, 七日來復. 利有攸往.(복: 형. 출입무질 붕래무구 반복기도 칠일래복. 이유유왕)

≪彖≫曰: "復, 亨", 剛反; 動而以順行, 是以"出入无疾, 朋來无咎". "反復其道, 七日來復", 天行也. "利有攸往", 剛長也. 復, 其見天地之心乎!(단왈: 복 형 강반 동이이순행 시이출입무질 붕래무구. 반복기도 칠일래복 천행야. 이유유왕 강장야. 복 기견천지지심호)

≪象≫曰: 雷在地中, 復: 先王以至日閉關, 商旅不行, 后不省方.(상왈: 뇌재지중 복 선왕이지일폐관 상려불행 후불성방)

▲ 復: 돌아올 복, 다시 부 / 疾: 병 질 / 朋: 벗 붕 / 旅: 나그네 려(여) / 見: 나타날 현(=現), 볼 견 / 后: 임금 후 / 省: 살필 성(시찰함)

【해석】

복괘(復卦: 地雷復)는 '회복'을 상징한다. 형통하다. 양기의 생장에 해가 없으며 강건한 벗들이 다가오니 과오가 없다. 반전反轉하여 회복하는 데는 법칙이 있으니, 7일이 지나면 회복되며 앞으로 나아가기에 이로울 것이다.

≪단전≫에서 말하기를, 회복하면 형통하다는 것은 양강이 회생함을 말한다. 양기가 움터 생동하면서 객관적인 법칙에 순응하여 움직이므로 생장에 해가 없으며, 무리지어 앞으로 나아가도 과오가 없다. 반전하여 회복하는 데는 일정한 법칙이 있다. 이레가 지나면 반드시 회복됨은 대자연의 운행 법칙이

다. 일의 발전에 이롭다는 것은 양강이 생장하고 있음을 말한다. '회복'이란 만물을 주재하는 천지자연의 의도를 구현하고 있음이 아니겠는가?

≪상전≫에서 말하기를, 우레가 땅 속에 있음은 양기의 회복을 상징한다. 이것을 보고 선대의 군왕은 동지冬至가 되면 관문關門을 닫고 조용히 수양하고 상인과 나그네는 먼 길을 떠나지 않으며 군주도 사방을 시찰하지 않는다고 했다.

ⓢ 주역 경영

'복괘'는 '회복'의 의미이다. ≪서괘전≫에서는 이렇게 말했다. "사물이 다 깎일 수만은 없으니 '박괘'가 궁해서 아래로 들어오기 때문에 그 다음에 '복괘'를 배치한 것이다."

'복괘'가 궁극에 이르면 양효가 아래부터 들어가 다시 시작해야 하는데 이 때문에 하나의 양이 다시 시작되어 순환하는 형세가 나타나는 것이다. 이와 함께 대지에는 다시 생기가 돌게 되니 이로써 '형통'하게 된다.

'반전하여 회복하는 이치'에는 다음과 같은 원리가 있다. 사물이 발전하는 추세는 그 기복이 심하여 경제 성장 추세처럼 회복과 추락을 반복한다. 우리는 위기에 부딪혀도 의연하게 대처하고 성공을 거머쥐더라도 냉정함을 잃지 않아야 한다. 이것이 바로 ≪주역≫의 저자가 우리에게 알려주고 싶어하는 처세의 도리이다.

---

management point

기업을 경영하는 과정이 순풍에 돛단 듯이 늘 수월한 것만은 아니다. 따라서 경영자는 기업의 경영이 순조로울 때 언제 닥칠지 모를 위기에 항상 대비할 줄 알아야 한다.

제때 정도를 회복하는 지혜

初九, 不遠復, 无祗悔, 元吉.(초구, 불원복 무지회 원길)

≪象≫曰: "不遠之復", 以修身也.(상왈: 불원지복 이수신야)

六二, 休復, 吉.(육이, 휴복 길)

≪象≫曰: "休復之吉", 以下仁也.(상왈: 휴복지길 이하인야)

六三, 頻復, 厲无咎.(육삼, 빈복 여무구)

≪象≫曰: "頻復之厲", 義无咎也.(상왈: 빈복지려 의무구야)

▲ 祗: 공경할 지, 삼갈 지 / 悔: 뉘우칠 회 / 修: 닦을 수 / 頻: 자주 빈, 찡그릴 빈 / 厲: 갈 려(禍, 재앙) / 咎: 허물 구

【해석】

초구: 미처 멀리 가기 전에 회복하니 회한이 없고 크게 상서롭다.

≪상전≫에서 말하기를, 미처 멀리 가기 전에 정도를 회복하는 것은 몸과 마음의 수양을 잘하기 때문이다.

육이: 기쁘게 회복하니 상서롭다.

≪상전≫에서 말하기를, 기쁘게 회복하니 상서롭다는 것은 겸손하게 인자(仁者)를 예우하여 가까이 하기 때문이다.

육삼: 얼굴을 찡그리고 억지로 회복하니 위험하나 허물은 없다.

≪상전≫에서 말하기를, 얼굴을 찡그리고 억지로 회복하는 것은 비록 위험하기는 하나 정도를 회복한다는 의미에서 보면 허물이 없다.

'초구', '육이'는 모두 상서롭다. 왜냐하면 잘못을 깨닫고 즉시 정도를 회복하기 때문이다. ≪주역≫에서 줄곧 강조하는 점은, 문제를 발견함과 동시에 바로 수정하지 않으면 돌이킬 수 없는 지경에 이른다는 점이다.

'육삼'은 뜻이 견고하지 않아 '없을 때에는 얻을 것을 걱정하고, 얻고 난 후에는 잃을 것을 걱정하는' 사람이므로 하루에도 몇 번씩 고민하지만, 결국에는 정도로 돌아오므로 허물이 없다.

---

management point

경영자는 조직의 문제나 잘못을 발견했을 때 즉시 이를 수정한 후 기업 구성원들이 기업이 나아가야 할 노선에 합류하도록 이끌어야 한다. 그렇지 않으면 문제가 갈수록 커져서 결국 해결할 수 없는 지경에 이르고 만다.

길을 잃고 헤매면 흉하다

六四, 中行獨復.(육사, 중행독복)

≪象≫曰: "中行獨復", 以從道也.(상왈: 중행독복 이종도야)

六五, 敦復, 无悔.(육오, 돈복 무회)

≪象≫曰: "敦復无悔", 中以自考也.(상왈: 돈복무회 중이자고야)

上六, 迷復, 凶, 有災眚. 用行師, 終有大敗; 以其國, 君凶; 至于十年
不克征.(상육, 미복 흉 유재생, 용행사 종유대패 이기국 군흉 지우십년불극정)

≪象≫曰: "迷復之凶", 反君道也.(상왈: 미복지흉 반군도야)

▲ 獨: 홀로 독 / 敦: 도타울 돈 / 迷: 미혹할 미 / 眚: 눈에 백태 낄 생(스스로 만든 재앙)

【해석】

육사: 여러 음陰의 한가운데를 지나가며 홀로 양陽을 회복하도다.
≪상전≫에서 말하기를, 여러 음의 한가운데를 가며 홀로 양을 회복하는
것은 정도를 따르기 때문이다.

육오: 돈독히 회복하니 회한이 없다.
≪상전≫에서 말하기를, 돈독히 회복하니 회한이 없다는 것은 능히 중용의
도를 따르며 자신을 돌아보고 반성한다는 말이다.

상육: 돌아갈 길을 잃고 헤매니 흉하고 화가 있을 것이다. 이것으로 군사를
일으켜 전쟁을 하면 결국 패하고 말 것이며 그로 말미암아 군왕도 흉하게
되어 십 년간 다시 출정할 수 없게 될 것이다.
≪상전≫에서 말하기를, 돌아갈 길을 잃고 헤매니 흉하다는 것은 상육이

양강의 도를 어겼기 때문이다.

◎ 주역 경영

'육사'는 음효가 음의 자리에 있으니 위치가 마땅하고 독립적이며 회복할 수 있다.

'육오'는 군왕의 지위에 있어서 진실함이 돈독한 데다 끊임없이 자기를 반성하니 자연히 회한이 없다.

'상육'은 상황이 그다지 이상적이지 않아서 길을 잃고 돌아올 줄 모르니 반드시 흉하게 된다. 또한 어떤 일을 하든 제대로 되는 것이 없어서 전쟁에 나가서도 크게 패하고 돌아오고 나라를 다스릴 때도 재앙을 만나 십 년이 지나도 원기를 회복할 수 없다. 이는 돌이켜 반성하지 않아서 초래된 결과다.

---

management point

잘못된 길에 들어서도 반성할 줄 모른다면 기업을 돌이킬 수 없는 위기로 몰아넣을 수 있다. 지도자는 '복괘'를 마음 깊이 새겨 자신의 문제점과 잘못을 발견한 후 즉시 고쳐나가야 한다.

---

25. 무망괘(无妄卦)
하늘의 때에 순응하다

无妄: 元亨, 利貞; 其匪正有眚, 不利有攸往.(무망: 원형 이정 기비유정유생
불리유유왕)

《彖》曰: "无妄", 剛自外來而爲主于內. 動而健, 剛中而應; 大亨以
正, 天之命也. "其匪正有眚, 不利有攸往"; 无妄之往, 何之矣? 天命
不佑, 行矣哉!(단왈: 무망 강자외래이위주우내. 동이건 강중이응 대형이정 천지명야. 기비
정유생 불리유유왕 무망지왕 하지의. 천명불우 행의재)

《象》曰: 天下雷行, 物與无妄; 先王以茂對時, 育萬物.(상왈: 천하뢰행
물여무망 선왕이무대시 육만물)

▲ 妄: 허망할 망(망령되다) / 匪: 아닐 비(=非) / 健: 튼튼할 건 / 應: 응할 응 / 眚: 눈에 백태
낄 생(재앙, 禍) / 佑: 도울 우 / 與: 줄 여(따르다, 호응함) / 茂: 우거질 무(노력함) / 對: 대답할
대(순응함) / 時: 때 시(시기)

【해석】
무망괘(无妄卦: 天雷无妄)는 '거짓되고 망령되이 행동하지 않음'을 상징한다.
지극히 형통하며 정도를 지키는 것이 이롭다. 정도를 지키지 않으면 재앙이
있을 것이며 앞으로 나아가기에 이롭지 않다.

《단전》에서 말하기를, '무망'은 양의 강건함이 외부(상괘)에서 와서 내부(하
괘)의 주재자가 되는 것이다. 쉼 없이 움직이면서도 강건하고 양강이 중앙에
있으면서도 하위자와 호응하고 화합하도다. 정도를 지켜서 크게 형통함은

하늘의 도이다. 정도를 지키지 않으면 화가 있을 것이며 앞으로 나아가기에 불리하다. '무망'해야 할 시기에 도리어 경거망동한다면 어떻게 나아갈 수 있겠는가? 하늘이 돕지 않는데 어찌 행할 수 있겠는가?

≪상전≫에서 말하기를, 천둥이 울릴 때 만물이 그에 호응하여 같이 울림은 경거망동하지 않음을 말한다. 선대의 군왕은 이 괘의 이치를 살펴 스스로 힘껏 노력하고 천시에 순응하여 만물을 양육한다.

⑤ 주역 경영

'무망'은 함부로 가볍게 행동하지 않는 것, 즉 경거망동하지 않는다는 의미이다. 경거망동하면 자연히 '앞으로 나아가기에 불리한' 상황에 빠진다. 그렇다면 어째서 경거망동해서는 안 된다는 것인가? 일단 경거망동한 뒤 회복하는 것은 아무런 의미가 없기 때문이다. 그래서 ≪서괘전≫에서는 "회복하면 망령되지 않기 때문에 '무망괘'를 배치했다"*라고 했다.

　정도를 지키고 하늘의 때에 순응하여 행동을 취해야 하므로 "정도를 지키지 않으면 재앙이 있을 것이다", "하늘의 때(天時)에 순응하여 만물을 양육한다"라고 했다.

　≪주역≫은 '깎여짐(剝)'이 다하여 '회복(復)'되었다고 해서 재난이 다 지나간 것은 아니며, 일시적인 성공을 거뒀다고 해서 자만해서도 안 되므로 항상 바른 도를 따라 경거망동해서는 안 된다고 말한다. 그렇지 않으면 이제까지 한 노력이 모두 물거품이 되고 만다. 지도자는 하늘의 때에 순응하여 신중하게 행동함으로써 따르는 사람들의 삶을 편안하고 즐겁게 해야 한다는 메시지를 ≪주역≫은 전하고 있다.

---

* 復則不妄矣 故受之以無妄.(복즉불망의 고수지이무망)

226

이제 막 작은 성공을 거뒀다고 해서 결코 마음을 놓아서는 안 되며, 조심스럽고 경건하게 기업의 발전 노선을 유지해야 한다. 그리고 부하 직원에 대해서 끊임없이 관심을 보이며 지도하면 자연히 직원들이 기업의 발전 요구에 부응할 것이다.

뜻밖의 재난

初九, 无妄, 往吉.(초구, 무망 왕길)

≪象≫曰: "无妄之往", 得志也.(상왈: 무망지왕 득지야)

六二, 不耕穫, 不菑畬, 則利有攸往.(육이, 불경확 불치여 즉이유유왕)

≪象≫曰: "不耕穫", 未富也.(상왈: 불경확 미부야)

六三, 无妄之災; 或繫之牛, 行人之得, 邑人之災.(육삼, 무망지재 혹계지우 행인지득 읍인지재)

≪象≫曰: "行人得牛", 邑人災也.(상왈: 행인득우 읍인재야)

▲ 耕: 밭갈 경 / 穫: 벼벨 확 / 菑: 묵정밭 치(개간 첫해의 밭) / 畬: 새 밭 여(개간한 지 여러 해 되어 기름진 밭) / 或: 혹 혹 / 繫: 맬 계

【해석】

초구: 경거망동하지 않으니 앞으로 나아가면 상서롭다.

≪상전≫에서 말하기를, 경거망동하지 않고 앞으로 나아가면 뜻을 이룰 것이다.

육이: 경작하지 않고도 수확하며 개간하지 않고도 기름진 땅을 얻으니, 앞으로 나아가면 이롭다.

≪상전≫에서 말하기를, 경작하지 않고 수확한다 해도 넉넉해지지는 않는다.

육삼: 경거망동하지 않아도 재난을 당한다. 간혹 매어놓은 소를 행인이 끌고 가는 바람에 괜히 마을 사람들이 도둑으로 몰리는 재난을 당하기도 한다.

≪상전≫에서 말하기를, 매어놓은 소를 행인이 끌고 가는 바람에 마을 사람

이 재앙을 당한다.

⑤ 주역 경영

'초구'는 처음 시작하는 것이고 겸손하게 맨 아랫부분에 위치하고 있으므로 허망하지 않고 진실하다. 그래서 '앞으로 나아가면 상서롭다'라고 한 것이다. 마찬가지로 '육이'도 중앙에 위치하여 정도를 지키면 진실하므로 경작하거나 개간하지 않더라도 '복괘'가 다져놓은 기반에 기대어 수고하지 않고도 수확할 수 있다. 생각하지도 못한 재화가 절로 굴러들어온 셈이다.

그러나 절로 굴러들어온 복의 이면에는 화禍가 숨어 있는 법. 좋은 시절도 오래 가지는 못한다. 이리하여 '육삼'에 이르면 화가 미친다. ≪주역≫의 저자는 독자의 이해를 돕기 위해 행인이 길가에 매인 소를 끌고 간다는 비유를 들었다. 진짜 소도둑을 찾아내지 못하면 근처 마을 사람이 좀도둑으로 몰리는 재난을 당한다는 것이다. 여기서 '재난'이란 스스로 초래한 것이 아니라 '경거망동하지 않았는데도 당하는 재난'이다. 이런 상황에서는 자중하며 정도를 지키는 방법밖에 없다. 소위 '진리'란 애써 밝히지 않아도 저절로 알려지게 되는 법이므로, '소를 잃은 사람'도 언젠가는 사건의 진실을 알게 될 것이다.

---

management point

기업이 성장하는 과정에서는 뜻밖의 재난이 찾아올 때가 많다. 동종 업계의 비도덕적인 행위 때문에 죄 없는 기업까지 덩달아 피해를 입는 경우나, 혹은 경제 불황의 충격으로 기업이 경영난에 허덕이는 경우가 그것이다. 그러나 경영자는 항상 경영의 도를 지켜야 순조롭게 난관을 극복할 수 있다.

약을 쓰지 않아도 낫는 기쁨

九四, 可貞, 无咎.(구사, 가정 무구)

≪象≫曰: "可貞无咎", 固有之也.(상왈: 가정무구 고유지야)

九五, 无妄之疾, 勿藥有喜.(구오, 무망지질 물약유희)

≪象≫曰: "无妄之藥", 不可試也.(상왈: 무망지약 불가시야)

上九, 无妄, 行有眚, 无攸利.(상구, 무망 행유생 무유리)

≪象≫曰: "无妄之行", 窮之災也.(상왈: 무망지행 궁지재야)

▲ 疾: 병 질 / 喜: 기쁠 희 / 試: 시험할 시 / 窮: 다할 궁

【해석】

구사: 정도를 지킬 수 있으니, 화가 없을 것이다.

≪상전≫에서 말하기를, 정도를 지킬 수 있으므로 화가 없다는 것은 구사 자신의 고유한 품격 때문이다.

구오: 경거망동하지 않는데도 질병을 얻게 되면, 약을 복용하지 않아도 저절로 낫는 기쁨이 있을 것이다.

≪상전≫에서 말하기를, 경거망동하지 않았는데도 얻게 되는 질병에는 함부로 약을 쓰면 안 된다.

상구: 경거망동하지 않았으나 행동에 재앙이 따르면 아무 이로움이 없을 것이다.

≪상전≫에서 말하기를, 경거망동하지 않은 행동도 궁극에 이르면 재앙을 만날 수 있다.

ⓢ 주역 경영

'구사'는 불의의 재난을 말하는 '육삼'과 대응을 이루는데, 정도를 지켜야만 마지막에 가서 화가 없을 것이다. 왜냐하면 본래 그 어떤 경거망동한 행동도 하지 않았기 때문이다.

'구오'는 군왕의 신분으로서 전체적인 국면을 다스려야 하나 그 과정에서 생각지도 않은 질병을 얻을 수 있다. 이러한 질병은 스스로 초래한 것이 아니므로 보통은 저절로 치유되게 되어 있으므로 지나치게 자극적인 행동을 해서는 안 된다. 《상전》에서는 이 같은 불의의 질병을 치료할 때는 함부로 약을 쓰면 안 된다고 했다. 많은 기업이 이처럼 난데없는 화를 당하게 되면 허둥대면서 사방에 자문을 구하여 해결책을 찾으려고 한다. 병이 위급하지도 않은데도 여기저기 진찰을 받으러 다니며 노심초사하는 환자의 모습과도 같다. 원래 자체적으로 해결할 수 있는 간단한 문제인데도 쓸데없이 외부에서 해결책을 찾느라 신경을 쓰면, 어느새 그것은 진짜 문제점으로 변질되고 만다.

'상구'는 '항룡유회(亢龍有悔: "용이 지극히 높은 곳까지 날아오르니 반드시 뉘우침이 있으리라")'의 형세라고 할 수 있다. 양의 강함이 '구오'의 위쪽에 자리잡고 있으므로 자연히 임의로 행동할 수 없기 때문이다. 최상의 선택은 헛된 생각이나 헛된 행동을 하지 않고 편안한 마음으로 보내는 방법뿐이다.

---

management point

경영자라면 어느 것이 '경거망동하지도 않았는데도 나타나는 뜻밖의 질병'인지, 어느 것이 반드시 치료해야 할 진짜 경영문제인지 분별할 수 있어야 한다. 만일 어떤 원칙도 없이 모든 문제에 무모하게 돌진한다면 조직 구성원의 마음이 흐트러져 경영이 순조롭게 이뤄지지 못하게 된다.

26. 대축괘(大畜卦)
크게 이루었을 때는

大畜: 利貞: 不家食, 吉; 利涉大川.(대축: 이정 불가식 길 이섭대천)

≪彖≫曰: 大畜, 剛健篤實輝光, 日新其德; 剛上而尙賢, 能止健, 大
正也 "不家食吉", 養賢也 "利涉大川", 應乎天也(단왈: 대축 강건독실휘광
일신기덕 강상이상현 능지건 대정야. 불가식길 양현야. 이섭대천 응호천야)

≪象≫曰: 天在山中, 大畜: 君子以多識前言往行, 以畜其德.(상왈: 천
재산중 대축 군자이다식전언왕행 이축기덕)

▲ 畜: 쌓을 축, 기를 축 / 篤: 도타울 독 / 輝: 빛날 휘 / 識: 알 식(판별하다)

【해석】

대축괘(大畜卦: 山天大畜)는 '크게 쌓고 키움'을 상징한다. 정도를 지키는 것이
이롭다. 현인이 집에서 밥을 먹지 않게 하는 것이 상서로우며 큰 강을 건너기
에 이롭다.

≪단전≫에서 말하기를, '대축'은 강건하고 충실하며 찬란하게 빛나서 날로
새로운 기상을 나타낸다. 이 괘에서 구체적으로 표현하고자 하는 도덕은
양강이 최상위에 자리하고 현인을 받들며 능히 강건한 자를 머물게 함이니
이것이 '크게 바른 것(大正)'이다. 현인이 집에서 밥을 먹지 않게 함이 상서롭
다는 것은 현인을 머물게 하여 길러야 한다는 뜻이다. 또한 큰 강을 건너기에
이롭다는 것은 그 행위가 하늘의 도리에 부합함을 말한다.

≪상전≫에서 말하기를, 하늘이 산에 둘러싸여 있다면 그것이야말로 '대축'을 상징한다. 군자는 이 괘의 이치를 살펴 선현들의 말과 행동을 명심하고 자신의 덕을 기른다.

⊙ 주역 경영

'대축'은 거대한 축적蓄積이며 이때 '거대하다'라는 것은 당연히 상대적으로 '크다'는 것을 말한다. 이는 '소축괘'에서 말한 '작음'과 대비되는 말이다. ≪서괘전≫에서는 "경거망동함이 없어야 쌓을 수 있으므로 '대축괘'를 여기에 배치했다"*라고 했다.

제멋대로 행동하지 않아야 낭비가 없게 되고 이런 다음에야 축적이 있을 수 있다. 그렇다면 축적한 후에는 어떻게 해야 하는가? 선현들의 말과 행동을 배워 자기 자신의 도덕적 수준을 끌어올려야 한다.

그래서 ≪상전≫에서는 "군자는 이 괘의 이치를 살펴 선현들의 말과 행동을 명심하고 자신의 덕을 기른다"라고 했다.

---

management point

기업이 빠르게 성장하면서 강력한 자금과 인적 자원을 확보하고 있을 때, 경영자는 이를 바탕으로 기업을 안정된 기반 위에 올려놓아야 한다. 이와 함께 이전 기업의 성패 사례를 연구하고 거기서 얻은 노하우를 바탕으로 자신의 인품과 덕을 끌어올려야 한다.

---

* 有无妄然后可蓄 故受之以大蓄.(유무망연후가축 고수지이대축)

앞선 사람에게서 배우다

初九, 有厲, 利已.(초구, 유려 이이)

≪象≫曰: "有厲利已", 不犯災也.(상왈: 유려리이 불범재야)

九二, 輿說輹.(구이, 여탈복)

≪象≫曰: "輿說輹", 中无尤也.(상왈: 여탈복 중무우야)

九三, 良馬逐, 利艱貞; 曰閑輿衛, 利有攸往.(구삼, 양마축 이간정 왈한여위 이유유왕)

≪象≫曰: "利有攸往", 上合志也.(상왈: 이유유왕 상합지야)

▲ 已: 이미 이(그치다) / 犯: 범할 범 / 輿: 수레 여 / 說: 벗을 탈(=脫), 말씀 설 / 輹: 복토(차체와 굴대를 고정하는 장치) 복 / 逐: 쫓을 축 / 閑: 막을 한 / 衛: 지킬 위

【해석】

초구: 위험이 있으니 멈추고 나아가지 않는 것이 이롭다.

≪상전≫에서 말하기를, 위험이 있으니 멈추고 나아가지 않는 것이 이롭다는 것은 재앙을 무릅쓰고 나아가서는 안 됨을 말한다.

구이: 큰 수레의 굴대를 빼고 나아가지 않는다.

≪상전≫에서 말하기를, 큰 수레의 굴대를 빼고 나아가지 않는다는 것은 중용의 도를 지켜서 무모하게 나아가는 과오를 범하지 않음을 말한다.

구삼: 준마가 질주하니 어려움 속에서도 정도를 지키는 것이 이롭다. 수레를 다루는 기술과 방어하는 기술을 익히면 앞으로 나아가기에 이롭다.

≪상전≫에서 말하기를, 앞으로 나아가기에 이롭다는 것은 육삼이 '상구와

뜻이 맞는다(上合志也)'는 의미이다.

⑤ 주역 경영

'초구'는 위험을 보면 멈추고 더 이상 전진하지 않는다. 왜냐하면 무리하
게 행동했다가 괜히 위기를 만날 수 있기 때문이다. 그럴 바에야 차라리
한발 물러선 채 관망하면서 능력과 자원, 조건이 무르익을 때까지 기다렸
다가 행동하는 편이 낫다. 그러나 안타깝게도 많은 사람이 "위험이 있으
니 멈추고 나아가지 않는 것이 이롭다"라는 말의 깊은 뜻을 이해하지
못한 채 무모하게 행동한다. 그렇게 되면 고생만 하다가 일을 이루지
못한 채, 퇴장해야 하는 위기에 내몰리고 말 것이다.

　'구이'는 비록 적지 않은 골칫거리를 안게 되지만 하괘의 가운데에 위
치하고 중도를 행하므로 걱정할 것이 없다.

　'구삼'은 '상구'와 더불어 양효이므로 원래는 대응하지 않으나 '대축괘'
에서는 양의 덕이 성행하니 '상구'와 뜻이 맞는다고 할 수 있다. "준마가
질주한다"라는 것도 하나의 비유이다. '초구', '구이', '구삼'도 모두 양효이
므로 말의 무리가 서로 쫓아 경쟁이 치열하다고 할 수 있다. 이렇게 되면
반드시 어려운 국면에 처하게 되는데 그럴 때도 정도를 지키기만 하면
'구삼'은 반드시 두각을 나타나게 될 것이다.

---

management point

"나아갈 때는 나아가고 물러설 때는 물러서라"는 것이 ≪주역≫에서 반복적
으로 강조하는 요지이다. 경영자는 한발 물러서서 앞선 기업의 성공과 실패
경험을 분석함으로써 경영 노하우를 배워 시기가 무르익을 때까지 기다려
야 할 것이다.

기회는 준비된 자의 것

六四, 童牛之牿, 元吉.(육사, 동우지곡 원길)

≪象≫曰: 六四"元吉", 有喜也.(상왈: 육사원길 유희야)

六五, 豶豕之牙, 吉.(육오, 분시지아 길)

≪象≫曰: 六五之吉, 有慶也.(상왈: 육오지길 유경야)

上九, 何天之衢, 亨.(상구, 하천지구 형)

≪象≫曰: "何天之衢", 道大行也.(상왈: 하천지구 도대행야)

▲ 牿: 우리 곡(쇠뿔에 대는 나무 빗장) / 豶: 불깐 돼지 불(거세한 돼지) / 豕: 돼지 시 / 牙: 어금니 아 / 何: 어찌 하(감탄사) / 衢: 네 거리 구

【해석】

육사: 송아지 뿔에 나무 빗장을 씌우니 크게 상서롭다.

≪상전≫에서 말하기를, 육사가 크게 상서로운 것은 기뻐할 만하다.

육오: 돼지를 거세하여 이빨을 함부로 쓰지 못하게 하니 상서롭다.

≪상전≫에서 말하기를, 육오의 상서로움은 경사스럽고 축하할 만하다.

상구: 아! 사방으로 탁 트인 하늘의 대로大路이니 형통하도다.

≪상전≫에서 말하기를, 사방으로 탁 트인 하늘의 대로란, 크게 축적하고 크게 키울 수 있음을 말한다.

'육사', '육오'는 모두 상서롭다. 하나는 크게 길하고 다른 하나도 길하지만 둘의 차이점은 다음과 같다. 즉, '육사'에서는 '송아지 뿔에 나무 빗장을 씌운다'라고 했는데 긴 뿔이 없는 송아지는 본래 해로울 것이 없는데도 거기다가 빗장까지 씌웠으니 더욱 안전하게 된다. 그러면 자연히 그 어떤 재난도 만나지 않게 되므로 '크게 상서롭다'라고 한 것이다.

그러나 '육오'는 '돼지를 거세하여 이빨을 함부로 쓰지 못하게 한다'라고 했다. 거세를 한 돼지가 흉포하지는 않다고 해도 여전히 '빗장을 씌운 송아지'보다 더 안전하지는 않다.

'상구'는 하늘이 주는 우월한 조건을 갖추었는데 무슨 일인들 하지 못하겠는가? 그래서 이때는 성장을 이끌 만한 계획이라면 무엇이든지 시도해봐야 한다. 당연히 이것 또한 사전에 축적을 하면서 천시天時를 기다린 후에야 결정될 것이다.

---

management point

소위 "기회는 준비된 자에게 주어진다"라는 말도 있듯이 기회가 찾아왔을 때는 조금도 망설이지 말고 그 기회를 잡아야 한다. 그리고 철저한 계획에 의해 시행해 나가야 할 것이다.

---

27. 이괘(頤卦)
자기수양의 길

頤: 貞吉; 觀頤, 自求口實.(이: 정길 관이 자구구실)

≪彖≫曰: "頤, 貞吉", 養正則吉也. "觀頤", 觀其所養也; "自求口實", 觀其自養也. 天地養萬物, 聖人養賢以及萬民; 頤之時大矣哉!

(단왈: 이 정길 양정즉길야. 관이 관기소양야 자구구실 관기자양야. 천지양만물 성인양현이급만민 이지시대의재)

≪象≫曰: 山下有雷, "頤"; 君子以愼言語, 節飲食.(상왈: 산하유뢰 이 군자이신언어 절음식)

▲ 頤: 턱 이(양생, 기르다, 봉양하다) / 養: 기르다, 양생하다 / 愼: 삼갈 신 / 節: 마디 절

【해석】

이괘(頤卦: 山雷頤)는 '기른다(養生)'는 뜻이다. 정도를 지키면 상서로울 것이다. 입을 보면 사람이 스스로 먹을 음식을 구함을 알 수 있다.

≪단전≫에서 말하기를, 기르는 데 있어서 정도를 지키면 상서로울 것이라함은 정도를 지키면서 길러야 상서로울 수 있다는 뜻이다. 입을 보는 것은 기르는 대상을 관찰하는 것이며, 사람이 스스로 입으로 음식을 구함을 보는 것은 어떻게 스스로 자기수양을 하는가를 관찰하는 것이다.

천지는 만물을 양육하고 성인은 현자를 양육하여 만민에게 널리 미치게 하니, 때맞춰 이뤄지는 양생이 진정 위대하다!

≪상전≫에서 말하기를, 산 아래에 우레 소리가 울려 퍼짐은 '기름'을 상징한다. 군자는 이것을 보고 말을 삼가고 음식을 절제한다.

ⓢ 주역 경영

'이괘'는 기른다는 뜻이다. ≪서괘전≫에서는 "물건이 쌓인 다음에야 기를 수 있으니 이 때문에 '이괘'를 배치했다. '이頤'는 '기른다'는 뜻이다"* 라고 했다. 쌓인 다음에야 비로소 기르게 되고, 그렇게 하면 사물이 계속 성장할 수 있게 된다.

'이괘'가 표현하고자 하는 것도 바로 양육에 관한 일이다. 괘 풀이에서 "스스로 먹을 음식을 구한다"라고 한 부분이 인상적이다. 이에 대해 ≪단전≫에서는 "천지는 만물을 양육하고 성인은 현자를 양육하여 만민에게 널리 미치게 한다"라고 했다. 그렇다면 어째서 여전히 '스스로 먹을 음식을 구해야' 하는가?

오늘날 기업의 상황과 접목시켜 분석해 보면, 기업 없이는 직원이 일할 곳이 없어져 생존이 불가능해지므로 마치 기업이 직원을 키우는 것처럼 보이나 사실은 그렇지 않다. 만일 모든 직원이 책임을 회피한 채 일을 하지 않으려 든다면 기업은 존립 자체가 불가능하다. 그래서 본질적으로 모든 사람은 스스로 성장하는 것이고 모든 사람은 자기 자신을 위해서 일하는 것이 되는 셈이다. 천지가 제공하는 것은 단지 만물의 생장에 적합한 조건과 공간일 뿐이다.

마찬가지로 성인도 현인과 국민의 생존을 위한 공간만을 창조할 뿐이다. 모든 사람은 나름대로 스스로 노력해야 생존할 수 있다.

---

* 物蓄然后可養 故受之以頤 頤者 養也.(물축연후가양 고수지이이 이자 양야)

스스로 책임지는 삶

初九, 舍爾靈龜, 觀我朶頤, 凶.(초구, 사이영귀 관아타이 흉)

≪象≫曰: "觀我朶頤", 亦不足貴也.(상왈: 관아타이 역부족귀야)

六二, 顚頤, 拂經, 于丘頤, 征凶.(육이, 전이 불경 우구이 정흉)

≪象≫曰: 六二"征凶", 行失類也.(상왈: 육이정흉 행실류야)

六三, 拂頤; 貞凶, 十年勿用, 无攸利.(육삼, 불이 정흉 십년물용 무유리)

≪象≫曰: "十年勿用", 道大悖也.(상왈: 십년물용 도대패야)

▲爾: 너 이(그대) / 靈: 신령 령(영) / 龜: 거북 귀 / 朶: 늘어질 타 / 朶頤(타이): 볼이 불룩거리며 음식을 먹음 / 顚: 꼭대기 전(거꾸로 됨) / 拂: 떨 불 / 經: 경서 경 / 拂經(불경): 정상적인 이치를 어김 / 悖: 어그러질 패(어긋남)

【해석】

초구: 신령한 거북과도 같은 그대의 지혜를 버리고 내가 두 볼을 불룩거리며 음식 먹는 것을 바라보니 흉하다.

≪상전≫에서 말하기를, 내가 두 볼을 불룩거리며 음식 먹는 것을 바라본다는 것은 추구하는 바가 귀중하게 여겨지지 않는다는 뜻이다.

육이: 거꾸로 하위자에게 정신 수양을 구하고는 거기에 만족하지 못하여 또 보편적인 도리를 어기고 상위자에게 정신 수양을 구하니 앞으로 나아가 구함이 매양 흉하다.

≪상전≫에서 말하기를, 나아가 구하는 것이 흉하다는 것은 그의 행위가 같은 무리의 지지를 잃었기 때문이다.

육삼: 양육의 도리를 어겼으므로 정도를 지켜서 흉함을 방비해야 한다. 앞으로 십 년 동안은 재능을 써서 어떤 성과를 내려고 하지 말아야 하며, 설령 그렇게 하더라도 결코 이로울 바가 없다.

《상전》에서 말하기를, 장차 십 년간 재능을 써서 어떤 성과를 내려고 하지 말아야 한다는 것은 처신이 자기 수양의 정도正道에 크게 어긋나기 때문이다.

☯ 주역 경영

'이괘'에서 하괘의 세 효는 전부 흉凶하다. 왜냐하면 자기 수양에 대한 '이顧'의 도리를 어겼기 때문이다.

'초구'에서는 신성한 거북이 같은 아름다움 품성을 포기하고 다른 사람이 음식 먹는 것을 바라본다고 했는데 이런 행위는 가히 비열하다고 할 수 있다. 그래서 "귀중히 여길 만하지 않다"고 하면서 "흉하다"라고 한 것이다.

'육이'는 스스로 음식을 구하고자 하지 않고 하위자에게 자기 수양을 구하고 잠시 후에는 상위자에게 자기 수양을 구한다. 이는 "먹을 음식은 스스로 구한다"라는 '이괘'의 원칙에 완전히 위배되기 때문에 '흉한' 것이다.

'육삼'은 수양의 기본적인 도리를 위배해서 장차 십 년 동안 재능을 발휘할 수 없게 됐지만 다행스럽게도 정도를 지키면 흉함을 막을 수 있다고 했다.

이 세 가지 효의 풀이에서는 "스스로 먹을 것을 구한다"라는 점을 강조하고 있다. 이와 함께 《주역》의 독자에게 어떤 위치에 있든지 자신의 힘에 의지해서 자기 수양의 길을 모색해야지, 다른 사람에게 의존하기만 하면 흉함이 있으리라는 사실을 말해 준다.

242

"먹을 것을 스스로 구한다"라는 것은 전통적으로 전해져 오는 미덕이다. 오늘날 많은 직장인이 자신의 운명을 기업에, 그리고 경영자의 손에 의탁하고 있는데 이러한 가치관은 지극히 잘못된 것이다.

모든 사람은 자기 자신에 의지하여 자기의 미래를 스스로 책임질 줄 알아야 한다. 스스로 책임지는 인재는 기업에 대한 책임감도 높은 우수한 인재가 될 가능성이 높다.

자기수양을 하며 천하를 기르다

六四, 顚頤, 吉: 虎視耽耽, 其欲逐逐, 无咎.(육사, 전이 길 호시탐탐 기욕축축 무구)

≪象≫曰: "顚頤之吉", 上施光也.(상왈: 전이지길 상시광야)

六五, 拂經: 居貞吉, 不可涉大川.(육오, 불경 거정길 불가섭대천)

≪象≫曰: "居貞之吉", 順以從上也.(상왈: 거정지길 순이종상야)

上九, 由頤: 厲吉, 利涉大川.(상구, 유이 여길 이섭대천)

≪象≫曰: "由頤厲吉", 大有慶也.(상왈: 유이려길 대유경야)

▲ 眈: 노려볼 탐 / 耽耽(탐탐): 집중하여 지켜봄 / 逐: 쫓을 축 / 逐逐(축축): 절박한 상태

【해석】

육사: 거꾸로 하위자에게 수양修養을 구하니 상서롭다. 사냥감을 노려보는 호랑이처럼 욕구가 대단히 절박하니 화가 없을 것이다.

≪상전≫에서 말하기를, 거꾸로 하위자에게 수양을 구하니 상서롭다는 것은 위에서 아래로 미덕의 광채를 발함을 말한다.

육오: 보편적인 도리를 벗어났어도 편안히 지낼 수 있으며, 정도를 지키면 상서로울 것이나 큰 강을 건너서는 안 된다.

≪상전≫에서 말하기를, 편안히 지낼 수 있으며, 정도를 지키면 상서로울 것이라고 함은 육오가 순순히 상구를 따라야 함을 말한다.

상구: 천하가 다 그에게 의지하여 양육을 받는 한편, 그는 근신하여 위험을 방비하니 상서로우며 큰 강을 건너는 것이 이롭다.

≪상전≫에서 말하기를, 천하가 다 그에게 의지하여 양육을 받는 한편, 그는 근신하여 위험을 방비하니 상서롭다는 것은 크게 경사스러운 일이 있음이다.

☯ 주역 경영

'육사'는 '거꾸로 하위자에게 양육을 구하니 상서롭고', '육이'는 '하위자에게 양육을 구하나 도리어 흉하다'라고 했는데 그것은 왜일까? 주체가 다르기 때문이다. '육이'는 자신이 양육의 방식을 거꾸로 하여 다른 사람에게 양육을 구했으나, '육사'는 양육 방식을 바꾸어서 다른 사람을 양육했다. '육이'가 표현하는 것은 수고하지 않고 얻는 것이나 '육사'는 크게 은혜를 베푸는 것이니, 하나는 흉하고 다른 하나는 상서로운 것이다.

'육오'는 음효가 양의 자리에 있으므로 스스로 먹을 것을 구할 수 없지만, 상괘의 중앙에 위치하므로 '상구'의 양육을 받을 수 있다. '육오'가 가진 모든 것이 순전히 그 자리 때문에 얻어진 것인 셈이다. 설령 그렇다 해도 반드시 정도를 지켜야 하는데 그렇지 않으면 흉하게 될 것이다.

'상구'는 천하가 다 그에 의해서 길러진 것이므로 큰 못이 천하를 두른다고 할 수 있다. 그러나 '상구'는 '이괘'의 끝에 위치하므로 반드시 자만하지 말고 신중하게 처신해야 한다. 일을 신중하게 하면 큰 물살과 대하大河를 건너더라도 이롭게 된다.

---

management point

직원으로서 수고하지 않고 얻을 수는 없으나, 경영자는 부하 직원들이 발전하고 성장할 기회와 환경적인 조건을 만들어주어야 한다. 이렇게 하면 직원들은 업무에 더욱 적극적으로 임하게 되고 열정을 회복하여 기업의 응집력을 강화할 수 있다.

---

28. 대과괘(大過卦)
지나침을 자제한다

大過: 棟橈; 利有攸往 亨.(대과: 동요 이유유왕 형)

≪彖≫曰: "大過", 大者過也; "棟橈", 本末弱也. 剛過而中, 巽而説

行, "利有攸往", 乃亨. "大過"之時大矣哉!(단왈: 대과 대자과야 동요 본말약야.

강과이중 손이열행 이유유왕 내형. 대과지시대의재)

≪象≫曰: 澤滅木, "大過"; 君子以獨立不懼, 遯世无悶.(상왈: 택멸목 대

과 군자이독립불구 둔세무민)

▲ 過: 지날 과(지나다, 분수를 잃다) / 棟: 용마루 동 / 橈: 꺾일 요(구부러지다, 휘다) / 說: 기꺼울

열(=悅) / 懼: 두려워할 구 / 遯: 달아날 둔(피하다, 물러나다) / 悶: 번민할 민

【해석】

대과괘(大過卦: 澤風大過)는 '크게 지나침'을 말한다. 마룻대가 휘어져도 앞으

로 나아가는 것이 이롭고 형통하다.

≪단전≫에서 말하기를, '대과'는 강대한 자가 자신의 한계를 초과함을 말하

며 마룻대가 휜다는 것은 양끝이 유약하다는 뜻이다. 양강이 지나치게 강성

할 때는 중용의 도로써 조절하되, 겸손하면서도 기꺼이 조정해야 한다. 그러

므로 앞으로 나아가는 것이 이롭고 또한 형통할 것이다. '대과' 시기에 때맞추

어 적절히 조처하는 것이 진정 위대하다.

≪상전≫에서 말하기를, 못(澤)이 나무를 집어삼키는 것은 크게 지나침을

상징한다. 군자는 그것을 보고 '대과'의 시기에 홀로 우뚝 서서도 두려워하지 않으며 세상을 물러나서도 번민하지 않는다.

ⓢ 주역 경영

'대과괘大過卦'는 강건함이 지나친 것을 말한다. ≪상전≫에서는 못이 나무를 집어삼키는 비유를 들어서 "물이 넘치면 나무가 잠기게 된다"고 하였다. ≪서괘전≫에서는 "기르지 않으면 움직일 수 없으므로 이에 '대과괘'를 배치하였다"*라고 했다. 기르지 않으면 움직일 수 없지만 일단 양생養生한 후에는 행동하게 되고, 행동하게 되면 지나치게(大過) 되는 일이 생긴다는 말이다.

　≪단전≫에서는 이에 대해 매우 분명한 어조로 "강대한 자가 한계를 벗어남을 이른다", "양끝이 유약함을 말한다"라고 했다.

　이는 오늘날 많은 기업의 상황과 일치한다. 보통 경영자는 다른 사람에 비해 재능과 능력이 훨씬 탁월하다. 그러나 부하 직원은 이러한 경영자에 비해 능력과 재능이 부족하니 결국 실행력이 부족하여 실적이 갈수록 떨어지는 악순환이 생긴다. 그렇다면 이때 경영자는 어떻게 처신해야 하나? ≪단전≫에서는 이에 대한 답으로써 중도를 지켜야 한다면서 "중용의 도로써 조절하라"고 제시한다.

　물론 강건한 자가 지나치게 방임한 나머지 세심하게 돌보지 않아서는 안 된다. ≪상전≫에서는 이에 대해 군자라면 "홀로 우뚝 서서도 두려워하지 않으며 세상을 물러나서도 번민하지 않는다"라고 말한다.

---

* 不養則不可動 故受之以大過.(불양즉불가동 고수지이대과)

신중함은 경영의 필수 요소

初六, 藉用白茅, 无咎.(초육, 자용백모 무구)

《象》曰: "藉用白茅", 柔在下也.(상왈: 자용백모 유재하야)

九二, 枯楊生稊, 老夫得其女妻; 无不利.(구이, 고양생제 노부득기녀처 무불리)

《象》曰: "老夫女妻", 過以相與也.(상왈: 노부녀처 과이상여야)

九三, 棟橈, 凶.(구삼, 동요 흉)

《象》曰: "棟橈之凶", 不可以有輔也.(상왈: 동요지흉 불가이유보야)

▲ 藉: 깔개 자 / 茅: 띠 모 / 枯: 마를 고 / 楊: 버들 양 / 稊: 돌피 제(오래된 뿌리에서 새싹이 생겨남) / 相與(상여): 서로 어울림 / 輔: 덧방나무 보

【해석】

초육: 흰 띠풀(白茅)을 깔고 제물을 바치니 허물이 없다.

《상전》에서 말하기를, 흰 풀을 깔고 제물을 바친다는 것은 초육이 양강의 아래서 유순하게 양강을 공경해야 함을 말한다.

구이: 마른 버들에 새 움이 트고 늙은 지아비가 젊은 부인을 얻으니 이롭지 않을 것이 없다.

《상전》에서 말하기를, 늙은 지아비가 젊은 부인을 얻는다는 것은 양강이 과도하나 능히 음유와 조화를 이룸을 말한다.

구삼: 마룻대가 휘니 흉하다.

《상전》에서 말하기를, 마룻대가 휘어 흉하다는 것은 그것을 보완하고 구제할 수 없기 때문이다.

◎ 주역 경영

'초육'은 음효로서 양의 자리에 있으므로 겸손하다고 할 수 있는데 일을 할 때 극도로 신중하고 삼가므로 재난이 없다. 공자는 《계사전》 상편에서 "잠깐 땅에 두어도 되나, 풀을 깔았으니 어찌 허물이 있겠는가? 조심하는 것이 지극하다. 무릇 풀의 본질은 얇고 천하나 그 용도는 중하다. 무릇 이 방법을 쓰면 잃을 것이 없다"*라고 했다.

본래 땅에 두어도 되는 것을 그 아래에 풀을 깔았으니 이는 어떤 일에 임하는 사람의 자세가 얼마나 신중한지를 보여주는 부분이다.

'구이'는 양효가 음의 위치에 있어 본래 강건함이 지나치지만, 부드러운 초육과 보완관계에 있어서 불리할 것이 없다. 마치 늙은 지아비가 젊고 아리따운 부인을 얻은 것처럼 말이다.

'구삼'은 마룻대가 휘는데, 괘 풀이에서처럼 하괘의 끝에 위치하여 높이 오르려는 형상이므로 근본을 벗어나 흉하다.

---

management point

기업을 경영하는 과정에서 '신중함'은 영원히 잊지 말아야 할 진리이다. 기회는 조금만 늦어도 없어지고 말지만, 경영자는 행동에 착수하기 전 반드시 신중한 논증을 거쳐야지 맹목적인 충동으로 일을 벌이면 좋지 않은 결과만 초래할 뿐이다.

---

* 苟錯 諸地 而可矣 藉之用茅 何咎之有? 愼之 至也. 夫茅之爲物薄 而用可重也. 愼斯術也以往 其无所失矣.(구착 제지 이가의 자지용모 하구지유? 신지 지야. 부모지위물박 이용가중야. 신사술야이왕 기무소실의)

과유불급

九四, 棟隆, 吉; 有它吝.(구사, 동륭 길 유타린)

≪象≫曰: "棟隆之吉", 不橈乎下也.(상왈: 동륭지길 불요호하야)

九五, 枯楊生華, 老婦得其士夫; 无咎无譽.(구오, 고양생화 노부득기사부 무구
무예)

≪象≫曰: "枯楊生華", 何可久也? "老婦士夫", 亦可醜也.(상왈: 고양생
화 하가구야. 노부사부 역가추야)

上六, 過涉滅頂, 凶, 无咎.(상육, 과섭멸정 흉 무구)

≪象≫曰: "過涉之凶", 不可咎也.(상왈: 과섭지흉 불가구야)

▲ 隆: 클 륭(높다, 성대하다) / 它: 다를 타, 뱀 사 / 吝: 아낄 린(문제, 유감스런 일) / 橈: 꺾일
요(휘다) / 華: 빛날 화, 꽃 화 / 譽: 기릴 예(칭찬하다) / 醜: 추할 추 / 頂: 정수리 정

【해석】

구사: 아래로 휘었던 마룻대가 솟아오르니 상서롭다. 그러나 다른 변고가
발생하면 다시 문제가 생길 것이다.

≪상전≫에서 말하기를, 마룻대가 솟아올라 상서롭다는 것은 다시는 아래로
휘지 않기 때문이다.

구오: 마른 버들에 꽃이 피고 늙은 부인이 젊은 지아비를 맞으니 허물은
없으나 영예도 없다.

≪상전≫에서 말하기를, 마른 버들에 꽃이 핀들 오래 갈 수 있겠는가? 늙은
부인이 젊은 지아비를 맞으니 또한 추하다.

상육: 물을 건너다가 정수리까지 빠지니 흉하나 허물은 없다.

≪상전≫에서 말하기를, 물을 건너다가 당하는 흉함을 허물이라고 할 수는 없다.

🌀 주역 경영

'구사'는 마룻대가 다시 솟아오르니 당연히 해로울 것이 없다. 하지만 일단 다른 변고가 생기면 문제가 다시 생길 것이다.

'구오'는 '대과괘'의 핵심이라고 할 수 있다. '마른 버들에 꽃이 핀다'라는 것은 마치 '늙은 부인이 젊은 지아비를 맞는' 것과 같은 일이다. 이는 '구오'가 양강이 지나치다는 결점을 전환시키기 위해 기꺼이 약자에게 몸을 낮추는 것을 말한다. 출발점이 좋기 때문에 허물도 없지만, 노부인이 젊은 지아비를 취해서는 보기에 좋지 않고 영예도 없다. ≪상전≫은 이에 대해 '또한 추한 일이다'라고 평한다. 이는 지나침을 막기 위해서 또 다른 과분한 일을 벌이는 격이다.

'상육'은 마치 마룻대의 끝과 같다. 지나치게 약하여 무게를 감당하지 못한 나머지 끝내 무너지고 만다. 그러나 결코 노력하지 않는 것이 아니라 능력이 없는 것이므로 허물이라고 할 수 없는 것이다.

---

management point

경영자가 어떤 문제를 해결하려고 노력하지만 그럴수록 새로운 문제에 봉착하는 경우가 있는데, 그것은 왜일까? 경영자의 문제 처리 방식이 '지나치기' 때문이다. 유가 사상에서는 '중용中庸'의 개념을 강조하는데, 이는 사람들로 하여금 적정한 선을 지키라고 말한다. 적당한 선을 지켜야 진정 문제를 해결할 수 있지만 그렇지 않을 경우 "지나침은 미치지 않음만 못한(過猶不及)"의 상황에 이를 수 있다.

---

29. 감괘(坎卦)

곤경에서 벗어나려면

習坎: 有孚, 維心亨; 行有尚.(습감: 유부 유심형 행유상)

≪彖≫曰: "習坎", 重險也. 水流而不盈. 行險而不失其信, "維心亨",

乃以剛中也; "行有尚", 往有功也. 天險不可升也. 地險山川丘陵也.

王公設險以守其國; 險之時用大矣哉!(단왈: 습감 중험야 수류이불영. 행험이부

실기신 유심형 내이강중야 행유상 왕유공야. 천험불가승야 지험산천구릉야 왕공설험이수기국

험지시용대의재)

≪象≫曰: 水洊至, 習坎; 君子以常德行, 習敎事.(상왈: 수천지 습감 군자이

상덕행 습교사)

▲ 習: 익힐 습(되풀이되다) / 坎: 구덩이 감(곤경) / 孚: 미쁠 부 / 維: 바 유 / 險: 험할 험

/ 乃: 이에 / 升: 되 승(=昇, 오를 승) / 洊: 이를 천(연거푸, 거듭)

【해석】

감괘(坎卦: 坎爲水)는 '거듭된 위험과 곤경'을 상징한다. 마음이 성실하고 흔들
림이 없어야 그 행위가 숭상 받는다.

≪단전≫에서 말하기를, '습감'은 거듭된 위험과 곤경을 뜻한다. 물의 본성은
끝없이 흐르며 멈추지 않는 것으로, 험난한 장애에 부딪혀도 쉼 없이 흘러가
며 끝까지 신념을 잃지 않는다. 내면의 형통함은 강건하면서도 흔들리지
않는 중도를 행할 수 있는 믿음에서 나오며, 행위가 숭상 받을 만함은 그와
같이 하면 공을 이룰 수 있기 때문이다. 천상의 위험지대에는 오를 수가

없고 지상의 위험지대에는 산천과 구릉이 있어 왕공들은 크고 높은 관문關門을 설치하여 국경을 수호했으니, 고난과 위험에 직면하여 이러한 원칙을 운용하는 것은 대단히 중요하다.

《상전》에서 말하기를, 물이 끊임없이 흘러 연거푸 다다르는 것은 거듭된 위험과 곤경을 상징한다. 군자는 이 괘의 이치를 살펴 도덕적 행위를 중시하며 힘써 일처리 능력을 높인다.

⑤ 주역 경영

'감괘'는 두 개의 '감괘'가 중첩하여 이뤄진 괘로 본문에 나오는 '습習'은 '중복'의 의미이다. '감坎'에 대해서 《주역본의周易本意》에서는 "위험에 빠져든다"라고 해석하였는데, '습감習坎'은 바로 거듭된 위험과 곤경이라는 뜻이 된다. 이렇게 되면 우리는 '감괘'의 대략의 뜻을 이해할 수 있다. 즉, 이는 난관을 물리치고 위험에서 벗어난다는 이치이다. "마음이 성실하고 형통하다"라는 것은 곤경 속에서 성실과 신의를 지켜야 온갖 어려움을 이겨내고 최종적으로 그 행위가 숭상을 받는다는 뜻이다.

그러나 가장 주목할 만한 것은 《단전》에서 "왕공들은 크고 높은 관문을 설치하여 국경을 수호했으니 고난과 위험에 직면하여 이러한 원칙을 운용한다"라고 한 부분이다. 이것을 기업의 경영에 접목시킨다면 "크고 높은 관문을 설치한다"라는 것은 경쟁 회사를 막기 위해 시장에 진입 장벽을 쳐 두고 자사의 독점적인 위상을 구축하는 행위라고 이해할 수 있다. 그러면 경쟁사는 쉽게 시장에 진입할 수 없을 것이다.

물론 시시각각 경쟁 회사의 동태를 살피는 것은 필요한 일이다. 그렇지 않으면 자기도 모르는 사이에 그동안 구축해 놓은 기득권을 한순간에 모조리 빼앗길 수 있다.

물론 '감괘'에서 가장 중요한 것은 여전히 위험한 상황을 극복하는 관점이다. 성실과 신의는 가장 중요한 요소이기에 ≪상전≫에서는 다시 한번 "군자는 이 괘의 이치를 살펴 도덕적 행위를 중시하며 힘써 일 처리 능력을 높인다"라고 강조했다.

---

management point

'크고 높은 관문을 설치하는' 것은 오늘날의 기업에 비추어 보면, 부단히 조직을 혁신하는 것이라고 할 수 있다. 부단히 혁신을 감행해야 경쟁의 장벽을 높여 경쟁사가 진입하는 것을 막을 수 있다.

진퇴양난의 위기

初六, 習坎, 入于坎窞, 凶.(초육, 습감 입우감담 흉)

≪象≫曰: "習坎入坎", 失道凶也.(상왈: 습감입감 실도흉야)

九二, 坎有險, 求小得.(구이, 감유험 구소득)

≪象≫曰: "求小得", 未出中也.(상왈: 구소득 미출중야)

六三, 來之坎坎, 險且枕, 入于坎窞, 勿用.(육삼, 내지감감 험차침 입우감담 물용)

≪象≫曰: "來之坎坎", 終无功也.(상왈: 내지감감 종무공야)

▲ 窞: 구덩이 담 / 險: 험할 험 / 且: 또 차(잠깐) / 枕: 베개 침

【해석】

초육: 거듭된 위험과 곤경 속에서 더욱 깊은 구덩이에 빠지니 흉하다.
≪상전≫에서 말하기를, 거듭된 위험과 곤경 가운데서 더욱 깊은 구덩이에
빠진다는 것은 정도를 벗어나 흉함을 말한다.

구이: 구덩이 속에서 또 다시 위험에 직면했으니 우선 작은 이득을 꾀한다.
≪상전≫에서 말하기를, 우선 작은 이득을 꾀한다는 것은 아직은 위험에서
벗어날 수 없다는 말이다.

육삼: 오고 감에 모두 거듭된 위험을 만나니, 위험에 직면해서는 잠시 베갯머
리에 엎드려 기다려야 한다. 이미 구덩이에 깊이 빠진 이상 경거망동하지
말아야 한다.
≪상전≫에서 말하기를, 오고 감에 모두 거듭된 위험을 만난다는 것은 무엇
을 해도 성공하기가 어려움을 말한다.

초육, 구이, 육삼의 세 효에는 공통된 특징이 있다. 즉, 제대로 된 위치가 아니라는 점이다. '초육'은 음효가 양의 자리에 있어 '더욱 깊은 구덩이에 빠지는' 상황이다. 소위 '담(窞:구덩이)'이라는 것은 '감(坎:구덩이) 중의 깊은 감'을 말하며 위험한 상황 중에서도 가장 심각한 상황이라고 할 수 있다.

  '초육'은 깊은 곤경에서 헤어날 방법이 없으므로 자연히 '흉하게 되는' 것이다. '구이'는 양효가 음의 자리에 있으므로, 곤란한 상황에서 또 다시 험난한 일을 만나게 된다. 이때는 몸을 빼내는 것이 거의 불가능하나 다행히도 '초육'이 그와 호응하므로 작은 부분에서 일부 수확이 있다. '육삼'은 음이 양의 자리에 있고 하괘의 끝에 있으므로 오고 감에 모두 위험한 요소가 있다. 따라서 나아갈 수도 물러설 수도 없는 고약한 상황이다. 또한 곤란한 상황의 가장 깊은 곳에 처했으니 이때는 한 가지 선택권밖에 없다. 즉, '운명의 결정'을 기다리는 것이다. 이런 단계에 이르면 비로소 '하늘의 뜻'을 진정 이해하게 될지도 모른다.

---

management point

어떤 기업이든 경영을 하다보면 진퇴양난의 위기에 내몰릴 수가 있다. 자금이나 인력이 부족하다거나 경쟁사의 따돌림, 혹은 공급업체의 대금 지급 요청에 따른 자금압박 등이 그 예이다. 이러한 상황에서는 적극적으로 협력을 위한 파트너를 찾아나서야 하는데, 그렇게 되면 기업의 입장에서는 협력 파트너에게 이익의 일부를 양보하게 되더라도 다시 회생할 수 있는 기회를 얻게 될 수 있다.

위기 대응력

六四, 樽酒, 簋貳用缶, 納約自牖, 終无咎.（육사, 준주 궤이용부 납약자유 종무구）

≪象≫曰: "樽酒簋貳", 剛柔際也.（상왈: 준주궤이 강유제야）

九五, 坎不盈, 祇旣平, 无咎.（구오, 감불영 지기평 무구）

≪象≫曰: "坎不盈", 中未大也.（상왈: 감불영 중미대야）

上六, 係用徽纆, 寘于叢棘, 三歲不得, 凶.（상육, 계용휘묵 치우총극 삼세부득 흉）

≪象≫曰: 上六失道, 凶三歲也.（상왈: 상육실도 흉삼세야）

▲ 樽: 술통 준 / 簋: 제기(祭器) 이름 궤 / 缶: 장군(액체를 담는 그릇) 부 / 納: 바칠 납 / 約: 묶을 약(소박한 물품) / 牖: 창 유 / 際: 사이 제 / 祇: 공경할 지 / 旣: 이미 기 / 盈: 찰 영 / 係: 걸릴 계 / 徽: 아름다울 휘 / 纆: 노 묵 / 徽纆(노묵): 노끈 / 寘: 둘 치 / 叢: 모일 총 / 棘: 가시나무 극

【해석】

육사: 한 동이의 술과 두 그릇의 밥과 질그릇뿐인 검소한 제물을 창문을 통해 실내로 들여보내니 결국 허물은 없을 것이다.

≪상전≫에서 말하기를, 한 동이의 술과 두 그릇의 밥은 양강과 음유가 교제하기 위한 예물이다.

구오: 위험한 구덩이가 아직 메워지지 않았으나 자신의 뜻을 공경히 지키면 위험을 극복할 수 있으니 허물이 없다.

≪상전≫에서 말하기를, 위험한 구덩이가 아직 메워지지 않았다는 것은 중용의 도가 아직 크게 발휘되지 않았음을 말한다.

상육: 오라에 묶인 채 가시덤불 속에 갇힌 채 삼 년 동안 풀려나지 못하니

흉하다.

≪상전≫에서 말하기를, 상육이 정도를 벗어났으므로 삼 년 동안 흉할 것이다.

ⓢ 주역 경영

'육사', '구오', '상육'은 '초육', '구이', '육삼'과는 반대로 전부 마땅한 위치에 있다. '육사'는 '구오'에 호응하는 신하의 신분이므로 성실과 신의를 바탕으로 '구오'의 신임을 얻어야 한다. 그래서 제사를 할 때도 순종의 뜻을 보여야 한다. 이렇게 하면 처음에는 다소 의심을 받더라도 결국에는 신임을 얻게 된다.

'구오'는 양효가 양의 자리에 있기는 하지만 '육사', '상육'의 두 음효 사이에 있으므로 충분히 드러나기 어렵다. 그래서 ≪상전≫에서는 "중정中正의 도가 아직 발휘되지 않는다"라고 한 것이다. '상육'은 매우 난감하다. 음효가 '구오'의 위에 있고 상괘의 끝에 위치하니, 가히 그에 대응할 자가 없어서 "삼 년간 흉하다"라고 한 것이다.

> *management point*
>
> 어떤 문제라도 언젠가는 적절하게 잘 해결될 수 있다. 중요한 것은 그 문제를 처리하는 사람이 위기 대응 능력을 가지고 얼마나 잘 행동하느냐에 달려 있다. 여기서 위기 대응 능력이란 '부孚'라는 글자가 대변하는 '성실과 신의'라고 할 수 있는데, 이를 통해 다른 사람의 도움과 지지를 받을 수 있다.

30. 이괘(離卦)
리더를 따를 때는

離: 利貞, 亨; 畜牝牛, 吉.(이: 이정 형 축빈우 길)

≪彖≫曰: "離", 麗也; 日月麗乎天, 百谷草木麗乎土. 重明以麗乎正,

乃化成天下; 柔麗乎中正, 故亨, 是以"畜牝牛吉"也.(단왈: 이 여야 일월려

호천 백곡초목려호토, 중명이려호정 내화성천하 유려호중정 고형 시이축빈우길야)

≪象≫曰: 明兩作, 離; 大人以繼明照于四方.(상왈: 명량작 이 대인이계명조

우사방)

▲ 離: 떼놓을 리(이) / 牝: 암컷 빈 / 麗: 고울 려, 짝 려(의존함) / 作: 지을 작(흥하여 일어나다)
/ 繼: 이을 계 / 照: 비출 조

【해석】

이괘(離卦: 離爲火)는 '따라 붙음'을 상징한다. 정도를 지키는 것이 이로우며
형통하다. 암소를 기르니 상서롭다.

≪단전≫에서 말하기를, '이離'는 의존한다는 말이다. 해와 달은 하늘에 의존
하고 모든 골짜기와 초목은 땅에 의존한다. 현명한 군주는 이것을 본받아
밝고도 밝으면서도 정도에 의존함으로써 비로소 천하를 교화할 수 있다.
유순하면서도 중정한 도에 의존하니 형통하다. 그러므로 암소를 기르면 상
서로울 것이다.

≪상전≫에서 말하기를, 밝은 광명이 두 차례 떠오름은 의존을 상징한다.

대인군자는 이것을 보고 깨달아 끝없이 이어지는 광명으로 사방을 비추고자 한다.

🌀 주역 경영

이괘離卦가 말하는 것은 '달라붙음', '붙어서 좋음'의 도리이다. ≪서괘전≫에서는 "(구덩이에) 빠지면(감괘坎卦를 가리킴) 반드시 걸리는 것이 있기 때문에 이에 '이괘'를 배치한다'"*라고 했다. 이때 필요한 것은 붙잡는 것이기에 뒤이어 '이괘'가 나온 것이다. '이離'는 '불火'의 의미이다. 불은 독립되지 않고 반드시 어딘가에 달라붙어야 존재할 수 있으므로 '붙어서 좋음'의 뜻을 지닌다.

그러나 붙어서 좋을 대상을 정확하게 선택해야 한다. 마치 해와 달이 하늘을 붙좇아 돌고, 모든 골짜기와 초목이 땅에 의지하는 것처럼 경영자도 정도를 지키며 부단히 자신의 인품과 덕을 높이고, 다른 사람을 교화해야 한다. 유순한 자는 강건한 자를 붙어 좋아야 음과 양이 조화를 이루고 강함과 부드러움이 교차하는 결과를 얻을 수 있다. 일단 이렇게 하면 반드시 형통한다.

---

management point

개인이든 기업이든 난관에 부딪혔을 때는 반드시 적당한 협력 파트너를 선택하여 자신을 곤경에서 끌어내야 한다. 그러나 만일 상대방이 정도를 지키지 않으면 결국 당신을 더욱 깊은 고난의 구렁텅이로 밀어넣을 것이다. 파트너를 정할 때도 신중에 신중을 다해야 한다.

---

* 陷必有麗 故受之以離. 離者 麗也.(함필유려 고수지이리. 이자 려야)

해질녘 위기에 내몰리지 않으려면

初九, 履錯然, 敬之, 无咎.(초구, 이착연 경지 무구)

≪象≫曰: "履錯之敬", 以辟咎也.(상왈: 이착지경 이피구야)

六二, 黃離, 元吉.(육이, 황리 원길)

≪象≫曰: "黃離元吉", 得中道也.(상왈: 황리원길 득중도야)

九三, 日昃之離, 不鼓缶而歌, 則大耋之嗟, 凶.(구삼, 일측지리 불고부이가 즉대질지차 흉)

≪象≫曰: "日昃之離", 何可久也!(상왈: 일측지리 하가구야)

▲ 履: 신 이(밟다) / 錯: 섞일 착 / 錯然(착연): 무질서함/ 辟: 임금 벽, 법 벽, 피할 피(=避) / 昃: 기울 측 / 鼓: 북 고 / 耋: 늙은이 질 / 嗟: 탄식할 차 / 久: 오랠 구

【해석】

초구: 가는 길이 어지러우나 공경하고 근신하면 허물은 없을 것이다.

≪상전≫에서 말하기를, 가는 길이 어지러울 때 끝까지 공경하고 근신하는 것은 허물을 만들지 않기 위함이다.

육이: 황색을 띠고 붙어 좇으니 크게 상서롭다.

≪상전≫에서 말하기를, 황색을 띠고 따라붙으므로 크게 상서롭다는 것은 중정의 도를 터득하고 지킴을 말한다.

구삼: 해는 서산으로 기울어도 여전히 하늘에 붙어 있거니, 이때 북과 장구를 두드리며 노래하지 않는다면 노쇠함을 탄식하리니, 흉하다.

≪상전≫에서 말하기를, 해가 서산으로 기울면서도 하늘에 붙어 있으나 어

찌 오래 갈 수 있겠는가?

ⓢ 주역 경영

"가는 길이 어지럽다"라는 것은 비록 길을 잘못 들어섰으나 뒤죽박죽되고 엇갈린 배열이 제법 정취가 있으므로 '공손하고 근신하게' 되었다. 이에 대해 《상씨학尙氏學》에서는 "친절할 뿐 함부로 하지 않는다는 뜻이 있다"라고 했다.

'초구'가 비록 아래에 위치하기는 하지만 일을 함에 있어서 조금도 소홀히 하지 않으며 태도가 신중하고 공손하니 결국 허물이 없게 된다는 것이다.

'육이'에서는 '황색을 띠고 좋으니 크게 상서롭다'라고 했는데 여기서 '황색'은 '황색 치마'에서 말하는 색, 즉, 제왕의 의복에 사용되는 '황색'을 말한다. 즉, 제왕을 따를 수 있으므로 크게 상서롭다고 한 것이다. 그러나 《상전》에서는 '중도를 터득하라'고 강조하는데, 이는 제왕만 좇을 것이 아니라 정도를 지키는 제왕을 좇으라는 말이다.

'구삼'은 하괘의 끝에 위치하므로 《주역》의 저자는 두 가지 이미지로 그 뜻을 표현했다. 하나는 해가 서산으로 기우는 것이고 또 다른 하나는 노인이 노쇠함을 탄식하는 것이다.

이 두 이미지는 광명한 세월이 끝나가는 것을 의미하므로 《상전》에서는 "해가 서산으로 기우는데 비록 하늘에 붙어 있다 해도 어찌 오래 갈 수 있겠는가?"라고 했다.

264

조직을 바로잡는 법

九四, 突如其來如, 焚如, 死如, 棄如.(구사, 돌여기래여 분여 사여 기여)

≪象≫曰: "突如其來如", 无所容也.(상왈: 돌여기래여 무소용야)

六五, 出涕沱若, 戚嗟若, 吉.(육오, 출체타약 척차약 길)

≪象≫曰: 六五之吉, 離王公也.(상왈: 육오지길 이왕공야)

上九, 王用出征, 有嘉折首, 獲匪其醜, 无咎.(상구, 왕용출정 유가절수 획비기추 무구)

≪象≫曰: "王用出征", 以正邦也.(상왈: 왕용출정 이정방야)

▲ 突: 갑자기 돌 / 焚: 불사를 분 / 棄: 버릴 기 / 涕: 눈물 체 / 沱: 물 이름 타 / 沱若(타약): 큰 비가 오는 모양 / 戚: 슬퍼할 척 / 嗟: 탄식할 차 / 嘉: 아름다울 가 / 折: 꺾을 절 / 獲: 얻을 획 / 醜: 추할 추, 같을 추

【해석】

구사: 갑자기 다가오는 것이 불꽃이 활활 타오르는 듯하니, 생명이 위태로우며 버림을 받는다.

≪상전≫에서 말하기를, 갑자기 다가온다는 것은 받아들여질 곳이 없음을 말한다.

육오: 눈물이 비오듯하며 슬피 탄식하니 상서로울 것이다.

≪상전≫에서 말하기를, 육오가 상서로운 것은 왕공王公의 고귀한 위엄에 의존한 덕택이다.

상구: 군왕이 그를 등용하여 출정케 하고 적의 우두머리를 죽이며 끝까지

따르지 않는 자를 잡아오는 것에 포상하니 재앙이 없다.

≪상전≫에서 말하기를, 군왕이 그를 등용하여 출정케 하는 것은 나라를 바로잡기 위해서이다.

⊛ 주역 경영

'구사'는 '갑자기 다가오는' 서광이 '육오'에 대한 관심을 불러일으킨다. 그러나 안타깝게도 (양효가 음의 위치에 있으므로) 그 위치가 마땅치 않아 속도를 낼수록 목적하는 바에 이르지 못하며, 순간적인 빛만 발하다가 이내 소실되고 버림받는다.

'육오'는 음효가 양의 위치에 있어 위치가 마땅치 않으므로 '눈물이 비오듯하며 슬피 탄식하면서' 종일 애통해 한다. 그러나 왕공 대신王公大臣의 적극적인 도움으로 상서로울 수 있게 된다.

기업의 경영자도 뭇 사람 가운데 능력이 가장 뛰어난 사람이라고 할 수 있다. 그러나 보좌하는 인재들의 능력에 충분히 의존할 수밖에 없다. 예를 들어 유비는 제갈량과 오호상장(五虎上將: 관우, 장비, 조자룡, 마초, 황충 등 다섯 장수)의 힘을 빌려 촉蜀의 기반을 마련할 수 있었다.

'상구'는 '이괘'의 끝에 위치하므로 다른 모든 효의 따름을 받아야 한다. 만일 따르지 않는 자가 있으면 군사를 이끌고 정벌할 수 있다. 이러한 정벌은 자신과 다른 이를 제거함으로써 조직 구성원의 사고방식을 통일시키고, 공동의 목표를 향해 전진하기 위한 것으로 ≪상전≫에서는 그것을 가리켜 '나라를 바로잡기 위한 조치'라고 했다.

31. 함괘(咸卦)
타인과의 교감에 대하여

咸: 亨, 利貞; 取女吉.(함: 형 이정 취녀길)

≪彖≫曰: 咸, 感也; 柔上而剛下, 二氣感應以相與. 止而説, 男下女,

是以亨, 利貞, 取女吉也. 天地感而萬物化生, 聖人感人心而天下和

平; 觀其所感, 而天地萬物之情可見矣.(단왈: 함 감야 유상이강하 이기감응이상

여. 지이열 남하녀 시이형 이정 취녀길야. 천지감이만물화생 성인감인심이천하화평. 관기소감

이천지만물지정가견의)

≪象≫曰: 山上有澤, 咸; 君子以虛受人.(상왈: 산상유택 함 군자이허수인)

▲ 咸: 다 함 / 取: 취할 취 / 止: 그칠 지(머무르다)

【해석】

함괘(咸卦: 澤山咸)는 '교감과 감응'을 상징한다. 형통하니 정도를 지키는 것이
이로우며 그리하여 아내를 맞아들이면 상서로울 것이다.

≪단전≫에서 말하기를, '함'은 감응의 뜻으로 음유가 위에 있고 양강이 아래
에 있으며 음양이 상호 감응하고 상호 친근함이다. 독실한가 하면 기쁨이
넘치니 남자가 겸허하게 여자에게 구혼한다. 그러므로 형통하고 정도를 지
키는 것이 이로우며 마침내 아내를 맞아들이면 상서로울 것이다.

천지의 기운이 호응하여 만물이 생성, 성장하고 성인이 인심을 감화시켜
천하가 태평해진다. 이런 상호 감응의 현상을 관찰하며 천지 만물의 정황을

알 수 있다.

≪상전≫에서 말하기를, 산 위에 호수와 못이 있음은 감응함을 상징한다. 군자는 이 괘의 이치를 깨달아 겸허하게 다른 사람의 의견을 수용한다.

ⓢ 주역 경영*

'함괘'는 ≪주역≫의 하경下經에 첫 번째로 등장하는 괘이다. 이미 알려진 것처럼 ≪주역≫의 상경上經이 '하늘의 도(天道)'라는 관점에서 서술된 경전이라면 '하경'은 인간관계와 사회 도덕적 관점, 즉, '사람의 도(人道)'의 관점에서 서술되었다. ≪서괘전≫에서는 이렇게 설명했다.

"천지가 있고 난 연후에 만물이 생겨났고, 만물이 있은 후에 남녀가 있으며, 남녀가 있은 후에 부부가 생겼고, 부부가 있은 후에 부자관계가 생겼으며, 부자관계가 있은 연후에야 군신관계가 생겨난다. 군신관계가 있으니 상하관계가 생겨나고, 상하관계가 있은 다음에야 '예의'라는 가치가 생겨났다. 부부간의 도리가 오래 지속되지 않으면 안 되므로 '항괘恒卦'를 그 다음에 배치했다."**

부부간의 도에 대해서는 '함괘'에서 서술하였지만 부부간의 관계가 오래 지속되어야 함의 도는 '항괘恒卦'에서 서술했다.

≪주역≫ 본문에서 부부간의 도리를 언급했는데, 그렇다면 어떻게 처신해야 하는가? ≪단전≫에서는 "음유가 위에 있고 양강이 아래에 있으며 음양이 상호 감응하고 상호 친근함이다. 독실한가 하면 기쁨이 넘치니

---

* ≪주역≫ 1~30괘를 상경, 31~64괘를 하경으로 분류한다.
** 有天地然后有萬物 有萬物然后有男女 有男女然后有夫婦 有夫婦然后有父子 有父子然后有君臣 有君臣然后有上下 有上下然后禮儀有所錯. 夫婦之道不可以不久也 故受之以恒.(유천지연후유만물 유만물연후유남녀 유남녀연후유부부 유부부연후유부자 유부자연후유군신 유군신연후유상하 유상하연후례의유소착. 부부지도불가이불구야 고수지이항)

남자가 겸허하게 여자에게 구혼한다"라고 하여 명백하게 밝히고 있다. 이렇게 해야만 형통할 수 있고 마침내 아내를 맞아들이게 된다. 이는 부부간 도리의 근본이 여자에 대한 남자의 감정에 있으며, 겸손하고 양보하는 태도를 취해야만 가정의 행복이 지속된다는 말이다.

기업의 경영에 이 점을 접목한다면, 경영자는 남편을 대표하고 경영자가 관리하는 조직의 구성원은 아내에 해당한다. 경영자는 반드시 부하 직원을 사랑과 예의로써 대하고 존중해야만 그들의 충성과 신임, 책임감을 이끌어낼 수 있고, 이렇게 해야만 기업이 순조롭게 성장할 수 있다.

---

management point

경영자로서 부하 직원을 존중하고 예의와 어진 마음으로 인재를 대하면 직원들의 적극성과 책임감이 자극되어 업무가 순조롭게 진행될 수 있다.

정도正道를 따르면

初六, 咸其拇.(초육, 함기무)

≪象≫曰: "咸其拇", 志在外也.(상왈: 함기무 지재외야)

六二, 咸其腓, 凶; 居吉.(육이, 함기비 흉 거길)

≪象≫曰: 雖凶居吉, 順不害也.(상왈: 수흉거길 순불해야)

九三, 咸其股, 執其隨, 往, 吝.(구삼, 함기고 집기수 왕린)

≪象≫曰: "咸其股", 亦不處也; "志在隨人", 所執下也.(상왈: 함기고 역
불처야 지재수인 소집하야)

▲ 拇: 엄지손가락 무 / 腓: 장딴지 비 / 股: 넓적다리 고

【해석】

초육: 엄지발가락에서 감응을 한다.

≪상전≫에서 말하기를, 엄지발가락에서 감응한다는 것은 지금 밖으로 뻗어
나갈 뜻을 가지고 있음을 말한다.

육이: 장딴지에서 감응하니 흉하나 편안히 거처하며 움직이지 않으면 상서
롭다.

≪상전≫에서 말하기를, 비록 흉하나 편안히 거처하며 움직이지 않으면 상
서롭다는 것은 육이가 구오에게 순종하면 해롭지 않음을 말한다.

구삼: 넓적다리에서 감응을 하니, 다른 사람을 따르는 데 집착하며 앞으로
나아가면 치욕을 당할 것이다.

≪상전≫에서 말하기를, 넓적다리에서 감응한다는 것은 그 또한 홀로 편안

히 거처하지 않을 것임을 말한다. 다른 사람을 따르는 데 뜻을 두고 집착하는 것은 비루한 짓이다.

⊙ 주역 경영

'함괘'에서 감정의 반응은 서서히 옮겨가다가 처음에는 엄지발가락에서만 느끼지만 그 다음에는 장딴지에서, 그리고 그 다음에는 넓적다리에서 느낀다. '초육'의 감정은 가장 얕아서 비록 '밖으로 뻗어 나갈 뜻'에 불과하지만 아직 행동을 할 수가 없다. '육이'는 음효가 음의 위치에 있어서 편안히 거처하면 상서롭지만 맹목적인 충동에 의해서 행동하면 흉하다. 따라서 효 풀이에서 '흉하다'라고 경고했으며 '움직이지 않으면 상서롭다'라고 한 것이다. ≪상전≫에서는 '순종하면 해롭지 않다'라고 강조했는데 정도를 따르면 해가 없다는 말이다. 남자든 여자든, 군주든 신하든, 오늘날의 경영자와 부하 직원의 관계이든, 모두 감정에 순응하는 도를 따라, 비워둠으로써 다른 사람을 받아들여야 재난을 피할 수 있다.

'구삼'은 하괘의 끝에 위치하여 가히 진퇴양난의 처지라고 할 수 있다. 물러나 안정에 찾는 것도 위험하고 다른 사람에 집착하면서 그를 따라 앞으로 나아가는 것도 위험하다. 결국 그 원인은 고집의 근원이 비루하기 때문이다. 변화하면 한 줄기 기회가 생길 수 있으나 변화하지 않으면 어려움을 만나게 된다.

---

management point

경영자는 직원들의 정서, 심리상태에 관심을 갖고 지켜보고 적당한 경영 모델을 선택함으로써 직원들의 일에 대한 열정과 책임감을 높여야 한다.

백 가지 생각

九四, 貞吉, 悔亡; 憧憧往來, 朋從爾思.(구사, 정길 회망 동동왕래 붕종이사)

≪象≫曰: "貞吉悔亡", 未感害也; "憧憧往來", 未光大也.(상왈: 정길회
망 미감해야 동동왕래 미광대야)

九五, 咸其脢, 无悔.(구오, 함기매 무회)

≪象≫曰: "咸其脢", 志末也.(상왈: 함기매 지말야)

上六, 咸其輔頰舌.(상육, 함기보협설)

≪象≫曰: "咸其輔頰舌", 滕口説也.(상왈: 함기보협설 승구설야)

▲ 憧: 그리워할 동 / 憧憧(동동): 불안해하는 모양 / 爾: 너 이 / 脢: 등심 매 / 頰: 뺨 협

【해석】

구사: 정도를 지키면 상서롭고 회한이 없다. 불안해하면서도 자주 왕래하면
벗이 그대의 염원에 따르리라.

≪상전≫에서 말하기를, 정도를 지키면 상서롭고 회한이 없다는 것은 부정
한 감응으로 해를 입은 적이 없음을 말한다. 마음이 들떠 오락가락한다는
것은 감응의 도가 아직 크게 발휘되지 않음을 말한다.

구오: 등에서 감응하니 회한이 없을 것이다.

≪상전≫에서 말하기를, 등에서 감응한다는 것은 천박함을 뜻한다.

상육: 혀와 입에서 감응하도다.

≪상전≫에서 말하기를, 혀와 입에서 감응한다는 것은 입으로만 떠들 뿐임
을 말한다.

'구사'는 이미 상괘에 위치하여 인간 감정의 주체인 심장에 가깝게 있다. 따라서 "정도를 지키면 상서롭고 회한이 사라진다"라고 하여, 감정의 근본은 마음을 편안히 하고 사념邪念을 떨쳐버리는 것에 있다고 강조한다. ≪계사전≫ 하편에서는 이렇게 말했다.

"≪주역≫에서 이르되 '만일 마음이 들떠서 오락가락하면 벗이 네 생각을 좇을 것이다'라고 하니, 공자께서는 '천하가 무엇을 생각하고 무엇을 근심하리요? 천하가 돌아가는 곳은 같아도 길은 다르며, 이루는 것은 하나이나 백 가지 생각이니'라고 말씀하셨다."

우리가 정성어린 마음과 진심을 가지고 만물을 대할 때 '천하가 돌아가는 곳은 같아도 길은 다르며, 이루는 것은 하나이나 백 가지 생각이 드는 이치'를 발견하게 될 것이다. 따라서 인맥을 쌓는다고 동분서주할 것도 없고 친구들이 당신의 생각에 동의하지 않는다고 근심할 필요도 없다.

'구오'는 존귀한 자리에 있으나 등에서 느낄 뿐이다. 천하 백성의 마음 소리에서 한참 떨어져 있으니 회한이 없을 뿐이다.

'상육'에서 입에서 감응한다는 것은 진실하지 않은 빈말만 늘어놓는다는 뜻이다.

---

management point

사람 간의 도리이든 경영의 도리이든 모두 다 자연의 도를 따라야 한다. 성공을 위해 수단과 방법을 가리지 않다가는 결국 일이 틀어져 어렵게 움켜쥔 지위와 명예를 모두 잃고 말 것이다. 따라서 경영자는 반드시 경영의 도를 철저하게 준수해서 직원들을 관리해야 한다. 경영의 도에서 근본 원칙은 '진실과 정성어린 마음'을 끝까지 유지하는 것이다.

32. 항괘(恒卦)
변함없는 마음

恒: 亨, 无咎, 利貞, 利有攸往.(항: 형 무구 이정 이유유왕)

≪彖≫曰: 恒, 久也. 剛上而柔下, 雷風相與, 巽而動, 剛柔皆應, "恒".

"恒: 亨, 无咎, 利貞", 久于其道也. 天地之道, 恒久而不已也; "利有

攸往", 終則有始也.(단왈: 항 구야. 강상이유하 뇌풍상여 손이동 강유개응 항. 항 형

무구 이정 구우기도야. 천지지도 항구이불이야 이유유왕 종즉유시야)

日月得天而能久照, 四時變化而能久成, 聖人久于其道而天下化成;

觀其所恒, 而天地萬物之情可見矣!(일월득천이능구조 사시변화이능구성 성인구

우기도이천하화성 관기소항 이천지만물지정가견의)

≪象≫曰: 雷風, 恒; 君子以立不易方.(상왈: 뇌풍 항 군자이립불역방)

▲ 恒: 항상 항(늘, 언제나 변하지 않음)

【해석】

항괘(恒卦: 雷風恒)는 '변하지 않음'을 뜻한다. 형통하며 허물이 없으나 정도를
지키는 것이 이롭고 앞으로 나아가는 것이 이롭다.

≪단전≫에서 말하기를, '항'은 항구하다는 뜻이다. 양강이 위에 있고 음유가
아래에 있으니 천둥과 바람이 서로 도와 공손히 순응한 후에 크게 진동하는
데 이것이 다 항구함이다. '항구불변하면 형통하며 재앙이 없으니 정도를
지키는 것이 이롭다'는 것은 아름다운 도덕을 영구히 보전하고 유지해야

함을 말한다.

천지의 운행 법칙은 항구하여 결코 그치지 않으니, 나아가는 것이 이롭다는 것은 사물의 발전은 끝나면 다시 시작하는 등 끊임없이 순환함을 말한다. 해와 달은 하늘에 붙어 있으면서 영원히 세상을 비추고 사계절은 끝나면 다시 시작하며 끊임없이 변화함으로써 영구히 만물을 생성한다. 성인은 영구히 아름다운 도덕을 유지하여 천하 만민을 교화하고 성취시켜 간다. '항괘'의 변함없는 도를 살펴보면 천지만물의 진정한 모습을 알 수 있다.

《상전》에서 말하기를, 천둥이 치고 바람이 부는 것은 항구함을 상징한다. 군자는 그것을 보고 깨달아 올바른 사상을 세우고 영구히 지키며 그 도를 바꾸지 않는다.

⟲ 주역 경영

'항괘'에서 설명하고자 하는 것이 '한결같음(恒)의 도리'라는 것은 괘의 명칭만 보아도 짐작할 수 있다. 공자는 "사람이 한결같은 마음이 없다면 그 쓸모를 알 수가 없다"*라고 했다. 사람으로서 마음이 오락가락하면 또 무엇을 할지 알 수 없다는 말이다. 이는 '한결같은 마음'이 얼마나 중요한지를 설명해 주는 말이다. 물론 중국 고대 문화에서는 늘 '항구恒久함'의 중요성을 강조했는데, 예를 들어 《순자荀子》의 '권학勸學 편'에서는 "새기다가 포기하면 썩은 나무도 자를 수 없지만, 새기다가 포기하지 않으면 금석도 조각할 수 있다"**라고 했다.

'항구함'에 대해서 《주역》에서는 다음 두 가지를 강조했다. 첫째, 항구함이 쉽지 않지만 정도를 지키고 한순간에 변하거나 흔들려서는 안

---

* 人而無恒 不知其可.(인이무항 부지기하)
** 鍥而舍之 朽木不折; 鍥而不舍 金石可鏤.(계이사지 후목부절 계이불사 금석가루)

된다. 둘째, 끝까지 변치 말아야 한다. 정도를 지키는 것은 반드시 끝까지 유지되어야 하며 중간에 멈춰서는 안 된다는 말이다. 물론 이 둘은 서로 떼어놓을 수 있는 것이 아니라 동시에 이루어지는 것이므로 그 중 하나라도 위배하면 '항구함'이라고 부를 수 없게 된다.

---

management point

기업 경영에서 항심恒心의 중요성은 두 가지 방면에서 강조된다. 첫째, 기업은 전략의 위상을 분명히 한 후 그 방향을 향해 변함없는 마음으로 나아가야 한다. 둘째, 새로운 경영 방식을 채택할 때는 그것이 지속적으로 실시되도록 해야 한다. 그런데 일부 기업은 명확한 경영의 방향을 정하지 않은 채, 단순히 눈앞의 이익만 우선시한다. 그래서 이윤을 창출할 수만 있다면 어떤 분야에라도 뛰어든다는 생각으로 수시로 경영 범위를 바꾸기도 한다. 그러나 이는 잘못된 생각이다.

쉽게 얻은 성공은

初六, 浚恒, 貞凶, 无攸利.(초육, 준항 정흉 무유리)

≪象≫曰: "浚恒之凶", 始求深也.(상왈: 준항지흉 시구심야)

九二, 悔亡.(구이, 회망)

≪象≫曰: 九二"悔亡", 能久中也.(상왈: 구이회망 능구중야)

九三, 不恒其德, 或承之羞; 貞吝.(구삼, 불항기덕 혹승지수 정린)

≪象≫曰: "不恒其德", 无所容也.(상왈: 불항기덕 무소용야)

▲ 浚: 깊을 준 / 承: 받들 승 / 羞: 부끄러울 수 / 吝: 아낄 린(인) / 容: 얼굴 용(편안하다)

【해석】

초육: 처음부터 '항구함'의 도를 지나치게 깊이 추구하고 굳게 지키면 흉할 뿐, 이로울 바가 없다.

≪상전≫에서 말하기를, '항구함'의 도를 깊이 추구해서 흉한 것은 처음부터 지나치게 깊고 두터움을 추구하기 때문이다.

구이: 회한이 사라지다.

≪상전≫에서 말하기를, 회한이 사라지는 것은 영원히 중용의 도를 지키기 때문이다..

구삼: 자신의 덕행을 영원히 지키지 못하여 남에게 치욕을 당할 때가 있는데 그 관계를 굳게 지속하면 회한이 있을 것이다.

≪상전≫에서 말하기를, 자신의 덕행을 끝까지 지키지 못한다는 것은 그 한 몸을 맡길 곳이 없게 됨을 말한다.

278

⑤ 주역 경영

'초구'에서 '준浚'은 깊이 파고든다는 뜻이다. '준항浚恒'은 오래 지속하려고 하기보다는 한 번에 차고나감으로써 지나치게 깊이 파고드는 것이다. 그렇게 하다보면 항심의 도리를 넘어서 자칫 무리하게 되고, 이르고자 하는 목표의 반대로 치닫게 되는 경우가 많다. 소위 "속도를 내려고 하면 오히려 이르지 못하게 된다"와 같은 이치이다.

'초육'에서 말하는 '준항'의 경고는 학문이나 비즈니스 등 다양한 분야에까지 확대, 적용할 수 있다. 많은 사람이 얄팍한 지식을 배워 일시적으로 달콤한 맛을 본 뒤에는, 한순간도 지체하지 않고 빨리 달걀을 얻고자 닭을 죽여 버리는 행동을 취한다. 이는 '항괘'에서 강조하는 '항구한' 도를 어기는 셈이다.

'구이'에서 말하는 '회한이 없는 도'란 매우 간단하다. 즉, 오랫동안 중용의 도를 지키는 것이다.

'구삼'에서는 '자신의 덕을 항구하게 지키지 못하는' 사람의 결과에 대해 "그 몸을 맡길 곳이 없게 된다"라고 단호하게 말했다. 한결같은 마음 없이 눈앞의 조급한 성공과 이익에만 눈이 먼 사람은 결국 아무 일도 이루지 못하고 다른 사람으로부터도 인정받지 못할 뿐이다.

---

management point

어떤 일을 하든지 짧은 시간에 모든 것을 다 얻어내려고 해서는 안 된다. 기업을 경영하는 사람도 마찬가지다. 새로운 프로젝트를 추진하든지 새로운 경영 시스템을 도입하든지 모두 꾸준하게 추진해야만 진정한 성공을 거두게 된다는 사실을 말하고 있다.

지속 가능한 경영

九四, 田无禽.(구사, 전무금)

≪象≫曰: 久非其位, 安得禽也?(상왈: 구비기위 안득금야)

六五, 恒其德, 貞; 婦人吉, 夫子凶.(육오, 항기덕 정 부인길 부자흉)

≪象≫曰: "婦人貞吉", 從一而終也; 夫子制義, 從婦凶也.(상왈: 부인정
길 종일이종야 부자제의 종부흉야)

上六, 振恒, 凶.(상육, 진항 흉)

≪象≫曰: "振恒"在上, 大无功也.(상왈: 진항재상 대무공야)

▲ 禽: 날짐승 금(짐승의 총칭) / 田: 밭 전(＝畋, 사냥할 전) / 振: 떨칠 진

【해석】

구사: 사냥을 하나 어떤 짐승도 잡지 못한다.

≪상전≫에서 말하기를, 사냥하기에 적합하지 않은 환경에 오래 있으니 어
떻게 짐승을 잡겠는가?

육오: 유순한 미덕을 영원히 유지하며 정도를 지키니 부인은 상서로우나
남편은 흉하다.

≪상전≫에서 말하기를, 부인이 정도를 지킴이 상서롭다는 것은 부인이 평
생 한 남편만을 따라야 하기 때문이다. 그러나 남자는 일에 따라 그때그때
적절히 대처해야 하는데 부인에게 순종한다면 반드시 흉할 것이다.

상육: 항구함 없이 조급하게 움직이기만 하면 흉하다.

≪상전≫에서 말하기를, 항구함 없이 조급하게 움직이면서 높은 자리에만

280

있으니 사업은 절대로 성공하지 못한다.

🌀 주역 경영

'구사'는 양효가 음의 자리에 있으므로 이에 대해 ≪상전≫에서는 "사냥하기에 적합하지 않은 환경에 오래 있다"라고 했다. 따라서 그 결과는 '아무리 노력해도 얻지 못하는' 상황이 될 것이다.

'육오'는 음유가 존귀한 자리에 있으니 자신의 인품과 덕, 정도를 지키기만 하면 된다. 이렇게만 하면 음유한 자에게만 유리할 뿐이다. 만일 양강한 자가 줄곧 음유한 자를 따르려고만 한다면 흉하다. 그래서 '육오'는 반드시 자신의 음유한 일면을 발휘해야 한다.

'상육'에서 "항구함 없이 조급하게 움직이기만 한다"라는 구절을 주목할 만하다. 이를 기업의 경영에 접목시키면 어떤 의미일까? 경영진이 기업의 나아갈 전략적 방향을 지나치게 자주 바꾸면 직원들이 따를 수 없게 되니, 그런 기업은 제대로 운영될 수가 없다. 그러나 현실에서는 이러한 기업이 의외로 많이 있다.

예전에 한 민간 기업에 대해 컨설팅을 할 때였다. 그 기업의 경영자는 새로운 것에 대한 학습과 도전 의지가 매우 강한 사람이었다. 그러나 그에게는 치명적인 약점이 하나 있었는데 그것은 바로 항심恒心이 없다는 것이다. 그래서 그는 새로운 경영 개념을 하나 배우고 나면 득달같이 그것을 자신의 조직에 적용해서 실천하고 싶어했다. 하지만 직원 대부분은 그것을 아직 받아들일 준비가 되어 있지 않았다. 심지어 그는 이전에 도입한 경영방식이 제대로 정착되어 뿌리 내리기도 전에 새로운 경영방식으로 갈아타려고 한 적도 많았다.

그 결과, 직원들은 그가 새롭게 제시하는 어떠한 경영방식에도 무관심하게 되고 말았다. 회사는 결국 지금까지 추진했던 모든 새로운 경영 시스템을 포기한 채, 원래의 상태로 되돌아가고 말았다.

> **management point**
>
> 경영자가 새로운 경영방식을 선택하기 전에는 사전에 미리 반드시 깊이 있는 분석과 연구가 선행되어야 한다. 그리고 일단 새로운 방식을 도입한 후에는 그것이 진정한 효과를 발휘할 때까지 변함없이, 그리고 지속적으로 추진하여야 한다.

33. 둔괘(遯卦)
물러날 때를 안다는 것

遯: 亨, 小利貞.(둔: 형 소리정)

≪彖≫曰: "遯, 亨", 遯而亨也; 剛當位而應, 與時行也. "小利貞", 浸
而長也. 遯之時義大矣哉!(단왈: 둔 형 둔이형야 강당위이응 여시행야. 소리정 침이장
야. 둔지시의대의재)

≪象≫曰: 天下有山, 遯; 君子以遠小人, 不惡而嚴.(상왈: 천하유산 둔 군자
이원소인 불오이엄)

▲ 遯: 달아날 둔(물러나다, 피하다) / 惡: 악할 악, 미워할 오 / 嚴: 엄할 엄

【해석】

둔괘(遯卦: 天山遯)는 '물러나 피함'을 상징한다. 형통하며 작은 이로움은 있으
나 정도를 지켜야 한다.

≪단전≫에서 말하기를, '물러나 피하면 형통하다'는 것은 반드시 먼저 물러
나 피한 후에야 비로소 형통할 수 있음을 말한다. 이를테면 양강한 자가
양강한 자리에 있으면서 능히 아래에 있는 자와 호응함은 시세에 순응하여
물러나 피하는 도를 실천하는 것이다. 작은 이로움이 있으나 정도를 지켜야
한다는 것은 음기가 점차 자라나므로 큰일을 하기에 불리하기 때문이다.
물러나 피함으로써 시세에 순응하니 그 의의가 얼마나 위대한가!

≪상전≫에서 말하기를, 하늘 아래에 산이 있음은 '물러나 피함'을 상징한다.

군자는 그것을 보고 소인을 멀리하되, 미움을 드러내지 않아 존엄을 지킬 수 있다.

☾ 주역 경영

'둔괘'가 설명하는 것은 '물러나 피함'의 도리이다. 인생에서는 끊임없이 나아가고 물러섬을 반복할 수 있지만, 진정으로 '물러난다'는 것에 내포된 참뜻을 얼마나 이해할 수 있겠는가?

≪단전≫에서는 "물러나 피하면 형통하다"라고 했는데, 물론 이것은 결코 원칙이 없는 물러섬이 아니다. 원칙 없는 물러섬은 소극적인 현실 회피일 뿐이다. 그러나 ≪주역≫이 늘 강조하는 것은 '자강불식(自強不息, 스스로 강해지고자 노력하기를 쉬지 않는다)'의 의미가 담긴 분투를 말한다. 이 때문에 여기서 '물러나 피하면 형통하다'라고 한 것은 장애물을 만나거나 소인이 권력을 잡은 상황에 이르면 '물러나는 길'을 택해야 형통한 결과를 얻을 수 있다는 뜻이다. 다시 말해 '둔괘'가 강조하는 '물러나서 피함'은 영원한 물러섬이 아니고 원칙 없는 물러섬은 더더욱 아니다. 그것은 한발 물러섬으로 한발 앞으로 나아가는 것이며, 소인이 득세하는 불의한 상황을 피해서 재기할 기회를 살피는 행동이다.

≪상전≫에서는 '둔'의 의미에 대해서 "소인을 멀리 한다"라고 하여 소인배의 무리에 물들지 말라고 분명히 경고한다.

> *management point*
> 기업의 경영 과정에서는 반드시 외부의 시장 환경을 시시각각 파악하고 분석함으로써 나아갈 때 나아가고 물러설 때 물러서는 지혜를 발휘해야 한다.

변화에 민감하라

初六, 遯尾; 厲, 勿用有攸往.(초육, 둔미 여 물용유유왕)

≪象≫曰: "遯尾"之厲, 不往何災也?(상왈: 둔미지려 불왕하재야)

六二, 執之用黃牛之革, 莫之勝説.(육이, 집지용황우지혁 막지승탈)

≪象≫曰: "執用黃牛", 固志也.(상왈: 집용황우 고지야)

九三, 係遯, 有疾厲; 畜臣妾, 吉.(구삼, 계둔 유질려 축신첩 길)

≪象≫曰: "係遯之厲", 有疾憊也; "畜臣妾吉", 不可大事也.(상왈: 계둔지려 유질비야 축신첩길 불가대사야)

▲ 尾: 꼬리 미 / 莫: 없을 막 / 憊: 고달플 비 / 説: 벗을 탈

【해석】

초육: 미처 물러나 피하지 못하고 끄트머리에 처져 위험한 처지이니, 나아가서는 안 된다.

≪상전≫에서 말하기를, 미처 물러나 피하지 못하고 끄트머리에 처져 위험한 처지이긴 하나, 어디로도 나아가지 않는다면 화될 것이 없다.

육이: 황소 가죽 끈에 묶여 있으니 누구도 그들을 떼어놓을 수가 없다.

≪상전≫에서 말하기를, 황소 가죽으로 만든 끈에 묶였다는 것은 물러나지 않겠다는 굳은 의지를 가졌기 때문이다.

구삼: 물러나 피해야 할 때 마음에 걸리는 일이 있으니 장차 질병과 위험이 있을 것이나 신하와 애첩을 보살피듯이 소인을 대하면 상서로울 것이다.

≪상전≫에서 말하기를, '물러나 피해야 할 때 마음에 걸리는 일이 있어 위험

에 직면하게 된다'는 것은 장차 질병과 환난 때문에 극도로 지치게 됨을 말한다. 신하와 애첩을 보살피듯 소인을 대한다는 것은 '큰일을 할 수 없는 때'라는 말이다.

☯ 주역 경영

'초육'은 '둔괘'의 첫 자리에 위치하는데 ≪주역≫에서는 '상上'이 머리고 '초初'가 꼬리가 되므로 '초육'은 '둔괘의 꼬리'라고 할 수 있다. 물러나 뒤로 다닌다는 것은 그때서야 기회를 만나게 되어도 이미 늦었다는 것이다. 그러나 '초육'은 음유로서 늘 겸손히 피하므로 가장 좋은 방법은 고요하게 변화 추세를 관망할 뿐 나아가지 않는 것인데 그렇게 되면 해로울 것이 없다.

'육이'는 음효가 음의 위치에 있으므로 마땅한 자리며 '구오'와 호응하니 반드시 안정적으로 있으면서 움직이지 말아야 한다. ≪주역≫의 저자는 '육이'의 안정을 강조하기 위하여 "황소 가죽으로 만든 끈으로 그것을 묶는다"라는 비유를 썼다. 이러한 경지에 다다른 이상 무엇이 변하게 하겠는가? '구삼'은 또한 미처 피하지 못했으나 피할 겨를이 없었다는 점에서는 '초육'과 다르다. 마음에 미련이 남아 있어 신속하게 피할 수 없게 된다. 이렇게 되면 반드시 위험이 있으며 끊임없이 피로할 것이다.

---

management point

물러서야 할 때 즉시 물러나지 못하게 될 경우에는 경영자의 냉철한 판단력에 따를 뿐, 맹목적인 동기와 충동에 따르지 않아야 하며, 외부 환경이 안정된 후에 다시 행동을 취해도 늦지 않다. 또한 일단 행동에 들어가면 언제든지 다시 물러날 수 있는 상황이 되도록 해야 한다.

물러섬의 도리

九四, 好遯, 君子吉, 小人否.(구사, 호둔 군자길 소인부)

≪象≫曰: 君子好遯, 小人否也.(상왈: 군자호둔 소인부야)

九五, 嘉遯, 貞吉.(구오, 가둔 정길)

≪象≫曰: "嘉遯貞吉", 以正志也.(상왈: 가둔정길 이정지야)

上九, 肥遯, 无不利.(상구, 비둔 무불리)

≪象≫曰: "肥遯无不利", 无所疑也.(상왈: 비둔무불리 무소의야)

▲ 肥: 살찔 비(飛의 의미로 쓰임) / 疑: 의심할 의

【해석】
구사: 좋은 관계 때문에 마음에 걸리는 일이 있지만 그래도 물러나 피할
수 있으니 군자는 상서로우나 소인은 그렇게 하지 못하므로 위태롭다.
≪상전≫에서 말하기를, 군자는 비록 서로의 좋은 관계 때문에 마음에 걸리
는 일이 있어도 물러나 피할 수 있으나 소인은 그렇게 하지 못하므로 곤경에
빠진다.
구오: 적당한 시기에 아름답게 물러나서 정도를 지키니 상서롭다.
≪상전≫에서 말하기를, 적당한 시기에 아름답게 물러나 정도를 지키니 상
서롭다는 것은 지향하는 바가 올바르기 때문이다.
상구: 높이 날고 멀리 물러나니 이롭지 않은 바가 없다.
≪상전≫에서 말하기를, 높이 날고 멀리 물러나므로 이롭지 않은 바가 없다
는 것은 어떠한 미련도 후회도 갖지 않음을 말한다.

ⓢ 주역 경영

'구사', '구오', '상구'는 모두 "어떻게 피할 것인가?"하는 문제를 말하고 있다.

'구사'는 적당한 기회를 잡아 피한다. 이렇게 하면 상대방의 의심을 살 일도 없으며 미처 피하지 못하는 일도 없으므로 '군자는 상서롭다'라고 한 것이다. 그러나 소인은 언제 나아가고 언제 물러나야 할지 몰라 종종 잘못된 선택을 하므로 '소인은 그렇지 않으니 곤경에 빠진다'라고 한 것이다.

'구오'는 적당한 시기에 아름답게 물러날 줄 알아야 한다고 하는데, 이는 성공한 후에 물러나서 은둔하는 행동과 비슷하다. 모든 것이 '스스로 그러함(自然)'의 이치에 따라 자연스럽게 진행되니 상서롭다. 그러나 현실에서 이를 실천할 수 있는 사람은 많지 않다.

'상구'는 효 풀이에서 높이 날고 멀리 물러난다고 했다. 여기서 '높이 난다'라는 것은 '상구'가 둔괘의 맨 위에 위치하는 사실과는 전혀 관련이 없다. 서로 관련이 없으므로 거리낌 없이 갈 수 있으며 어떠한 미련도 후회도 남지 않는다.

---

management point

만약 물러나고 싶다면 반드시 적당한 시기와 조건을 잘 선택하여야 한다. 만일 시기와 조건이 무르익지 않았다면 기업의 후퇴 전략이 가로막히게 되고, 자칫 나아가지도 물러서지도 못하는 딜레마에 빠질 수 있다.

---

34. 대장괘(大壯卦)

권력을 가졌을 때

大壯: 利貞.(대장: 이정)

≪彖≫曰: "大壯", 大者壯也; 剛以動, 故壯. "大壯, 利貞", 大者正也.
正大而天地之情可見矣!(단왈: 대장 대자장야 강이동 고장. 대장이정 대자정야. 정대
이천지지정가견의)

≪象≫曰: 雷在天上, 大壯: 君子以非禮弗履.(상왈: 뇌재천상 대장 군자이비
례불리)

▲ 壯: 씩씩할 장 / 履: 신 이(실천함)

【해석】

대장괘(大壯卦: 雷天大壯)는 '크고 강성함'을 상징한다. 정도를 지키는 것이
이롭다.

≪단전≫에서 말하기를, '대장'이란 강건한 자가 크고 강성함을 가리킨다.
강건하면서도 능히 움직이므로 크고 강성한 것이다. 크고 강성할 때 정도를
지키는 것이 이롭다는 것은, 강대한 자가 강성할 때는 정도를 지켜야 한다는
말이다. 강대한 자를 바르게 하고, 그로부터 하늘과 땅 사이의 온갖 사물을
관찰하면 모든 사물의 보편적인 원리를 알 수 있다.

≪상전≫에서 말하기를, 천둥이 하늘에서 울려 퍼지는 것은 크고 강성함을
상징한다. 군자는 이를 보고 예의에 어긋나는 것은 하지 않는다.

⟳ 주역 경영

'대장괘'는 사물이 가장 강력한 수준으로 발전한 단계이다. 이때는 자연히 최상의 상태가 되므로 종종 스스로 오만해질 수 있다. 그래서 '대장괘'는 세상 사람들이 강성해졌을 때 정도를 지켜야 한다는 점을 경고하고 있다.

우리는 《서괘전》에서 '둔괘'가 물러나 피함은 순전히 '물러섬으로써 나아가기 위함'임을 알 수 있다. 《서괘전》에서는 "모든 사물이 끝끝내 물러나 피하고 있을 수만은 없으므로 뒤이어 바로 '대장괘'가 배열된 것이다"라고 했다.

그렇다면 흥함이 최고의 단계에 이르면 도대체 어떻게 일을 처리해야 하나? 《상전》에서는 "예의에 맞지 않는 것은 하지 않는다"라고 했다. 또한 공자는 《논어》에서 "예가 아니면 보지 말고 듣지도 말며, 말하지도 말고 움직이지도 말라"*라고 구체적으로 밝혔다.

크게 성공한 사람 앞에 놓여진 문제는 사실 매우 간단하다. 모든 행위가 다 예의에 부합되도록 하며 정도를 지키면 오래토록 성공을 유지할 수 있다.

---

management point

기업이 빠르게 성장하여 최고의 전성기를 누리고 있을 때 경영자가 반드시 명심해야 할 것이 있다. 기업이 사회에서 담당해야 하는 도덕적 책임을 기억하고, 인의仁義와 도덕道德에 부합되는 경영을 해야 한다. 이렇게 해야만 기업이 오랫동안 번영을 유지할 수 있다.

---

* 非禮勿視 非禮勿聽 非禮勿言 非禮勿動.(비례물시 비례물청 비례물언 비례물동)

힘 있는 자의 자만

初九, 壯于趾, 征凶; 有孚.(초구, 장우지 정흉 유부)

≪象≫曰: "壯于趾", 其孚窮也.(상왈: 장우지 기부궁야)

九二, 貞, 吉.(구이, 정 길)

≪象≫曰: "九二貞吉", 以中也.(상왈: 구이정길 이중야)

九三, 小人用壯, 君子用罔; 貞厲, 羝羊觸藩, 羸其角.(구삼, 소인용장 군자용망 정려 저양촉번 이기각)

≪象≫曰: "小人用壯, 君子罔也".(상왈: 소인용장 군자망야)

▲ 趾: 발 지 / 羝: 수컷 양 저 / 觸: 닿을 촉 / 藩: 덮을 번 / 羸: 여윌 리(약하다, 앓다, 괴로움)

【해석】

초구: 발가락이 강성하니 조급하게 나아가면 분명히 흉하게 될 것이다. ≪상전≫에서 말하기를, '발가락이 강성하면서 조급히 나아간다'는 것은 곤궁한 지경으로 나아감을 말한다.

구이: 정도를 지키니 상서로울 수 있다. ≪상전≫에서 말하기를, '정도를 지키니 상서로울 수 있다'는 것은 구이가 양강으로서 가운데 있기 때문이다.

구삼: 소인은 함부로 강성함을 부리나 군자는 강성하더라도 함부로 강성함을 부리지 않는다. 정도를 지켜서 위험을 막아야 하는데 힘센 수컷 양처럼 함부로 들이받으면 뿔이 울타리에 얽힐 것이다.

≪상전≫에서 말하기를, 소인은 함부로 강성함을 부리나 군자는 함부로 강성함을 부리지 않는다.

⑤ 주역 경영

'초구'에서 발가락이 강성하다는 것은 "희망을 가지고 전진한다"라는 뜻이다. 그러나 '초구'는 강성함이 양의 자리에 있으므로 조급하게 움직이거나 행동하면 위험이 따르게 된다. 따라서 신의를 지키면서, 나아가지 않고 그 강성함을 닦아 나가는 것이다. 조급하게 서둘러 행동하면 다른 사람으로부터 의심을 사기 쉽고, 이로 인해 초창기에 얻었던 신뢰를 잃을 수 있다. '초구'는 '일을 시작하는 초창기의 신중함'에 대해 말하고 있다.

'구이'는 정도를 지키니 상서롭다고 했다. 양효가 음의 위치에 있으므로 겸손하다고 할 수 있다. ≪주역≫은 늘 사람들에게 겸손하라고 가르친다. 일단 겸손하면 기본적으로 평안을 유지할 수 있다. '구이'는 겸손함으로 말미암아 중앙의 자리에 있을 수 있으며 이 때문에 상서롭다.

'구삼'은 두 가지 유형의 사람, 즉 소인과 군자를 말한다. 여기서 소인과 군자의 차이는 일목요연하게 설명된다. 소인은 일단 강성해지면 그 강성함을 이용해서 다른 사람을 능욕한다. 그러나 군자는 이와는 반대여서 강성하더라도 힘만 믿고 다른 이를 능욕하지 않는다. 강성함을 이용하여 다른 이를 속인 결과는 반드시 위험을 초래하게 되는데 힘센 수컷 양처럼 함부로 들이받으면 뿔이 울타리에 걸릴 것이다. 다시 말해, '초구', '구이', '구삼'의 세 효는 모두 '대장괘'의 뜻을 철저하게 지킴으로써 강성할 때 겸손함하고 정도를 유지해야 한다고 강조한다.

---

management point

얼마나 크게 성장하든지 재능이 얼마나 뛰어나든지 절대 힘만 믿고 다른 사람을 기만해서는 안 되며, 재능에 기대어 자만해서는 더욱 안 된다.

고난 속에서 지켜야 할 것들

九四, 貞吉, 悔亡; 藩決不羸, 壯于大輿之輹.(구사, 정길 회망 번결불리 장우대여지복)

≪象≫曰: "藩決不羸", 尙往也.(상왈: 번결불리 상왕야)

六五, 喪羊于易, 无悔.(육오, 상양우이 무회)

≪象≫曰: "喪羊于易", 位不當也.(상왈: 상양우이 위부당야)

上六, 羝羊觸藩, 不能退, 不能遂, 无攸利; 艱則吉.(상육, 저양촉번 불능퇴 불능수 무유리 간즉길)

≪象≫曰: "不能退, 不能遂", 不詳也; "艱則吉", 咎不長也.(상왈: 불능퇴 불능수 불상야 간즉길 구부장야)

▲ 決: 터질 결 / 輿: 수레 여 / 輹: 복토 복 / 易: 나라 이름 이 / 遂: 이를 수 / 詳: 자세할 상(생각이 치밀함)

【해석】

구사: 정도를 지키면 상서롭고 회한이 사라질 것이다. 이는 마치 울타리가 터져서 양의 뿔이 얽히지 않는 것과 같으니 큰 수레의 복토(伏兎, 수레 굴대 좌우에 장치하여 차체와 굴대를 연결하는 나무)보다도 더 견고하도다.

≪상전≫에서 말하기를, 울타리가 터져서 양의 뿔이 얽히지 않는다는 것은 성장하기에 이로움을 말한다.

육오: 이易 나라에서 양을 잃었으니 회한은 없다.

≪상전≫에서 말하기를, 이 나라에서 양을 잃었다는 것은 육오의 위치가 마땅하지 않음을 말한다.

상육: 힘센 수컷 양이 함부로 울타리를 들이받는 바람에 뿔이 울타리에 얽혀 물러나지도 못하고 나아가지도 못해 아무 이익이 없는 것과 같으니 사전에 어려운 상황을 예상하고 주도면밀하게 대비한다면 상서로울 것이다.

≪상전≫에서 말하기를, 물러나지도 못하고 나아가지도 못한다는 것은 일처리가 주도면밀하지 못함을 말한다. 어려운 상황을 예상하고 주도면밀하게 대비한다면 상서로울 수 있다는 것은 재난이 그리 오래 가지는 않을 것임을 말한다.

☯ 주역 경영

'구사'가 '구이'와 비슷한 점은 모두 양효가 음의 자리에 위치하지만 모두 상서로움을 얻었다는 것이다. 그러나 '구사'는 '구이'에 비해 상황이 더 낫다. '구사'는 전진할 수 있고 '구이'는 스스로 지키고 나아가지 않을 수 있다. '구사'는 '육오'와 매우 가깝기 때문에 강건한 자가 겸손함을 유지하면 '육오'의 관심을 받을 수 있으므로 적극적으로 참여해서 하고 싶은 대로 한다.

'육오'는 음효가 양의 자리에 있으므로 실수가 다소 있을 수 있으므로 ≪상전≫에서는 단호하게 "위치가 마땅하지 않다"라고 한다.

'상육'은 '아무 이익이 없지만', '사전에 어려운 상황을 예상하고 주도면밀하게 대비한다면 상서로울 것이다'라고 했으며, '물러나지도 못하고', '나아가지도 못한다'라고 하여 진퇴양난의 위치에 있음을 말했다. 이는 '상육'의 단계에서는 맹목적이고 무모하게 행동하지 말고 정도를 지켜야 한다는 말이다.

그러나 그 자체가 강성하므로 일시적인 어려움을 만나도 당황하여 실수하지 말고 정도를 지켜야 한다. 이렇게만 하면 곤경을 벗어나 소위

'재난이 오래가지 않을 수 있다'.

35. 진괘(晉卦)
덕을 드러내다

晉: 康侯用錫馬蕃庶, 晝日三接.(진: 강후용석마번서 주일삼접)

≪彖≫曰: "晉", 進也, 明出地上. 順而麗乎大明, 柔進而上行. 是以 "康侯用錫馬蕃庶, 晝日三接"也(단왈: 진 진야 명출지상. 순이려호대명 유진이상행. 시이강후용석마번서 주일삼접야)

≪象≫曰: 明出地上, 晉; 君子以自昭明德(상왈: 명출지상 진 군자이자소명덕)

▲ 晉: 나아갈 진 / 康: 편안할 강 / 侯: 제후 후 / 蕃: 우거질 번(증식함) / 庶: 여러 서(많음) / 蕃庶(번서): 대단히 많음 / 接: 사귈 접 / 昭: 밝을 소

【해석】

진괘(晉卦: 火地晉)는 '발전과 진보'를 상징한다. 존귀한 대신大臣이 천자가 하사하는 많은 수레와 말(馬)을 받고 영광스럽게도 하루에 세 차례나 천자를 알현한다.

≪단전≫에서 말하기를, '진'은 발전, 진보한다는 뜻으로 밝은 태양이 땅에서 솟아오르는 것과 같다. 덕이 있는 신하가 훌륭한 군주에게 의지하여 유순한 도리를 지녀 늘 진보하고자 노력한다. 그런 까닭에 괘사에서 "존귀한 대신이 천자가 하사하는 많은 수레와 말을 받고 또 영광스럽게도 하루에 세 차례나 천자의 접견을 받는다"라고 했다.

≪상전≫에서 말하기를, 태양이 땅에서 솟아오르는 것은 '진보와 발전'을

상징한다. 군자는 그것을 보고 자신의 밝은 덕을 드러내 보인다.

주역 경영

대장괘는 세상 사람들에게 멈출 때 멈추라고 권한다. 하지만 ≪서괘전≫
에서는 "사물은 항상 멈추어 있을 수만은 없으므로 뒤이어 '진괘'를 배열
한다. '진'은 진보와 발전이다"라고 했다. ≪단전≫에서는 '태양이 땅에서
솟아오르는' 이미지를 들어 '전진'의 의미를 표현했다.

'존귀한 대신大臣'은 음유자를 가리킨다. '진괘'는 주로 음유자가 적극적
으로 위로 나아가는 것을 표현하고 있는데, 이는 존귀한 대신과 마찬가지
로 큰 상을 받게 될 것이며 하루에 많은 접견을 받게 될 것이다. 그렇다면
음유자는 마땅히 어떻게 전진해야 하는가? ≪상전≫에서는 "군자는 그
것을 보고 자신의 밝은 덕을 드러내 보인다"라고 했다. 그 뜻은 군자
자신이 부단히 밝은 덕행을 드러내어야만 상위자로부터 신임과 중시를
받을 수 있다는 것이다.

---

management point

부하 직원이 자기가 지닌 밝은 덕을 끊임없이 드러내어 사람들에게 자신의
재능을 알리면 이로써 크게 쓰임을 받게 될 것이다.

다른 사람의 지지를 얻으려면

初六, 晉如, 摧如, 貞吉; 罔孚, 裕无咎.(초육, 진여 최여 정길 망부 유무구)

≪象≫曰: "晉如摧如", 獨行正也; "裕无咎", 未受命也.(상왈: 진여최여 독행정야 유무구 미수명야)

六二, 晉如, 愁如, 貞吉; 受茲介福, 于其王母.(육이, 진여 수여 정길 수자개복 우기왕모)

≪象≫曰: "受茲介福", 以中正也.(상왈: 수자개복 이중정야)

六三, 衆允, 悔亡.(육삼, 중윤 회망)

≪象≫曰: "衆允"之志, 上行也.(상왈: 중윤지지 상행야)

▲ 摧: 꺾을 최 / 如: 어조사 여 / 裕: 넉넉할 유(너그럽다, 관대하다) / 愁: 근심 수 / 茲: 이 자 / 允: 진실로 윤

【해석】

초육: 발전, 향상하면서 바로 좌절에 부딪히나 정도를 지키면 상서롭다. 다른 사람의 이해와 신뢰를 받지 못하나 사람을 너그럽게 대하면 재앙이 없을 것이다.

≪상전≫에서 말하기를, 발전 향상하면서 바로 좌절에 부딪힌다는 것은 홀로 꿋꿋이 정도를 가야함을 말한다. 사람을 너그럽게 대하면 재앙이 없다는 것은 아직 관직에 임명되지 않았기 때문이다.

육이: 발전, 향상하는 즈음에 마음에 근심이 있지만 정도를 지키면 상서롭고 장차 큰 복을 받을 것이니 그것은 존귀한 조모로부터 유래된 것이다.

≪상전≫에서 말하기를, 큰 복을 받는 것은 육이가 가운데 자리하고 있어

298

정도를 지키기 때문이다.

육삼: 많은 사람의 지지와 신뢰를 얻으니 회한이 사라질 것이다.

≪상전≫에서 말하기를, 많은 사람의 지지와 신뢰를 얻으려는 뜻이 있으니 향상하고 발전할 수 있다.

⊚ 주역 경영

초육은 전체 괘에서 가장 밑부분에 있으므로 자연히 위로 올라가려고 한다. 그러나 위에는 두 개의 음효('육이', '육삼')가 있어서 정도를 지켜야 한다. 이와 함께 '초구'는 위치가 너무 낮고 상위자의 신임을 아직 얻지 못했다. 따라서 적당한 시기를 기다리면서 상위자가 자신의 인품과 덕을 서서히 알아가도록 해야 한다. 그래서 '초육'에서는 "홀로 꿋꿋이 정도를 가야 한다", "사람을 너그럽게 대하면 재앙이 없다"라고 한 것이다.

'육이'는 음효가 음의 자리에 있어서 자리가 마땅하다고 할 수 있으며, 이와 동시에 상위자('육오')와 호응한다. 그래서 거대한 복을 누릴 수 있으며, 이러한 복은 '육오'에서 온 것이다.

'육삼'은 하괘의 끝에 위치하므로 반드시 '여러 사람'의 신임을 얻어 기반을 든든하게 해야 위로 올라가려는 뜻을 실현할 수 있을 것이다.

---

management point

어떤 일도 사람들의 도움 없이 할 수 있는 일은 없다. 기업의 경영은 더욱 그러하다. 지도자는 직원들로부터 지지와 인정을 받아야만 경영이 순조롭게 이뤄질 수 있다. 윗사람의 신임도 중요하지만 그에 못지않게 부하 직원들로부터의 지지도 중요하다.

이해득실을 따지지 말고 나아가라

九四, 晉如鼫鼠, 貞厲.(구사, 진여석서 정려)

≪象≫曰：“碩鼠貞厲”, 位不當也.(상왈: 석서정려 위부당야)

六五, 悔亡, 失得勿恤；往吉, 无不利.(육오, 회망 실득물휼 왕길 무불리)

≪象≫曰：“失得勿恤”, 往有慶也.(상왈: 실득물휼 왕유경야)

上九, 晉其角, 維用伐邑, 厲吉, 无咎；貞吝.(상구, 진기각 유용벌읍 여길 무구 정린)

≪象≫曰：“維用伐邑”, 道未光也.(상왈: 유용벌읍 도미광야)

▲ 鼫: 석서 석 / 鼫鼠(석서): 들쥐. 다람쥐과의 작은 동물 / 恤: 근심할 휼(따지다)

【해석】

구사: 발전, 향상하면서 큰 들쥐를 만나니 정도를 지켜서 위험을 방비해야 한다.

≪상전≫에서 말하기를, 발전 향상하면서 큰 들쥐를 만나게 되니 정도를 지켜서 위험을 방비해야 한다는 것은, 위치가 마땅하지 않음을 말한다.

육오: 회한이 사라질 것이니 개인적인 득실을 따지지 말고 계속해서 나아가면 틀림없이 상서롭고 또 이롭지 않은 바가 없을 것이다.

≪상전≫에서 말하기를, 개인적인 득실을 따지지 말라는 것은 과감하게 나아가기만 하면 반드시 경사가 있을 것임을 말한다.

상구: 발전 향상하여 짐승의 뿔 꼭대기에 다다른 것과 같으니 속읍을 정벌해야만 비로소 위태로움을 상서로움으로 바꾸고 재앙이 없을 수 있으며 또한

정도를 지켜서 유감이 없도록 해야 한다.

≪상전≫에서 말하기를, 속읍을 정벌해야만 비로소 위태로움을 상서로움으로 바꿀 수 있다는 것은 발전 과정이 광대하지 못했음을 말한다.

ⓢ 주역 경영

'구사'에서는 들쥐를 만나게 되는 매우 난감한 상황이 나타난다. 들쥐는 다양한 방면에서 잔재주가 있지만 그 어떤 곳에도 특별히 뛰어난 것이 없는 작은 동물이다. 소위 날(飛) 수는 있어도 집을 뛰어넘을 수 없으며, 헤엄칠 수는 있어도 계곡을 건널 수 없으며, 땅굴을 팔 수는 있어도 땅 밑에 몸을 숨기지는 못하며, 걸을 수는 있어도 사람을 앞설 수는 없다.

회사에서도 평범한 직원들은 마치 들쥐처럼 어느 기업에서나 존재한다. 그러나 그들이 하는 말만 들으면 마치 자신들이 회사의 일을 다 하는 것처럼 말하고, 회사 업무를 모두 파악하고 있는 듯하다. 하지만 정작 일을 맡겨보면 문제 해결의 갈피를 못 잡고 갈팡질팡하는 경우가 허다하다.

'육오'는 존귀한 자리에 있어서 이때는 이해득실을 따지지 않고 적극적으로 전진해야 한다. '육오'는 음유한 것이므로 기질이 양보하기를 좋아하지만 일단 양보하면 기회는 지나가버릴 수 있다. 그래서 ≪주역≫의 저자는 '육오'가 용감하게 전진하라고 격려하면서, 한순간의 득실을 따지지 말라고 한다.

'상구'는 번성함이 극에 달아 이제는 쇠퇴하기 시작한다. 비록 부속 국가들을 정벌할 수 있기는 하나 이미 곤란한 상황이 연이어 나타나 소위 '발전 과정이 넓게 펼쳐지지 못한 것'이 된다. 이때 만일 몸을 돌이켜 정도를 지키지 못하게 된다면 재난이 닥칠 것이다.

≪주역≫의 이 부분에서 우리는 최소한 다음의 두 가지 관점을 배울 수 있다. 첫째, 어떤 분야에 대해서 특별한 장점을 지니고 있다면 그 위치가 마땅한 것이며, 그렇지 않으면 '들쥐'처럼 결국 공적을 쌓을 수 없다. 이 점은 기업에서도 마찬가지로 중요하다. 많은 기업이 사업다각화 전략으로 사업 범위를 확대하고 있지만 정작 업계 3위 이내로 진입할 수 있는 전문 분야는 많지 않다. 이런 기업은 머지않아 무너지는 운명을 맞게 된다.

둘째, 나아가서 취할 때는 반드시 나아가서 취하되 한순간의 이해득실과 성패를 비교하지 말아야 한다. 적지 않은 기업(사람)이 사소한 손실을 걱정하다가 비약적으로 성장할 수 있는 기회를 놓치고 말아, 결국에는 얻는 것보다 잃는 게 많은 결말을 맺고 만다.

36. 명이괘(明夷卦)

암흑기에는 빛을 감춰라

明夷: 利艱貞.(명이: 이간정)

≪彖≫曰: 明入地中, "明夷"; 内文明而外柔順, 以蒙大難, 文王以之.
"利艱貞", 晦其明也; 内難而能正其志, 箕子以之.(단왈: 명입지중 명이 내문 명이외유순 이몽대난 문왕이지. 이간정 회기명야 내난이능정기지 기자이지)

≪象≫曰: 明入地中, "明夷"; 君子以莅衆, 用晦而明.(상왈: 명입지중 명이 군자이리중 용회이명)

▲ 夷: 오랑캐 이(손상됨=傷) / 艱: 어려울 간 / 蒙: 입을 몽(숨기다, 덮어가리다) / 文王(문왕): 주나라 문왕 / 晦: 그믐 회(어둡다, 캄캄하다) / 莅: 다다를 리

【해석】

명이괘(明夷卦: 地火明夷)는 '광명이 사라지고 어둠이 내림'을 상징한다. 고난 속에서도 정도를 지키는 것이 이롭다.

≪단전≫에서 말하기를, 해가 져서 땅 속으로 들어가는 것은 광명이 손상됨을 상징하니, 이는 마음에 밝은 덕을 품고 있으면서 겉으로는 유순한 형상을 나타냄이다. 이런 방법으로 큰 재난을 만나도 그 위험에서 벗어날 수 있으니 일찍이 주周나라 문왕이 이런 방법으로 위기를 극복했다. 고난 속에서도 정도를 지키는 것이 이롭다는 것은, 스스로 자기의 광명을 숨기고 내부적인 어려움에 빠져서도 자신의 바른 뜻을 지킬 수 있어야 한다는 말이다.

≪상전≫에서 말하기를, 해가 져서 땅속으로 들어가는 것은 광명이 손상됨을 상징한다. 군자는 그것을 보고 민중을 다스릴 때에는 밝은 지혜를 감춤으로써 밝음을 드러내야 함을 안다.

ⓢ 주역 경영

'명이괘'에서 '명明'은 '광명'이고 '이夷'는 '손상'이다. '명이'는 광명이 손상을 입었다는 말인데, 이는 바른 도가 암담해지고 정치가 혼란스럽다는 말이다. 이때 군자는 스스로 그 밝음을 드러내지 말고 어려움 속에서도 정도를 지켜야 한다. 그렇게 하는 가운데 쇠잔함이 번성함으로 바뀌고 광명이 다시 비치게 될 순간을 기다려야 한다.

≪단전≫에서는 문왕과 기자箕子 두 사람의 고사를 통해 특수한 환경에서 재능을 숨기고 때를 기다리는 것의 도리를 강조하고 있다.

이 점은 오늘날의 경영자에게도 동일하게 적용할 수 있다. 기업의 경영이 위기로 내몰릴 때 자신의 제안이 인정받지 못하게 되더라도 결코 방치하여 손 놓고 있어서는 안 된다. 오히려 늘 정도를 지키고 있으면 주변 사람에게 영향을 미치게 될 것이며, 그러한 가운데 경영을 혁신할 기회를 기다려야 한다.

---

management point

경영자(특히 전문 경영인)는 위기를 만나 좌초하게 되더라도 자신의 재능을 숨기고 도리에 맞게 권익을 수호해야 한다. 그러면서도 여전히 정확한 경영방식은 계속 추진해야 하며, 자신의 경영의 도를 부단히 완비해야 한다. 일단 시기가 무르익으면 다시금 기업을 이끌고 발전의 길을 걸을 수 있게 된다.

실패하더라도 숨어서 인내하라

初九, 明夷于飛, 垂其翼: 君子于行, 三日不食. 有攸往, 主人有言.(초구, 명이우비 수기익 군자우행 삼일불식. 유유왕 주인유언)

≪象≫曰: "君子于行", 義不食也.(상왈: 군자우행 의불식야)

六二, 明夷于左股, 用拯馬壯, 吉.(육이, 명이우좌고 용증마장 길)

≪象≫曰: 六二之吉, 順以則也.(상왈: 육이지길 순이칙야)

九三, 明夷于南狩, 得其大首; 不可疾, 貞.(구삼, 명이우남수 득기대수 불가질 정)

≪象≫曰: "南狩"之志, 乃大得也.(상왈: 남수지지 내대득야)

▲ 垂: 드리울 수 / 翼: 날개 익 / 股: 넓적다리 고 / 拯: 건질 증(돕다, 구하다) / 狩: 사냥 수

【해석】

초구: 광명이 손상되자 밖으로 날아가며 날개를 늘어뜨린다. 군자가 서둘러 먼 길을 가며 삼일 동안이나 식사를 하지 않았는데 가는 곳마다 주인의 책망을 듣는다.

≪상전≫에서 말하기를, 군자가 서둘러 먼 길을 가며 삼일 동안이나 식사를 하지 않았다는 것은 도의에 맞지 않으면 배가 고파도 먹지 않음을 말한다.

육이: 광명이 손상될 때 왼쪽 넓적다리를 다치나 건장한 말로 구원하니 상서롭다.

≪상전≫에서 말하기를, 육이가 상서로운 것은 유순하면서도 중정의 원칙을 지킬 수 있기 때문이다.

구삼: 광명이 손상되면 남쪽에서 정벌하며 원흉 괴수를 잡는다. 다만 서둘러

서는 안 되며 정도를 지켜야 한다.

≪상전≫에서 말하기를, 남쪽에서 정벌하는 뜻은 평소의 포부를 크게 실현하기 위한 것이다.

ⓢ 주역 경영

'초구'는 효 풀이에서 "광명이 손상되자 밖으로 날아가며 날개를 늘어뜨린다. 군자가 서둘러 먼 길을 가며 삼일 동안이나 식사를 하지 않았다"라며 특별한 미담을 서술했다. 그러나 여기서 표현하고자 한 것은 아름다움이 아니다. 혼탁한 어둠 속에서 날개를 늘어뜨리고 낮게 날 수밖에 없는 것은 행군하면서 식사조차 신경 쓸 수 없기 때문이다. 그러나 자유롭게 식사하기 위해서 좌절을 다소 만나더라도 관계없으며, 이 때문에 ≪상전≫에서는 "도의에 맞지 않으면 배가 고파도 먹지 않는다"라고 했다.

'육이'에서는 약간의 상처를 입었다. '왼쪽 넓적다리를 다쳤으나' 다행히도 시기를 틈타 물러설 수 있으니 '상서롭다'라고 했다.

'구삼'은 순조롭게 발전한다고 할 수 있으나 리듬을 탈 줄 알아야 하며 조급해 해서도 안 된다. 심지어 불리한 상황을 만나면 과감하게 물러설 준비가 되어야 한다. 그래서 ≪주역≫의 저자는 '정도를 지키라'는 의미의 한 글자, 즉 '정貞'을 강조한다.

---

management point

기업의 경영 일선에서 물러나 있을 때 많은 어려움을 겪더라도 원망하거나 후회하지 말고 은둔한 채 인내해야 한다. 그런 상황에서 물러날 줄 모른다면 반드시 더 큰 문제와 좌절에 부딪히고 만다.

지금은 때가 아니다

六四, 入于左腹, 獲明夷之心, 于出門庭.(육사, 입우좌복 획명이지심 우출문정)

≪象≫曰: "入于左腹", 獲心意也.(상왈: 입우좌복 획심의야)

六五, 箕子之明夷, 利貞.(육오, 기자지명이 이정)

≪象≫曰: "箕子之貞", 明不可息也(상왈: 기자지정 명불가식야)

上六, 不明, 晦; 初登于天, 後入于地(육오, 불명 회 초등우천 후입우지)

≪象≫曰: "初登于天", 照四國也; "後入于地", 失則也(상왈: 초등우천
조사국야 후입우지 실칙야)

▲ 腹: 배 복 / 獲: 얻을 획 / 庭: 뜰 정 / 登: 오를 등 / 照: 비출 조

【해석】

육사: 왼쪽 뱃속으로 들어가 광명이 손상되는 내부 상황임을 깨닫고 의연히
집을 나와 멀리 떠나다.

≪상전≫에서 말하기를, 왼쪽 뱃속으로 들어감은 '광명이 손상되는 때('명이'
의 시기)'의 내부 상황을 자세히 알기 위함이다.

육오: 기자箕子가 광명이 손상되는 시기에 처했으니 정도를 지키는 것이
이롭다.

≪상전≫에서 말하기를, 기자가 정도를 지킨다는 것은 "광명은 결코 사라질
수 없다"는 뜻이다.

상육: 광명을 드러내지 못하고 한 조각 암흑일 뿐이니, 처음에는 하늘에
올랐다가 뒤에는 지하로 떨어지다.

《상전》에서 말하기를, 처음에 하늘에 올랐다는 것은 사방 여러 나라를 밝게 비추었음을 말한다. 뒤에는 지하로 떨어졌다는 것은 왕의 도리를 잃었음을 말한다.

◎ 주역 경영

'육사'는 광명이 손상되는 것을 알게 된 후 의연히 떠나기로 선택하고 "집을 나와 멀리 떠난다"라고 했는데, 여기서 우리는 당시의 경영자가 얼마나 우매하고 무능했는지 알 수 있다.

'육오'에서는 여전히 기자箕子의 예를 들어 '광명이 손상 받는(明夷)' 시기에는 정도를 지켜야 한다고 말한다.

기자는 은殷나라의 마지막 왕인 주왕紂王의 숙부로, 지혜롭고 어진 인물이었다. 그러나 기자는 우매하고 정도를 지키지 않는 주왕에 실망하고 거짓으로 미친 척한다. 주왕은 그런 기자의 모습을 보고 그의 신분을 노비로 강등시킨다. 기자는 이렇듯 위기 상황에서 기지를 발휘하여 운 좋게 화를 면하고 훗날 주周나라 무왕武王에게 치국의 도리를 가르칠 기회를 얻게 된다.

그래서 《상전》에서는 이러한 기자의 삶을 빗대어 "광명은 결코 사라질 수 없다"라고 했다. 일시적인 어두움은 사람들의 마음속에 있는 광명을 꺼뜨릴 수 없으며, 다시 기회를 잡으면 밝은 빛을 발휘하게 될 것이라는 의미이다.

'상육'에서는 높은 자리에 있는 사람은 "사방의 나라를 밝게 비추어야 한다"라고 했다. 그러나 안타깝게도 우매하고 도를 행하지 않아 결국 '지하로 떨어지고' 만다.

management point

빛은 결코 소멸될 수 없는 것이므로 일시적인 어둠이 몰려와도 끝내는 다시 밝은 빛을 발하게 된다. 직장생활도 마찬가지다. 탁월한 제안을 했는데도 그것이 당장은 채택되지는 않더라도 실망하지 말아야 한다. 기업이 성장하는 과정에서 언젠가는 다시 받아들여질 기회를 얻게 될 것이기 때문이다. 그래서 평소에 실력을 갈고 닦은 후, 재능을 펼칠 기회를 잡게 되면 그간 준비해 놓은 비범한 광채를 발휘해야 할 것이다.

37. 가인괘(家人卦)
집안을 다스리는 도리

家人: 利女貞.(가인: 이녀정)

≪彖≫曰: 家人, 女正位乎内, 男正位乎外; 男女正, 天地之大義也.
家人有嚴君焉, 父母之謂也. 父父, 子子, 兄兄, 弟弟, 夫夫, 婦婦, 而家
道正: 正家而天下定矣.(단왈: 가인 여정위호내 남정위호외 남녀정 천지지대의야. 가인
유엄군언 부모지위야. 부부 자자 형형 제제 부부 부부 이가도정 정가이천하정의)

≪象≫曰: 風自火出, 家人; 君子以言有物而行有恒.(상왈: 풍자화출 가인
군자이언유물이행유항)

▲ 家: 집 가(집, 건물, 지아비) / 恒: 항상 항

【해석】

가인괘(家人卦: 風火家人)는 '가정'을 상징한다. 여자가 정도를 지키는 것이
이롭다.

≪단전≫에서 말하기를, 가족 중 여자는 집 안에서 바른 자리에 있고, 남자는
집 밖에서 바른 자리에 있다. 남녀가 모두 바른 자리에 있는 것이 천지 음양의
큰 원칙이다. 집안에 존엄한 어른이 있으니, 바로 부모이다. 부모가 부모의
도리를 다하고 자식이 자식의 도리를 다하며, 형이 형의 도리를 다하고 아우
가 아우의 도리를 다하며, 지아비가 지아비의 도리를 다하고 지어미가 지어
미의 도리를 다해야 집안의 도가 바르게 서고, 집안의 도가 바로 서야 천하가

안정된다.

≪상전≫에서 말하기를, 불길 속에서 바람이 일어남은 가정을 상징한다. 군자는 그것을 보고 사실에 근거해서 말하고 일정한 기준을 세워 행동함으로써 처음부터 끝까지 잘하려고 노력한다.

☯ 주역 경영

명이괘에서 말하고자 하는 것은 사업이 위기에 몰렸을 때 적당히 물러서 피하라는 것이었다. 그런데 '명이괘'에 뒤이어 나온 '가인괘'에서 말하고자 하는 것은 '가정으로 돌아가' 가족의 안정과 화합을 추구하라는 것이다.

전통적인 사상에서는 가정이 평안하면 곧 국가가 안정된다고 했다. 고대의 선현들도 나라를 다스릴 때 가장 우선시해야 하는 것이 '가정을 다스림'이라고 강조했다. 그래서 소위 "자기 몸과 마음을 바르게 한 후에 집안을 안정되게 하고, 그런 다음에 나라를 다스리고 천하를 평정한다(修身齊家治國平天下)"라는 말도 나왔다. 여기서 '수신修身'의 다음에 오는 첫 번째 중요한 임무는 '제가齊家'이다. '가인괘'가 말하는 것도 바로 이러한 '제가'의 도리인 셈이다.

그렇다면 가정의 평안과 행복은 어떻게 얻을 수 있을까? 당연히 '부모가 부모의 도리를 다하고 자식이 자식의 도리를 다하며, 형이 형의 도리를 다하고 아우가 아우의 도리를 다하며 지아비가 지아비의 도리를 다하고 지어미가 지어미의 도리를 다해야' 이룰 수 있게 된다. 가족 개개인이 모두 각자의 역할을 성실하게 감당한다면 가정이 어찌 평안하지 않을 수 있겠는가?

가정이 안정되게 하려면 반드시 '사실에 근거해서 말하고' 입에서 나오는 대로 함부로 지껄여서는 안 된다. 이와 함께 '일정한 기준을 세워서 행동함으로써 처음부터 끝까지 잘하려고 노력하고' 결코 중도에서 포기해서는 안 된다.

---

management point

기업과 가정에 안정을 얻기 위한 도리는 같은 것이어서, 그 핵심은 모든 사람이 각자 맡은 일을 충실하게 감당하는 데 있다. 회사의 직원들도 각자 맡은 일에 최선을 다 하기만 한다면 기업의 안정과 성장은 이미 보장된 것이나 다름없다.

규칙을 따르게 해라

初九, 閑有家, 悔亡.(초구, 한유가 회망)

≪象≫曰 : "閑有家", 志未變也.(상왈: 한유가 지미변야)

六二, 无攸遂, 在中饋, 貞吉.(육이, 무유수 재중궤 정길)

≪象≫曰 : 六二之吉, 順以巽也.(상왈: 육이지길 순이손야)

九三, 家人嗃嗃, 悔厲, 吉; 婦子嘻嘻, 終吝.(구삼, 가인학학 회려 길 부자희희 종린)

≪象≫曰 : "家人嗃嗃", 未失也; "婦子嘻嘻", 失家節也.(상왈: 가인학학 미실야 부자희희 실가절야)

▲ 閑: 막을 한 / 饋: 먹일 궤 / 中饋(중궤): 집에서 만든 음식 / 嗃: 엄할 학 / 嘻: 웃을 희

【해석】

초구: 가정을 처음 이룰 때 문제점을 미리 막으면 회한이 사라진다.
≪상전≫에서 말하기를, 가정을 처음 이룰 때 문제점을 미리 막는다는 것은
의식이 변하기 전에 미리 방비함을 말한다.

육이: 자기 마음대로 일을 처리하지 않고 집안에 편안히 거처하면서 음식을
먹으며 정도를 지키니 상서롭다.

≪상전≫에서 말하기를, 육이의 상서로움은 온순하고 겸손하기 때문이다.

구삼: 집안을 엄격하게 다스리면 회한과 위험이 있으나 결국은 상서로울
것이다. 부녀자와 아이가 시끄럽게 웃고 떠들면 결국 곤란해진다.

≪상전≫에서 말하기를, 집안을 엄격하게 다스리는 것은 법도를 잃지 않음
이고, 아녀자들이 시끄럽게 웃고 떠드는 것은 집안에 예절이 사라진 것이다.

한閑은 '방비한다'는 뜻으로 사악함이나 문제를 미리 막는다는 뜻이다.

'초구'는 '가인괘'의 시작 부분이므로 가정의 도가 처음 세워지게 된다. 이때는 마땅히 훗날 발생할지도 모를 사악함이나 문제점들을 미리 방비하여 '회한이 없게' 해야 한다. 이때 중요한 것은 그 뜻이 안정적으로 유지되어야 하되, 결코 수시로 변해서는 안 된다.

'육이'는 가정에서 아내를 상징한다. 옛 사람은 여성의 타고난 지혜는 바로 '덕德'이라고 했다. 여성은 가정의 음식과 관계된 일을 적절히 주관하며 정도를 지켜야 한다. 따라서 어떤 눈에 띄는 성과가 없더라도 가족의 생활에 근심이 없고 편안하고 즐거우면 족하다. 《상전》에서는 이러한 가정의 평안이 "유순함과 겸손함으로 말미암은 것이다"라고 했다.

'구삼'은 가정을 다스릴 때는 엄격한 도리로써 해야 한다고 말한다. 가정의 분위기가 엄숙하고도 단정하다면, 후회스럽거나 심지어 위험한 상황을 만나더라도 결국 상서로울 수 있다는 것이다. 평소에 화기애애하게 지내도 일단 위기에 부딪히면 가정은 마치 놀란 새나 짐승처럼 뿔뿔이 흩어지고 말 것이다.

---

management point

기업을 경영하는 데에도 가정을 다스리는 것과 마찬가지의 원리가 적용된다. 기업을 경영할 때 각종 관리시스템을 철저하게 준수하지 않는다거나 직원들에게 열정적으로 각자의 업무에 임할 것을 요구하지 않는다면 어떻게 될까? 그들은 분명히 직업정신과 적극적인 업무 태도를 잃고 말아, 결국 기업은 성장 과정에서 커다란 손실을 입을 수 있다.

자신을 돌아보며 반성한다

六四, 富家, 大吉.(육사, 부가 대길)

≪象≫曰: "富家大吉", 順在位也.(상왈: 부가대길 순재위야)

九五, 王假有家, 勿恤, 吉.(구오, 왕격유가 물휼 길)

≪象≫曰: "王假有家", 交相愛也.(상왈: 왕가유가 교상애야)

上九, 有孚, 威如, 終吉.(상구, 유부 위여 종길)

≪象≫曰: "威如"之吉, 反身之謂也.(상왈: 위여지길 반신지위야)

▲ 假: 거짓 가, 용서할 가 / 恤: 구휼할 휼

【해석】

육사: 그 집을 부유하게 하니 크게 상서롭다.

≪상전≫에서 말하기를, 그 집을 부유하게 하므로 크게 상서롭다는 것은 육사가 유순하면서도 바른 자리에 있기 때문이다.

구오: 군왕이 미덕을 펼침으로써 가족을 감동시켜 근심할 것이 없으니 상서롭다.

≪상전≫에서 말하기를, 군왕이 미덕으로써 가족을 감동시킨다는 것은 온 가족이 친애하고 화목함을 말한다.

상구: 집안을 다스릴 때 진실하고 위엄을 갖추면 마침내 상서롭다.

≪상전≫에서 말하기를, 위엄 있게 집안을 다스리므로 상서롭다는 것은 자신을 반성하면서 몸과 마음을 수양하기 때문이다.

'육사'는 가정을 부유하게 하므로 당연히 '크게 상서롭다'.

'구오'는 군왕의 지위에 있으므로 스스로 솔선수범하는 모습을 보여 원칙을 제시한다. 이를 위해서는 우선 아름다운 덕을 갖추고 그 다음으로는 그러한 미덕으로써 다른 사람을 감화해야 한다. 이 두 가지를 이룬다면 제왕의 지위를 유지할 수 있을 뿐만 아니라 많은 사람으로 하여금 각자의 화목한 가정을 꾸밀 수 있도록 한다. 그러나 만일 이 두 가지를 지키지 않는다면 어찌 근심스러운 일이 생기지 않겠는가? 이렇게만 할 수 있다면 묵자墨子가 말한 '겸상애(兼相愛, 남을 사랑하기를 자기 자신을 사랑하듯 한다)'를 실천하게 되는 셈이다.

'상구'는 경영자들이 마음 깊이 새길 만한 가치 있는 문구이다. 여기서는 경영자들에게 두 가지의 요구사항을 제시한다. 첫째는 성실과 신의를 갖추고 말에 신용이 없어서는 안 된다는 것이다. 둘째는 위엄을 갖추어야 한다는 것인데 이때의 '위엄'은 성내지 않아도 저절로 드러나는 것이다. 이는 경영자가 자기 자신을 엄격하게 절제하고 관리하기 위한 조건으로 ≪상전≫에서 말한 "자기 자신을 반성한다"라는 관점과 같다.

---

management point

경영자는 끊임없이 부하 직원을 원망하고 질책하나 ≪주역≫은 경영자라면 솔선수범하여 직원들이 스스로 관리하고 절제할 만한 원칙을 제시하라고 가르친다. 그리고 부하 직원을 질책하기 전에 먼저 자신의 모습을 반성하라고 함으로써 자기 수양의 중요성을 강조했다. 소위 '자기 자신을 수양해야 비로소 '다른 사람을 다스릴 수 있다' 것이다.

38. 규괘(睽卦)
차이와 차별에 대하여

睽: 小事吉.(규: 소사길)

≪彖≫曰: 睽, 火動而上, 澤動而下; 二女同居, 其志不同行. 說而麗乎明, 柔進而上行, 得中而應乎剛, 是以小事吉. 天地睽而其事同也, 男女睽而其志通也, 萬物睽而其事類也; 睽之時用大矣哉!(단왈: 규 화동이상 택동이하 이녀동거 기지부동행. 열이려호명 유진이상행 득중이응호강 시이소사길. 천지규이기사동야 남녀규이기지통야 만물규이기사류야 규지시용대의재)

≪象≫曰: 上火下澤, 睽; 君子以同而異.(상왈: 상화하택 규 군자이동이이)

▲ 睽: 어그러질 규, 사팔눈 규(분리, 분산, 괴리)

【해석】

규괘(睽卦: 火澤睽)는 '분산과 분열'을 뜻한다. 매사에 조심스럽게 행동하면 상서롭다.

≪단전≫에서 말하기를, 분산과 분열의 상황은 불길은 위로 치솟는데 못의 물은 아래쪽만 적시는 것과 같다. 또 두 여자가 한 집에 있으나 생각이 달라서 함께 갈 수 없는 것과 같다. 기쁘게 광명을 의지하고 따르며 유순하게 나아가면서 매사에 알맞게 처신하여 양강과 상응한다. 그러므로 조심스럽게 처신하면 상서롭다고 한 것이다. 하늘과 땅은 위 아래로 나뉘어 있으나 만물을 낳고 기르는 이치는 마찬가지다. 남자와 여자는 음과 양으로 서로 다르지만

교감하여 결합하려는 뜻에서만큼은 서로 통한다. 만물도 각기 다르지만 교감하여 결합하려는 뜻만큼은 서로 통하며, 하늘과 땅 사이에서 음양의 기운을 받는 것만큼은 비슷하다. 분열하고 반목하는 시기에 맞춰 그때그때 적절하게 규괘의 이치를 따른다면 그 효과와 작용은 위대하다.

《상전》에서 말하기를, 불은 위로 타오르고 못의 물은 아래로 흐르는 것은 괴리와 분산을 상징한다. 군자는 그것을 보고 공통점을 취하고 다른 점은 인정한다.

⑤ 주역 경영

규괘는 '분산, 흩어짐'의 뜻이다. 인간은 늘 모이기를 좋아하고 흩어지는 것은 싫어했다. 그래서 '규괘'는 비록 '규'라고 이름 지어졌지만 그 본질은 "어떻게 흩어짐을 모임으로 바꾸는가?" 하는 데 있다.

괘 풀이에서는 "매사에 조심스럽게 행동하면 상서롭다"라고 했는데 여기서 '매사'는 다음 두 가지의 뜻으로 해석된다. 첫째, 큰 사건에 비해 상대적으로 작은 사건이다. 둘째, 조심스럽게 일을 처리한다는 뜻이다. 괘 풀이로는 '분리'의 상태에 있기 때문에 일도 신중하고 조심스럽게 해야만 상서로울 수 있다. 이 때문에 두 번째 해석을 택한다.

《단전》에서는 '두 여인이 한 집에 있다'라고 했는데, 여기서 '두 여인'이란 상괘, 하괘의 두 괘를 가리킨다. 상괘인 이괘離卦와 하괘인 태괘兌卦는 그 뜻이 다르므로 "생각이 달라서 함께 갈 수 없다"라고 했다.

'분산'은 늘 나쁜 것만은 아니며 목표만 일치한다면 충분하다. 이는 "하늘과 땅은 위 아래로 나뉘어 있으나 만물을 낳고 기르는 이치는 매한가지다. 남자와 여자는 음과 양으로 서로 다르지만 교감하여 결합하려는 뜻에서만큼은 서로 통한다. 만물도 각기 다르지만 교감하여 결합하려는 뜻만큼은 서로 통하며, 하늘과 땅 사이에서 음양의 기운을 받는 것만큼은 비슷하다"라고 한 상황과 같다.

≪상전≫에서는 이에 대해 "군자는 그것을 보고 공통점을 취하고 다른 점은 인정한다"라고 정리했다.

---

management point

기업을 경영하는 과정에서 구성원들 사이에 서로 다른 사고방식과 가치관이 충돌하게 되는 것은 당연한 일이다. 경영자는 사람들의 독특한 사고방식을 겸허하게 받아들이고 이를 창의성으로 고무시켜야 한다. 이러한 사고방식과 각자의 목적이 일치해야만 기업이 질적으로 성장할 수 있다. '규괘'는 경영자에게 직원들로 하여금 모든 분야에서 획일적인 생각을 강요해서는 안 되며, 의견이 다르다면 뒤로 미뤄두고 우선 의견을 같이하는 부분부터 협력하라고 권하고 있다.

악인을 만나야 한다

初九. 悔亡: 喪馬, 勿逐自復: 見惡人, 无咎.(초구, 회망 상마 물축자복 견악인 무구)

≪象≫曰: "見惡人", 以辟咎也.(상왈: 견악인 이피구야)

九二, 遇主于巷, 无咎.(구이, 우주우항 무구)

≪象≫曰: "遇主于巷", 未失道也.(상왈: 우주우항 미실도야)

六三, 見輿曳, 其牛掣; 其人天且劓. 无初有終.(육삼, 견여예 기우체 기인천차의, 무초유종)

≪象≫曰: "見輿曳", 位不當也; "无初有終", 遇剛也.(상왈: 견여예 위부당야 무초유종 우강야)

▲逐: 쫓을 축 / 辟: 임금 벽(피하다=避) / 遇: 만날 우 / 巷: 거리 항 / 曳: 끌 예 / 掣: 끌 체, 당길 철 / 天且(천차): 죄인 이마에 먹물로 글자를 새기는 형벌 / 劓: 코벨 의(코를 베는 형벌)

【해석】

초구: 회한이 사라질 것이다. 말馬을 잃어도 쫓아가지 말라는 것은 말이 스스로 돌아올 것이기 때문이다. 악인을 만나야 해가 없다.

≪상전≫에서 말하기를, 나와 대립하는 악인을 만나는 것은 서로의 모순과 갈등이 격해지는 화를 피하기 위해서다.

구이: 구불구불한 골목길을 지나가 주인을 만나니 해가 없다.

≪상전≫에서 말하기를, 구불구불한 골목길을 지나가 주인을 만나는 것은 정도에서 벗어나는 일이 아니다.

육삼: 뒤에서 수레를 잡아당기니 수레를 끄는 소가 앞으로 나아가지 못하며, 수레꾼은 넘어져서 머리가 깨어지고 코가 비뚤어지게 되는데, 마치 '이마에

글자를 새기고 코를 벤(天且劓)' 죄수와 같다. 분열이 일어나면 처음에는 이롭지 않으나 뒤에는 화합하여 잘 마무리 될 것이다.

≪상전≫에서 말하기를, 뒤에서 수레를 잡아당기는 것은 육삼의 위치가 마땅치 않기 때문이다. 처음에는 이롭지 않으나 뒤에는 잘 마무리된다는 것은 육삼이 상응하는 양강과 만나 화합하기 때문이다.

ⓢ 주역 경영

'초구'에서는 좋은 말을 잃어버리더라도 쫓아가지 않으면 스스로 돌아올 것이니 상서로울 것이라고 했다. 그러나 어째서 악인을 만나야 한다는 것인가? 그것은 '분산'을 '대립'의 상황까지 몰고 가지 않기 위함이며, 또한 오해를 풀기 위함이다. 그래서 ≪상전≫에서는 "서로의 모순과 갈등이 격화되는 화禍를 피하기 위해서다"라고 그 이유를 설명했다.

'구이'는 골목에서 주인을 만나게 되는데, 이는 우연한 한 차례의 만남이므로 해가 없다.

'육삼'에서는 수레가 앞으로 나아가기 어려워서 수레꾼이 머리가 깨지고 코가 비뚤어지는 벌을 받게 되는데, 가히 심상치 않은 상황이라고 할 수 있다. 그러나 '상구'가 양효이므로 그것과 호응할 수 있는데, 이 때문에 "처음에는 이롭지 않으나 뒤에는 잘 마무리된다"라고 한 것이다.

---

management point

한순간의 분열이나 순간적인 실수는 두려워하지 않아도 된다. 하지만 정작 두려워해야 할 것은 문제가 계속 확대되다가 결국 사람들이 분열되는 것이다. 그래서 경영자는 의견이 다른 사람들과 끊임없이 소통하여 견해 차이로 비롯된 오해를 그때그때 풀어야 한다.

고독한 상황에 임하는 자세

九四, 睽孤: 遇元夫, 交孚, 厲无咎.(구사, 규고 우원부 교부 여무구)

≪象≫曰: "交孚"无咎, 志行也.(상왈: 교부무구 지행야)

六五, 悔亡, 厥宗噬膚, 往何咎?(육오, 회망 궐종서부 왕하구)

≪象≫曰: "厥宗噬膚", 往有慶也.(상왈: 궐종서부 왕유경야)

上九, 睽孤, 見豕負塗, 載鬼一車, 先張之弧, 後說之弧; 匪寇, 婚媾; 往遇雨則吉.(상구, 규고 견시부도 재귀일거 선장지호 후탈지호 비구 혼구 왕우우즉길)

≪象≫曰: "遇雨之吉", 群疑亡也.(상왈: 우우지길 군의망야)

▲ 厥: 그 궐(=其) / 噬: 씹을 서 / 膚: 살갗 부(고기) / 豕: 돼지 시 / 塗: 진흙 도 / 鬼: 귀신 귀 / 弧: 활 호 / 群: 무리 군 / 說: 벗어날 탈

【해석】

구사: 홀로 떨어져 고독한 상황에서 대장부('초구')를 만나 성실과 신의로써 교유하니 위험은 있으나 화는 없을 것이다.

≪상전≫에서 말하기를, 성실과 신의로 교유하여 화를 면할 수 있다는 것은 고립상태에서 벗어나고 싶은 바람이 실현될 수 있음을 말한다.

육오: 회한이 사라지다. 친족이 서로 만나 화합하기를 기대하는 것이 연한 고기를 씹듯 쉬우니 앞으로 나아감에 무슨 해가 있겠는가?

≪상전≫에서 말하기를, 친족이 만나 화합하기를 기대하는 것이 연한 고기를 씹듯 쉽다는 것은 앞으로 나아가면 경사스러운 일이 있을 것임을 말한다.

상구: 극단적으로 분열되어 고독할 대로 고독하다. 진흙투성이가 된 돼지

한 마리와 귀신 같은 사람들을 가득 태운 수레 한 대를 보고 활을 당겨 쏘려고 하다가 활을 내려놓는다. 그들은 도적이 아니라 신랑을 맞으러 오는 혼례 행렬이니 앞으로 나아가 단비를 맞으면 상서로울 것이다.

≪상전≫에서 말하기를, 단비를 맞으면 상서롭다는 것은 모든 의혹이 해소되기 때문이다.

ⓢ 주역 경영

'구사'에서는 고독한 사람이 뜻이 같은 대장부를 만나 결국 자신의 뜻을 이루는 상황이 나온다. '육오'는 음효가 양의 위치에 있어서 기질이 겸손하고 온화하니 위험이 없다. 또한 자신의 뜻을 실행할 수 있으니 앞으로 나아가도 그 어떤 위험이 없다.

'상구'는 깊이 새길 만한 문구이다. 무리에서 벗어나 고독해지면 마음에 의구심이 일게 되고, 심지어 환각이 나타나 '진흙투성이 돼지와 귀신 같은 사람들을 가득 태운 수레 한 대'를 보게 된다. 그러나 다행히 결국에는 상황을 분명하게 바라볼 수 있게 된다. 여기서 우리는 터무니없는 생각이 장차 큰 참사를 일으킨다는 것을 알 수 있다. 만일 상황을 명확하게 바라보지 못하고 활을 쏘아버렸다면 평생 후회할 만한 참사가 빚어지고 말았을 것이다.

---

management point

경영자라면 정확한 분석과 오랜 고민을 거쳐 결정을 내려야 터무니없는 망상에 빠져서는 안 된다. 더욱이 자신의 눈에 보이는 것에만 집착하여 잘못된 결정을 내리지 말아야 하는데, 그렇게 하지 않으면 실패와 좌절을 경험하게 될 것이다.

---

39. 건괘(蹇卦)
고난을 극복하는 지혜

蹇: 利西南, 不利東北; 利見大人, 貞吉.(건: 이서남 불리동북 이현대인 정길)

≪彖≫曰: "蹇", 難也. 險在前也; 見險而能止, 知矣哉! "蹇, 利西南", 往得中也; "不利東北", 其道窮也. "利見大人", 往有功也; 當位"貞 吉", 以正邦也. 蹇之時用大矣哉!(단왈: 건 난야 험재전야 견험이능지 지의재. 건 이서남 왕득중야 불리동북 기도궁야. 이현대인 왕유공야 당위정길 이정방야. 건지시용대의재)

≪象≫曰: 山上有水, 蹇; 君子以反身修德.(상왈: 산상유수 건 군자이반신수덕)

▲ 蹇: 절 건(어렵고 힘듦. 험난함) / 見: 나타날 현 / 窮: 다할 궁(막히다) / 邦: 나라 방

【해석】

건괘(蹇卦: 水山蹇)는 '고난과 위험'을 상징한다. 서남으로 가면 이롭고 동북으로 가면 불리하다. 대인이 출현하는 것이 이롭고 정도를 지키면 상서롭다.

≪단전≫에서 말하기를, '건蹇'은 고난을 뜻하니 위험이 앞에 도사리고 있는 것이다. 위험을 보고 멈출 수 있다면 진정으로 지혜롭다.

고난의 시기에는 서남쪽으로 가는 것이 이롭다는 것은 그쪽으로 가면 이치에 합당하기 때문이다. 동북쪽으로 가는 것이 불리함은 그쪽으로 가면 장차 길이 막히기 때문이다.

대인이 출현하는 것이 이로움은 앞으로 나아가 고난 극복에 큰 공을 세울 수 있다는 말이다. 위치가 합당하고 정도를 지키면 상서롭다는 것은 고난을

극복하고 나라를 바로잡을 수 있음을 말한다. 고난의 시기에 그 고난을 구제하는 보람이란 진정 위대하다.

≪상전≫에서 말하기를, 높은 산 위에 물이 고여 있음은 험난함을 상징한다. 군자는 그것을 보고 자신을 반성하며 덕을 닦는다.

◎ 주역 경영

'건괘'는 고난의 뜻이다. ≪서괘전≫에서는 "분열하면('규괘'를 말함) 반드시 어려움이 있기 때문에 뒤이어 '건괘'로 받는다"라고 했다. '규괘'에서의 분열이 있은 후에는 반드시 고난이 닥치게 되어 있으므로, '규괘'의 목적은 세상 사람들에게 "어떻게 고난과 위기에 대처하는가" 하는 점을 알려주는 데 있다.

"서남으로 가면 이롭고 동북으로 가면 불리하다"라는 문구에 대해서 ≪설괘전≫에서는 "곤坤은 서남을 상징하는 괘이고 간艮은 동북을 상징하는 괘이다"라고 해석했다.

곤은 땅이고 간은 산이므로 '건괘'에서 말하는 어려움과 위기로 말미암아 동북으로 다시 가는 것이 적당하지 않으며, 가게 될 경우 장차 길이 막힌다고 했다.

고난과 위기에 대처하는 데 있어서 '건괘'가 우리에게 주는 가장 큰 메시지는 "어려움에 닥치면 일단 멈춰라"는 것이다. 말하자면 "위험을 보고 멈출 수 있다면 진정으로 지혜롭다"라는 것이다. 이와 동시에 자신을 도와 위기에서 벗어나게 해줄 '귀인貴人'을 만나야 하는데, 이는 신속하게 위기와 장애물에서 벗어날 수 있는 좋은 방법이다. 물론 어찌 되었든 간에 어려움에 처해 있을 때 가장 중요한 것은 자신의 인품과 덕을 부단히 쌓아나가는 것이다.

기업이 성장하는 과정에서 어려움을 만나게 된다면 경영자는 무조건 일단 한발 물러서야 한다. 그런 뒤 상황을 보아가며 나아가는 전략을 취하여 곤경을 벗어나도록 도와줄 협력 파트너를 물색해야 한다. 그 과정에서 중요한 것은 지도자가 곤경 속에서도 자기 자신을 수양해야 한다는 점이다.

위기를 만나면 멈춰라

初六, 往蹇, 來譽.(초육, 왕건 내예)

≪象≫曰: "往蹇來譽", 宜待也.(상왈: 왕건래예 의대야)

六二, 王臣蹇蹇, 匪躬之故.(육이, 왕신건건 비궁지고)

≪象≫曰: "王臣蹇蹇", 終无尤也.(상왈: 왕신건건 종무우야)

九三, 往蹇, 來反.(구삼, 왕건 내반)

≪象≫曰: "往蹇來反", 內喜之也.(상왈: 왕건래반 내희지야)

▲ 譽: 기릴 예(칭찬하다) / 待: 기다릴 대 / 蹇蹇(건건): 줄곧 충직함 / 躬: 몸 궁(자신) / 故: 옛 고(원래) / 尤: 더욱 우(과오, 허물) / 反: 되돌릴 반(되돌아옴＝返)

【해석】

초육: 나아가면 고난이 있지만 발길을 돌리면 반드시 칭송받을 것이다.

≪상전≫에서 말하기를, 앞으로 나아가면 고난이 있어도 발길을 돌리면 반드시 칭송받을 것이라 함은 "때를 기다려야 한다"는 말이다.

육이: 왕의 신하가 충성스럽게 동분서주하여 근심과 재난을 구제함은 결코 자신을 위함이 아니다.

≪상전≫에서 말하기를, 왕의 신하가 충성스럽게 동분서주하며 근심과 재난을 구제한다면 끝내 허물이 없을 것이다.

구삼: 나아가면 고난에 빠지므로 발길을 돌려 원래 자리로 돌아온다.

≪상전≫에서 말하기를, 나아가면 고난에 빠지므로 발길을 돌려 원래 자리로 돌아오니 내부('초육'과 '육이'를 가리킴)의 음유가 모두 반기도다.

🌀 주역 경영

'건괘'의 요지는 "위기를 만나면 즉시 멈추라"는 것이다. '초육'과 '구삼'도 모두 이런 요지에 부합한다.

'초육'은 앞으로 나아가면 어려움과 장애가 있지만, 돌아오면 칭송받을 것이라고 했는데, 그것은 왜일까? 아직 때가 무르익지 않았으므로 기다리는 것이 적당하다는 말이다.

'구삼'도 이와 마찬가지다. 돌아온 후 원래의 위치에 머물라고 한다.

'육이'는 '구오'에 대응하므로 소위 '왕의 신하'라고 칭한 것이다. 왕의 신하가 거듭하여 위기를 만나도 결국 해로움이 없게 되는 것은 왜일까? 원래 '육이'는 사리사욕 때문이 아니라 '구오'를 도와 곤경을 헤쳐 나가기 위해 애쓰다가 위기를 만난 것이기 때문이다.

---

management point

곤경에 처하게 되면 발걸음을 늦추고 적당한 때를 기다릴 줄 알아야 한다. 물론 일단 진짜 위기에 봉착해도 두려워할 필요가 없으며 온힘을 다해 기업이 위기에서 벗어나게끔 도와야 한다.

힘을 합쳐 위기에 대응한다

六四, 往蹇, 來連.(육사, 왕건 내련)

≪象≫曰: "往蹇來連", 當位實也.(상왈: 왕건래련 당위실야)

九五, 大蹇, 朋來.(구오, 대건 붕래)

≪象≫曰: "大蹇朋來", 以中節也.(상왈: 대건붕래 이중절야)

上六, 往蹇, 來碩; 吉, 利見大人.(상육, 왕건 내석 길 이견대인)

≪象≫曰: "往蹇來碩", 志在内也; "利見大人", 以從貴也(상왈: 왕건래
석 지재내야 이견대인 이종귀야)

▲ 連: 잇닿을 련(연) / 朋: 벗 붕 / 節: 마디 절 / 碩: 클 석

【해석】

육사: 나아가면 더 큰 고난에 빠지므로 돌아와 하괘의 여러 효와 연합한다.
≪상전≫에서 말하기를, 나아가면 더 큰 고난에 빠지므로 돌아와 하괘의
여러 효와 연합한다는 것은 육사의 위치가 마땅함을 말한다.

구오: 대단히 험난하지만 벗들이 잇달아 달려 나와 도와준다.
≪상전≫에서 말하기를, 대단히 험난하지만 벗들이 잇달아 달려 나와 도와
준다는 것은 '구오'가 중정의 도를 지키며 절개를 굽히지 않는다는 뜻이다.

상육: 앞으로 나아가면 고난에 더욱 깊이 빠져들지만 돌아오면 큰 공을 세울
수 있어 상서롭고 대인을 만나는 것이 이롭다.
≪상전≫에서 말하기를, 앞으로 나아가면 고난에 더욱 깊이 빠져들지만 돌
아오면 큰 공을 세울 수 있다는 것은 상육이 하괘의 구삼과 연합하여 공동으

로 고난을 구제할 뜻을 가졌기 때문이다. 대인을 만나는 것이 이롭다는 것은
상육이 존귀한 대인인 구오를 의지하고 따라야 한다는 뜻이다.

주역 경영

'육사'는 난감하기 이를 데 없는 상황이다. 앞으로 나아가면 위기와 장애
물이 있고, 뒤로 물러서도 어렵기는 마찬가지니, 가히 진퇴양난이라고
할 만하다. 어째서 '육사'가 이러한 어려움에 처하게 되었을까? 그런데도
≪상전≫에서는 육사가 처한 자리 때문에 "육사의 위치가 타당하다"라
고 했다.

　'구오'는 대단히 위험하지만 어떠한 위험이나 회한이 없다는 것은 왜일
까? 이는 ≪주역≫의 저자가 세상 사람들에게 "물러서지만 말고 적당한
시기를 틈타 거슬러 위로 올라가서 어려움과 장애물에 맞서 투쟁하라"고
권하는 부분이다. 앞의 '육이'는 신하로서 최선을 다하는 직업의식을 보
여주었지만 지금은 지도자로서의 '구오'이므로 당연히 어려움 앞에서 굴
복하지 말고 여러 사람을 불러내어 위기에 대처해야 한다.

　'상육'에서도 여전히 "위기를 만나면 즉시 멈춰서야 한다"라는 '건괘'
의 요지를 전달하고 있다. 그러나 '상육'에서 '돌아옴'은 조직 내부의 역량
을 결집해서 함께 위기에 대응하기 위한 것이다.

---

management point

기업의 성장 과정에서는 위기와 어려움을 피할 수 없는데 이때는 어려움에
대처하는 지도자의 태도에 따라 상황을 극복할 수 있을지 여부가 결정된다.
진정한 지도자는 위기에 부딪혀서도 위축되거나 물러서서는 안 된다. 여러
사람을 모아 함께 위기에 대응해야 기업의 성장을 기대할 수 있다.

---

40. 해괘(解卦)
운이 풀리기 시작하는 때

解: 利西南; 无所往, 其來復吉; 有攸往, 夙吉.(해: 이서남 무소왕 기래복길
유유왕 숙길)

≪彖≫曰: "解" 險以動, 動而免乎險, 解. "解, 利西南", 往得衆也;
"其來復吉", 乃得中也; "有攸往, 夙吉", 往有功也. 天地解而雷雨作,
雷雨作而百果草木皆甲坼: 解之時大矣哉.(단왈: 해 험이동 동이면호험 해. 해
이서남 왕득중야 기래복길 내득중야 유유왕 숙길 왕유공야. 천지해이뇌우작 뇌우작이백과초목
개갑탁 해지시대의재)

≪象≫曰: 雷雨作, 解; 君子以赦過宥罪.(상왈: 뇌우작 해 군자이사과유죄)

▲ 解: 풀 해(풀다, 열다) / 夙: 일찍 숙(빨리, 신속히) / 免: 면할 면 / 甲(갑): 껍질 / 坼: 터질
탁(터짐, 갈라짐) / 赦: 용서할 사 / 宥: 용서할 유

【해석】

해괘(解卦: 雷水解)는 '험난함이 해소됨'을 상징한다. 서남으로 가는 것이 이로
우나 험난함이 없을 때에는 나아가지 말고 돌아와 원래의 자리를 회복하는
것이 상서롭다. 그러나 험난함이 가로막고 있으면 앞으로 신속히 나아가
대응하는 것이 상서롭다.

≪단전≫에서 말하기를, 험난함이 해소된다는 것은 역경 속에서도 분연히
떨쳐 일어나 더 이상 역경에 깊이 빠지지 않는 것이다. 그렇게 되면 험난함이

해소된 것이다. 고난이 해소되면 서남쪽으로 가는 것이 이로우니 장차 뭇사람의 지지와 성원을 받을 것이다. 돌아와 원래 자리를 회복하는 것이 상서로우니 그것이 도리와 중용의 도에 맞다.

고난에 부딪히면 앞으로 나아가야 하며 신속히 대처하는 것이 상서롭다는 것은 나아가면 고난을 해소하는 공을 세울 수 있다는 말이다. 겨우내 움츠렸던 천지 음양의 기운이 풀려 교감하니, 천둥이 치고 비가 내린다. 천둥이 치고 비가 내리면서 갖가지 과실나무와 초목의 씨앗이 껍질을 뚫고 나와 싹을 피우니 '해소되는 때'의 효과와 작용이 얼마나 위대한가.

≪상전≫에서 말하기를, 천둥이 치고 비가 오는 것은 모든 어려움이 풀렸음을 상징한다. 군자는 이 괘의 이치를 살펴 잘못을 용서하고 죄인에게 관대해야 한다.

☯ 주역 경영

'건괘'에서는 고난과 위기를 말했다. 이러한 고난들은 결국 해결될 수 있는 것들이므로 뒤이어 '해괘解卦'가 배치된 것이다. '해解'는 '해소됨'의 의미로, 모든 위기는 이 시기에 이르러 해소되게 되어 있다.

괘사에서는 "서남쪽으로 가는 것이 이롭다"라고 했는데 이는 다음과 같은 뜻으로 해석될 수 있다. '곤坤'은 '서남西南'을 뜻하며 '곤'은 '여러 사람'을 상징한다. 위기에 직면했을 때 가장 필요한 것은 다른 사람의 지원을 얻는 일이기 때문에 '서남쪽으로 가는 것이 이롭다'라고 했다. 물론 위기가 없을 때에는 굳이 앞으로 갈 필요가 없으므로 "돌아와 원래 자리를 지키는 것이 상서롭다"라고 했다. 그러나 일단 위기가 발견되면 즉시 나아가 해결해야지 상황이 심각해지는 것을 막을 수 있다.

위기를 해소하기 위해서는 반드시 이전의 문제점들을 하나로 모아 살펴야 한다. 그래서 ≪상전≫에서는 "군자는 이 괘의 이치를 살펴 잘못을 용서하고 죄인에게 관대해야 한다"라고 한 것이다.

---

management point

경영자는 넓은 도량을 품어야 하며, 직원의 실수나 잘못을 일일이 지적하기만 해서는 안 된다. "성인聖人이 아닌 이상 어느 누가 실수가 없겠는가?"마는, 직원이 실수를 범했다고 하더라도 그들에게 잘못을 바로잡을 기회를 주어야만 진정한 발전이 있다.

내 탓, 남의 탓

初六, 无咎.(초육 무구)

《象》曰: 剛柔之際, 義无咎也.(상왈: 강유지제 의무구야)

九二, 田獲三狐, 得黃矢; 貞吉.(구이, 전획삼호 득황시 정길)

《象》曰: 九二貞吉, 得中道也.(상왈: 구이정길 득중도야)

六三, 負且乘, 致寇至; 貞吝.(육삼, 부차승 치구지 정린)

《象》曰: "負且乘", 亦可醜也; 自我致戎, 又誰咎也?(상왈: 부차승 역가
추야 자아치융 우수구야)

▲ 无: 없을 무 / 咎: 허물 구 / 際: 사이 제 / 狐: 여우 호 / 矢: 화살 시 / 負: 질 부 / 致:
보낼 치 / 寇: 도둑 구 / 吝: 아낄 린(인) / 戎: 되 융(오랑캐, 병기) / 誰: 누구 수

【해석】

초육: 이제 막 고난에서 벗어났으니 별다른 재앙은 없다.

《상전》에서 말하기를, 강건함과 유순함이 적절히 조화된 시기에는 이치를
따져보아 별다른 재앙이 없다.

구이: 사냥에서 여우 몇 마리를 잡고 황동 화살까지 얻었으니 정도를 지키면
상서로울 것이다.

《상전》에서 말하기를, 정도를 지켜서 상서로울 수 있다는 것은 중용의
도를 터득했기 때문이다.

육삼: 무거운 짐을 지고 수레를 탔으니 스스로 도적을 불러들일 것이다.
정도를 지켜서 유감을 방지해야 한다.

≪상전≫에서 말하기를, 무거운 짐을 지고 수레를 탄 것은 크나큰 추태이다. 자신의 행동으로 무력 충돌을 초래했으니 누구를 탓하겠는가?

☯ 주역 경영

'초육'은 위기가 처음 해결되는 위치에 있다. 음유陰柔가 아래에 위치하고 위로는 '구사'와 호응하니 어떤 해로움이 있겠는가? 주희朱熹는 ≪주역본의周易本意≫에서 "어려움은 이내 해결된다. 부드러움이 아래에 있고 위로 호응하니 어떤 해가 있겠는가?"*라고 했다.

'육삼'에서 말하고자 하는 것은 도적은 자신이 불러들인 것이라는 점이다. 공자는 ≪계사전≫ 상편에서 이렇게 말했다.

"≪주역≫을 지은 이가 도적의 심리를 잘 아는구나. ≪주역≫에서는 '짊어져야 하는데 탔으므로 도적을 불러들였다고 했다'라고 했다. '짊어지는 것'은 소인이 하는 행동이고, '타는 것'은 군자의 도구인데, 소인이 군자의 도구를 탄 꼴이니, 어찌 도적이 약탈을 꿈꾸지 않겠는가? 윗사람에게 오만하고 아랫사람에게 난폭하면 도적이 침략하게 된다. 감춤을 게을리 하는 것은 도적을 부르고, 용모를 치장하는 것이 음란함을 부르니 ≪주역≫에서는 '짊어져야 하는데 탔으므로 도적을 불러들였다'라고 했다."**

여기서는 '소인'이 능력이 되지 않는데도 오히려 군자의 수레에 미리 앉았으니 자연히 다른 사람의 의심을 사게 되어 있다. 그러므로 자연스레

---

* 難旣解矣 以柔在下 上有正應 何咎之有?(난기해의 이유재하 상유정응 하구지유)
** 作易者其知盜乎? 易曰: 負且乘 致寇至. 負也者 小人之事也; 乘也者 君子之器也. 小人而乘君子之器 盜思奪之矣; 上慢下暴 盜思伐之矣. 慢藏誨盜 冶用誨淫. 易曰: '負且乘致寇至' 盜之招也.(작역자기지도호? 역왈: 부차승 치구지. 부야자 소인지사야; 승야자 군자지기야. 소인이승군자지기 도사탈지의 상만하폭 도사벌지의. 만장회도 야용회음. 역왈: 부차승치구지 도지초야)

도적을 불러들인 것이다.

'육삼'은 우리에게 "모든 재난은 스스로 불러들인 것이므로 정도를 지켜서 양심과 도덕에 거스르는 일을 하지 말아야 한다"고 경고한다.

---

management point

신중하게 경영하지 않았거나 경영의 도를 지키지 않아 초래된 결과가 바로 재난이다. 그래서 경영자는 한순간도 긴장을 늦추지 않고 반드시 경영의 원칙과 비즈니스 도덕을 지키고 시장의 요구에 따라야 한다.

소인을 감화시키는 지혜

九四, 解而拇, 朋至斯孚.(구사, 해이무 붕지사부)

≪象≫曰: "解而拇", 未當位也.(상왈: 해이무 미당위야)

六五, 君子維有解, 吉; 有孚于小人.(육오, 군자유유해 길 유부우소인)

≪象≫曰: "君子有解", 小人退也.(상왈: 군자유해 소인퇴야)

上六, 公用射隼于高墉之上, 獲之, 无不利.(상육, 공용사준우고용지상 획지 무불리)

≪象≫曰: "公用射隼", 以解悖也.(상왈: 공용사준 이해패야)

▲ 拇: 엄지손가락 무 / 朋: 벗 붕 / 斯: 이 사(이것) / 孚: 미쁠 부(신뢰, 신임) / 隼: 새매 준(맹금의 일종, 송골매) / 獲: 얻을 획 / 墉: 담 용 / 悖: 어그러질 패

【해석】

구사: 엄지발가락의 티눈을 제거하듯 소인이 설쳐대는 상황에서 벗어나면 벗이 찾아오며 서로가 신뢰할 수 있을 것이다.

≪상전≫에서 말하기를, 엄지발가락의 티눈을 제거하듯 소인이 설쳐대는 상황에서 벗어난다는 것은, 그 자리가 아직 마땅하지 않음을 말한다.

육오: 군자가, 소인이 도사리고 있는 우환을 제거하니 상서로우며 소인에게 예전의 잘못을 고쳐 새사람이 되지 않으면 길이 없음을 믿게 한다.

≪상전≫에서 말하기를, 군자가 소인이 도사리고 있는 우환을 제거하면 소인은 반드시 두려워하며 물러날 것이다.

상육: 왕공이 활을 쏘아 높은 성벽 위에 웅크린 송골매를 잡으니 이롭지 않은 바가 없다.

≪상전≫에서 말하기를, 왕공이 활을 쏘아 높은 성벽 위에 웅크린 송골매를 잡는 것은 반역자가 조성한 위기와 어려움을 타개하기 위해서이다.

☯ 주역 경영

'구사'에도 여전히 위험이 도사리고 있는데 이러한 위기는 주변의 소인이 초래한 것이다. 마치 엄지발가락이 티는 때문에 고통을 받는 것처럼 소인이 성가시게 하는 것에서 벗어나야만 친구 앞에서 성실과 신의를 지킬 수 있다. 그렇지 않으면 소인은 중간에서 시비를 조장하여 싸움을 일으키고 사실을 왜곡할 것이다.

　'구오'는 음효가 제왕의 위치에 있으므로 그 기질이 겸손하고 온화하다. 겸손은 문제를 해결하기 위한 최선의 방법이므로, "군자가 우환을 제거한다"라고 했다. 더욱 중요한 것은 '육오'가 여전히 소인에 대해 성실과 신의를 지킨다는 점이다. 따라서 "세상이 날 배신하더라도 나는 세상을 배신하지 않겠다"*라고 한 처세의 원칙을 받아들이면 결국 소인을 감화시키고 그를 악에서 선으로 돌아서게 할 것이다. 이것이야말로 군왕의 도리이다.

　'상육'은 '육오'가 내부의 화합을 이루게 돕고, 도의를 저버려서 생긴 여러가지 문제를 해결하게 돕는 것이다. 일련의 문제를 송골매로 상징하며, '활을 쏘아 명중시킨다'는 것은 '문제가 깨끗이 해결되었다'는 것을 말한다.

---

* ≪삼국지≫에서 조조가 "내가 세상을 배신할지언정 세상이 날 배신하게 할 수는 없다"라고 한 말에 반대되는 말이자, 유비의 처세 원칙에 가까운 말. 동탁 암살에 실패한 조조가 피신하던 중 아버지의 절친 여백사의 일가족을 몰살하고, 보복이 두려워 여백사까지 살해한다. 그 모습을 본 진궁이 "그대는 어찌하여 죄 없는 여백사까지 죽였는가?"라고 묻자 조조는 "내가 세상을 배신할지언정 세상이 날 배신하게 하지 않겠다"라고 했다.

41. 손괘(損卦)
손해와 이익

損: 有孚, 元吉, 无咎, 可貞, 利有攸往. 曷之用? 二簋可用享.(손: 유부
원길 무구 가정 이유유왕. 갈지용 이궤가용향)

≪彖≫曰: "損", 損下益上, 其道上行; 損而"有孚, 元吉, 无咎, 可貞,
利有攸往". "曷之用? 二簋可用享". 二簋應有時, 損剛益柔有時, 損益
盈虛, 與時偕行.(단왈: 손 손하익상 기도상행 손이유부 원길 무구 가정 이유유왕.
갈지용 이궤가용향. 이궤응유시 손강익유유시 손익영허 여시해행)

≪象≫曰: 山下有澤, 損; 君子以懲忿窒欲(상왈: 산하유택 손 군자이징분질욕)

▲ 損: 덜 손(손해보다, 감소하다) / 曷: 어찌 갈 / 簋: 제기 이름 궤 / 偕: 함께 해 / 懲: 혼날
징 / 忿: 성낼 분 / 窒: 막을 질

【해석】

손괘(損卦: 山澤損)는 '덜어냄'을 상징한다. 마음이 성실하고 진실하면 대단히
상서롭고 화가 없으며 정도를 지킬 수 있으므로 앞으로 나아가기에 이롭다.
감손(덜어냄)의 도리는 무엇으로 표현하는가? 두 그릇의 제물이면 제사에
정성을 보이기에 충분하다.

≪단전≫에서 말하기를, '감손'이란 아래에서 덜어서 위에 더한다는 뜻으로
아랫사람이 윗사람에게 바치는 도리이다. 감손하되 성실하고 진실한 마음으
로 한다면 대단히 상서롭고 화가 없으며 정도를 지켜 앞으로 나아가기에

이롭다. 그럼 무엇으로 감손의 도리를 표현하는가? 두 그릇의 제물이면 제사에 정성을 드러내기에 충분하다. 다만 두 그릇의 제물을 바침에 있어서는 때를 맞추어야 한다. 강건한 데서 덜어 유순한 데에 더하는 것 역시 때에 맞추어야 한다. 그러면 사물의 덜고(損) 더함(益), 차고(盈) 이지러짐(虛)은 모두 일정한 시기에 맞추어 자연스럽게 진행되는 것이다.

≪상전≫에서 말하기를, 산 아래에 못(澤)이 있음은 감손減損을 상징한다. 이것을 보고 군자는 분노를 억제하고 탐욕을 막는다.

◉ 주역 경영

≪서괘전≫에서는 해소된('해괘'를 뜻함) 다음에는 반드시 잃은 바가 있기 때문에 뒤이어 '손괘損卦를 배치한다'라고 했다.

이처럼 문제를 해결하는 과정에서는 반드시 잃는 것이 생겨 손실이 발생하게 되는데 '손괘'가 말하고자 하는 것도 바로 이러한 '손실'을 어떻게 줄이느냐 하는 것이다.

≪단전≫에서는 "감손이란 아래에서 덜어서 위에 더한다는 뜻으로 아랫사람이 윗사람에게 바치는 도리이다"라고 했다. 여기에 관계된 문제가 하나 있다. 즉, 하위자가 상위자에게 바치는 것이 스스로 원해서 한 것인지 아니면 강제로 하게 된 것인지의 문제이다. 만일 스스로 원해서 한 것이고 상위자가 시종일관 성실과 신의를 유지했다면 '크게 상서롭고 해될 것이 없으며, 바른 도를 행하면 나아감이 이롭게' 된다. 그러나 만일 외부의 강요에 의해서 한 것이라면 백성이 상위자를 향해 들고 일어날 수 있으므로 큰 문제가 생긴다. 그래서 ≪상전≫에서는 상위자에게 "분노를 억제하고 탐욕을 막아라"라고 경고하고 있다.

물론 남는 데서 덜어낼 때는 반드시 자연의 도를 따라야 한다. 마치

해가 뜨고 지며, 달이 차면 기우는 것처럼 하늘의 시기(天時)에 순응해야
한다.

management point

기업의 경영자라면 자신의 감정을 컨트롤하여, 쉽게 화내는 모습을 보여서
는 안 된다. 이와 동시에 자신의 욕망을 제어하여, 지나친 탐욕을 부리지 않
음으로써 부하 직원의 마음이 흐트러지지 않게 해야 한다.

배운 것을 활용하려면

初九, 已事遄往, 无咎; 酌損之.(초구, 이사천왕 무구 작손지)

《象》曰: "已事遄往", 尚合志也.(상왈: 이사천왕 상합지야)

九二, 利貞, 征凶; 弗損益之.(구이, 이정 정흉 불손익지)

《象》曰: 九二利貞, 中以爲志也.(상왈: 구이이정 중이위지야)

六三, 三人行, 則損一人; 一人行, 則得其友.(육삼, 삼인행 즉손일인 일인행 즉득기우)

《象》曰: "一人行", 三則疑也.(상왈: 일인행 삼즉의야)

▲ 已: 이미 이(종료) / 遄: 빠를 천 / 酌: 따를 작(액체를 퍼내다) / 弗: 아닐 불

【해석】

초구: 자신의 일을 마치고 속히 나아가 존귀한 이를 도우면 허물이 없을 것이니 상황을 고려하여 적절히 자신을 덜어내야 한다.

《상전》에서 말하기를, 자신의 일을 마치고 속히 나아가 존귀한 이를 돕는다는 것은, 상위의 존귀한 이와 뜻이 맞음을 말한다.

구이: 정도를 지키는 것이 이롭고 앞으로 나아가면 흉하다. 자신을 덜어내지 않음으로써 윗사람에게 보탬이 된다.

《상전》에서 말하기를, 정도를 지키는 것이 이롭다는 것은 중용의 도를 지키는 데 뜻을 두어야 함을 말한다.

육삼: 세 사람이 함께 가면 한 사람을 덜게 되고 혼자 가면 벗을 얻는다.

《상전》에서 말하기를, 혼자 가면 벗을 얻으나 세 사람이 함께 가면 의혹이

생길 것이다.

🌀 주역 경영

'초구'는 "자신의 일을 마치고 속히 나아가 존귀한 이를 돕는다"라고 했다. 그렇다면 도대체 어떤 일을 마쳐야 한다는 것인가? '자신의 일을 마친다'라는 구절에 대해서 ≪주역절중周易折中≫에서는 "우수한 것을 배운 다음에 정치에 종사한다, 라는 뜻이다"라고 풀이했다. 도덕의 수양이 일정한 수준에 이른 다음에는 신속하게 앞으로 나아가 상위자를 도와야 하는데 이는 모든 사람이 반드시 해야 하는 일이다.

'구이'는 양강이 음유의 자리에 있으므로 경솔하게 행동해서는 안 되며 반드시 정도를 지켜야 한다. '육오'는 음효로서 양의 자리에 있으므로 이 둘은 호응하며, 그래서 "자신을 덜어내지 않음으로써 윗사람에게 보탬이 된다"라고 한 것이다.

'육삼'이 강조하는 것은 한결같음이다. 세 사람이 같이 가서 한 가지 일을 하게 되면 반드시 서로 의심을 하게 되니 한 사람이 독자적으로 나아가는 것이 낫다는 의미이다.

---

management point

우리가 능력과 지식을 얻은 다음에는 반드시 자신의 능력을 발휘하게끔 적극적으로 노력해야 하는데, 이렇게 해야만 인생의 가치가 충분히 실현될 수 있다.

남을 잘되게 해야

六四, 損其疾, 使遄有喜, 无咎.(육사, 손기질 사천유희 무구)

≪象≫曰: "損其疾", 亦可喜也.(상왈: 손기질 역가희야)

六五, 或益之十朋之龜, 弗克違, 元吉.(육오, 혹익지십붕지귀 불극위 원길)

≪象≫曰: 六五元吉, 自上祐也.(상왈: 육오원길 자상우야)

上九, 弗損益之: 无咎, 貞吉, 利有攸往, 得臣无家(상구, 불손익지 무구 정길 이유유왕 득신무가)

≪象≫曰: "弗損益之", 大得志也.(상왈: 불손익지 대득지야)

▲ 龜: 거북 귀, 나라 이름 구 / 克: 이길 극 / 違: 어길 위 / 祐: 도울 우 / 盍: 더할 익

【해석】

육사: 자신의 아픔을 덜어서 초구로 하여금 신속히 다가와 자신에게 더하게 하니, 반드시 기쁨이 있고 화는 없다.

≪상전≫에서 말하기를, 자신의 아픔을 던다는 것은 육사가 음유를 덜어내고 양강을 받아들이니 당연히 기뻐할 만한 일이다.

육오: 어떤 사람이 십 붕(朋, 고대의 화폐 단위) 가치의 귀한 거북을 바치는데 거절할 수가 없으며 크게 상서롭다.

≪상전≫에서 말하기를, 육오가 크게 상서로운 것은 상구의 도움 때문이다.

상구: 다른 사람에게서 덜어오지 않고 오히려 다른 사람에게 더해주니 화가 없다. 정도를 지키면 상서롭고 앞으로 나아가기에 이로우니 반드시 천하의 추대를 받으리라.

≪상전≫에서 말하기를, 다른 사람에게서 덜어오지 않고 오히려 다른 사람에게 더해 준다는 것은 상구가 천하에 은혜를 베풀려는 뜻이 크게 실현됨을 말한다.

ⓢ 주역 경영

'육사'는 음유가 지나쳐서 '자신의 아픔을 덜어주게' 되며 '초구'와 대응을 이루니 '기쁨'이 있다.

'육오'는 다른 사람에게서 물건을 받게 된다. '붕朋'은 고대의 화폐 단위로 '십 붕'은 그 가치가 매우 컸다. '거북'과 같은 진귀한 것을 받고도 감사의 말을 할 수 없으니 '크게 길하다'. ≪상전≫에서는 "이것이 하늘의 뜻이며 '상구'가 그것을 돕기 때문"이라고 했다.

'상구'는 고명함이 지극하여 다른 사람에게서 덜어오지 않고 오히려 다른 사람에게 더해 준다. 그러니 자연히 '해로움이 없고 정도를 지키면 나아가기에 이롭게 되고', '천하의 추대를 받게 되는' 것이다.

---

management point

경영진은 자신의 수익을 높이기 위해 직원들의 이익을 빼앗는 행동을 해서는 안 된다. 기업이 어느 정도 성장 단계에 들어서면 기업의 구성원인 직원들도 마땅히 받아야 할 만큼의 이득을 보장해 주어야 한다. 이렇게 해야만 기업의 경영이 원만하게 이루어지고 있다고 할 수 있다.

---

42. 익괘(益卦)
수익을 늘린다는 것

益: 利有攸往, 利涉大川.(익: 이유유왕 이섭대천)

≪彖≫曰: "益", 損上益下, 民説无疆; 自上下下, 其道大光. "利有攸往", 中正有慶; "利涉大川", 木道乃行. 益動而巽, 日進无疆; 天施地生, 其益无方. 凡益之道, 與時偕行.(단왈: 익 손상익하 민열무강 자상하하 기도대광. 이유유왕 중정유경 이섭대천 목도내행. 익동이손 일진무강 천시지생 기익무방. 범익지도 여시해행)

≪象≫曰: 風雷, 益; 君子以見善則遷, 有過則改.(상왈: 풍뢰 익 군자이견선 즉천 유과즉개)

▲ 益: 더할 익(증가, 유익하다) / 下下(하하): 아래 백성들에게 하달함 / 疆: 지경 강(끝, 한계)

【해석】

익괘(益卦: 風雷益)는 '더함'을 상징한다. 앞으로 나아가기에 이롭고 큰 강을 건너기에 이롭다. ≪단전≫에서 말하기를, 증익增益이란 위에서 덜어 아래에 보태준다는 뜻으로, 백성이 이익을 얻어 그 기쁨이 무한하며 통치자가 위에서 아래로 백성들에게 은혜를 베푼다. 앞으로 나아가기에 이로움은 존귀한 이가 마땅한 자리에 있어 반드시 경사가 있기 때문이요, 큰 강을 건너기에 이로움은 나무배가 있어 물길을 순탄하게 건널 수 있기 때문이다. 보태줄 때 아랫사람은 감동하고 윗사람은 겸허하므로 그 사업이 날로 발전하여 무궁무진할 수 있다. 하늘이 은혜를 베푸니 대지가 그 혜택을 받아 만물을 낳고 성장시키게 함에 있어서 그 요긴함이 미치지 않는 곳이 없다. 증익의 도리는 모두가 때에 맞추어 자연스럽게 진행되는 것이다.

≪상전≫에서 말하기를, 바람과 천둥이 서로 돕는다는 것은 '증익'을 상징한다. 군자는 이 괘의 이치를 살펴, 선행을 보면 온 마음으로 그것을 따르고 잘못이 있으면 신속히 바로잡는다.

⑤ 주역 경영

'익益'은 '증익'의 의미로 '손損'과는 대응을 이룬다. ≪서괘전≫에서는 "덜어냄을 그치지 않으면 반드시 유익이 있기 때문에 뒤이어 '익괘'를 배치했다"라고 했다. 사물이란 늘 덜어낼 수만 없고 어느 정도에 이르면 반드시 이익이 늘게 되어 있다. '손괘'는 하위자에게서 덜어내어 상위자에게 더하지만, '익괘'에 이르면 정반대가 되어 상위자에게서 덜어내어 하위자에게 더한다. 일단 '높은 사람에게서 덜어내어 낮은 사람에게 더하면' 반드시 천하가 안정되고 백성이 기뻐하게 되므로 ≪단전≫에서는 '백성이 이익을 얻는다', '왕도가 크게 광명하다'라고 했다.

'익괘'는 상위자(군자를 말함)에 대해 더 높은 수준을 요구한다. 자신의 것을 기꺼이 덜어 아랫사람들에게 증익하는 것은 확실히 일반인이 하기에는 어려운 일이다. 그러나 이것 역시 순차적이고도 점진적인 과정이 필요하므로 ≪상전≫에서 말한 "선행을 보면 온 마음으로 그것을 따르고 잘못이 있으면 신속히 바로잡는다"라는 것이 기초가 되어야 한다.

---

management point

경영자는 '직원의 이익'을 회사 경영의 근본 가운데 하나로 삼아야 한다. 늘 직원을 배려함으로써 직원들이 적극성을 가지고 일하게 해야 한다.

일하지 않으려면 먹지도 마라

初九, 利用爲大作, 元吉, 无咎.(초구, 이용위대작 원길 무구)

≪象≫曰: "元吉无咎", 下不厚事也.(상왈: 원길무구 하불후사야)

六二, 或益之十朋之龜, 弗克違, 永貞吉; 王用享于帝, 吉.(육이, 혹익지십붕지귀 불극위 영정길 왕용향우제 길)

≪象≫曰: "或益之", 自外來也.(상왈: 혹익지 자외래야)

六三, 益之用凶事, 无咎; 有孚中行, 告公用圭.(육삼, 익지용흉사 무구 유부중행 고공용규)

≪象≫曰: "益用凶事", 固有之也.(상왈: 익용흉사 고유지야)

▲ 厚事(후사): 큰 일(大事) / 享: 누릴 향(제사 지내다) / 圭: 홀(笏) 규

【해석】

초구: 큰 일(大事)을 하는 것이 이로우니 크게 상서로우며 화가 없을 것이다. ≪상전≫에서 말하기를, 크게 상서로우며 화가 없다는 것은, 초구는 원래 큰 일을 감당할 수 없었으나 이제 양강의 보탬을 받아서 큰 일을 할 수 있게 되었음을 말한다.

육이: 어떤 사람이 값이 십 붕이나 나가는 귀한 거북을 나에게 바치는데 거절할 수 없으니 오래토록 정도를 지키면 상서로울 수 있다. 군왕이 그 거북으로 천제께 제사를 올리니 상서롭다.

≪상전≫에서 말하기를, 어떤 사람이 십 붕이나 나가는 귀한 거북을 바친 것은 밖에서 저절로 들어온 증익이다.

육삼: 흉년에 증익하여 백성을 구제하면 화가 없을 것이다. 다만 진실한 마음으로 중용의 도리를 지키며 신중하게 처신하여 옥규(玉圭, 옥으로 만든 홀)를 잡고 왕공께 아뢰어야 한다.

≪상전≫에서 말하기를, 흉년에 백성을 구제하는 데에 증익하는 곡식은 본디 백성들이 가지고 있던 것이다.

🔵 주역 경영

'초구'는 이제 막 증익을 얻게 되어 크게 이바지할 수 있는 일이 많아졌다. 이러한 상황은 '익괘'에만 나타나기 때문에 ≪상전≫에서는 "초구는 원래 큰 일을 감당할 수 없었으나 이제 양강의 보탬을 받아서 큰일을 할 수 있게 되었다"라고 했다.

즉, '초구'는 원래 하위자였으므로 큰 일을 맡을 수 없었으나 도리어 '익괘'에서는 그러한 일이 가능해졌으니 "크게 상서로우며 화가 없게 됐다"라는 말이다.

'육이'는 어떤 이가 진귀한 증익품을 바쳤으나 거절할 수 없다. 그러나 이런 증익은 외부로부터 얻은 것이지 본래 가지고 있던 것이 아니다. 그러므로 스스로 누릴 수 없으므로 천제께 바쳐야 하며 그렇게 해야 비로소 상서로울 수 있다.

'육삼'도 마찬가지다. 증익을 얻은 후에는 혼자만 그것을 누리지 말고, 위기와 어려움을 구제하는 일에 사용해야 한다. 또한 경건하고 정성스러운 태도로 왕공께 알려야 한다. '육이', '육삼'은 동일한 관점, 즉 "노력 없이 얻어서는 안 된다"는 의미를 전달하고 있다. 본디 가지고 있지 않던 증익은 다른 사람을 돕는 데 사용해야 한다.

350

경영을 하다보면 예상 밖의 수익을 얻게 되는 경우가 종종 있다. 이때는 여러 사람과 그 이익을 공유해야 한다. 기업의 성장은 여러 사람이 힘을 모아 노력해야 이뤄지는 것이며 어떤 한 사람의 능력이 출중해서 이뤄지는 것이 아니라는 사실을 명심해야 한다.

남의 의견을 존중하는 자세

六四, 中行, 告公從, 利用爲依遷國.(육사, 중행 고공종 이용위의천국)

≪象≫曰: "告公從", 以益志也.(상왈: 고공종 이익지야)

九五, 有孚惠心, 勿問元吉: 有孚惠我德(구오, 유부혜심 물문원길. 유부혜아덕)

≪象≫曰: "有孚惠心", 勿問之矣; 惠我德, 大得志也.(상왈: 유부혜심 물문지의 혜아덕 대득지야)

上九, 莫益之, 或擊之 立心勿恒 凶.(상구, 막익지 혹격지 입심물항 흉)

≪象≫曰: "莫益之", 偏辭也; "或擊之", 自外來也.(상왈: 막익지 편사야 혹격지 자외래야)

▲ 遷: 옮길 천 / 勿: 말 물(말다, 없다) / 莫: 없을 막 / 偏: 치우칠 편(=遍:두루, 널리)

【해석】

육사: 중용의 도를 지키며 신중히 처신하여 왕공께 도읍을 옮기자고 아뢰니 윤허하다. 임금을 모시고 도읍을 옮겨 백성에게 더해줌이 이롭다.

≪상전≫에서 말하기를, 왕공께 도읍을 옮기자고 아뢰어 윤허를 받을 수 있는 것은 백성을 이롭게 하려는 뜻을 가졌기 때문이다.

구오: 진실로 천하에 은혜를 베풀겠다는 마음이 있으니 의심할 여지없이 크게 상서롭다. 천하 만민이 또한 나의 은덕에 진정으로 보답할 것이다.

≪상전≫에서 말하기를, 진정으로 천하에 은혜를 베풀 마음이 있다는 것은 의심할 여지없이 크게 상서롭다. 천하 만민이 나의 은덕에 보답한다는 것은 위에서 덜어서 아래에 더해 주려는 뜻을 훌륭하게 실행한다는 말이다.

상구: 더해주는 사람은 없고 오히려 공격하는 사람이 있다. 아랫사람을 이롭게 할 결심을 꿋꿋이 지키지 못하니 흉하다.

≪상전≫에서 말하기를, 보태주는 사람이 없다는 것은 온 천하에 그를 도와 유익하게 하는 이가 아무도 없다는 뜻이다. 누군가 그를 공격한다는 것은 화禍를 부르지도 않았는데 흉함이 외부에서 절로 몰려온다는 것이다.

⑤ 주역 경영

'육사'는 음효가 음의 자리에 있어 마땅한 위치이며, '구오'에 바싹 붙어 있으니 '구오'가 그의 말을 신뢰하고 따른다. 따라서 큰 소망들, 심지어 "도읍을 옮기자"라는 큰 소원도 시행할 수 있다.

'구오'는 양강이 군왕의 지위에 있으므로 성실과 신의가 있고 그 도량이 천하를 덮는다. 또한 백성의 평안한 삶이 근본이 되며, 덕으로써 정치한다. 이렇게 하면 위기가 닥칠 리 없으니 자연히 '크게 상서롭게' 된다. 또한 백성을 근본으로 삼으니 백성 또한 그에게 충분히 보답하여 "위에서 덜어서 아래에 더해 주려는 구오의 뜻을 훌륭하게 실행한다"라고 했다.

'상구'는 군중과 단절되어 '익괘'의 끝에 위치하므로, 증익하려는 사람이 없고 도리어 공격하려고만 하니, 군중에서 멀어지는 것이 좋은 일만은 아님을 알 수 있다.

> *management point*
> 경영자가 시시각각 부하 직원의 의견을 경청하고 존중하면서 그들을 배려한다면 반드시 그 기업은 의외의 성공을 거두게 될 것이다.

43. 쾌괘(夬卦)

불의와 싸워야 할 때

夬: 揚于王庭, 孚號有厲; 告自邑, 不利卽戎; 利有攸往.(쾌: 양우왕정 부호유려 고자읍 불리즉융 이유유왕)

≪彖≫曰: "夬", 決也, 剛決柔也; 健而說, 決而和. "揚于王庭", 柔乘五剛也; "孚號有厲", 其危乃光也; "告自邑, 不利卽戎", 所尚乃窮也. "利有攸往", 剛長乃終也.(단왈: 쾌 결야 강결유야 건이열 결이화. 양우왕정 유승오강야 부호유려 기위내광야 고자읍 불리즉융 소상내궁야. 이유유왕 강장내종야)

≪象≫曰: 澤上于天, 夬; 君子以施祿及下, 居德則忌.(상왈: 택상우천 쾌 군자이시록급하 거덕즉기)

▲ 夬: 터놓을 쾌, 깍지 결 / 揚: 오를 양 / 號: 부르짖을 호 / 戎: 되 융(오랑캐, 병기) / 祿: 복 록(녹봉, 은택)

【해석】

쾌괘(夬卦: 澤天夬)는 '과감하고 단호함'을 상징한다. 조정에서 간신의 죄상을 밝히고 성실한 마음으로 명령을 내려 뭇사람으로 하여금 그 위험을 경계하도록 한다. 성읍에 영令을 내려 알리되, 무력을 써서 강제로 통제하는 것은 이롭지 않으며 충분히 준비한 뒤에 앞으로 나아가는 것이 이롭다.

≪단전≫에서 말하기를, '쾌'는 과감하고 단호하다는 의미로, 양강한 군자가 과감하고 단호하게 음유한 소인을 통제한다는 뜻이다. 강건함으로 사람을

354

탄복하게 만들고 과단함으로 화합을 이끈다. 조정에서 간신의 죄상을 밝힌다는 것은 하나의 음효가 감히 다섯 양효를 타고 누르는 것을 빗댄 말이다. 성실한 마음으로 영을 내려 뭇사람이 그 위험을 경계하게 한다는 것은, 항상 긴장하고 경계해야 과감하고 단호하게 간신을 제거하는 도리를 크게 펼 수 있기 때문이다. 성읍에 명령을 내려 알리되 무력을 써서 강제로 통제함이 이롭지 않다는 것은, 무력에 호소하면 단호하게 간신을 제거하려다가 도리어 곤경에 빠질 수 있음을 말한다. 충분히 준비한 뒤에 앞으로 나아가는 것이 이롭다는 것은, 양강이 강성해지면 결국 음유를 제압할 수 있음을 말한다.

≪상전≫에서 말하기를, 못의 물이 기화하여 하늘로 올라감은 과감하고 단호함을 상징한다. 군자는 그것을 보고 백성에게 은택을 베푸니, 덕을 쌓고도 베풀기에 인색한 것은 군자가 꺼리는 바이다.

☯ 주역 경영

'쾌괘'는 과감하고 단호하다는 뜻이다. 예상치 못한 문제가 생겼을 때는 반드시 결단을 내려야 할 때가 오는데, 우물쭈물하다가는 문제를 영원히 해결하지 못할 지경에 이른다. '쾌괘'에서 말하고자 하는 것도 바로 이 '결단의 도'이다.

괘 풀이에서 주목할 만한 세 가지 글귀가 있다. 첫째는 "조정에서 간신의 죄상을 밝히고 성실한 마음으로 명령을 내린다"라는 것이다. 어째서 그렇게 해야만 하는 것일까? 결단은 과감하게, 그리고 반드시 공개적으로 이루어져야 한다. 왜냐하면 암암리에 이루어지는 결정은 종종 공정성을 잃게 되기 때문이다. 둘째, "뭇사람들로 하여금 그 위험을 경계하도록 한다"라는 부분이다. 어떤 문제에 대해 마지막 결단을 내리기 전에 모두에게 위험을 대비하라고 알리라는 뜻이다. 왜냐하면 어떤 이는 결단의 결과를 바꾸려고 애쓰기도 하는데 그렇게 하다보면 혼란을 일으킬 수 있기 때문이다. 셋째, "무력을 써서 강제로 통제함이 이롭지 않다"라는 점이다. 결단이란 도의道義라는 기반 위에 시행되어야 하는 것이지, 강하고 약함으로써 판단해서는 안 되므로, 무력을 통해 정벌할 수는 없다는 의미이다.

이와 동시에 '쾌괘'는 높은 자리에 있는 사람들에게 부하 직원과 이익을 공유하라고 일깨운다. 또한 스스로 지위나 학식이 높다고 여기지 말며 모든 것이 자신의 공이라고 여겨서도 안 된다는 메시지를 전하고 있다.

---

management point

경영자가 결단을 내려 문제를 해결할 때는 다음 세 가지 사항에 주의해야 한다. 첫째, 결과를 공개해야 한다. 둘째, 문제가 커질 수 있음을 모두에게 알려야 한다. 셋째, 자신의 권력만 믿고 무리하게 추측해서는 안 되며 사실적인 정황에 근거해서 판단해야 한다. 이와 동시에 경영자는 반드시 신중하게 처신하며 부하 직원과 이익과 공로를 함께 나누어야 한다.

결단은 공정하게

初九, 壯于前趾, 往不勝爲, 咎.(초구, 장우전지 왕불승위 구)

≪象≫曰: 不勝而往, 咎也.(상왈: 불승이왕 구야)

九二, 惕號, 莫夜有戎, 勿恤.(구이, 척호 모야유융 물휼)

≪象≫曰: "有戎勿恤", 得中道也.(상왈: 유융물휼 득중도야)

九三, 壯于頄, 有凶; 君子夬夬獨行, 遇雨若濡, 有慍, 无咎.(구삼, 장우구 유흉 군자쾌쾌독행 우우약유 유온 무구)

≪象≫曰: "君子夬夬", 終无咎也.(상왈: 군자쾌쾌 종무구야)

▲ 壯: 씩씩할 장 / 趾: 발 지 / 惕: 두려워할 척 / 莫: 저물 모(=暮), 없을 막 / 恤: 구휼할 휼 / 頄: 광대뼈 구(규) / 夬夬(쾌쾌): 무척 단호하고 과감함 / 濡: 젖을 유 / 慍: 성낼 온

【해석】

초구: 강하고 장대함이 발가락 끝에 있으니 경솔하게 나아가면 이기지 못하고 오히려 화를 부를 것이다.

≪상전≫에서 말하기를, 이길 수 없는데 경솔하게 나아가면 필연적으로 화를 부르게 된다.

구이: 시시각각 경계하면서 널리 호소하며 알리면 악인이 한밤중에 군사를 일으켜 습격해 오더라도 걱정할 필요가 없다.

≪상전≫에서 말하기를, 악인이 군사를 일으켜 습격해 오더라도 걱정할 필요가 없다는 것은 중용의 도를 얻었다는 뜻이다.

구삼: 광대뼈가 강하고 장대하니 흉함이 있다. 군자가 기어이 간신을 제거할

결심을 하지만 혼자 가다가 비를 만나 온몸이 젖는 것과 같고, 다른 사람의 분노를 사기도 하지만 끝내 허물이 없을 것이다.

≪상전≫에서 말하기를, 군자가 기어이 간신을 제거할 결심을 하므로 결국은 허물이 없는 것이다.

◎ 주역 경영

'초구'에서 발가락 끝에 강하고 장대함이 있다는 것은 꿈틀거리며 움직이는 모습을 설명한다. 그러나 경솔하게 행동하면 얻는 것이 없고 위기를 불러올 뿐이므로 "나아가면 이기지 못하고 오히려 화를 부를 것이다"라고 했다.

'구이'에서는 시시각각 경계하면서 호소하라고 했다. 다른 사람의 습격을 받더라도 어떤 위험도 없을 것이라고 한 것은 중용의 도에 부합되는 것이다. 이는 ≪주역≫이 줄곧 강조한 '신중함'과도 일치하는 내용이다.

'구삼'은 비록 위기가 있더라도 군자는 의연히 강건함을 바탕으로 과감하게 독자적으로 전진하라고 했다. 모든 목적은 결단을 분명하게 하기 위함이다. 비록 도중에 비를 맞아 옷이 젖게 되고 소인의 원망을 듣게 되더라도 행위가 정도正道에 부합되기만 하면 결국 해로움이 없다.

---

management point

많은 경우 공평하고 공정하게 결단을 내리는 것은 쉽지 않은 일이며, 심지어 다른 사람으로부터 질책과 원망을 듣기도 한다. 그럴수록 경영자는 원칙을 지켜 자신이 깊게 고민하여 내린 판단을 믿고 과감하게 결정을 내려야 한다.

소인의 끝은 길지 않다

九四, 臀无膚, 其行次且; 牽羊悔亡, 聞言不信.(구사, 둔무부 기행자저 견양회
망 문언불신)

≪象≫曰: "其行次且", 位不當也; "聞言不信", 聰不明也.(상왈: 기행자
저 위부당야 문언불신 총불명야)

九五, 莧陸夬夬, 中行无咎.(구오, 현륙쾌쾌 중행무구)

≪象≫曰: "中行无咎", 中未光也.(상왈: 중행무구 중미광야)

上六, 无號, 終有凶.(상육, 무호 종유흉)

≪象≫曰: "无號之凶", 終不可長也.(상왈: 무호지흉 종불가장야)

▲ 臀: 볼기 둔 / 膚: 살갗 부 / 次: 버금 차, 머뭇거릴 자(＝趑) / 且: 또 차, 수두룩할 저 /
次且(자저): 선뜻 나아가지 못하고 머뭇거림 / 牽: 끌 견 / 莧: 비름 현 / 陸: 뭍 륙(육) / 莧陸(현륙):
식물 이름. 자리공

【해석】

구사: 엉덩이의 살갗이 벗겨져 행동하기가 무척 어렵다. 튼튼한 양을 끌고
가면 회한이 없을 것인데 이 말을 듣고도 믿지 않으니 애석하다.

≪상전≫에서 말하기를, 행동을 망설인다는 것은 위치가 마땅하지 않음을
말한다. 이 말을 듣고도 믿지 않는다는 것은 귀로는 들어도 마음으로는 이해
하지 못함을 말한다.

구오: 현륙(莧陸, '자리공'이라는 일년생 식물_역주)을 뽑듯이 과감하면서도 단호하
게 간교한 소인을 완전히 제거해야 한다. 그러면 중용의 도에 부합되어 화가
없을 것이다.

≪상전≫에서 말하기를, 그러면 중용의 도에 부합되어 화가 없을 것이라 함은, 구오의 중정한 도가 아직은 성대하지 않다는 말이다.

상육: 큰 소리로 울부짖으며 괴로워하지 마라. 그렇지 않으면 끝내 흉함을 피할 수 없다.

≪상전≫에서 말하기를, 큰 소리로 울부짖지 말며, 궁극적으로 흉할 수밖에 없다는 것은 상육이 다섯 양의 위에 높이 위치한 형세가 영원히 지속될 수 없음을 말한다.

주역 경영

'구사'는 양효가 음의 자리에 있어서 불리하므로 '행동하기가 무척 어려우며', 고집을 피우며 다른 사람의 권고를 듣지 않아 '말을 듣고도 믿지 않게' 되니 결국 후회막급하게 된다.

'구오'는 군왕의 지위에 있으므로 민첩하고 과감하게 행동해야 하나 효 풀이(爻辭)에서는 '구오'를 상서롭다고 칭하지 않으며 그저 "중용의 도에 부합되어 화가 없을 것이다"라고만 했다. 그것은 왜인가? 그 이유는 '구오의 중정한 도가 아직은 성대하지 않기' 때문이며, 여전히 계속 노력해야 하기 때문이다.

'상육'은 '쾌괘'에서 유일한 소인으로, 양의 기운이 부단히 상승함에 따라 결국 통제를 받게 된다. 따라서 효 풀이에서는 그것을 가리켜 "큰 소리로 울부짖지 말라"고 했다. 부르짖어도 아무런 도움이 되지 않으며 궁극적으로 반드시 판결을 받게 될 것이다. '상육'이 전하는 메시지는 "소인은 결코 오래 갈 수 없으며 결국 바르지 못한 것이 바른 것을 이길 수 없게 된다"는 것을 말해준다.

설령 소인이 한순간에 지도자의 위치에 오른다 하더라도 결국은 질책을 받고 자리에서 물러나게 되어 있다. 그래서 우수한 경영자가 되기 위해서는 인품과 덕의 수양이 무엇보다도 중요하며 덕과 재능이 없는 사람은 경영자의 위치에 오르더라도 오래 지속될 수 없음을 말하고 있다.

44. 구괘(姤卦)
인연의 소중함

姤: 女壯, 勿用取女.(구: 여장 물용취녀)

≪彖≫曰: "姤", 遇也, 柔遇剛也; "勿用取女", 不可與長也. 天地相遇, 品物咸章也; 剛遇中正, 天下大行也. 姤之時義大矣哉?(단왈: 구 우야 유우강야. 물용취녀 불가여장야. 천지상우 품물함장야 강우중정 천하대행야. 구지시의대의재)

≪象≫曰: 天下有風, 姤; 后以施命誥四方.(상왈: 천하유풍 구 후이시명고사방)

▲ 姤: 만날 구 / 取: 취할 취(=娶, 장가들 취) / 遇: 만날 우 / 咸: 모두 함 / 后: 임금 후 / 誥: 고할 고

【해석】

구괘(姤卦: 天風姤)는 '서로 만나 뜻이 맞음'을 상징한다. 여자가 지나치게 굳세면 아내삼지 말아야 한다.

≪단전≫에서 말하기를, '구姤'는 합한다는 뜻으로 음陰의 부드러움이 양陽의 강건함을 만나면 서로 화합할 수가 있다. 이런 여자는 아내 삼지 말아야 한다는 것은 예禮에 어긋나고 바르지 못한 여자와는 오래토록 같이 살 수 없기 때문이다. 천지 음양이 서로 만나서 뜻이 통하면 만물이 태어나고 자라 번성하며, 강건한 자가 중정하고 유순한 자를 만나 뜻이 통하면 인륜人倫의 교화가 천하에 널리 퍼질 것이다. 이렇게 만나서 뜻이 통할 때, 그 의의야말로 진정 넓고도 크다!

≪상전≫에서 말하기를, 천하에 따스한 바람이 부는 것은 '만남'을 상징한다. 군왕은 이것을 보고 법령을 시행하여 사방에 알린다.

ⓢ 주역 경영

'구괘'는 '쾌괘'와 호응하는 부분이다. '쾌괘'에서는 하나의 음효(--)가 괘의 끝('상육')에 위치했다면 '구괘'에서는 하나의 음효가 괘의 시작 부분('초육')에 위치한다. 괘 풀이에서는 '양陽을 추켜세우고 음陰을 억제하는' 사상이 드러나는데 이는 여자가 강건하고 유능해서는 안 된다는 전통적인 관념이라고 할 수 있다.

'구姤'는 '서로 만난다'라는 뜻으로, 자연히 하나의 음효가 다른 양효들과 서로 만나게 된다. 그러나 만날 때는 '만남의 도'를 지켜야지 제멋대로 행동하거나 옳지 않은 만남은 피해야 한다. 그래서 "이런 여자는 아내 삼지 말아야 한다"라고 한 것이다. 그러나 강건한 자가 일단 재능을 발휘할 기회를 얻으면 시기에 순응하여 행동함으로써 천하 만민이 안락하고 즐겁게 지내도록 해야 한다.

---

management point

경영자는 반드시 업무 프로세스를 투명하게 공개하여 모든 직원이 자신의 업무를 파악하고 다른 사람의 업무는 물론 자신의 업무가 조직 전체에서 어떠한 역할을 하는지에 대해서 파악하게끔 해야 한다.

위기를 만나면 의지할 곳을 찾아라

初六, 繫于金柅, 貞吉; 有攸往, 見凶, 羸豕孚蹢躅.(초육, 계우금니 정길 유유왕 견흉 이시부척촉)

≪象≫曰: "繫于金柅", 柔道牽也.(상왈: 계우금니 유도견야)

九二, 包有魚, 无咎; 不利賓.(구이, 포유어 무구 불리빈)

≪象≫曰: "包有魚", 義不及賓也.(상왈: 포유어 의불급빈야)

九三, 臀无膚, 其行次且; 厲, 无大咎.(구삼, 둔무부 기행자저 여 무대구)

≪象≫曰: "其行次且", 行未牽也.(상왈: 기행자저 행미견야)

▲ 繫: 맬 계 / 柅: 수레 정것대 니(수레를 정지시키는 기기) / 羸: 여윌 리 / 豕: 돼지 시 / 蹢: 머뭇거릴 척 / 躅: 머뭇거릴 촉 / 包: 쌀 포(꾸러미) / 賓: 손님 빈

【해석】

초육: 수레 정것대에 단단히 묶여 있으니 정도를 지키면 상서로울 것이다. 그러나 서둘러 앞으로 나아가면 반드시 흉하게 되니, 마치 야윈 암돼지가 경망스럽게 이리저리 나대며 불안해하는 것과 같다.

≪상전≫에서 말하기를, 수레 정것대에 단단히 묶여 있다는 것은 음유한 초육이 양강의 견제를 받고 있다는 뜻이다.

구이: 부엌에 물고기 한 마리가 있으나 화는 없다. 그러나 그것으로 손님을 대접하는 것은 이롭지 않다.

≪상전≫에서 말하기를, 부엌에 물고기 한 마리가 있으나 도의로 보면 '구이'와 '초육'은 서로 호응하지 않기 때문에 함부로 그것으로 손님을 대접할 수는

없다.

구삼: 엉덩이의 살갗이 벗겨져 행동을 망설이는데 위험하기는 하나 심각한 화는 없다.

≪상전≫에서 말하기를, 행동을 망설인다는 것은 '구삼'이 진정으로 '초육'을 끌어당겨 강요하지 않음을 말한다.

⑤ 주역 경영

'초육'은 음효로서 '구괘'의 맨 밑에 위치하여 견고한 것을 이끌어야 하므로 효 풀이에서는 '수레 정것대에 단단히 묶여 있으니'라고 표현했다. 일단 견고한 것을 끌게 되면 바른 길을 가야만 상서로울 수 있다.

'구이'는 부엌에 물고기 한 마리가 있으나 손님을 위해 준비한 것이 아니므로 가족에게만 대접해야 한다고 했다. 이는 자신의 가족을 돌보는 것도 쉽지 않은데 어찌 다른 사람까지 돕겠느냐는 말이다.

'구삼'은 견고한 것을 끌어당겨야 하는 점에서 '쾌괘'의 '구사'와 유사한 처지다. '쾌괘'의 '구사'에서는 그것을 끌고 앞으로 나아가라고 건의하는 이가 있었지만, '구괘'의 '구삼'에서는 하괘의 끝에 위치하므로 끌어당길 것이 없는 상황이다. 그래서 "위험하기는 하나 심각한 화는 없다"라고 했다.

---

management point

곤란한 상황에서도 앞으로 나아가기 위해서는 반드시 의지해야 할 것이 필요하다. 그렇지 않으면 위기를 만날 수 있다. 기업을 경영할 때도 마찬가지다. 어려움에 봉착하면 반드시 기업이 곤경에서 벗어나도록 도와줄 인맥과 자원을 찾아 나서야 한다.

하늘과 땅을 감동시켜라

九四, 包无魚, 起凶. (구사, 포무어 기흉)

≪象≫曰: "无魚之凶", 遠民也. (상왈: 무어지흉 원민야)

九五, 以杞包瓜; 含章, 有隕自天. (구오, 이기포과 함장 유운자천)

≪象≫曰: "九五含章", 中正也; "有隕自天", 志不舍命也 (상왈: 구오함
장 중정야 유운자천 지불사명야)

上九, 姤其角; 吝, 无咎. (상구, 구기각 인 무구)

≪象≫曰: "姤其角", 上窮吝也. (상왈: 구기각 상궁린야)

▲ 杞: 나무 이름 기(구기자 나무) / 瓜: 오이 과 / 隕: 떨어질 운 / 舍: 집 사(어긋남)

【해석】

구사: 부엌에서 물고기를 잃어버렸으니 흉할 것이다.

≪상전≫에서 말하기를, 물고기를 잃어버려서 흉할 것이라 함은 아래의 백
성에게서 멀리 떠나감으로써 민심을 잃었기 때문이다.

구오: 구기자 나무가 그 아래의 참외를 덮듯이 마음에 빛나는 미덕을 품고
있으니 장차 반드시 이상적인 만남이 하늘에서 내릴 것이다.

≪상전≫에서 말하기를, 마음에 빛나는 미덕을 품고 있다는 것은 바른 자리
에 있기 때문이요, 장차 반드시 이상적인 만남이 하늘에서 내릴 것이라 함은
그 뜻이 천명을 어기지 않았다는 뜻이다.

상구: 황량하고 텅 빈 구석을 만나니, 유감스러우나 화는 없다.

≪상전≫에서 말하기를, 황량하고 텅 빈 구석을 만났다는 것은 상구가 한

괘가 끝나는 곳에 자리하여 만날 사람이 없어 몹시 유감스러움을 말한다.

ⓢ 주역 경영

'구사'는 비축해 놓은 힘도 없으면서 어째서 행동하기 시작하는가?

"군량과 마초馬草가 병사와 말에 앞서 먼저 이동한다"*라는 말이 있다. 이는 군량과 말에게 먹일 풀이 준비되지 않으면 군사를 움직이지 못한다는 뜻이다. 이처럼 아무 준비 없이 무턱대고 일을 시작하면 위기에 봉착하고 말 것이다. ≪상전≫에서는 이에 대해 '구사'가 백성을 떠나 민심을 잃었기 때문이라고 해석한다.

'구오'에서는 정도를 지켜나가는 가운데 미덕을 마음에 품으면 결국 자신의 행동에 천지가 감동하여 "장차 반드시 이상적인 만남이 하늘에서 내릴 것이다"라고 했다. 이는 하늘이 그에게 아름다운 만남을 선사할 것이라는 말이다.

'상구'는 '구괘'의 끝에 위치하여 여러 사람에게서 떨어진 모습을 표현하고 있다. 그래서 효 풀이에서는 '구석'이라는 말을 사용하여 이미 앞길이 막혔으므로 '유감스럽다'라고 했다.

---

management point
곤란한 상황에 빠져 탈출구가 보이지 않을 때가 있다. 하지만 그런 가운데서도 여전히 정도를 지키고 인품과 덕을 쌓는 경영자는 예상치 못한 때에 다른 사람으로부터 도움을 얻어 결국 어려움을 헤쳐 나갈 수 있게 되어 있다.

---

* 兵馬未動 糧草先行.(병마미동 양초선행)

45. 췌괘(萃卦)
지도자의 자질

萃: 亨, 王假有廟; 利見大人, 亨利貞; 用大牲吉, 利有攸往.(췌: 형 왕격
유묘 이현대인 형리정 용대생길 이유유왕)

≪彖≫曰: "萃", 聚也; 順以説, 剛中而應, 故聚也. "王假有廟", 致孝
享也; "利見大人亨", 聚以正也. "用大牲吉, 利有攸往", 順天命也. 觀
其所聚, 而天地萬物之情可見矣!(단왈: 췌 취야 순이열 강중이응 고취야. 왕격유묘
치효향야. 이현대인형 취이정야. 용대생길 이유유왕 순천명야. 관기소취 이천지만물지정가현의)

≪象≫曰: 澤上于地, 萃; 君子以除戎器, 戒不虞.(상왈: 택상우지 췌 군자이
제융기 계불우)

▲ 萃: 모일 췌 / 假: 거짓 가, 이를 격 / 廟: 사당 묘 / 聚: 모일 취 / 説: 기쁠 열 / 牲: 희생
생 / 于: 어조사 우(=於) / 除: 섬돌 제 / 虞: 헤아릴 우

【해석】

췌괘(萃卦: 澤地萃)는 '취합'을 상징한다. 군왕이 아름다운 덕으로써 신령을
감동시켜 종묘의 제사를 보살피는데, 대인이 출연하는 것이 이롭고 앞길이
형통하나 정도를 지켜야 이롭다. 큰 희생(大牲)을 바쳐 제사를 지내면 상서로
우며 앞으로 나아감이 이롭다.

≪단전≫에서 말하기를, '췌'는 한데 모인다는 뜻이다. 아랫사람은 순종하고
윗사람은 기뻐하며, 양강한 자가 중도를 지키면서 음유한 자와 호응, 화합하
므로 대중을 모아 단결시킬 수 있다. 군왕이 미덕으로써 신령을 감동시켜

종묘의 제사를 보살피려면 선조에 대한 충효와 제사를 올림에 있어서 정성을 표현해야 한다. 대인이 출현하는 것이 이롭고 또 앞길이 형통하다는 것은 사람들을 모으고 단결할 때는 '대인'의 이끎이 있어야 정도를 지킬 수 있다는 뜻이다. 풍성한 제물로써 제사를 지내면 상서로울 수 있고 또 앞으로 나아가는 것이 이롭다는 것은, 그렇게 하는 것이 자연법칙에 순응하는 것이기 때문이다. 취합의 현상을 관찰하면 천지만물의 성정을 알 수 있다.

≪상전≫에서 말하기를, 못(澤)이 땅 위에 있음은 취합을 상징한다. 군자는 그것을 보고 병기를 손질하여 뜻밖의 변란을 경계하고 대비한다.

⑤ 주역 경영

'췌괘'는 취합한다는 뜻이다. ≪서괘전≫에서는 "서로 마주친 후('구괘'를 가리킴)에는 모이기 때문에 뒤이어 '췌괘萃卦'를 배치했다"라고 했다. 괘 풀이에서는 두 차례나 제사를 강조했는데 이는 선현들이 제사를 중심으로 모였다는 사실을 증명한다.

≪계사전≫에서는 "삼라만상은 그 성질이 유사한 것끼리 모이고, 만물은 무리를 지어 나누어 산다"*라고 했다. 이는 자연계의 만물이 취합되는 이치라고 할 수 있는데, 바로 '췌괘'에서 충분히 실현된 셈이다. '췌괘'는 자연계의 취합의 도리를 설명했을 뿐만 아니라 사람과 사람 사이의 '취합의 도'를 표현하기도 했다.

소위 '취합의 도'란 세 가지를 강조하는데, 그 세 가지는 ≪단전≫에 설명되어 있다. 첫째는 '효도'이다. 효도는 가정의 안정을 이루는 기본으로 가정이 편안해야 나라가 안정된다. 그래서 효도는 지극히 중요한 가치

---

* 方以類聚, 物以群分.(방이류취 물이군분)

이자 효도를 중시해야만 가족의 힘을 취합할 수 있다. 둘째, '취합'이란 반드시 바른 도에 부합되어야 하기 때문에 의롭지 않은 모임은 한낱 도적 패의 무리에 지나지 않는다. 셋째, 하늘의 뜻에 순응하여, 모일 때는 모이고 흩어질 때는 흩어짐으로써 하늘의 때를 거스르지 말아야 한다.

물론 사람들이 모일 때 경영자는 반드시 몸과 마음을 삼가고 신중하게 행동함으로써 속마음이 음흉한 사람이 무리를 이루어 파벌을 조성하고 반역을 조장하는 것을 막아야 한다.

그래서 ≪상전≫에서는 "군자는 그것을 보고 병기를 손질하여 뜻밖의 변란을 경계하고 대비한다"라고 했다.

---

management point

기업 내에서 직원들이 출신 지역, 출신 학교를 중심으로 모여서 무리를 이루고 계파를 조성하게 되면 내부 경영 질서가 혼란스러워질 뿐만 아니라 권력과 이익을 빼앗는 상황이 발생하기도 한다. 그래서 경영자는 신중한 태도로써 명확한 시스템과 정책을 만들어야 한다. 일단 이런 현상이 발견되면 즉시 이를 제지하고 갈등이 심화되어 기업의 경영이 혼란에 빠지는 일을 미연에 방지해야 한다.

나아갈 방향을 명확하게

初六, 有孚不終, 乃亂乃萃; 若號, 一握爲笑; 勿恤, 往无咎.(초육, 유부부
종 내란내췌 약호 일악위소 물휼 왕무구)

≪象≫曰: "乃亂乃萃", 其志亂也.(상왈: 내란내췌 기지란야)

六二, 引吉, 无咎; 孚乃利用禴.(육이, 인길 무구 부내이용약)

≪象≫曰: "引吉无咎", 中未變也.(상왈: 인길무구 중미변야)

六三, 萃如嗟如, 无攸利; 往无咎, 小吝.(육삼, 췌여차여 무유리 왕무구 소린)

≪象≫曰: "往无咎", 上巽也.(상왈: 왕무구 상손야)

▲ 禴: 종묘 제사 이름 약 / 嗟: 탄식할 차

【해석】

초육: 성실과 신의를 끝까지 유지하지 못하고 행동이 문란하여 다른 사람과
제멋대로 모이고 뭉쳐다닌다. 만일 호응하는 이에게 능히 울며 호소하면
진정한 벗과 악수하며 즐겁게 담소할 수 있으므로 걱정할 필요가 없으며
앞으로 나아가도 화는 없을 것이다.

≪상전≫에서 말하기를, 행동이 문란하고 다른 사람과 함부로 취합한다는
것은 심지가 굳지 않고 혼란스러움을 말한다.

육이: 다른 사람('구오')의 부름을 받고 서로 취합하니 상서롭고 화가 없다.
다만 성실을 다해야 하니 그렇게 하면 설령 간소한 제사라도 신령께 봉헌하
기에 이롭다.

≪상전≫에서 말하기를, 다른 사람의 부름을 받고 서로 취합하니 상서롭고

화가 없다는 것은 바른 심지가 변하지 않았음을 말한다.

육삼: 취합하려 하나 호응하는 이가 없어 끝없이 탄식하니 이로울 바가 없다. 다만 앞으로 나아가면 화는 없을 것이나 약간의 유감은 있을 것이다.

≪상전≫에서 말하기를, 앞으로 나아가면 화는 없을 것이라 함은 육삼이 위로 양강에게 순종할 수 있음을 말한다.

⑤ 주역 경영

'초육'에서는 취합할 때 반드시 성실과 신의를 지켜야 함을 강조한다. 성실과 신의가 없으면 반드시 여러 사람을 모을 수 없게 된다. 성실과 신의가 있어도 그것을 오래토록 지키지 못한다면 모였다가 흩어지고 마는 일이 반복되어 한 번의 공격에도 견디지 못하는 오합지졸의 집단이 되고 말 것이다. 어째서 초육에서는 이런 상황이 생기는 것일까? 마음의 뜻이 명확하지 않기 때문에 동요하여 성실과 신의를 지킬 수 없는 것이다.

'육이'는 자원해서 모인 것이 아니라 다른 사람이 끌어당겨 모이게 된 것이다. 그러나 하괘의 중앙에 위치하고 겸손을 유지하므로 해로울 것이 없으며 상서로울 수 있다.

'육삼'은 하괘의 끝에 위치하므로 그와 더불어 모이려는 사람이 없다. 그러나 다행히도 '구사', '구오'의 아래에 위치하므로 상위자에 순종하기만 하면 화가 없게 된다.

> *management point*
> 지도자라면 반드시 자신이 나아갈 방향을 명확하게 하여 마음의 뜻을 굳힘으로써 늘 성실과 신의를 유지해야 한다. 이렇게 해야만 사람들의 힘을 모아 한 마음으로 사업을 추진할 수 있다.

신의가 없으면 마음을 모을 수 없다

九四, 大吉, 无咎.(구사, 대길 무구)

≪象≫曰: "大吉无咎", 位不當也.(상왈: 대길무구 위부당야)

九五, 萃有位, 无咎, 匪孚; 元永貞, 悔亡.(구오, 췌유위 무구 비부 원영정 회망)

≪象≫曰: "萃有位", 志未光也.(상왈: 췌유위 지미광야)

上六, 齎咨涕洟, 无咎.(상육, 재자체이 무구)

≪象≫曰: "齎咨涕洟", 未安上也.(상왈: 재자체이 미안상야)

▲萃: 모일 췌 / 齎:가져올 재 / 咨: 물을 자(탄식함) / 涕: 눈물 체 / 洟: 콧물 이 / 涕洟(체이):
눈물을 흘리며 욺

【해석】

구사: 크게 상서로워야 화가 없을 것이다.

≪상전≫에서 말하기를, 크게 상서로워야 화가 없다는 것은 구사의 위치가
마땅치 않기 때문이다.

구오: 취합의 시기에 바른 자리를 얻으니 화가 없으나 그 덕행이 널리 민중의
마음을 얻지 못했으니 군왕으로서 영원히 정도를 지켜야 회한이 없다.

≪상전≫에서 말하기를, 취합의 시기에 바른 자리는 얻었으나 천하 만민을
취합 단결시키려는 뜻이 아직은 크게 떨쳐지지 못한다.

상육: 슬피 탄식하며 통곡하나 화는 없다.

≪상전≫에서 말하기를, 슬피 탄식하며 통곡한다는 것은 가장 높은 자신의
지위에서 편히 지내지 못함을 말한다.

⚙ 주역 경영

'구사'의 효 풀이는 다시금 음미해볼 만한 가치가 있다. '크게 길한' 다음에야 '화가 없다'고 했는데 이미 '크게 길한' 상황에서 어찌 또 '화가 없다'라고 했을까? 또한 ≪상전≫에서 '위치가 마땅하지 않다'라는 해석도 난해하긴 마찬가지다. 크게 길한 사람이 위치가 부당할 수가 있단 말인가? 원래 '구사'는 양효가 음의 위치에 놓인 것으로, 그 위치가 부당하다고 할 수 있다. 그러나 '구사'는 위치가 비교적 좋기 때문에 '초육', '육이', '육삼'을 취합할 수 있으므로 '크게 길하다'라고 한 것이다. 또한 '구사'가 세 음효와 두 개의 길한 것을 취합하므로 위험을 피할 수 있기에 '화가 없다'라고 한 것이다.

'구오'는 존귀한 자리로, 여러 사람을 취합할 수 있으나 마음에 성실과 신의가 부족하므로 '상서로울' 수가 없고 도리어 '뜻이 아직 크게 떨쳐지지 못하게' 된다. 이때는 존귀한 위치만으로 다른 사람들을 취합하기에는 부족하다. 경영자란 반드시 성실과 신의를 지켜서 오래토록 바른 도를 지켜야만 사람의 마음을 모을 수 있다.

'상육'은 괘의 가장 높은 자리에 있어서 취합할 상대가 없으므로 온종일 슬피 울며 탄식한다.

---

management point

어떤 경영자는 권력을 장악해야만 다른 사람을 리드할 수 있다고 생각한다. 그러나 이것은 잘못된 생각이다. 진정한 경영자는 성실과 신의를 바탕으로 부하 직원을 존중하는 사람이다. 경영자는 솔선수범하여 원칙을 세우고 말과 행동을 일치시켜 부하 직원의 열정과 적극성을 고취시켜야 한다.

46. 승괘(升卦)
성장과 발전

升: 元亨, 用見大人, 勿恤, 南征吉.(승: 원형 용견대인 물휼 남정길)

≪象≫曰: 柔以時升, 巽而順, 剛中而應, 是以大亨; "用見大人, 勿恤", 有慶也; "南征吉", 志行也(단왈: 유이시승 손이순 강중이응 시이대형 용견대인 물휼 유경야. 남정길 지행야)

≪象≫曰: 地中生木, 升: 君子以順德, 積小以成高大(상왈: 지중생목 승 군자이순덕 적소이성고대)

▲ 升: 되 승, 오를 승(=昇) / 用見大人(용견대인): 대인에게 등용됨 / 積: 쌓을 적

【해석】

승괘(升卦: 地風升)는 '상승'을 상징한다. 크게 형통하며 군왕 대인에게 발탁되어 등용될 것이니 근심하지 말고 남쪽으로 가면 반드시 상서로울 것이다. ≪단전≫에서 말하기를, 유순함으로 그때그때 세상에 맞추어 상승하니 정해진 도리에 부합함이요, 또한 자연에 순응함이다. 양강으로서 거중居中하며 위로 존귀한 이와 호응하니 크게 형통하다. 왕공대인에게 발탁되어 등용될 것이므로 근심하지 말라는 것은 이번 상승에는 반드시 경사스러움이 있을 것이라는 뜻이다. 남쪽으로 가면 반드시 상서로울 것이라 함은 상승하려는 뜻이 순조롭게 진행될 수 있음을 말한다.

≪상전≫에서 말하기를, 땅 속에서 나무가 자라남은 상승을 뜻한다. 군자는

그것을 보고 자신의 인품과 덕을 수양하며 작은 것부터 쌓아올려 대업을 이룬다.

☯ 주역 경영

'승괘'는 상승한다는 뜻이다. 취합('췌괘'를 말함)한 후에는 반드시 발전하게 되므로 '승괘'를 그 뒤에 배치했다. 따라서 '승괘'가 추구하는 것은, 하늘의 뜻과 시간의 흐름에 순응하여 상승하는 도리이다. '상승'은 다음 세 가지에 주의해야 한다.

첫째, 시대적인 상황과 흐름에 순응해야지 시대에 역행해서는 안 된다. 그렇지 않으면 애써 노력한 것도 헛되어 아무것도 얻는 것이 없을 것이다. 둘째, 겸손한 마음가짐으로 함부로 떠들어대서는 안 된다. 그렇지 않으면 다른 사람으로부터 배척과 압박을 받게 되어 상승세가 꺾이고 말 것이다. 셋째, '티끌모아 태산'의 도리를 기억하고, 상승한다고 해서 모든 것이 바로 이뤄지리라고 착각하지 말라. 작은 것부터 끊임없이 쌓아올려야 큰 것을 이룰 수 있으므로 조급하게 성공을 기대해서는 안 된다.

물론 '상승'의 근본적인 전제는 '덕德'이다. '덕'이 없이는 상승하여 꼭대기에 도달한다 해도 금세 추락하고 만다. 그래서 ≪상전≫에서도 "군자는 그것을 보고 자신의 인품과 덕을 수양해야 한다"라고 했다.

---

management point

작은 것에서부터 부단히 노력해야 기업도 성장할 수 있다. 따라서 경영자는 조급하게 성공을 기대한다거나 맹목적이고 충동적인 전략을 취해서도 안 된다. 오히려 조직을 안정되고 건실하게 이끌어 가면서 점진적으로 차근차근 경영해 나가야 한다.

마음을 얻어라

初六, 允升, 大吉.(초육, 윤승 대길)

≪象≫曰: "允升大吉", 上合志也.(상왈: 윤승대길 상합지야)

九二, 孚乃利用禴, 无咎.(구이, 부내리용약 무구)

≪象≫曰: 九二之孚, 有喜也.(상왈: 구이지부 유희야)

九三, 升虛邑.(구삼, 승허읍)

≪象≫曰: "升虛邑", 无所疑也.(상왈: 승허읍 무소의야)

▲ 允: 진실로 윤(마땅히) / 孚: 미쁠 부 / 禴: 종묘 제사 이름 약

【해석】

초육: 상승하기에 마땅하니 크게 상서롭다.

≪상전≫에서 말하기를, 상승하기에 마땅하니 크게 상서롭다는 것은 '초육'이 위로 두 양陽을 받들며 승진하려는 뜻에 부합함을 말한다.

구이: 마음이 진실하고 정성스러우면 간소한 제사라도 신령께 바치기 이로우니 화가 없을 것이다.

≪상전≫에서 말하기를, '구이'의 마음이 진실하고 정성스러우니 반드시 기쁨이 있을 것이다.

구삼: 상승하는 것이 마치 아무것도 없는 텅 빈 고을에 들어가는 것처럼 순조롭다.

≪상전≫에서 말하기를, 상승하는 것이 마치 아무도 없는 텅 빈 고을에 들어가는 것처럼 순조롭다는 것은 거침없고 아무 염려 없는 과감함을 말한다.

⟨⟩ 주역 경영

'초육'은 음효가 양의 자리에 있고 하괘의 맨 아래에 위치하므로 부단히 상승해야 한다. 끊임없이 재능을 끌어올려야만 주목을 받을 수 있으므로 크게 길하다.

'구이'는 양효가 음의 자리에 있으나 그 마음에 성실과 신의가 있으므로 상승할 수 있을 뿐만 아니라 봄날의 제사도 집전할 수 있다. 이처럼 '승괘'의 '구이'에서는 다시금 성실과 신의의 중요성을 강조하고 있다.

'구삼'은 곧장 상승하는 데다가 아무런 간섭도 받지 않으므로 상승 속도가 더욱 빠르다고 할 수 있다. 어째서 그게 가능할까? 왜냐하면 어떤 사람도 그를 의심하지 않기 때문이다. 그래서 신속하게 상승하고 뜻을 이루려면 반드시 다른 사람의 신임을 얻어야 한다.

---

management point

'승괘升卦'는 다시 한 번 우리에게 성실과 신의의 중요성을 강조한다. 기업이 끊임없이 성장하려면 다른 사람, 즉, 고객으로부터 신뢰를 얻어야 한다. 그리고 외부 세계의 신임을 얻을 수 있는 방법은 단 하나뿐이다. 바로 끝까지 성실과 신의를 지키는 것이다.

능력과 책임의식

六四, 王用亨于岐山, 吉, 无咎.(육사, 왕용향우기산 길 무구)

≪象≫曰: "王用亨于岐山", 順事也.(상왈: 왕용향우기산 순사야)

六五, 貞吉, 升階.(육오, 정길 승계)

≪象≫曰: "貞吉升階", 大得志也.(상왈: 정길승계 대득지야)

上六, 冥升, 利于不息之貞.(상육, 명승 이우불식지정)

≪象≫曰: "冥升"在上, 消不富也.(상왈: 명승재상 소불부야)

▲ 亨: 형통할 형, 제사 드릴 향(=享) / 岐: 갈림길 기 / 階: 섬돌 계(층계, 사닥다리) / 冥: 어두울 명 / 息: 숨쉴 식 / 消: 사라질 소

【해석】

육사: 군왕이 기산岐山에서 신령께 제사를 올리니 상서롭고 화가 없다.
≪상전≫에서 말하기를, 군왕이 기산에서 신령께 제사를 올린다는 것은, 정세情勢에 순응하여 처신하고 일을 진행함을 말한다.

육오: 정도를 지키면 상서로우니 섬돌에 올라 높은 지위에 나아간다.
≪상전≫에서 말하기를, 정도를 지키면 상서로우니 섬돌에 올라 높은 지위에 나아간다는 것은, 상승의 뜻을 크게 이룸을 말한다.

상육: 어리석게도 상승하였으니 변함없이 정도를 굳게 지키는 것이 이롭다.
≪상전≫에서 말하기를, 어리석게도 상승하여 가장 높은 자리에 올랐으니 힘써 자신을 덜어내어 가득 차지 않게 해야 한다.

ⓢ 주역 경영

'육사'는 군왕이 마땅히 해야 할 일을 하므로 상서롭고 화가 없다. 이것은 별것 아닌 것 같지만 사실은 매우 중요하다. 해야 할 일을 잘 처리해야만 성공에 한발 다가갈 수 있기 때문이다.

'육오'는 음효가 양의 위치에 있어서 겸손함을 상징하며 바른 도를 지킬 수 있다. 일단 이렇게 되기만 하면 차츰 높아져서 지속적이고 안정적으로 성장할 수 있으며, 그 뜻이 실현될 수 있다.

'상육'은 '승괘'의 끝에 위치하여 더 이상 '오를' 자리가 없게 되므로 어둠 속을 더듬을 뿐이다.

---

management point

모든 경영의 근본은 기업의 성장과 관계된 모든 일을 잘 처리하는 데 있다. 또한 경영자는 부단히 자기 자신과 부하 직원의 능력과 책임감을 높이도록 노력해야 한다.

---

47. 곤괘(困卦)
곤궁함에 대처하는 자세

困: 亨; 貞, 大人吉, 无咎; 有言不信.(곤: 형 정 대인길 무구 유언불신)

≪彖≫曰: "困", 剛揜也. 險以說, 困而不失其所亨, 其唯君子乎! "貞, 大人吉", 以剛中也; "有言不信", 尙口乃窮也(단왈: 곤 강엄야. 험이열 곤이 부실기소형 기유군자호. 정 대인길 이강중야 유언불신 상구내궁야)

≪象≫曰: 澤无水, 困; 君子以致命遂志.(상왈: 택무수 곤 군자이치명수지)

▲ 困: 괴로울 곤(괴롭다, 부족하다) / 揜: 가릴 엄(＝掩, 덮어 가림) / 說: 기쁠 열 / 遂: 이룰 수

【해석】

곤괘(困卦: 澤水困)는 '곤궁함'을 상징한다. 힘써 벗어나면 형통할 것이다. 다만 정도를 지키는 대인군자만이 상서로울 수 있고 화가 없게 된다. 곤궁한 시기에는 어떤 말을 하더라도 다른 사람이 믿을 것이라고 자신할 수 없다. ≪단전≫에서 말하기를, 곤궁함이란 양강이 음유에 가로막혀 뻗어나갈 수 없는 것이다. 험난한 환경에서도 마음이 기쁘고, 몸은 곤궁해도 형통할 방도를 잃지 않는 것은 군자만이 할 수 있는 일이다. 정도를 굳게 지키기만 하면 대인군자는 상서로울 수 있다. 곤궁한 시기에는 어떤 말을 해도 다른 사람이 믿지 않을 것이라 함은, 말만 앞세우는 것은 아무 이익이 없고 도리어 곤경 속으로 점점 더 깊이 빠져들게 할 따름이란 뜻이다.

≪상전≫에서 말하기를, 못(澤)에 물이 없는 것은 곤궁함을 상징한다. 여기서

깨달아 군자는 고귀한 생명을 버려서라도 자신의 높은 이상을 실현코자 한다.

☯ 주역 경영

'곤괘'는 비록 곤경에 처했다 하더라도 고군분투하면서 목숨을 아끼지 말아야 한다. 이런 사람이야말로 진정한 유학자이자 진정한 사회인이며 진정으로 '자강불식自强不息'하는 사람이라고 할 수 있다. 곤란한 상황에 이르면 많은 사람이 위축되며 심지어 싸우지도 않고 도망치는데 이런 사람의 앞길에는 '실패'라는 결과만 기다릴 뿐이다. 그렇다면 어떤 사람이 성공할 수 있을까? 당연히 곤란한 상황에 직면했을 때 용감하게 싸우는 사람이 성공할 것이다. '곤괘'에서는 세상 사람들에게 어려움 속에서도 정도를 지키고 고군분투해야만 최후에 승리를 거둘 수 있으며 상서로울 수 있을 것이라고 말한다.

어려운 상황에 직면하면 다음의 몇 가지를 지켜야 한다. 첫째, 정도를 지켜야 한다. 곤란한 상황에 이르렀다고 해서 도덕적 가치를 저버려서는 안 된다. 둘째, 낙관적인 태도를 잃지 말고 "내일은 오늘보다 더 나을 것이다"라는 믿음을 가져야 한다. 셋째, 적게 말하고 많이 행동하라. 이때 가장 중요한 것은 곤경에서 벗어날 때까지 행동하는 것이다.

---

management point

어려움에 직면하면 싸우지도 않고 무너지고 마는 기업이 적지 않다. 그러나 성공은 용감하게 싸우면서 어려움에 맞서 전진하는 기업의 것이다. 어려움은 두려움의 대상이 되어서는 안 된다. 두려워해야 할 것은 스스로 싸울 용기와 결심을 잃는 것이다. 성공한 사람은 모두 곤경 속에서 빠져나온 사람들로, 그들은 좌절할수록 용기를 잃지 않았고 결국 승리를 거머쥐었다.

술과 밥이 부족한 시기에는

初六, 臀困于株木, 入于幽谷, 三歲不覿.(초육, 둔곤우주목 입우유곡 삼세부적)

≪象≫曰: "入于幽谷", 幽不明也.(상왈: 입우유곡 유불명야)

九二, 困于酒食, 朱紱方來, 利用享祀; 征凶, 无咎.(구이, 곤우주식 주불방래 이용향사 정흉 무구)

≪象≫曰: "困于酒食", 中有慶也.(상왈: 곤우주식 중유경야)

六三, 困于石, 據于蒺藜; 入于其宮, 不見其妻, 凶.(육삼, 곤우석 거우질려 입우기궁 불견기처 흉)

≪象≫曰: "據于蒺藜", 乘剛也; "入于其宮, 不見其妻", 不祥也.(상왈: 거우질려 승강야 입우기궁 불견기처 불상야)

▲ 臀: 볼기 둔 / 株: 그루 주(나무 그루터기) / 覿: 볼 적 / 紱: 인끈 불(고대 제사 때 쓰던 장식용 띠) / 朱紱(주불): 붉은 띠, 인끈 / 據: 의거할 거 / 蒺: 납가새 질(풀의 종류) / 藜: 나라 이름 려 / 蒺藜(질려): 열매에 가시가 있는 일년생 식물

【해석】

초육: 엉덩이가 나무등걸에 걸려 편안히 거처할 수 없으니 하는 수 없이 깊은 골짜기로 물러나 삼 년이 되도록 얼굴을 드러내지 않는다.

≪상전≫에서 말하기를, 깊은 골짜기로 물러나는 것은 어리석고 현명하지 못하기 때문이다.

구이: 술과 밥이 부족하여 곤궁한 시기에 이르지만, 이내 영예와 봉록이 주어질 것이니 이때에는 종묘의 제사를 주관하며 신명神明의 보살핌을 구하는 것이 이롭다. 나아가면 흉하나 화는 없다.

≪상전≫에서 말하기를, 술과 밥이 부족하여 곤궁할 때는 바른 도리를 지켜야 하니 그렇게 하면 반드시 경사가 있을 것이다.

육삼: 큰 돌에 눌려 어려움을 겪고 있는데 가시나무 위에 앉았다. 집으로 돌아와도 아내를 보지 못할 것이니 흉하다.

≪상전≫에서 말하기를, 가시나무 위에 앉았다는 것은 '육삼'이 음유한 자질로 양강을 타고 누름을 말한다. 집으로 돌아와도 아내를 보지 못하는 것은 상서롭지 못한 일이다.

⑤ 주역 경영

'초구'는 음효가 양의 자리에 있으며 '곤괘'의 시작 단계에 위치하므로, 깊은 산골에 갇혀 곤경에 빠지기까지 했으니 삼 년이 되도록 헤어날 수 없는 것이다. 사실 이것은 반드시 나쁜 일은 아니다. 부단히 자신의 인품과 덕, 재능을 갈고닦아 가면서 언젠가 재능을 펼치게 될 날을 기다리는 것이다.

'구이'는 '술과 밥이 부족하여 곤궁한 시기'이다. 무릇 삶이 어려워지면 그 사람의 태도에서 절개와 지조가 드러나게 되는 법이다. 따라서 생존의 문제에 직면했을 때 흐트러지지 않고 원칙과 정도를 지키며 뜻을 잃지 않아야 결국 큰 그릇으로 성장하게 된다. 그 때문에 '곧 영예와 봉록이 이를 것이니'라고 한 것이다. 이는 은거하며 살던 제갈량이 유비의 삼고초려三顧草廬 끝에 결국 세상으로 나오게 된 것과 유사한 내용이다. 일단 세상에 나가기로 결심한 이상 반드시 위기를 만나게 되겠지만, 자신의 능력과 인품, 덕을 발판삼아 위기를 넘기고 '화가 없게' 되는 것이다.

'육삼'은 음효가 양의 자리에 있고 하괘의 끝에 위치하므로 위치가 매우 마땅하지 않다. 따라서 집으로 돌아가도 자신의 처를 보지도 못하게 되니 그 얼마나 상서롭지 못한 일인가?

> **management point**
>
> 기업이 일시적으로 실적이 떨어지더라도 조급해 할 필요가 없다. 중요한 것은 이러한 곤경에 빠져서도 경영의 도를 지키면서 줄곧 소비자의 이익을 우선시할 수 있느냐이다. 만일 일시적인 이익 때문에 비즈니스의 도덕과 기업의 이미지를 실추시키는 일을 한다면 얻는 것보다 잃는 것이 더 많게 된다.

즉시 뉘우쳐라

九四, 來徐徐, 困于金車, 吝, 有終.(구사, 내서서 곤우금거 인 유종)

≪象≫曰: "來徐徐", 志在下也; 雖不當位, 有與也.(상왈: 내서서 지재하야 수부당위 유여야)

九五, 劓刖, 困于赤紱; 乃徐有説, 利用祭祀(구오, 의월 곤우적불 내서유탈 이용 제사)

≪象≫曰: "劓刖", 志未得也; "乃徐有説", 以中直也; "利用祭祀", 受福也.(상왈: 의월 지미득야 내서유탈 이중직야. 이용제사 수복야)

上六, 困于葛藟, 于臲卼; 曰動悔有悔, 征吉.(상육, 곤우갈류 우얼올 왈동회유회 정길)

≪象≫曰: "困于葛藟", 未當也; "動悔有悔", 吉行也.(상왈: 곤우갈류 미 당야 동회유회 길행야)

▲ 徐: 천천히 서 / 劓: 코벨 의 / 刖: 벨 월 / 劓刖(의월) :코를 베이는 형벌 / 説:(=脫,벗을 탈) / 葛: 칡 갈 / 藟: 등나무덩굴 류(유) / 臲: 위태할 얼 / 卼: 위태할 올 / 臲卼(얼올): 몹시 불안해함

【해석】

구사: 천천히 내려오다가 쇠수레에 곤혹스러움을 당하니 유감스럽기는 하 나 마지막에는 좋은 결과가 있을 것이다.

≪상전≫에서 말하기를, 천천히 내려온다는 것은 '구사'가 아래의 '초육'과 호응, 화합할 뜻이 있음을 말한다. 비록 자리는 정당하지 않으나 뜻을 같이 하는 벗이 가까이 있어서 보완할 수 있다.

구오: 마음이 불안하며 높은 자리에 있어도 곤궁하나 서서히 곤경을 벗어날

수 있으니 제사를 지내 정신적 지주를 구하는 것이 이롭다.

≪상전≫에서 말하기를, 곤경에 빠져 불안해한다는 것은 아직 뜻을 이루지 못한 때임을 말한다. 서서히 곤경에서 벗어날 수 있다는 것은 '구오'가 바른 자리에 있기 때문이다. 제사를 지냄이 이롭다는 것은 그렇게 하면 신의 은택을 받을 수 있기 때문이다.

상육: 칡이나 등나무의 덩굴 사이에서 안절부절 불안해하며 곤경에 처해 있으므로 돌이켜 생각해 보아야 한다. 걸핏하면 후회를 하니 차라리 서둘러 뉘우치고 깨달아야 하며 그렇게 한 뒤 나아가면 반드시 상서로울 것이다.

≪상전≫에서 말하기를, 칡이나 등나무 덩굴 사이에서 곤경에 빠졌다는 것은 '상육'의 위치가 타당치 않음을 말한다. 걸핏하면 후회를 하니 차라리 서둘러 뉘우치고 깨달아야 한다는 것은 앞으로 나아가 필요한 행동을 하면 반드시 상서로울 것임을 말한다.

⑤ 주역 경영

'구사'는 양효가 음의 자리에 있으므로 ≪상전≫에서는 "자리가 정당하지 않다"라고 했다. 그러나 '초육'과 호응하므로 "마지막에 좋은 결과가 있다"라고 했다. 이는 곤경에 처해서도 사람들과 단결하고자 애쓰면 위아래 사람이 한마음이 되어 어려움을 헤쳐나갈 수 있다고 일깨운다.

'구오'는 지도자의 신분이므로 가장 먼저 어려움의 충격을 입게 될 것이다. 그러나 지도자로서 그것을 본체만체 할 수 없으므로, 반드시 그 자리를 지킴으로써 바른 행위를 통해 점차 어려움을 극복해야 한다. 이와 함께 제사를 통해 사람의 마음을 모으고 많은 이에게 어려운 상황이 금세 지나갈 것이라고 격려해야 한다.

'상육'은 '곤괘困卦'의 끝에 자리하여 위치가 지극히 높으므로 동요하게 되지만, 즉시 뉘우치게 되므로 결국 상서로울 수 있다.

이처럼 곤경에 처한 상황에서는 성공에 조급해하지 말고 맹목적이고 충동적으로 행동하지 말아야 한다. 그리고 잘못된 방법을 취하고 있다는 사실을 알게 되었을 때 즉시 바꾸어야 한다.

---

management point

오늘날 적지 않은 경영자가 위기상황에 부딪히면 이를 해결하기 위해 조급한 행동을 하곤 하는데 그렇게 하면 문제가 해결되기는커녕 갈수록 악화되기만 할 뿐이다. 일단 방법이 잘못되었다는 사실을 알게 되면 즉시 이를 고치고 전략을 수정하여 기업이 순조롭게 위기를 넘길 수 있게 도와야 한다.

---

48. 정괘(井卦)

우물의 덕

井: 改邑不改井, 无喪无得, 往來井井. 汔至亦未繘井, 羸其甁, 凶.(정:
개읍불개정 무상무득 왕래정정. 흘지역미율정 이기병 흉)

≪彖≫曰: 巽乎水而上水, 井; 井養而不窮也. "改邑不改井", 乃以剛
中也; "汔至亦未繘井", 未有功也; "羸其甁", 是以凶也.(단왈: 손호수이
상수 정 정양이불궁야. 개읍불개정 내이강중야 흘지역미율정 미유공야 이기병 시이흉야)

≪象≫曰: 木上有水, 井; 君子以勞民勸相.(상왈: 목상유수 정 군자이로민권상)

▲ 井: 우물 정 / 汔: 거의 흘 / 繘: 두레박줄 율 / 羸: 여윌 리(망가짐) / 甁: 병 병(항아리)

【해석】

정괘(井卦: 水風井)는 '우물'을 상징한다. 성읍은 옮길 수 있어도 우물은 옮길
수가 없으며 우물물은 아무리 퍼내도 줄지 않는다. 샘물은 쉼 없이 나오지만
넘치지 않으니 오고 가는 사람들이 모두 그 우물물을 마신다. 물을 길어올릴
때 두레박이 우물 입구를 거의 빠져나오려는 순간 뒤집히면(羸) 반드시 흉하
게 될 것이다.

≪단전≫에서 말하기를, 물 속으로 들어가 물을 위로 퍼올리는 것이 우물인
데, 우물이 사람에게 베풂은 무궁무진하다. 성읍은 옮길 수 있어도 우물을
옮길 수 없다는 것은 양강한 군자가 변함없이 바른 덕을 유지할 수 있기
때문이다. 물을 길 때 '두레박이 우물 입구를 거의 빠져나오려는 순간'이라

는 것은 우물이 사람에게 베푸는 은혜가 미처 완성되지 못한 순간이다. 만약 그때 물 긷는 두레박이 뒤집힌다면 반드시 흉하게 될 것이다.

≪상전≫에서 말하기를, 통나무 위에 물이 있음은 우물을 상징한다. 군자는 '퍼 올려져서 사람을 기르는' 우물물의 특성을 본받아, 덕으로써 백성을 기르는데 힘쓰며 또 백성들이 서로 돕도록 장려한다.

☯ 주역 경영

'정괘'에는 중요한 도리, 즉, "세상을 구하고 사람을 구제한다"라는 도리를 담고 있다. '정괘'는 우물이라는 상징을 통해서 세상과 사람을 구제하는 도리와 그 방식을 설명한다. 우선, 우물은 절대 옮길 수 있는 것이 아니다. 그것은 영원히 한 곳에 머무르며 사람들에게 베풀지만, 사람들에게 그 어떤 것도 요구하지 않는다. 이와 함께 그 대상이 누구든지 차별하지 않고 기른(養)다. ≪주역≫에서는 우물이야말로 진정 위대하다고 할 만하다고 했다. 그래서 ≪단전≫에서는 "우물이 사람을 기름은 무궁무진하다"라고 한 것이다.

이와 동시에 '정괘'에서는 '우물의 도리'의 원칙과 방법을 설명하고 있다. 첫째, 강건하고 바를 뿐 우유부단해서는 안 된다. 둘째, 중도에 포기해서는 안 된다. 셋째, 늘 삼가고 조심해야 한다.

군자는 우물의 덕을 살펴서 백성을 돌보며 그들을 권면해야 한다.

---

management point

경영자는 우물과 같은 품성을 충분히 발휘함으로써 직원들에게 늘 관심을 기울이고 그들의 노력을 칭찬하고 격려해야 한다.

우물이 맑아졌는데도 마시지 않는 것은

初六, 井泥不食, 舊井无禽.(초육, 정니불식 구정무금)

≪象≫曰: "井泥不食", 下也; "舊井无禽", 時舍也.(상왈: 정니불식 하야 구정무금 시사야)

九二, 井谷射鮒, 甕敝漏.(구이, 정곡사부 옹폐루)

≪象≫曰: "井谷射鮒", 无與也.(상왈: 정곡사부 무여야)

九三, 井渫不食, 爲我心惻; 可用汲, 王明並受其福.(구삼, 정설불식 위아심측 가용급 왕명병수기복)

≪象≫曰: "井渫不食", 行惻也; 求"王明", 受福也.(상왈: 정설불식 행측야 구왕명 수복야)

▲ 泥: 진흙 니 / 井谷(정곡): 우물 밑 물이 솟는 구멍 / 鮒: 붕어 부 / 甕: 독 옹 / 敝: 해질 폐 / 漏: 샐 루 / 渫: 칠 설(물밑을 쳐내다, 浚渫) / 惻: 슬퍼할 측 / 汲: 물 길을 급

【해석】

초육: 우물 바닥에 진흙이 쌓이면 물이 탁해져서 마실 수 없게 되고 오랫동안 돌보지 않아 폐우물이 되면 새도 찾아오지 않는다.

≪상전≫에서 말하기를, 우물 바닥에 진흙이 쌓여서 우물물을 마실 수 없게 되는 까닭은 '초육'이 음유한 데다 비천한 자리에 있기 때문이다. 또 오랫동안 돌보지 않아 폐우물이 되면 새도 찾아오지 않는다는 것은 이미 사람과 새들에게 모두 버림받았음을 말한다.

구이: 우물 밑의 샘에서 물이 솟아나기는 하지만 작은 물고기만을 기를 수

있을 뿐이다. 설령 물 긷는 항아리가 있어도 새기도 하고 깨지기도 해서 끝내 물을 길을 방법이 없다.

≪상전≫에서 말하기를, 샘에서 물이 솟아나기는 하지만 작은 물고기를 기를 수 있을 뿐이라는 것은 어디서도 도움받지 못함을 말한다.

구삼: 우물을 말끔히 청소하여 물이 맑아졌는데도 아무도 마시지 않으니 마음이 안타깝다. 서둘러 깨끗한 물을 길어 마셔야 하니 군왕이 현명하면 백성이 함께 그 복을 누릴 것이다.

≪상전≫에서 말하기를, 우물을 말끔히 청소하여 물이 맑아졌는데도 아무도 마시지 않는다는 것은 그 행위가 미처 사람들에게 이해받지 못해 몹시 안타까움을 말한다. 또한 군왕이 현명하여 구삼을 등용하고 그리하여 왕과 백성이 모두 그 복을 누릴 수 있기를 바란다.

⊙ 주역 경영

'초육'은 음효로서 괘의 맨 아래에 있으므로 그 위치가 지극히 낮다. 그래서 ≪주역≫의 저자는 '우물 바닥에 진흙이 쌓였다', '오래 돌보지 않아 폐우물이 되면 새도 찾아오지 않는다'라고 하여 우물이 쓸모없어짐을 설명했다.

'구이'는 양효가 음의 위치에 있고 위로는 '구오'와 부합하지 않으므로 호응하지 않는다.

'구삼'은 깊이 새겨볼 만한 구절이다. "우물을 청소하여도 마시지 않는다"라고 했는데 이미 깨끗해진 우물물이지만 마시는 사람이 없다는 뜻이다. 이는 인품과 덕, 재능이 매우 뛰어나 잘 알려진 사람이라 해도 재능을 발휘할 기회를 주지 않으면 마음에 상처를 받게 된다는 말이다. 따라서 '구삼'은 상위자가 자신의 재능을 발견하고 임용해 주었으면 하는 바람을

가지고 있다. '구삼'은 대표적으로 군왕을 보좌할 능력이 있으나 임용을
받지 못하고 있는 사람을 말한다.

맑고 시원한 우물물을 즐기다

六四, 井甃, 无咎.(육사, 정추 무구)

≪象≫曰: "井甃无咎", 修井也.(상왈: 정추무구 수정야)

九五, 井洌, 寒泉食.(구오, 정렬 한천식)

≪象≫曰: "寒泉之食", 中正也.(상왈: 한천지식 중정야)

上六, 井收, 勿幕; 有孚, 元吉.(상육, 정수 물막 유부 원길)

≪象≫曰: "元吉"在上, 大成也.(상왈: 원길재상 대성야)

▲ 甃: 벽돌담 추 / 洌: 맑을 렬 / 泉: 샘 천 / 幕: 막 막

【해석】

육사: 우물을 손질하면 허물이 없을 것이다.

≪상전≫에서 말하기를, 우물을 손질하면 허물이 없을 것이라고 한 것은, 지금은 우물을 수리하기만 할 뿐, 섣불리 그 물로 만물을 기르려 해서는 안 된다는 뜻이다.

구오: 우물물이 맑고 시원하니 사람들이 즐겨 마신다.

≪상전≫에서 말하기를, 맑고 시원한 우물물을 사람들이 즐겨 마신다는 것은, 구오가 양강하고 중정中正의 덕을 갖추고 있음을 말한다.

상육: 우물에서 물을 긷고 뚜껑을 덮어서는 안 된다. 우물물은 끝없이 솟아나서 언제라도 마실 수 있으니 그것을 믿어야 크게 상서롭다.

≪상전≫에서 말하기를, 상육이 윗자리에 있으며 크게 상서로우니 우물의 덕이 여기에 이르면 이미 큰 공을 이룬 것이다.

394

⑤ 주역 경영

'육사'는 현재 우물을 손질하는 중이므로, 다른 사람을 우물물로 기를 만한 단계는 아직 아니지만 준비를 하는 것이므로 허물이 없다는 것이다.

'구오'는 위치가 마땅하며 다른 사람을 기를 만한 능력과 인품, 덕을 갖추었으므로 마실 수 있을 뿐만 아니라 '구오'가 덕을 갖춘 군왕을 상징하므로 바른 도로써 백성의 삶을 안락하게 한다.

'상육'은 비록 '정괘'의 맨 위에 위치하기는 하지만 음유의 신분으로 지극히 겸손한 데다 마음에 성실과 신의가 있어서 '크게 상서롭다'라고 할 만하다. 또한 우물을 청소한 다음에는 우물 입구를 열어 사람들이 마시게 하면 사람들에게 칭송을 듣게 된다.

---

management point

지도자가 차가운 우물처럼 정도를 지키고 인품과 덕을 수양하면 직원들이 즐거운 마음으로 일하게 되므로 더 큰 이익으로 보답 받게 된다.

---

49. 혁괘(革卦)
혁신의 조건

革: 己日乃孚, 元亨, 利貞, 悔亡.(혁: 기일내부 원형 이정 회망)

≪彖≫曰: "革", 水火相息; 二女同居, 其志不相得, 曰革. "己日乃孚"

革而信之: 文明以說, 大亨以正, 革而當, 其悔乃亡. 天地革而四時成;

湯武革命, 順乎天而應乎人; 革之時大矣哉!(단왈: 혁 수화상식 이녀동거 기지

불상득 왈혁. 기일내부 혁이신지 문명이열 대형이정 혁이당 기회내망. 천지혁이사시성 탕무혁명

순호천이응호인 혁지시대의재)

≪象≫曰: 澤中有火, 革; 君子以治歷明時.(상왈: 택중유화 혁 군자이치력명시)

▲ 革: 가죽 혁 / 己: 이미 이 / 乃: 이에 내 / 息: 숨쉴 식(꺼지다, 없어지다) / 說: 기꺼울 열
/ 湯: 넘어질 탕 / 武: 굳셀 무 / 歷: 지낼 력(책력=曆)

【해석】

혁괘(革卦: 澤火革)는 '변혁'을 상징한다. 전환의 시기인 '기일(己日, 천간 甲乙丙
丁戊己庚辛壬癸 중 여섯 번째 己가 들어간 날)'에 변혁을 추진하면 사람들의 이해와
신뢰를 얻어서 크게 형통하리니, 정도를 지키면 이롭고 결국 회한이 사라진
다.

≪단전≫에서 말하기를, 개혁은 물과 불이 서로를 소멸시키고 상대를 용납
하지 못하며 두 여자가 한 집에 살고 있으나 뜻이 맞지 않아서 결국 변화가
생기는 것과 같으니 이것을 '혁革'이라고 한다. 전환의 시점인 '기일'에 변혁을

추진하고 사람들의 이해와 신뢰를 얻을 수 있다면 개혁 과정에 온 천하가 믿고 따를 것이다. 밝은 덕을 갖추면 사리를 환히 알고 인심이 따르게 되며 정도를 지킬 수 있으면 앞날이 크게 형통하리니, 이렇게 온건하고 타당하게 변혁을 추진한다면 자연히 모든 회한이 사라질 것이다. 천지가 변혁하여 사계절이 형성되고 상商의 탕왕湯王이 하夏의 걸왕桀王을 추방하고, 주周의 무왕武王이 상의 주왕紂王을 추방한 혁명은 천지자연의 법칙에 순종하고 백성의 소망에 호응한 것이다. 이처럼 시의적절한 변혁은 그 의의가 참으로 위대하다!

≪상전≫에서 말하기를, 못澤 가운데 불이 있음은 변혁을 상징한다. 군자는 그것을 보고 역법曆法을 만들어 사계절의 변화를 밝힌다.

☯ 주역 경영

'혁괘'가 말하는 것은 '변혁'의 이치로써, 이 시기에 이르면 찌꺼기는 버리고 알맹이만 취하여 새로운 방향으로 발전하게 된다. 괘 풀이에서는 두 가지 면에서 '변혁'의 도를 강조하고 있다. 첫째, 하늘의 때에 순응하고 적당한 시기를 선택하여 개혁을 일으켜야 한다. 둘째, 마음에 성실과 신의를 품어야 한다. 일단 변혁을 일으키고자 하는 지도자에게 성실과 신의가 없다면 어떠한 혁신도 성공을 거둘 수 없게 된다.

≪단전≫에서는 탕왕과 무왕의 혁명이 성공을 거둔 사례를 통하여 '변혁'의 도를 설명한다.

그렇다면 예나 지금이나 어째서 변혁이 필요한가? 예전의 사상이 아직 남아 있는 가운데 새로운 사상이 탄생하면 두 가지 사상이 공존하게 되는데, 그러면 과거의 사상을 새롭게 변모시켜야 할 필요가 있다. 여기서 주의할 점은 물론 변혁은 시대의 흐름에 맞게 이루어져야 한다. 너무 지나치게 앞서간다든가, 반대로 시대의 흐름에 역행하면 반드시 실패하고 말 것이다.

---

management point

'혁신'은 거의 모든 기업에서 강조하는 단어지만, 진정 혁신을 실행하고 성공을 거둔 기업은 얼마 되지 않는다. 혁신을 하고 싶으면 반드시 '혁괘'에서 말하는 두 가지 원칙, 즉, 시대의 흐름에 맞춰 행동하고, 성실과 신의를 지켜야 한다는 점을 반드시 지켜야 한다.

개혁의 조건

初九. 鞏用黃牛之革.(초구, 공용황우지혁)

≪象≫曰：“鞏用黃牛”, 不可以有爲也.(상왈: 공용황우 불가이유위야)

六二, 己日乃革之, 征吉, 无咎.(육이, 기일내혁지 정길 무구)

≪象≫曰：“己日革之”, 行有嘉也.(상왈: 기일혁지 행유가야)

九三, 征凶, 貞厲；革言三就, 有孚.(구삼, 정흉 정려 혁언삼취 유부)

≪象≫曰：“革言三就”, 又何之矣.(상왈: 혁언삼취 우하지의)

▲ 鞏: 묶을 공 / 革言(혁언): 변혁에 관한 여론 / 就: 이룰 취 / 之: 갈 지

【해석】

초구: 질긴 황소 가죽으로 자신을 단단히 단속해야 한다.

≪상전≫에서 말하기를, 질긴 황소 가죽으로 자신을 단단히 단속해야 한다는 것은, 조급히 성과를 내려고 해서는 안 됨을 말한다.

육이: 변환기인 '기일己日'에 과감히 변혁을 추진하면서 적극적으로 행동하면 상서롭고 화가 없을 것이다.

≪상전≫에서 말하기를, 변환기인 '기일'에 과감히 변혁을 추진하면서 적극적으로 행동하면 훌륭한 결과를 얻을 것이다.

구삼: 조급하게 행동하면 반드시 흉하니, 정도를 굳게 지키며 후환에 대비해야 한다. 개혁을 요구하는 여론이 있더라도 다각도로 검토하고 깊이 생각하면서 결정해야 사람들로부터 신뢰를 얻을 수 있다.

≪상전≫에서 말하기를, 개혁을 요구하는 여론에 대해 이미 다각도로 검토

하고 신중하게 고려했는데 구태여 조급하게 앞으로 나아갈 필요가 있겠는가?

ⓢ 주역 경영

'초구'는 '혁괘'의 가장 낮은 위치에 놓여 있으므로 행동하기에 적당하지 않지만, 나이가 어리고 충동적이어서 늘 변혁을 일으키기 원한다. 그래서 효 풀이에서는 "질긴 황소 가죽으로 자신을 단단히 단속해야 한다"라고 하면서 '초구'의 충동적인 성향과 경솔함을 다스렸다.

'육이'는 음효가 음의 위치에 있어서 위치가 마땅하며 변환기인 기일에 개혁을 추진하므로 자연히 어떠한 위험도 없이 반드시 수확이 있으리라고 했다.

'구삼'은 조심성 없이 앞으로 나아가면 분명 위기에 부딪히겠지만, 정도를 지키면 근심이 없으리라고 했다. 이와 동시에 솔선수범하면서 변혁의 시도를 다각도로 검토하면 반드시 대중의 신임과 지원을 덧입을 수 있을 것이다.

---

management point

'혁괘'는 혁신의 시도가 성공하려면 경영자 자신이 부단히 솔선수범하여 혁신의 방향이 정확함을 증명해야 한다고 했다. 경영자가 솔선수범한다면 직원들도 자연히 혁신의 중심으로 뛰어들 것이다. 왜냐하면 그렇게 해야만 직원들이 경영자에게서 말뿐이 아니라 실제 행동하려는 의지를 엿볼 수 있기 때문이다.

군자는 표변한다

九四, 悔亡, 有孚改命, 吉.(구사, 회망 유부개명 길)

≪象≫曰: "改命之吉", 信志也.(상왈: 개명지길 신지야)

九五, 大人虎變, 未占有孚.(구오, 대인호변 미점유부)

≪象≫曰: "大人虎變", 其文炳也.(상왈: 대인호변 기문병야)

上六, 君子豹變, 小人革面; 征凶, 居貞吉.(상육, 군자표변 소인혁면 정흉 거정길)

≪象≫曰: "君子豹變", 其文蔚也; "小人革面", 順以從君也.(상왈: 군자표변 기문위야 소인혁면 순이종군야)

▲ 豹: 표범 표 / 蔚: 풀이름 울, 성할 위

【해석】

구사: 회한은 사라지고 대중의 신임을 얻어 천명을 바꾸니 상서롭다.

≪상전≫에서 말하기를, 천명을 바꾸니 상서롭다는 것은, 변화와 혁신 의지에 군은 신념을 가지고 있다는 뜻이다.

구오: 대인이 변화와 혁신을 실행함은 그 도리가 마치 호랑이 무늬처럼 선명해서 점을 치지 않고도 믿을 수 있다.

≪상전≫에서 말하기를, 대인이 변혁을 실행하는 도리가 호랑이 무늬처럼 선명하다는 것은 그 덕이 밝게 드러남을 말한다.

상육: 군자는 '표범의 무늬처럼 뚜렷하게 변혁(豹變)하여' 공을 이루지만, 소인은 '겉으로만 변혁에 찬성(革面)하니' 계속해서 나아가면 흉하다. 그러나 조용히 머무르며 정도를 지켜야 상서로울 수 있다.

≪상전≫에서 말하기를, 군자가 표범의 무늬처럼 변혁하여 공을 이룬다는 것은, 대인의 노력에 힘입어 미덕이 더욱 화려하게 빛남을 말한다. 소인이 겉으로만 변혁에 찬성한다는 것은 소인은 변혁의 필요성을 진심으로 확신하지 못하면서 단지 군주의 변혁에 순종할 뿐이라는 뜻이다.

🌀 주역 경영

'구사'는 반드시 성실과 신의가 있어야만 변혁을 시도할 수 있다.

'구오'의 군왕은 강건한 의지로써 변화와 혁신을 시도해야지 우유부단해서는 안 된다. 변혁을 시도할 때 결단을 내리지 못하고 머뭇거리면 다른 사람들에게 신임을 얻을 수 없다. 사람들은 한쪽에 서서 관망하다가 변혁이 시작된 후에야 뒤늦게 변혁의 대열에 들어설 것이다. 이는 변혁을 이끄는 지도자로서 결코 보여서는 안 될 태도이다. 사람들로부터 신임을 얻으려면 변혁에 대한 자신의 구상을 명확하게 전달한 후 솔선수범하여 자기가 먼저 개혁을 위한 행동을 취해야 한다.

'상육'은 '구오'에 호응한다. 빠른 속도로 개혁하고자 하면 겉보기에는 소인들이 속속 변혁을 이루어 성과가 화려해 보일지는 모른다. 그러나 '상육'이 '혁괘'의 맨 위에 위치하므로 앞으로 계속 나아가지 못한다. 따라서 '계속해서 나아가면 흉하게' 된다.

---

management point

지도자가 개혁을 추진할 때는 반드시 우유부단한 모습을 버리고 언행일치하는 모습을 보임으로써 '개혁이 반드시 성공할 것이다'라는 결심과 의지를 대중에게 보여야 한다. 일단 이렇게 하면 아랫사람들의 지지를 얻을 뿐만 아니라 그들을 적극적으로 개혁에 참여시킬 수 있다.

---

50. 정괘(鼎卦)
사명(使命)을 지킨다는 것

鼎: 元吉, 亨.(정: 원길 형)

≪彖≫曰: "鼎", 象也: 以木巽火, 亨飪也. 聖人亨以享上帝, 而大亨以養聖賢. 巽而耳目聰明, 柔進而上行, 得中而應乎剛, 是以"元亨".

(단왈: 정 상야 이목손화 팽임야. 성인팽이향상제 이대팽이양성현. 손이이목총명 유진이상행 득중이응호강 시이원형)

≪象≫曰: 木上有火, 鼎; 君子以正位凝命.(상왈: 목상유화 정 군자이정위응명)

▲ 鼎: 솥 정(발이 셋 달린 솥) / 亨: (=烹, 삶을 팽) / 飪: 익힐 임 / 凝: 엉길 응

【해석】

정괘(鼎卦: 火風鼎)는 '솥'을 상징한다. 크게 상서롭고 형통하다.

≪단전≫에서 말하기를, 솥은 음식을 익혀 사람을 기르는 것이니 나무로 불을 피워 음식을 익힌다. 성인聖人이 음식을 익혀 하늘에 제사하고 또 음식을 풍성하게 만들어 성현을 봉양한다. 음식을 만들어 성현을 봉양하여 그들이 공손히 군왕을 보좌케 하니 군왕의 눈과 귀가 밝아진다. 군왕은 유순한 덕으로 앞으로 나아가고 위로 올라가 높이 중앙에 자리하고 또 능히 양강한 현자와 화합하니 크게 형통한 경지에 이를 수 있다.

≪상전≫에서 말하기를, 나무 위에 불이 있음은 음식을 만드는 솥을 상징한다. 군자는 생김은 반듯하고 속은 단단한 솥의 형상을 본받아 자리를 단정히

하고 사명을 엄수하여 선인의 뜻을 저버리지 않는다.

ⓢ 주역 경영

'솥'은 고대의 조리 기구 가운데 하나로 '새로운 것을 취한다'라는 뜻이다. ≪잡괘전雜卦傳≫에서 "혁革은 낡은 것을 버림이요, 정鼎은 새로운 것을 취함이다(革 去故也, 鼎 取新也)"라고 했듯이 '혁괘'가 말하고자 하는 것은 '낡은 것을 버리는 것'이고 '정괘'에서는 새로움을 취하는 것을 말한다.

'정'이 조리기구인 이상 그것은 상위자가 아랫사람을 섬기는 도리를 포함하게 된다. 따라서 ≪단전≫에서는 "음식을 풍성하게 만들어서 성현을 봉양한다"라고 했다. 일단 현명한 사람을 고용하여 자기를 위해 일하게만 한다면 천하를 다스림에 무슨 걱정이 있겠으며, 세상사를 파악하지 못한다고 무슨 걱정할 것이 있겠는가? '정괘'가 말하고자 하는 것은 '성현을 봉양하는 것'이라는 정치의 근본이다. 또한 '정'은 권력과 지위를 상징하며, 떨어져서는 제대로 설 수 없다는 특징을 지닌다. 권력과 지위는 반드시 다양한 방면의 지원을 받아야 하기에 ≪상전≫에서도 "군자는 생김이 반듯하고 속은 단단한 솥의 형상을 본받아 자리를 단정히 하고 사명을 엄수하여 선인의 뜻을 저버리지 않는다"라고 했다. 여기서 말하려는 뜻은 "군자란 반드시 그 자리를 단정히 하고 사명을 지켜야 하는데, 그렇지 않을 경우 사람들의 마음을 잃고 말 것이다"라는 것이다.

---

management point

경영자라면 '정괘'에서 다음 두 가지를 배워야 한다. 첫째, 기업에서 재능과 덕을 겸비한 인재에게 성장의 기회를 주고 더 나은 대우를 해주어야 한다는 것. 둘째, 자신이 감당해야 할 직책과 책임을 마땅히 져야 한다는 것이다.

아첨하는 무리를 구별하라

初六, 鼎顚趾, 利出否: 得妾以其子, 无咎.(초육, 정전지 이출비 득첩이기자 무구)

≪象≫曰: "鼎顚趾", 未悖也; "利出否", 以從貴也.(상왈: 정전지 미패야 이출부 이종귀야)

九二, 鼎有實: 我仇有疾, 不我能卽, 吉.(구이, 정유실 아구유질 불아능즉 길)

≪象≫曰: "鼎有實", 愼所之也; "我仇有疾", 終无尤也.(상왈: 정유실 신 소지야 아구유질 종무우야)

九三, 鼎耳革, 其行塞, 雉膏不食; 方雨虧悔, 終吉.(구삼, 정이혁 기행색 치고 불식 방우휴회 종길)

≪象≫曰: "鼎耳革", 失其義也.(상왈: 정이혁 실기의야)

▲ 顚: 꼭대기 전 / 趾: 발 지 / 妾: 첩 첩(계집종) / 悖: 어그러질 패 / 仇: 원수 구(짝, 배필)/ 卽: 곧 즉(나아가다) / 愼: 삼갈 신 /尤: 더욱 우(허물, 원망) / 塞: 막힐 색, 변방 새 / 雉: 꿩 치 / 膏: 살찔 고 / 雉膏(치고): 꿩고기 국 / 虧: 이지러질 휴(소멸함, 사라짐) / 義: (=宜, 마땅할 의)

【해석】

초육: 솥이 뒤집혀 발이 하늘을 향하게 되니, 솥 안에 있는 오래 된 음식을 버리는 것이 이롭다. 첩을 얻은 후 아들을 낳아 대를 이으니 허물이 없다. ≪상전≫에서 말하기를, 솥이 뒤집혀 솥발이 하늘을 향함이 이치에 어긋나는 것은 아니다. 솥 안에 있는 오래 된 음식을 버리는 게 이롭다는 것은, 위로 존귀한 이를 따르며 새로운 것을 받아들여야 한다는 뜻이다.

구이: 솥에 음식이 가득한데 내 짝은 병이 나서 나에게 올 수가 없으니 상서롭다.

≪상전≫에서 말하기를, 솥에 음식이 가득하다는 것은, 신중히 행동하고 잘못된 길로 들어서지 말아야 한다는 뜻이다. 내 짝이 병이 났으나 끝내 어떤 허물도 없을 것이다.

구삼: 솥귀가 변하여 행동에 방해를 받으니 들어 옮기기가 불편하다. 솥에는 비록 맛있는 음식이 있으나 아무도 먹지 못한다. 장차 음과 양이 만나 비(雨)를 이루어야 회한이 사라지고 마침내는 상서롭다.

≪상전≫에서 말하기를, 솥귀가 변했다는 것은 행위가 도리에서 벗어남을 말한다.

☯ 주역 경영

'초육'은 솥이 뒤집혀서 발이 하늘을 향하게 되었으나 솥은 여전히 설 수 있다. 이때는 순서를 조정하여 과거의 것을 버리고 새로운 것을 맞이하는 것이 이로우므로, '허물이 없다'라고 한 것이다. "솥 안에 있는 오래된 음식을 버리는 것이 이롭다"라는 것은 솥발에 반드시 주된 것과 부수적인 것의 구분이 있어야 한다는 뜻이다.

'구이'의 효 풀이는 두 부분으로 나뉜다. 첫째, 솥에 음식이 가득한 것은 좋은 일이지만 ≪상전≫에서는 "신중히 행동하고 잘못된 길로 들어서지 말아야 한다"라고 했다. 그것은 왜인가?

첫째, 많은 사람이 재물을 얻고 나면 그것을 대충대충 아무렇게나 분배하기 때문이다. 그러다보면 자칫 현명하고 재능 있는 사람에게는 그 혜택이 미치지 못하게 되는 반면, 소인이나 간신배들이 지나치게 많은 재물을 얻게 되는 상황이 발생한다. 둘째, '내 짝이 병이 나게 되었으며' 경쟁 상대도 병들기 때문이다. 그러나 경쟁 상대가 질병을 얻게 되는지의 여부에 관계없이 자신의 인품과 덕을 가꾸어 가는 것을 결코 멈춰서는 안 된다. 그래서 ≪상전≫에서는 '상서롭다'라고 하지 않고 '끝내 어떤 허물도 없을 것이다'라고 강조한 것이다. 이것은 일종의 경고이자 일깨움이다.

'구삼'에서 '솥귀'는 권력의 상징이므로, 솥귀를 없애면 자연히 솥도 상징적인 의미를 잃게 된다. 그러나 다행히도 '구삼'은 즉시 뉘우치고 처신 방법을 바꾸어 결국 상서로울 수 있다.

---

management point

기업이 어느 정도 성공을 거둔 후에는 그 혜택을 직원들과 공정하게 나누어야 한다. 그리고 반드시 재능과 덕을 겸비한 인재를 선발하고 적재적소에 임용하여야 한다. 그렇지 않으면 이득을 바라고 몰려드는 아첨하는 무리의 교언영색에 빠져 위기에 봉착할 수 있다.

능력에 맞게 임용한다

九四, 鼎折足, 覆公餗, 其形渥, 凶. (구사, 정절족 복공속 기형악 흉)

≪象≫曰: "覆公餗", 信如何也! (상왈: 복공속 신여하야)

六五, 鼎黃耳金鉉, 利貞. (육오, 정황이금현 이정)

≪象≫曰: "鼎黃耳", 中以爲實也. (상왈: 정황이 중이위실야)

上九, 鼎玉鉉, 大吉, 无不利. (상구, 정옥현 대길 무불리)

≪象≫曰: "玉鉉"在上, 剛柔節也. (상왈: 옥현재상 강유절야)

▲ 折: 꺾을 절 / 覆: 뒤집힐 복 / 餗: 죽 속(솥 안에 든 음식) / 渥: 두터울 악(젖다) / 鉉: 솥귀
고리 현 / 節: 마디 절(규칙, 제도, 조절함)

【해석】

구사: 솥이 무게를 이기지 못해 발이 부러져 넘어져서 왕공들의 음식이 모두
쏟아지고 솥의 몸통까지 젖으니 흉하다.

≪상전≫에서 말하기를, 왕공들의 음식이 모두 쏟아지고 솥의 몸통까지 젖
었으니 어떻게 신임을 얻겠는가?

육오: 솥에 황색 귀가 있고 단단한 쇠고리를 끼웠으니 정도를 지키는 것이
이롭다.

≪상전≫에서 말하기를, 솥에 황색 귀가 있음은 바른 덕을 갖추었음을 말한
다.

상구: 솥이 옥고리를 갖추었으니 크게 상서롭고 이롭지 않음이 없다.

≪상전≫에서 말하기를, 솥에 옥고리가 갖추어져 있다는 것은 능히 강함과

부드러움을 조절하여 조화시킬 수 있음을 말한다.

ⓢ 주역 경영

'구사'는 양효가 음의 자리에 있어서 위치가 적당하지 않으며 '육오'에 바싹 붙어 있어서 '육오'와 호응할 수 있다.

또한 "왕공들의 음식이 모두 쏟아졌다"라는 것은 중용되었지만 일을 성공시키지 못하고 오히려 망쳤다는 뜻이다. 여기서는 다음과 같은 결론을 얻을 수 있다. 즉, '구사'는 능력이 없어도 상위자의 신임을 얻은 사람을 말한다. 그러나 요직에 임용된 후에는 일을 제대로 처리하지 못해 결국 '솥의 몸통까지 젖게 되는' 결말을 맺고 만다. 이렇게 되면 '육오'의 신임은 또 어떻게 되겠는가?

'육오'는 황색의 솥귀가 있는데 황색은 제왕의 색상인 데다 '육오'에서 '육六'은 음陰을 가리키므로 겸손의 미덕을 지킬 수 있기 때문에 '허물이 없게' 된다.

'상구'는 높은 자리에서 대중을 섬길 수 있으며 하위자와 호응하니 크게 상서롭다.

---

management point

경영자는 자신과 가까운 사람을 임용하기를 좋아하는데, 이 자체는 나쁜 일이 아니다. 그러나 일단 능력을 무시하여 맹목적으로 친한 사람만을 임용하게 되면 중요한 일을 처리하는 과정에서 어려운 일에 부딪히게 될 것이며 기업의 앞길에 숨은 화근이 될 뿐이다.

---

51. 진괘(震卦)

성찰과 수양

震: 亨. 震來虩虩, 笑言啞啞; 震驚百里, 不喪匕鬯.(진: 형. 진래혁혁 소언액액 진경백리 불상비창)

≪彖≫曰: 震, 亨. "震來虩虩", 恐致福也; "笑言啞啞", 後有則也. "震驚百里", 驚遠而懼邇也; 出, 可以守宗廟社稷, 以爲祭主也.(단왈: 진 형. 진래혁혁 공치복야 소언액액 후유칙야. 진경백리 경원이구이야. 출 가이수종묘사직 이위제주야)

≪象≫曰: 洊雷, 震; 君子以恐懼修省.(상왈: 천뢰 진 군자이공구수성)

▲ 震: 벼락 진 / 虩: 두려워하는 모양 혁 / 笑: 웃을 소 / 啞: 벙어리 아, 깔깔 웃을 액 / 驚: 놀랄 경 / 匕: 비수 비(국자나 숟가락 따위. 제사 때 쓰는 그릇) / 鬯: 울창주 창(신에게 바치는 향기 나는 술) / 懼: 두려워할 구 / 邇: 가까울 이 / 洊: 이를 천(재차, 거듭) / 省: 살필 성(성찰)

【해석】

진괘(震卦: 震爲雷)는 '천둥의 진동'을 상징한다. 형통하다. 천둥이 치면 사람들이 모두 두려움에 떨지만 본래 경계심이 많고 조심스러운 사람은 천둥소리에 놀라지 않고 태연히 웃으며 말한다. 이는 마치 종묘의 제사를 주재하는 제주祭主가 천둥소리가 백리百里를 놀라게 할 때도 손에 든 제기와 술을 놓치지 않는 것과 같은 모습이다.

≪단전≫에서 말하기를, 천둥이 진동하니 형통하다. 천둥이 치면 사람들이 모두 두려움에 떤다는 것은, 그렇게 두려워 떨면서 삼가고 조심하면 오히려

복을 받을 수 있다는 뜻이다.

천둥소리에 놀라지 않고 태연히 웃고 말할 수 있다는 것은, 두려워하고 삼가며 조심하면서 법도를 지켜 행동하게 되므로 평상심을 잃게 되지 않는다는 뜻이다.

천둥소리가 백리 밖까지 놀라게 한다는 것은 먼 곳과 가까운 곳을 막론하고 온통 놀라고 두려워함을 뜻한다. 이때 군왕이 문을 나가서 도성 밖에 있더라도 군왕을 계승할 장자가 도성에 남아 종묘사직을 지키며 종묘 제사의 제주가 된다.

≪상전≫에서 말하기를, 천둥이 두 번 연달아 울림은 진동을 상징한다. 군자는 그것을 듣고는 놀라고 두려워서 자신을 수양하고 잘못을 성찰한다.

◎ 주역 경영

'진괘'는 깊은 도리를 서술하고 있다. 몸은 공포와 두려움 가운데 있더라도 마음을 삼가고 조심하면 형통하고 크게 길할 수 있다는 것이다. 사람이 늘 위기의식을 가지고 삼가고 신중하게 되면 일생에 걸쳐 평안을 얻게 되는 이치이다.

이와 함께 '진괘'에서는 일종의 '정치의 도'를 서술하고 있다. 위엄을 세워 백성을 벌벌 떨게 만들어 마음에 두려움을 주면 군주 자신이 외부에 출타하거나 전쟁에 출정하여도 그 자식이 마찬가지로 나라를 잘 다스리게 된다.

하지만 고대에서는 이러한 방식이 통했을지 모르나 오늘날 기업의 경영 과정에서는 통하지 않는 방식이다. 경영자가 위엄을 세우고자 직원들의 마음에 두려움을 심으려 한다면 사람들은 결국 모두 떠나고 회사는 성장은커녕 빈 껍데기만 남게 되기 때문이다.

≪상전≫의 말처럼 우리는 시시각각 조심하고 삼가면서 부단히 자신의 인품과 행동을 갈고 닦아야 할 것이다.

> **management point**
>
> 경영자가 늘 위기의식을 가지고 세심하게 숙고하고 계획을 세워야만 모든 정책이 제대로 추진되고 기업이 성장하게 된다.

천둥이 울릴 때는

初九, 震來虩虩, 後笑言啞啞, 吉.(초구, 진래혁혁 후소언액액 길)

≪象≫曰: "震來虩虩", 恐致福也; "笑言啞啞", 後有則也.(상왈: 진래혁혁 공치복야 소언액액 후유칙야)

六二, 震來厲: 億喪貝, 躋于九陵, 勿逐, 七日得.(육이, 진래려 억상패 제우구릉 물축 칠일득)

≪象≫曰: "震來厲", 乘剛也.(상왈: 진래려 승강야)

六三, 震蘇蘇, 震行无眚.(육삼, 진소소 진행무생)

≪象≫曰: "震蘇蘇", 位不當也.(상왈: 진소소 위부당야)

▲ 貝: 조개 패(고대의 화폐) / 躋: 오를 제 / 蘇蘇(소소): 불안한 모양 / 眚: 눈에 백태 낄 생(잘못)

【해석】

초구: 천둥이 칠 때는 모든 사람이 두려워하지만 그런 뒤에 침착하고 태연하게 담소할 수 있다면 상서로울 것이다.

≪상전≫에서 말하기를, 천둥이 칠 때 모든 사람이 두려워한다는 것은, 그렇게 두려워하여 삼가고 조심하여 능히 복을 받을 수 있음을 말한다. 천둥이 진동하는데도 침착하고 태연하게 담소할 수 있다는 것은, 삼가고 조심하여 이후로 능히 법도를 지키고 평정심을 잃지 않을 수 있다는 말이다.

육이: 천둥이 치고 위험한 가운데 많은 재물을 잃게 되지만 미련 없이 훌쩍 떠나 높은 언덕으로 올라가고 잃은 재물은 찾지 말아야 하니 이레가 지나면 잃은 것을 다시 얻을 것이다.

≪상전≫에서 말하기를, 천둥이 치고 위험하다는 것은 음유인 '육이'가 양강을 타고 누름을 말한다.

육삼: 천둥이 진동하니 두렵고 불안한데 이때 천둥소리로 말미암아 능히 조심하고 경계하며 앞으로 나아가면 허물이 없을 것이다.

≪상전≫에서 말하기를, 천둥이 진동하니 두렵고 불안하다는 것은 '육삼'의 현재 위치가 마땅하지 못함을 말한다.

☯ 주역 경영

'초구'는 한 나라의 군주와 백성의 가장 낮은 자리에 위치하므로 군왕의 명령을 듣고 허둥대고 불안해한다. 일단 불안해하면 신중하게 일을 하게 되고, 어디서나 조심하게 된다. 그런 다음에는 웃음이 끊이지 않게 되는데, 여기서 평민의 신분은 나름의 유익이 있음을 알 수 있다.

'육이'는 비록 하괘의 가운데에 있지만 음의 부드러움이 양의 강건함을 올라타고 있으니 위험하며 훗날 큰 손실이 있을 형상이다. 그러나 진동하는 가운데서 신중함을 유지할 수만 있다면 결국 잃음이 있어도 회복하게 될 것이기에 '허물이 없다'라고 했다.

'육삼'은 하괘의 끝자리에 위치하여 아래로는 강건함을 올라타지 않고 위로는 양을 받들고 있으니 또한 위험과 두려움을 품은 마음이다. 신중하게 행동하면 결국 위험을 피할 수 있을 것이다. 사람이 시시각각 자신의 인품과 행동을 닦으면서 조심스레 행동한다면 무슨 위험이 있겠는가?

---

management point

어느 지위에 있든지 부단히 자신을 수양하고 능력을 키워나가며 신중하게 행동한다면 자연히 화를 피하고 결국엔 성공을 거머쥐게 된다.

고객의 이익이 무엇인가?

九四, 震遂泥.(구사, 진수니)

≪象≫曰: "震遂泥", 未光也.(상왈: 진수니 미광야)

六五, 震往來厲; 億无喪, 有事.(육오, 진왕래려 억무상 유사)

≪象≫曰: "震往來厲", 危行也; 其事在中, 大无喪也.(상왈: 진왕래려 위
행야 기사재중 대무상야)

上六, 震索索, 視矍矍, 征凶; 震不于其躬, 于其隣, 无咎; 婚媾有言.(상
육, 진삭삭 시확확 정흉 진불우기궁 우기린 무구 혼구유언)

≪象≫曰: "震索索", 未得中也; 雖凶无咎, 畏隣戒也.(상왈: 진삭삭 미득
중야 수흉무구 외린계야)

▲ 遂: 이를 수(성취하다, 마치다) / 泥: 진흙 니 / 索: 찾을 색, 동아줄 삭 / 索索(삭삭): 겁에
질려 걸음이 얼어붙은 모양 / 矍: 두리번거릴 확 / 躬: 몸 궁(자기 자신) / 隣: 이웃 린

【해석】

구사: 천둥이 진동할 때 놀라 허둥대다가 진창에 빠진다.

≪상전≫에서 말하기를, 천둥이 진동할 때 놀라 허둥대다가 진창에 빠진다
는 것은, 구사의 양강한 덕이 크게 드러나지 못함을 말한다.

육오: 천둥이 진동할 때는 오르고 내림, 가고 옴이 모두 위험하다. 오직 조심
또 조심하며 중용의 도를 지킬 수 있어야만 실수를 방지하고 종묘사직을
길이 보전할 수 있다.

≪상전≫에서 말하기를, 천둥이 진동할 때는 오르고 내림, 가고 옴이 모두
위험하다는 것은, 두려운 마음으로 신중히 나아가야 함을 말한다. 모든 일과

행동이 신중하게 중용의 도를 지키는 데 달렸으니 그렇게 하고서 나아가면 잘못이 없을 것이다.

상육: 천둥이 진동할 때 지나치게 두려워하면 걸음을 옮기지 못하고 두 눈을 두리번거리며 마음이 불안하니 이럴 때 움직이면 반드시 흉하다. 천둥이 아직 내 몸에 미치지 않고 이웃에 이르렀을 때 미리 대비하고 경계하면 허물이 없을 것이다. 음양의 결합을 이루려 하면 장차 불필요한 말이 많아질 것이다.

≪상전≫에서 말하기를, 천둥이 진동할 때 지나치게 두려워하여 걸음을 옮기지 못한다는 것은, 중용의 도를 터득하지 못했음을 말한다. 비록 흉하나 허물이 없다는 것은 이웃이 재난을 당하는 것을 보고 두려워하여 경계하고 대비할 수 있음을 말한다.

주역 경영

'구사'는 천둥의 진동 때문에 놀라서 허둥대다가 진창에 빠지니 난감한 상황이라고 할 수 있다.

'육오'는 진동 가운데서 위기를 만나게 되는 사람은 누구든 관계없이 위험하며, 또는 군왕이 다른 사람을 벌벌 떨게 만들어서 위엄을 세우는 행위도 위험하다고 생각한다. 이렇게 하면 설령 큰 피해는 없다 하더라도 사람들의 마음을 불안하게 하고 불필요한 분쟁이 생길 것이다. 그래서 ≪상전≫에서는 이것이 위험한 행위이며 반드시 중용의 도를 지켜야 한다고 했다.

'상육'은 행운이라고 할 수 있는데, 이웃이 천둥의 진동으로 피해를 입었어도 자신만큼은 미리 경고를 받아서 다행스러운 결과를 맺게 되었기 때문이다.

management point

기업이 천둥의 진동과 같은 갑작스럽고 충격적인 위기에 봉착하게 되면, 그
것을 수습하느라 허둥대다가 오히려 더 깊은 수렁에 빠질 수 있다. 이럴 때
는, 반드시 무모하게 벗어나려고 하지 말고 경영의 정도를 지켜서 "고객의
이익이 무엇인가?" 라는 측면에서 원점에서부터 풀어나가야만 순조롭게 난
관을 극복할 수 있다.

52. 간괘(艮卦)
멈춤의 도

艮: 艮其背, 不獲其身, 行其庭, 不見其人, 无咎.(간: 간기배 불획기신 행기정
불견기인. 무구)

≪彖≫曰: "艮", 止也. 時止則止, 時行則行; 動靜不失其時, 其道光
明. 艮其止, 止其所也. 上下敵應, 不相與也, 是以"不獲其身, 行其庭,
不見其人, 无咎"也.(단왈: 간 지야. 시지즉지 시행즉행 동정부실기시 기도광명. 간기지
지기소야. 상하적응 불상여야 시이불획기신 행기정 불견기인 무구야)

≪象≫曰: 兼山, 艮; 君子以思不出其位.(상왈: 겸산 간 군자이사불출기위)

▲ 艮: 그칠 간 / 庭: 뜰 정 / 兼: 겸할 겸

【해석】

간괘(艮卦: 艮爲山)는 '적당한 때에 멈춤'을 상징한다. 등(背)에서 멈추니 자신
을 보지 못하고, 뜰을 걸으면서 상대와 등져 그 사람도 보지 못하니 허물이
없다.

≪단전≫에서 말하기를, '간'은 멈춤의 뜻이다. 멈춰야 할 때는 멈추고 가야
할 때는 감으로써, 가고 멈춤이 모두 제때를 놓치지 않으면 멈춤의 도가
저절로 찬란히 빛난다. '간'은 멈춤이니 마땅한 곳에서 멈추어야 할 것이다.
이 괘의 여섯 효는 아래, 위로 둘씩 적대 관계를 이루어 서로 왕래하지 못하고
제자리에 멈추어 서 있다. 이 때문에 자신을 보지도 못하고 또 상대에게

등을 돌리고 뜰을 걸으니 그 사람도 보지 못하므로 허물이 없는 것이다. 《상전》에서 말하기를, 두 산이 나란히 서 있음은 멈춤을 상징한다. 군자는 그것을 보고 적절한 데서 생각을 멈추어 본래의 지위를 벗어나지 않는다.

🌀 주역 경영

'간괘'에서 말하는 것은 '멈춤'의 도이다. 언제 나아가야 할지, 언제 멈춰서야 할지는 성공을 거머쥐기 위해 반드시 알아야 할 규칙들이다. '간괘'는 이처럼 '어떻게 멈춰야 할지'를 알려준다.

사물에는 반드시 고유한 발전 법칙이 있다. 이러한 법칙에는 반드시 물결치듯 출렁이는 굴곡이 있게 마련이다. 그러므로 사람들은 이런 흐름의 리듬을 타면서 전진해야 한다. 기복이 있으면 반드시 움직임과 멈춰섬, 나아감과 물러섬이 있으므로 나아갈 때 나아가고 물러설 때 물러설 줄 알아야 순조롭게 성공할 수 있다.

'간괘'의 핵심은 '멈춰 섬'이다. 그러므로 《상전》은 우리에게 "본래의 지위를 벗어나지 않는다"라고 가르치는 것이다. 이는 《논어》의 "그 자리에 있지 않으면 그 자리의 일에 신경 쓰지 마라(不在其位, 不謀其政)"라는 구절과 같은 이치다. 당신의 생각이 자신의 직무 범위를 넘어서는 것일 때는 다른 사람으로부터 의심과 배척을 받을 수 있다. 이러한 행동은 '간괘'에서 전달하고자 하는 '멈춰 섬'의 도리에 부합하지 않는다.

---

management point

자신의 재능을 충분히 발휘할 만한 업무 환경이 아니라면 이미 주어진 일이라도 최선을 다해 마무리하려고 노력해야 한다. 이럴 때일수록 괜히 남의 일에 참견하다가 불필요한 오해와 충돌을 빚어내지 않도록 주의해야 한다.

행동은 과감하게

初六, 艮其趾, 无咎, 利永貞.(초육, 간기지 무구 이영정)

≪象≫曰: "艮其趾", 未失正也.(상왈: 간기지 미실정야)

六二, 艮其腓, 不拯其隨, 其心不快.(육이, 간기비 부증기수 기심불쾌)

≪象≫曰: "不拯其隨", 未退聽也.(상왈: 부증기수 미퇴청야)

九三, 艮其限, 列其夤, 厲薰心.(구삼, 간기한 열기인 여훈심)

≪象≫曰: "艮其限", 危薰心也.(상왈: 간기한 위훈심야)

▲ 腓: 장딴지 비 / 拯: 건질 증 / 隨: 따를 수 / 快: 쾌할 쾌 / 列: 벌릴 렬(=裂, 찢을 렬) / 夤: 조심할 인(연관되다) / 薰: 향풀(香草) 훈

【해석】

초육: 발에서 멈추니 화가 없으나 오래도록 정도를 지킴이 이롭다.

≪상전≫에서 말하기를, 발에서 멈춘다는 것은 정도를 잃지 않음을 의미한다.

육이: 장딴지에서 멈추어서 다른 사람을 구제하지 못하고 오히려 그 사람을 따라가 멈추니 자연히 마음이 유쾌하지 못하다.

≪상전≫에서 말하기를, 다른 사람을 구제하지 못하고 오히려 그 사람을 따라가 멈추는 것은 그 사람이 '육이'의 말을 듣지 않기 때문이다.

구삼: 허리에서 멈추어 상체와 하체의 연결을 끊으니 그 위험이 마음을 태우는 듯하다.

≪상전≫에서 말하기를, 허리에서 멈춘다는 것은 지금 닥친 위험이 마음을

태우는 듯함을 말한다.

초육은 가장 하단에 위치하므로 정도를 유지하고 경솔한 행동을 삼가야 하므로 '정도를 잃지 않는다'라고 했다.

'육이'는 위로는 '구삼'을 짊어지고 있어, 행동을 하는데 견제를 받으므로 마땅히 따라야 할 사람을 따르지 못한다. '육이'는 하괘의 중앙에 위치하므로 위험이 없으나 이 때문에 마음이 유쾌하지 못하다.

'구삼'은 중대한 거동을 해야 하는데 허리에서 견제를 받으므로 결국 '상체와 하체의 연결을 끊게' 되는데 이는 매우 큰 상처라고 할 수 있다. 그러나 무엇보다도 사람의 마음을 아프게 하는 것은 해야 할 일을 하지 못하여 애가 타는 듯하다는 점이다.

---

management point

행동을 취해야 할 때는, 과감하게 나아가 행동하여야 한다. 만일 그렇게 하지 않으면 후회와 아쉬움만 남을 뿐이다.

말은 신중하게

六四, 艮其身, 无咎.(육사, 간기신 무구)

≪象≫曰 : "艮其身", 止諸躬也.(상왈: 간기신 지제궁야)

六五, 艮其輔, 言有序, 悔亡.(육오, 간기보 언유서 회망)

≪象≫曰 : "艮其輔", 以中正也.(상왈: 간기보 이중정야)

上九, 敦艮, 吉.(상구, 돈간 길)

≪象≫曰 : "敦艮之吉", 以厚終也.(상왈: 돈간지길 이후종야)

▲ 諸: 모든 제(저) / 輔: 덧방나무 보, 광대뼈 보 / 敦: 도타울 돈

【해석】

육사: 몸에서 멈추어 함부로 움직이지 않게 하니 허물이 없다.

≪상전≫에서 말하기를, 몸에서 멈추어 함부로 움직이지 않게 한다는 것은, 스스로 자신을 억제하여 제자리를 지킬 수 있음을 말한다.

육오: 입에서 멈추어 함부로 말하지 않게 하여 말에 조리가 있으니 회한이 저절로 사라진다.

≪상전≫에서 말하기를, 자신의 입에서 멈추어 함부로 말하지 않게 한다는 것은, 중용의 덕을 갖추고 있음을 말한다.

상구: 멈춤을 더욱 돈독하게 하니 상서롭다.

≪상전≫에서 말하기를, 멈춤을 더욱 돈독하게 하니 상서롭다는 것은 독실하고 후덕한 품성을 갖추고 있어 끝까지 멈출 수 있음을 말한다.

⑤ 주역 경영

'육사'는 자기 자신이 스스로 멈춰 서게 되므로 허물이 없다고 했는데, 이는 자기가 원해서 멈춰 선 것이다.

'육오'는 음효가 군왕의 지위에 있으므로 터무니없는 말을 하지 말고 자기의 신분에 걸맞지 않은 말을 해서는 안 된다. 따라서 자기 입에서 나오는 말을 통제하고 사려 깊게 말해야 후회가 생기지 않는다. 이 때문에 ≪상전≫에서는 "중용의 덕을 갖추고 있다"라고 했다.

'상구'는 '간괘'의 끝에 위치하므로 멈춰서야 할 때는 멈춰서고 인품과 덕을 두텁게 하라고 했는데, 결코 쉽지 않은 일이지만 그렇게만 된다면 상서롭다고 했다.

---

management point

기업 경영의 기본은 '소통(communication)'에 있고, '소통'의 근본은 '말(言)'에 있다. 그리고 오늘날 소통의 중요성, 즉 '말'의 중요성은 날로 강조되고 있다. 경영자라면 마땅히 불필요하고 터무니없는 말을 삼가고 핵심과 본질만을 말함으로써 부질없는 설화舌禍에 휩싸이지 않도록 늘 조심해야 한다.

53. 점괘(漸卦)
한발 한발 나아가다

漸: 女歸吉, 利貞.(점: 여귀길 이정)

≪象≫曰: 漸之進也, 女歸吉也. 進得位, 往有功也; 進以正, 可以正邦也. 其位, 剛得中也; 止而巽, 動不窮也(단왈: 점지진야 여귀길야. 진득위 왕유공야 진이정 가이정방야. 기위 강득중야 지이손 동부궁야)

≪象≫曰: 山上有木, 漸; 君子以居賢德善俗.(상왈: 산상유목 점 군자이거현덕선속)

▲ 漸: 점차 점 / 歸: 돌아갈 귀(시집가다) / 善: 착할 선(개선함) / 俗: 풍속 속

【해석】

점괘(漸卦: 風山漸)는 '조금씩 나아감'을 상징한다. 여자가 시집갈 때는 예법에 따라 차근차근 나아가는 것이 상서로우며 정도를 지키는 것이 이롭다.

≪단전≫에서 말하기를, 점진적으로 나아간다는 말은 여자가 출가할 때 예법에 따라 점진적으로 나아가니 상서롭다는 말이다. 이때 점진적으로 나아가 바른 자리를 얻는다는 것은 앞으로 나아가 공을 세운다는 의미이다. 나아가면서 정도를 지키면 나라를 바로잡을 수 있다. 점진적으로 나아가 존귀한 자리에 있음은 그가 양강이면서 중용의 미덕까지 겸비했기 때문이다. 조용히 머무르며 유순하니 행동할 때 곤경에 빠지지 않는다.

≪상전≫에서 말하기를, 산 위에 나무가 자라니 '점진漸進'을 상징한다. 군자

는 그것을 보고 점차 어진 덕을 쌓아가고 또 사회 풍속을 개선한다.

☯ 주역 경영

'점괘漸卦'는 말 그대로 "순서에 따라 점진적으로 나아간다"는 뜻이다. 《서괘전》에서는 "사물이 끝까지 멈춰 있을 수만은('간괘'를 말함) 없기 때문에 뒤이어 '점괘'를 배치했다. '점'은 나아가는 것이다"라고 했다. '간괘'는 '멈춰 섬'을 말하고 '점괘'에서는 '나아감'을 논하는데, 그렇다면 어째서 '점괘'의 이름에 나아간다는 의미의 '진進'을 사용하지 않았을까? 그것은 '점괘'가 전달하고자 하는 내용이 '점진적으로 나아감'이라는 의미일 뿐 '급하게 나아감'이 아니기 때문이다.

'점진적'이라는 것은 순서에 따라 한발 한발 나아가는 것이지 경솔하게 전진하는 것이 아니며, 단번에 성공하고자 하는 것은 더더욱 아니다. '점괘'는 우리에게 학문이든 창업이든 순서에 따라 성실하게 차근차근 해나가는 태도가 필요하다고 말한다. 천천히 차근차근 기반을 쌓아야 기대했던 대로의 성과를 거둘 수 있다는 것이다.

《상전》에서는 "군자는 그것을 보고 점차 어진 덕을 쌓아가고 또 사회 풍속을 개선한다"라고 했다. 가장 먼저 '어진 덕을 쌓은' 다음에야 '풍속을 개선할 수 있게' 되는 셈이다.

---

management point

개인과 마찬가지로 기업도 하루아침에 성공을 이룰 수는 없다. 기업 전체의 구성원이 공동으로 노력하여 경영의 도에 따라 점진적으로 성장의 도를 추구할 때 이뤄질 수 있는 일이다. 정상적인 방법을 통하지 않고 성장하고자 하면 급하게 하려다가 일을 그르치게 되어 결국 기업에 피할 수 없는 번거로움과 좌절을 초래할 수 있다.

어린 사람에게 원망을 듣다

初六, 鴻漸于干: 小子厲, 有言, 无咎.(초육, 홍점우간 소자려 유언 무구)

≪象≫曰: "小子之厲", 義无咎也.(상왈: 소자려 의무구야)

六二, 鴻漸于磐, 飮食衎衎, 吉.(육이, 홍점우반 음식간간 길)

≪象≫曰: "飮食衎衎", 不素飽也.(상왈: 음식간간 불소포야)

九三, 鴻漸于陸, 夫征不復, 婦孕不育, 凶; 利御寇.(구삼, 홍점우륙 부정불복 부잉불육 흉 이어구)

≪象≫曰: "夫征不復", 離群醜也; "婦孕不育", 失其道也; "利用御寇", 順相保也.(상왈: 부정불복 이군추야 부잉불육 실기도야 이용어구 순상보야)

▲ 鴻: 큰 기러기 홍 / 干: 방패 간(물가, 강기슭) / 磐: 너럭바위 반 / 衎: 즐길 간 / 衎衎(간간): 즐거운 모양 / 飽: 물릴 포(싫증나다) / 孕: 아이 밸 잉 / 御: 모실 어(=禦, 막을 어) / 醜: 추할 추(무리) / 保: 지킬 보

【해석】

초육: 큰 기러기가 날아서 차츰차츰 물가로 다가온다. 무지하고 어린 사람에게 원망과 비방을 듣게 되지만, 화는 없다.

≪상전≫에서 말하기를, 무지하고 어린 사람에게 원망을 듣게 되지만 천천히 나아가며 조급해 하지 않으니 화를 부르지는 않을 것이다.

육이: 큰 기러기가 점차 날아서 물가의 너럭바위에 이르니, 든든하고 안전하며 또한 음식을 먹고 마시며 즐겁고 편안하니 상서롭다.

≪상전≫에서 말하기를, 음식을 먹고 마시며 즐겁고 편안하다는 것은, 하는 일 없이 거저먹는 것이 아니라는 뜻이다.

426

구삼: 큰 기러기가 점차 날아서 높은 평원에 이르렀다. 이때 남편은 멀리 떠나 돌아오지 않고 아내는 정조를 잃어 임신을 했지만 낳아 기르지 못하니 흉하다. 그럼에도 도적을 막는 것이 이롭다.

≪상전≫에서 말하기를, 남편이 멀리 떠나 돌아오지 않는다는 것은 같은 무리를 배반하고 떠났음을 말한다. 아내가 정조를 잃고 임신을 하였으나 낳아 기르지 못한다는 것은 '구삼'의 행위가 부부가 서로 가까이 하는 도리를 어겼다는 말이다. 도적을 막는 것이 이롭다는 것은 '구삼'이 자신을 바르게 지켜 온화하고 유순한 가운데 서로를 보호해야 한다는 말이다.

🌓 주역 경영

'초육'은 젊은이를 상징한다. 젊은이는 조급하게 나아가므로 해로움이 있으며 다른 사람으로부터 질책과 심지어 압박을 받게 된다.

그러나 젊은이에게 전진하려는 적극적인 면이 조금도 없다면 어떻게 사업에서 성과를 거두겠는가? 그래서 젊은이들이 성과에 급급한 나머지 중간에 좌절하게 되더라도 계속 전진하라고 그들을 격려해야 한다. 젊은 시절에 경험한 좌절과 실패의 경험이 성장에 도움이 된다는 점은 두말할 나위 없는 사실이기 때문이다.

그래서 ≪상전≫에서는 "무지하고 어린 사람에게 원망을 듣게 되지만 천천히 나아가며 조급해 하지 않으니 화를 부르지는 않을 것이다"라고 했다. 여기서 말하고자 하는 것도 바로 이런 뜻이다.

'육이'는 위로는 '구오'의 존귀함에 부합하므로 즐겁게 음식을 먹는다. 그러나 이 모든 것은 거저 얻은 것이 아니라 상위자에게 충성하여 얻은 것이다.

'구삼'은 하괘의 끝에 위치하며 무모하고 조급하게 나아가니 흉하게 된다. "남편은 멀리 떠나 돌아오지 않는다"라는 말이 가장 전형적이다. 무턱대고 무리를 떠나왔기 때문에 이때는 공격을 수비 위주로 바꾸고 나아감 대신에 멈춰 서게 되면 어쩌면 위기를 피할 수 있을지도 모른다.

management point

여러 기업들을 대상으로 컨설팅을 하다보면 매우 재미있는 현상을 발견하게 된다. 즉, 창의적이고 건설적인 아이디어의 대부분은 신입사원들의 제안에서 나온다는 점이다. 또한 초창기에는 이토록 창의적인 의견을 내던 신입사원이더라도 회사의 고유한 기업문화 안으로 들어서기만 하면 이내 창의적인 아이디어를 더 이상 내지 못하게 된다는 점이다.

이것은 무엇을 말하는가?

경영자는 신입사원이 적극적이고 진취적인 자세로 기존의 구성원들에게서는 찾아볼 수 없는 참신한 아이디어와 전략을 제시할 수 있도록 격려해야 하는 한편, 기존의 구성원들에게는 입사 초기의 창의성을 잃지 않도록 항상 자극을 주어야 한다는 점이다.

부부 결합의 목적

六四, 鴻漸于木, 或得其桷, 无咎.(육사, 홍점우목 혹득기각 무구)

≪象≫曰: "或得其桷", 順以巽也.(상왈: 혹득기각 순이손야)

九五, 鴻漸于陵, 婦三歲不孕; 終莫之勝, 吉.(구오, 홍점우릉 부삼세불잉 종막지 승 길)

≪象≫曰: "終莫之勝吉", 得所願也.(상왈: 종막지승길 득소원야)

上九, 鴻漸于陸, 其羽可用爲儀, 吉.(상구, 홍점우륙 기우가용위의 길)

≪象≫曰: "其羽可用爲儀, 吉", 不可亂也.(상왈: 기우가용위의 길 불가란야)

▲ 桷: 서까래 각(옆으로 뻗은 가지) / 陵: 큰 언덕 릉 / 羽: 깃(날개) 우 / 儀: 거동 의

【해석】

육사: 큰 기러기가 점차 날아올라 높은 나무에 이르렀으나 혹 옆으로 뻗은 가지를 만나게 되더라도 허물은 없다.

≪상전≫에서 말하기를, 혹 옆으로 뻗은 가지를 만날 수 있다는 것은 유순하고 겸손하다는 말이다.

구오: 큰 기러기가 점차 날아서 산언덕에 이르렀다. 아내가 여러 해(三歲) 임신하지 못했으나 외부의 방해가 성공하지 못하고 마침내 부부 결합의 목적을 이루니 상서롭다.

≪상전≫에서 말하기를, 외부의 방해가 성공하지 못하고 마침내 부부 결합의 목적을 이루니 상서롭다는 것은 '구오'가 반드시 '육이'와 화합하고자 하는 소원을 이루게 됨을 말한다.

상구: 기러기가 점차 날아서 높은 평원에 이르렀는데 그 깃털이 품격의 상징으로 쓰일 수 있으니 결국은 상서로울 것이다.

≪상전≫에서 말하기를, 그 깃털이 품격의 상징으로 쓰일 수 있으므로 결국 상서롭다는 것은 '상구'의 정신세계가 매우 고결하여 어지럽힐 수 없다는 뜻이다.

☯ 주역 경영

'육사'는 자신의 처지에 만족하고 안주한다고 할 수 있으므로 "유순하고 겸손하다"라고 했다. 자신의 처지에 만족할 수만 있다면 자연히 허물이 없게 된다.

'구오'는 군왕의 위치에 있으므로 비록 처음 좌절하게 되는 일, 즉, '아내가 여러 해 임신하지 못하는' 상황에 직면하지만, 꾸준히 자강불식하여 마침내 목적을 달성하게 된다. '구오'는 우리에게 한순간의 좌절로 말미암아 슬퍼할 것이 아니라 투지를 불태우면 결국 승리를 거머쥐게 될 것이라고 일깨운다.

'상구'는 수행하여 성과를 얻었으므로 비록 그 위치가 끝에 있어도 그 쓰임새는 끝이 없게 된다.

---

management point

한순간에 좌절과 실패에 부딪히더라도 두려워하지 말고, 목표를 향해 끊임없이 전진하기만 하면 어쩌면 3년, 심지어 3개월 만에라도 자신의 목표를 이룰 수 있다.

---

54. 귀매괘(歸妹卦)
부부의 도리

歸妹: 征凶, 无攸利.(귀매, 정흉 무유리)

≪彖≫曰: "歸妹", 天地之大義也; 天地不交, 而萬物不興; "歸妹",
人之終始也. 說以動, 所歸妹也; "征凶", 位不當也; "无攸利", 柔乘
剛也.(단왈: 귀매 천지지대의야 천지부교 이만물불흥. 귀매 인지종시야. 열이동 소귀매야 정흉
위부당야 무유리 유승강야)

≪象≫曰: 澤上有雷, "歸妹"; 君子以永終知敝.(상왈: 택상유뢰 귀매 군자이
영종지폐)

▲ 歸: 돌아갈 귀(시집가다) / 妹: 누이 매(소녀) / 乘: 탈 승 / 敝: 해질 폐(깨지다, 부서지다)

【해석】

귀매괘(歸妹卦: 雷澤歸妹)는 '젊은 여자가 시집가는 것'을 상징한다. 나아가면
흉하니 아무 이로움이 없다.

≪단전≫에서 말하기를, 젊은 여인이 출가함은 천지의 큰 뜻이다. 하늘과
땅, 음과 양이 서로 사귀지 않으면 우주 만물은 번창할 수가 없다. 젊은 여자
가 출가하여야 인류의 생명이 끝나고 다시 소생하며 끊임없이 번창할 수
있다. 즐겁고 기쁘게 행동함은 젊은 여자가 출가할 수 있음을 말한다. 스스로
나아가면 흉하다는 것은 위치가 마땅하지 않다는 말이다. 아무 이로움이
없다는 것은 음유가 양강을 타고 누름을 말한다.

≪상전≫에서 말하기를, 못(澤) 위에서 천둥이 울리는 것은 소녀가 출가함을 상징한다. 군자는 그것을 보고 길이 부부의 도리를 지켜서 무너지지 않게 하고자 한다.

⑤ 주역 경영

'귀매괘'에서는 '남녀가 결혼하여 가정을 이루는' 사건이야말로 인류 번성을 위한 매우 큰일(大事)이라고 말한다. 소위 "천지가 합해야 만물이 흥하고 남녀가 합해야 인류가 지속될 수 있다"는 뜻이다.

이에 대해 ≪단전≫에서는 '인류의 생명이 끝나고 다시 소생하며 끊임없이 번창하는 길'이라고 표현했다. 그러나 사람의 '혼사'에서는 바른 도를 위배하고 가정의 법도를 지키지 않는 일이 종종 나타나기도 한다. 그래서 괘 풀이에서는 "나아가면 흉하니 아무 이로움이 없다"라고 했다. 이 말은 사람들에게 혼사 문제에 있어서는 정도를 거스르지 말라고 일깨우고 있다.

'귀매괘'를 기업의 경영 과정에 접목시키면 '젊은 여인'을 부하 직원, 혹은 협력업체에 비유할 수 있는데, 경영진과 직원들(협력업체) 간의 협력을 도모하여야 기업이 발전할 수 있다는 것을 말해준다.

---

management point

경영자는 부하 직원(협력업체)과 협력하고 부하 직원도 상사가 맡긴 일을 적극적으로 추진하여야 기업이 신속하게 성장할 수 있다.

대안을 찾아 위기를 막는다

初九, 歸妹以娣, 跛能履, 征吉.(초구, 귀매이제 파능리 정길)

≪象≫曰: "歸妹以娣", 以恒也; "跛能履", 吉相承也.(상왈: 귀매이제 이 항야 파능리 길상승야)

九二, 眇能視, 利幽人之貞.(구이, 묘능시 이유인지정)

≪象≫曰: "利幽人之貞", 未變常也.(상왈: 이유인지정 미변상야)

六三, 歸妹以須, 反歸以娣.(육삼, 귀매이수 반귀이제)

≪象≫曰: "歸妹以須", 未當也.(상왈: 귀매이수 미당야)

▲ 娣: 여동생 제 / 跛: 절름발이 파 / 履: 신 리 / 眇: 애꾸눈 묘 / 幽: 그윽할 유(숨다, 가두다) / 幽人(유인): 구금된 사람 / 須: 모름지기 수(기다림, 기대함)

【해석】

초구: 누이가 출가하여 첩妾이 되니, 다리를 절룩거리긴 하지만 걸을 수 있는 것과 같아서 나아가면 상서롭다.

≪상전≫에서 말하기를, 누이가 출가하여 첩이 된다는 것은 '초구'가 혼인의 도리를 어기지 않아 혼인이 지속될 수 있다는 말이다. 다리를 절지만 걸을 수 있으므로 상서롭다는 것은 소실로서 정실을 돕고 한 지아비를 함께 받들어 모신다는 뜻이다.

구이: 애꾸눈으로 간신히 사물을 보니 유폐된 사람처럼 정도를 지키는 것이 이롭다.

≪상전≫에서 말하기를, 유폐된 사람처럼 정도를 지키는 것이 이롭다는 것

은 절개와 지조 지키기를 어기지 않는다는 말이다.

육삼: 누이가 출가하여 정실이 되기를 바라지만 결국은 언니를 따라 출가하여 소실이 된다.

≪상전≫에서 말하기를, 누이가 출가하여 정실이 되기를 바란다는 것은 사람됨이 바르지 못하고 행동이 타당하지 않다는 뜻이다.

⑤ 주역 경영

'초구'가 상서로울 수 있는 이유는 무엇인가? 그 이치는 간단하다. 일을 할 때 신중하기 때문이다. '제娣'는 여동생을 가리키는데, 언니가 출가할 때 여동생을 소실로 데려가는 것이다. 이렇게 하면 문제가 발생하는 것을 막을 수 있다. 즉, 정실인 언니가 세상을 떠나도 여동생으로 하여금 자신의 자리를 이어가게 할 수 있기 때문이다. 이렇게 하면 두 집안의 관계가 더욱 오래가게 되는데, 그래서 ≪상전≫에서는 "혼인이 지속될 수 있다", "한 지아비를 함께 받들어 모신다"라고 했다.

'구이'는 냉대를 받는 부인을 의미하나, 냉대를 받는다고 해서 부인의 도리를 저버리지 않으므로 정도를 지키기에 이롭다고 했다.

'육삼'은 출가할 때 자신의 언니를 따라가는데 이는 인의도덕을 저버리는 것이므로 '결국은 언니를 따라 출가하여 소실이 되어도' 여의치 않으면 반드시 해로움이 있을 것이다.

---

management point

완벽한 방안이란 없다. 그러므로 경영자는 전략을 세울 때 반드시 예비용 방안을 하나 더 준비해야 한다. 일단 첫 번째 방안대로 일이 순조롭게 추진되지 않으면 두 번째 방안을 채택하여 문제의 발생을 사전에 막아야 한다.

적절한 때를 기다려 행동한다

九四, 歸妹愆期, 遲歸有時.(구사, 귀매건기 지귀유시)

≪象≫曰 : "愆期"之志, 有待而行也.(상왈: 건기지지 유대이행야)

六五, 帝乙歸妹, 其君之袂, 不如其娣之袂良 ; 月幾望, 吉.(육오, 제을귀매
기군지메 불여기제지메량 월기망 길)

≪象≫曰 : "帝乙歸妹, 不如其娣之袂良"也, 其位在中, 以貴行也.(상
왈: 제을귀매 불여기제지메량야, 기위재중 이귀행야)

上六, 女承筐, 无實 ; 士刲羊, 无血, 无攸利.(상육, 여승광 무실 사규양 무혈
무유리)

≪象≫曰 : "上六无實", 承虛筐也.(상왈: 상육무실 승허광야)

▲ 愆: 허물 건(때를 놓침, 지연됨) / 遲: 늦을 지 / 帝乙(제을): 상(商)나라의 제왕 / 袂: 소매 메
/ 望: 바랄 망(보름) / 幾望(기망): 달이 거의 참 / 筐: 광주리 광 / 刲: 찌를 규

【해석】

구사: 출가할 소녀가 혼기를 놓쳐 출가를 미루며 때를 기다린다.

≪상전≫에서 말하기를, 출가 시기를 미루는 것은 전적으로 자기 뜻에 의한
것으로 적절한 때를 기다리는 것이다.

육오: 상왕(商王) 제을(帝乙, 중국 은나라 황제)이 어린 딸을 출가시킨다. 정실부
인이 치장한 것이 소실보다 화려하지 않음은, 마치 달이 거의 찼으나 꼭
차지는 않은 것과도 같으니 상서롭다.

≪상전≫에서 말하기를, 상왕 제을이 어린 딸을 출가시켰는데 정실부인의
치장이 소실보다 화려하지 않다는 것은, 지위가 높으면서도 중용의 도를

지키며 치우치지 않고, 고귀한 신분이면서도 겸손하고 검소함의 도를 행한다는 뜻이다.

상육: 여자는 대나무 광주리를 들고 있으나 든 것이 없고 남자는 양¥을 잡지만 피가 보이지 않으니 아무런 이로움이 없다.

≪상전≫에서 말하기를, '든 것이 없다'고 함은 빈 광주리를 들고 있음을 말한다.

⑤ 주역 경영

'구사'에서는 어째서 젊은 여인이 혼기를 놓쳤을까? 그것은 상대방이 자기에게 그다지 적합하지 않다고 여겨, 혼인을 미루고 마땅한 상대를 기다렸기 때문이다.

출가하는 것과 일자리를 찾는 것은 비슷한 일이다. 그래서 "여인은 신랑을 잘못 고르는 것을 두려워하고 남자는 길을 잘못 들어설까 두려워한다"라는 말이 있을 정도이다. 자신에게 맞는 직업을 고르지 못한다면 평생 동안 이렇다 할 아무 일도 이루지 못할 것이다. 직장에 들어갔다고 해도 마음이 맞는 상사나 동료를 만나지 못한다면 탁월한 성과를 거두지 못하게 되는 것도 당연한 이치다.

'육오'에서 "달이 거의 찼으나 꽉 차지는 않은 것과 같으니 상서롭다"라고 한 부분을 주목할 만하다. 달이 차면 기우는 법인데 일이 다 되어가려는 순간에 겸손함을 잃지 않으면 평안을 유지할 수 있다. "정실부인이 출가할 때 입는 의복은 소실에 비해 화려하지는 않다"라는 말은 곧, 정실부인이 겸손하다는 말이다.

'상육'은 결혼하고자 하나 결혼 상대를 찾지 못한다. 이는 나무 광주리를 들고 있으나 든 것이 없고 남자가 양을 잡지만 피가 보이지 않는 상황과 마찬가지이다.

> *management point*
>
> 무슨 사업을 할지 아이템을 결정할 때는 반드시 이 직업이 자기 자신에게 맞는지를 고민해 보아야 한다. 마찬가지로 협력 파트너를 선택할 때도 반드시 서로 같은 뜻을 갖고 있는지를 살펴야 한다. 만일 서로 품은 뜻이 다른데도 억지로 협력한다면 협력은 결국 실패로 끝맺고 말 것이다.

55. 풍괘(豐卦)
풍요로움의 조건

豐: 亨, 王假之; 勿憂, 宜日中.(풍: 형 왕격지 물우 의일중)

《彖》曰: "豐", 大也; 明以動, 故豐. "王假之", 尚大也; "勿憂, 宜日中", 宜照天下也. 日中則昃, 月盈則食; 天地盈虛, 與時消息, 而況于人乎? 況于鬼神乎?(단왈: 풍 대야 명이동 고풍. 왕가지 상대야 물우 의일중 의조천하야. 일중즉측 월영즉식 천지영허 여시소식 이황우인호 황우귀신호)

《象》曰: 雷電皆至, 豐; 君子以折獄致刑.(상왈: 뇌전개지 풍 군자이절옥치형)

▲ 豐: 풍년 풍(俗字: 豊) / 假: 거짓 가, 이를 격 / 憂: 근심할 우 / 宜: 마땅할 의/ 照: 비출 조 / 昃: 기울 측 / 盈: 찰 영 / 消: 사라질 소 / 息: 숨실 식 / 況: 하물며 황

【해석】

풍괘(豐卦: 雷火豐)는 '성대함'을 상징한다. 군왕이라야 이같이 성대하고 형통한 경지에 이를 수 있다. 근심하지 말고 해가 중천에 다다른 듯, 지금의 성대한 추세를 유지하면서 한계를 넘지 않는다.

《단전》에서 말하기를, '풍豐'은 성대함을 뜻한다. 광명이 아래에서 움직여 위로 나아감은 태양이 하늘로 높이 떠오름을 상징하므로 성대하다. 군왕이라야 그처럼 성대하고 형통한 경지에 이를 수 있다는 것은 군왕이 숭상하는 것이 크나큰 미덕임을 말한다. 근심하지 말고 해가 중천에 다다른 형세를

유지해야 한다는 것은 성대한 광명이 온 천하에 두루 비치게 해야 한다는 뜻이다. 해는 중천에 다다르면 이내 기울고 달은 차면 이지러진다. 천지 대자연에도 차고 기욺이 있어 시시각각 생성되고 소멸되는데 하물며 사람은 어떠하며 귀신은 또 어떠하겠는가?

≪상전≫에서 말하기를, 천둥과 번개가 한꺼번에 몰아침은 성대함을 상징한다. 군자는 이 괘의 이치를 살피고 천둥과 번개를 본받아 사건을 심리審理하고 형벌을 운용한다.

ⓢ 주역 경영

'풍'은 풍성하다는 뜻이다. ≪서괘전≫에서는 "돌아오는 것을 얻는 자('귀매괘'를 뜻함)는 반드시 크기 때문에 뒤이어 '풍괘'를 배치했다. '풍'은 '크다'는 뜻이다"라고 했다. 가정을 이루고 사업을 일으킨 뒤에는 풍성해지기 때문에 '풍괘'가 뒤이어 나온 것이다.

'풍성함'은 자연히 형통하다. 그러나 종종 '풍성함'도 쇠락해지기 시작하는데, 이른바 "해는 중천에 다다르면 기울고 달이 차면 이지러진다"는 이치와도 같다.

그렇다면 왜 '풍성한' 상태인데도 불안할 수 있을까? '풍괘'는 우리에게 반드시 두 가지 법칙을 지키라고 알려준다. 첫째, 반드시 도덕적인 품성을 지녀야 한다. 덕을 지닌 군왕만이 '풍성함'을 이룰 수 있으며 그들만이 '풍성함'을 느릴 수 있다. 둘째, 중천의 태양이 천하를 두루 비추는 것처럼 '풍성함'은 대중과 공유되어야 한다.

이 밖에도 '풍괘'에서는 "풍성함은 얻기 어려우며 풍성함을 유지하는 것도 쉽지 않다"라고 말한다. 그래서 풍성함을 억지로 붙잡으려고 한다고 해서도 되는 것이 아니며, 시간의 흐름과 추세에 순응해서 행동해야 한다고 말한다. 천지가 이렇게 하는데 하물며 우리 같은 사람이랴?

≪상전≫에서는 풍성할 때 공평하고 공정하게 송사를 추진해서 형벌을 제대로 집행해야 한다고 했는데, 그렇지 않으면 반드시 시끄러운 일이 생길 것이라고 했다.

---

management point

창업하는 것은 쉬운 일이 아니지만 창업한 회사를 유지하는 것은 더욱 어려운 일이다. 경영자는 기업이 가장 번성할 때 공명정대하게 업무를 처리해야 한다. 일단 이러한 도리를 어기면 직원들의 마음이 불안하게 되어, 결국 회사가 정상적으로 성장하는 데 걸림돌이 된다.

성실과 신의로써 뜻을 전하다

初九, 遇其配主, 雖旬无咎, 往有尙.(초구, 우기배주 수순무구 왕유상)

≪象≫曰: "雖旬无咎", 過旬災也.(상왈: 수순무구 과순재야)

六二, 豐其蔀, 日中見斗, 往得疑疾; 有孚發若, 吉.(육이, 풍기부 일중견두 왕득의질 유부발약 길)

≪象≫曰: "有孚發若", 信以發志也.(상왈: 유부발약 신이발지야)

九三, 豐其沛, 日中見沫; 折其右肱, 无咎.(구삼, 풍기패 일중견매 절기우굉 무구)

≪象≫曰: "豐其沛", 不可大事也; "折其右肱", 終不可用也.(상왈: 풍기패 불가대사야 절기우굉 종불가용야)

▲ 遇: 만날 우 / 配: 아내 배 / 蔀: 빈지문 부(덮개) / 斗: 말 두(북두성) / 沛: 늪 패 / 沫: 지명(遲明) 매(어둑하다) / 折: 꺾을 절 / 肱: 팔뚝 굉

【해석】

초구: 마음이 맞는 주인을 만났으니 둘 다 양강이지만 화는 없으며 나아가면 반드시 추앙을 받을 것이다.

≪상전≫에서 말하기를, 둘 다 양강이지만 화가 없다는 것은, 초구가 구사를 능가하면 균형이 깨져 재앙이 있으리라는 말이다.

육이: 성대할 때 광명이 가려짐은 해가 중천에 이르렀을 때 북두성이 보이는 것과 같다. 따라서 앞으로 나아가면 반드시 시기와 질투, 그리고 의심을 받게 되겠지만 다행히 한 조각 지극 정성으로 신임을 얻으니 결국은 상서롭게 될 것이다.

≪상전≫에서 말하기를, 한 조각 지극 정성으로 신임을 얻는다는 것은, 스스로 진심으로 그 성대하고 광명한 마음의 뜻을 발동시켜야 한다는 뜻이다. 구삼: 성대할 때 그 광명이 가려짐이 마치 해가 중천에 이르렀을 때 이름 없는 작은 별이 보이는 것과 같으니 오른 팔을 부러뜨리고 아무런 성과도 내지 않는다면 화는 없을 것이다.

≪상전≫에서 말하기를, 성대할 때 그 광명이 가려진다는 것은 결코 대사를 이룰 수 없다는 뜻이다. 오른팔을 부러뜨린다는 것은 재능을 발휘하여 성과를 내기란 끝내 불가능하다는 말이다.

☯ 주역 경영

'초구'는 '구사'를 만나게 되는데 둘 다 양효이므로 균등한 관계라고 할 수 있다.

둘이 균등하여 다행이지만 만일 둘 사이에 차이가 있었다면 결합할 수가 없었을 것이므로 ≪상전≫에서는 "'초구'가 '구사'를 능가하면 균형이 깨져 화가 있을 것이다"라고 했다. 즉, 혼인은 두 가정의 사회적 지위와 경제적인 형편이 비슷해야 한다는 전통적인 관념을 전하고 있다.

'육이'는 낮에 별이라도 보는 듯하다. 하늘이 어두울 때는, 기세를 몰아 앞으로 나아가면 반드시 의심을 사게 마련이므로 반드시 성실과 신의를 지키면서 상위자에게 자신의 뜻을 알려야 한다. 일단 상위자에게 인정을 받으면 자연히 상서로울 수 있는 것이다. '육이'에서 알 수 있듯이 성실과 신의는 무척이나 중요하다. 성실과 신의를 지키는 인재만이 다른 사람에게 자신의 뜻을 전달할 수 있게 된다.

'구삼'은 하괘의 끝에 위치하며 '오른 팔을 부러뜨려' 상위자에게 쓰임받을 수 없을 것이다.

442

최선을 다하는 자세

九四, 豊其蔀, 日中見斗: 遇其夷主, 吉.(구사, 풍기부 일중견두 우기이주 길)

≪象≫曰: "豊其蔀", 位不當也; "日中見斗", 幽不明也; "遇其夷主", 吉行也.(상왈: 풍기부 위부당야 일중견두 유불명야 우기이주 길행야)

六五, 來章, 有慶譽, 吉.(육오, 내장 유경예 길)

≪象≫曰: 六五之吉, 有慶也.(상왈: 육오지길 유경야)

上六, 豊其屋, 蔀其家, 窺其戶, 闃其无人, 三歲不覿, 凶.(상육, 풍기옥 부기가 규기호 격기무인 삼세부적 흉)

≪象≫曰: "豊其屋", 天際翔也; "窺其戶, 闃其无人", 自藏也.(상왈: 풍기옥 천제상야 규기호 격기무인 자장야)

▲ 夷: 오랑캐 이('같다'는 뜻으로 쓰임) / 屋: 집 옥 / 窺: 엿볼 규(=闚) / 闃: 고요할 격 / 覿: 볼 적 / 際: 사이 제 / 翔: 빙빙 돌며 날 상 / 藏: 감출 장

【해석】

구사: 성대할 때 그 광명이 가려짐은 해가 중천에 떴을 때 북두성이 보이는 것과 같다. 그러나 양강한 덕이 나와 필적하는 주인을 만나면 상서롭다. ≪상전≫에서 말하기를, 성대할 때 그 광명이 가려진다는 것은, 위치가 타당치 않다는 말이다. 해가 중천에 이르렀을 때 북두성이 보이는 것과 같다는 말은 그 처지가 어둡고 광명을 보기 어렵다는 뜻이다. 그러나 양강한 덕이 나와 필적하는 주인을 만나면 상서롭다는 것은 적극적으로 행동해야 한다는 뜻이다.

육오: 천하의 뛰어난 인재를 오게 하니 경사스럽고 상서로울 것이다.

≪상전≫에서 말하기를, 상서롭다고 함은 반드시 경사스러운 일이 있을 것이라는 말이다.

상육: 집을 성대하게 치장하여 도리어 자기가 살 곳을 가렸으니 대문으로 엿보아도 적막하여 인적이 없다. 오랫동안 사람이 보이지 않으면 분명히 흉할 것이다.

≪상전≫에서 말하기를, 집을 성대하게 치장한다는 것은 그 지위가 지극히 높아 아랫사람과 교우하지 않음이, 마치 높은 하늘에서 혼자 날고 있는 것과 같다는 말이다. 대문으로 엿보아도 적막하여 인적이 없다는 것은 그 스스로 자신을 가리어, 깊이 숨어 있다는 말이다.

☯ 주역 경영

'구사'는 양효가 음의 자리에 있어 위치가 마땅치 않으므로 "해가 중천에 떴을 때 북두성이 보이는 것과 같다"라고 했으나, '초구'와 호응하고 세력이 균등하므로 상서롭다.

'육오'는 풍성한 시기로 음효가 양의 자리에 있어 겸손의 미덕을 드러내므로 경사스럽고 상서롭다.

'상육'에 이르면 상황이 매우 재미있어진다. 집을 성대하게 치장하여 그곳에 숨어 지내면서 나타나지 않으니 대문으로 엿보아도 적막할 뿐 인적이 없다.

이는 오늘날 많은 기업가들의 모습을 떠올리게 하는 상황이다. 그들은 한 번 성공을 거머쥔 후에는 바깥세상과 높은 담을 쌓고 그들만의 세계 안에서 두문불출하며 외부의 간섭으로부터 멀어지려고 한다. 그렇게 하면 외부의 간섭과 세간의 평가로부터 벗어날 수는 있겠으나 일이 바라는 대로 잘 풀리지 않아 결국 '흉하게 될' 것이다.

56. 여괘(旅卦)
나그네의 도

旅: 小亨, 旅貞吉.(여: 소형 여정길)

≪彖≫曰: "旅, 小亨", 柔得中乎外而順乎剛, 止而麗乎明, 是以"小亨, 旅貞吉"也. 旅之時義大矣哉!(단왈: 여 소형 유득중호외이순호강 지이려호명 시이소형 여정길야. 여지시의대의재)

≪象≫曰: 山上有火, 旅; 君子以明愼用刑 而不留獄(상왈: 산상유화 여 군자이명신용형 이불류옥)

▲ 旅: 나그네 려(군사, 무리) / 愼: 삼갈 신 / 留: 머무를 류(유), 기다릴 류

【해석】

여괘(旅卦: 火山旅)는 '나그네가 되어 떠돌아다님'을 상징한다. 조금 형통하니 여행할 때는 정도를 지켜야 상서롭다.

≪단전≫에서 말하기를, 나그네가 조금 형통하다는 것은 겸손하고 유순한 사람이 외지에서 그 위치가 중용의 도에 맞아 양강한 자의 뜻에 순종하고 편안히 머물러 정도를 지키며 광명을 좇기 때문이다. 그러므로 조금은 형통할 수 있으며 또 나그네로 떠돌면서 정도를 지키면 상서롭다고 한 것이니 나그네로 떠돌 때의 의미가 참으로 깊고 크다!

≪상전≫에서 말하기를, 산 위에서 불이 타오름은 나그네 생활을 상징한다. 군자는 그것을 보고 형벌의 집행을 자세히 살펴서 신중하게 행동하며 판결을

오래 끌지 않는다.

⑤ 주역 경영

'여괘'는 정처 없이 떠돌아다닌다는 뜻이다.

≪서괘전≫에서는 "지극히 번성한 자는 반드시 거처를 잃는다. 그러므로 '풍괘' 다음에 '여괘'를 배치했다"라고 했다. 정도를 지키지 않은 채 성대함에만 안주하면 반드시 자만에 빠져 풍성함이 쇠락하고 결국 머물 곳 없는 신세가 되고 만다. ≪주역≫의 저자는 '풍괘'와 '여괘', 두 괘의 관계를 통해 "풍성할 때는 반드시 정도를 지켜야 하며, 우쭐대다가는 화를 입게 될 것"이라고 경고한다.

밖으로 떠돌게 되면 신중하지 못하고 다소 들뜨게 되는데, 그러면 예상치 못한 화를 입게 되므로 반드시 정도를 지켜야만 상서로울 수 있다.

≪상전≫은 '여괘'의 구성(하괘는 '간艮', 상괘는 '이離')에 근거해서, 군자란 모름지기 산 위에서 불이 타오르는 형상을 통해 '신중하게 행동하며 판결을 오래 끌지 않는' 도리를 가르치고 있다. 옥사獄事를 처리할 때 작은 문제까지 세심히 살피는 모습이 마치 높은 산 위에서 불이 타오르면서 곳곳을 환하게 비추는 형상과 비슷하기 때문이다.

---

management point

경영자는 직원들의 실적을 평가하여 그에 맞게 상벌 업무를 추진해야 한다. 이것은 직원들에게는 무척 중요한 일이므로 신상필벌信賞必罰과 논공행상을 처리할 때는 정확한 정보를 바탕으로, 깊이 생각하고 또 공정하게 판단해야 한다. 그래야만 불만이 없게 된다.

448

한 배를 탄 심정으로

初六, 旅瑣瑣, 斯其所取災.(초육, 여쇄쇄 사기소취재)

≪象≫曰: "旅瑣瑣", 志窮災也.(상왈: 여쇄쇄 지궁재야)

六二, 旅卽次, 懷其資, 得童僕, 貞.(육이, 여즉차 회기자 득동복 정)

≪象≫曰: "得童僕貞", 終无尤也.(상왈: 득동복정 종무우야)

九三, 旅焚其次, 喪其童僕; 貞厲.(구삼, 여분기차 상기동복 정려)

≪象≫曰: "旅焚其次", 亦以傷矣; 以旅與下, 其義喪也.(상왈: 여분기차 역이상의 이려여하 기의상야)

▲ 瑣: 자질구레 할 쇄 / 瑣瑣(쇄쇄): 비루하고 옹졸한 모양 / 僕: 종 복 / 焚: 불사를 분

【해석】

초육: 나그네 생활 초기에 그 행위가 비루하고 옹졸하니 스스로 재앙을 불러들인다.

≪상전≫에서 말하기를, 나그네 생활의 초기에 그 행위가 비루하고 옹졸하다는 것은, 의지가 군색하여 재앙을 자초한다는 뜻이다.

육이: 외지를 떠도는데 묵을 객사가 있고 쓸 노자가 있으며 또 하인의 도움을 받으니 정도를 지켜야 한다.

≪상전≫에서 말하기를, 하인의 도움을 받으니 정도를 지켜야 한다는 것은, 결국은 아무런 과오가 없으리라는 말이다.

구삼: 나그네 생활에서 객사가 불타고 하인의 도움을 얻지 못하며 정도를 벗어나니 결국 큰 위기에 봉착할 것이다.

≪상전≫에서 말하기를, 나그네 생활에서 객사가 불탄다는 것은 그 때문에 상해를 입게 된다는 말이다. 객지생활에서 하인을 낯선 행인처럼 대하니 하인을 잃는 것이 당연한 이치다.

◯ 주역 경영

'초육'은 음효가 양의 자리에 있고 '여괘'의 시작 부분에 있으므로 상황이 열악하다. 이런 사람은 여행 도중에 반드시 예상치 못한 재난을 만나게 되나 그때마다 다른 사람을 원망할 것이 아니라 모두 스스로 자초한 일이라고 여겨야 한다.

'육이'는 노자도 넉넉하고 하인의 시중을 받을 수 있으니 무슨 아쉬움이 있겠는가? 게다가 '육이'는 하괘의 가운데에 있어 위치가 마땅하며 가장 중요한 것은 정도를 지킬 수 있다는 것이니 '결국 아무런 과오가 없게' 된다.

'구삼'은 '육이'와 같은 행운은 없지만 떠돌면서 기거하는 장소가 큰 불에 타고 하인도 액운을 만나게 되는데, 이는 어쩌면 스스로 불러들인 결과일지도 모른다. 그래서 ≪상전≫에서는 "객지 생활에서 하인을 낯선 행인처럼 대하니 도리로 따져 하인을 잃는 것이 당연하다"라고 한 것이다. 갈 곳을 잃어 떠도는 처지에 또 하인을 찾아 나서야 하니, 이 어찌 스스로 불러들인 번거로움이라 하지 않겠는가?

---

management point

기업이 위기를 만났을 때 경영자는 직원들에게 재정 상태를 오픈하고, 같은 배를 탔다는 의식을 심어줄 필요가 있다. 그런 후 반드시 지출을 줄여서 원가를 절감하는 등 직원들과 함께 고난의 시기를 무사히 건너야 할 것이다.

위기 극복의 지혜

九四, 旅于處, 得其資斧, 我心不快. (구사, 여우처 득기자부 아심불쾌)

≪象≫曰: "旅于處", 未得位也. "得其資斧", 心未快也. (상왈: 여우처 미득위야. 득기자부 심미쾌야)

六五, 射雉, 一矢亡: 終以譽命. (육오, 사치 일시망 종이예명)

≪象≫曰: "終以譽命", 上逮也. (상왈: 종이예명 상체야)

上九, 鳥焚其巢, 旅人先笑, 後號咷: 喪牛于易, 凶. (상구, 조분기소 여인선소 후호도 상우우이 흉)

≪象≫曰: 以旅在上, 其義焚也; "喪牛于易", 終莫之聞也. (상왈: 이려재상 기의분야 상우우이 종막지문야)

▲ 斧: 도끼 부 / 雉: 꿩 치 / 譽: 기릴 예 / 逮: 미칠 체(=及) / 巢: 집 소 / 咷: 울 도

【해석】

구사: 떠돌다가 잠시 머물 곳을 얻었으니 날카로운 도끼를 얻어 그곳의 가시나무를 찍어내지만 내 마음은 유쾌하지 않다.

≪상전≫에서 말하기를, 떠돌다가 잠시 머물 곳을 얻었다는 것은, 아직 적당한 지위를 얻지 못했음을 말한다. 날카로운 도끼를 구하여 임시 거처의 가시나무를 찍어낸다는 것은 마음이 그다지 유쾌하지 않다는 뜻이다.

육오: 활을 쏘아 꿩을 잡으니 비록 화살 하나를 잃지만 결국은 명예와 벼슬을 얻을 것이다.

≪상전≫에서 말하기를, 명예와 벼슬을 얻는다는 것은 지위와 명성이 높은 경지에 이르렀음을 말한다.

상구: 새 둥지가 불에 타니 나그네가 처음에는 크게 웃다가 나중에는 대성통곡한다. 낯선 곳 황야에서 소를 잃으니 흉하다.

≪상전≫에서 말하기를, 나그네가 높은 자리에 있으니 필연적으로 새 둥지가 불에 탄다는 것은 같은 재난이 있을 것이다. 낯선 곳 황야에서 소를 잃는다는 것은 타지에서 화를 당하나 아무도 그 사실을 알지 못한다는 뜻이다.

ⓢ 주역 경영

'구사'에서는 여기저기를 떠돌기만 하고 머물 곳을 찾지 못하는 고단한 상황이 나온다. 비록 약간의 노잣돈과 일상에 필요한 도구가 몇 개 있다고 해도 편치만은 않다. 이는 아직 자신의 처지에 만족하지 못하므로 앞으로 계속 다듬어져야 한다는 말이다.

'육오'는 약간 좌절하기는 하지만 결국에는 성공을 거머쥔다. 이는 성공하는 삶을 살기 위해 공통적으로 필요한 규칙이다. 즉, 우선 투자를 해야 보답을 받을 수 있다는 원칙인 셈이다.

'상구'는 떠도는 처지에 있으면서도 자신이 최고라고 자만하여 크게 웃는다. 그러나 이는 나무 꼭대기에 있는 새 둥지처럼 결국 불에 타 없어질 것이며 '웃음'이 오래 가지 못하고 결국 '울음'으로 끝나고 말 것이다.

---

management point

많은 경영자가 회사가 곤경에 처했을 때 현실 속에 뛰어들어 문제를 해결하지 않고 오히려 직원과 더 멀어지고 만다. 사람들의 마음을 결집시켜 난관을 극복하는 방법을 알지 못하기 때문이다. 그 결과 기업의 경영은 어려운 지경까지 내몰리고 만다.

---

57. 손괘(巽卦)
도약을 위한 움츠림

巽: 小亨, 利有攸往, 利見大人.(손: 소형 이유유왕 이현대인)

≪彖≫曰: 重巽以申命. 剛巽乎中正而志行, 柔皆順乎剛, 是以"小亨,
利有攸往, 利見大人".(단왈: 중손이신명. 강손호중정이지행 유개순호강 시이소형 이유
유왕 이현대인)

≪象≫曰: 隨風, 巽. 君子以申命行事.(상왈: 수풍 손. 군자이신명행사)

▲ 巽: 부드러울 손(유순함, 공손함) / 見: 나타날 현 / 皆: 다 개(모두, 함께)

【해석】

손괘(巽卦: 巽爲風)는 '겸손과 순종'을 상징한다. 조금 형통하니 앞으로 나아가
기에 이롭고 대인이 출현하는 것이 이롭다.

≪단전≫에서 말하기를, 아래위가 모두 겸손하게 순종하므로 존귀한 자가
명령을 펴기에 적합하다. 양강하고 존귀한 자는 중정의 덕으로 뭇사람의
순종을 받아 자기의 뜻을 실행할 수 있고, 음유한 자는 모두 양강에게 공손히
순종한다. 그러므로 괘 풀이에서 "조금 형통하다. 앞으로 나아가기에 이롭고
대인이 출현함이 이롭다"라고 했다.

≪상전≫에서 말하기를, 바람이 잇따라 부는 것은 겸손과 순종을 상징한다.
군자는 그것을 보고 명령을 내리는 한편 몸소 정사를 편다.

ⓢ 주역 경영

'손괘'는 순종의 의미이다. ≪서괘전≫에서는 "떠돌아다니면(`여괘`를 말함) 받아들여지는 곳이 없기 때문에 뒤이어 '손괘'를 배치한다. '손'은 들어가는 것이다"라고 했다.

떠돌아다니다 보면 거처할 곳이 마땅치 않기 때문에 어떤 곳에 들어가게 되면 그때부터 다른 사람에게 순종해야 한다. '풍괘'에서 '여괘'에 이르기까지, 그리고 다시 '여괘'에서 '손괘'에 이르기까지 내용을 살펴보면 ≪주역≫의 중요한 특징을 발견할 수 있다. 그것은 다음 괘는 이전 괘의 가장 난감한 상황에 따른 결과라는 점이다.

풍성하지만 조심하지 않아서 자만해지게 되고(豐卦), 자만해지면 거처할 곳 없이 떠돌게 되고(旅卦), 떠돌다보면 의탁할 곳이 없으니 다른 사람에게 순종하여 기꺼이 아랫사람이 되는(巽卦) 것이다.

≪단전≫에서는 아랫사람으로서 어떻게 순종해야 하는지의 관점에서 분석한 것이 아니라 경영자의 입장에서 분석했다. 즉, 아랫사람이 모두 순종할 때 경영자는 어떻게 행동해야 하는가? 그때는 명령을 내려야 한다. 그래서 ≪상전≫에서는 "정사를 펴야 한다"라고 했다. 아랫사람이 순종할 때 자연스레 명령을 전달하여 일이 문제없이 추진되게 해야 한다.

---

management point

경영자에게 가장 중요한 사명(使命) 중의 하나는 바로 직원들로 하여금 기업의 규칙을 따르고 자발적인 태도로 업무에 임하게 하는 것이다. 물론 오늘날 기업을 경영하는 과정에서 직원들을 따르게 하려면 강제적인 방식이 아니라 경영자가 솔선수범하는 모습을 보이고, 기업 공동의 비전을 제시하여 사람들이 그 비전을 향해 한마음으로 분투하게 해야 한다.

억지로 순종하니 유감스럽다

初六, 進退, 利武人之貞.(초육, 진퇴 이무인지정)

≪象≫曰: "進退", 志疑也; "利武人之貞", 志治也(상왈: 진퇴 지의야 이무
인지정 지치야)

九二, 巽在牀下, 用史, 巫紛若, 吉 无咎.(구이, 손재상하 용사, 무분약 길 무구)

≪象≫曰: "紛若之吉", 得中也.(상왈: 분약지길 득중야)

九三, 頻巽, 吝.(구삼, 빈손 인)

≪象≫曰: "頻巽之吝", 志窮也.(상왈: 빈손지린 지궁야)

▲ 紛: 어지러워질 분(섞이다) / 若: 같을 약 / 紛若(분약): 조정을 오가며 말을 전함 / 頻:
자주 빈 / 吝: 아낄 린(인) / 窮: 다할 궁

【해석】

초육: 진퇴를 망설이니 무인武人의 기개로써 용단을 내리는 것이 이롭다.
≪상전≫에서 말하기를, 진퇴를 망설인다는 것은 생각이 혼란스럽고 의지가
약하여 의혹을 품고 결단을 내리지 못한다는 말이다. 무인이 굳건하게 결단
을 내리는 것이 이롭다는 것은 무인의 용맹으로써 그 혼란한 생각을 다스리
고 굳센 의지를 가져야 한다는 말이다.

구이: 몸을 낮추어 침상 아래에 있으면서 축사(祝史, 점치는 일을 맡은 사관)와
무당을 통해 임금에게 수시로 뜻을 전하니 상서롭고 화가 없을 것이다.
≪상전≫에서 말하기를, 빈번하게 뜻을 전하여 상서로울 수 있다는 것은
중도를 지키며 어느 편에도 치우치지 않음을 말한다.

구삼: 얼굴을 찡그리며 억지로 순종하니 유감스럽다.

≪상전≫에서 말하기를, 얼굴을 찡그리며 억지로 순종하니 유감스럽다는 것은 큰 포부가 없기 때문이다.

☯ 주역 경영

'초육'은 세상 물정에 어두워 우유부단하고 진퇴를 망설인다. 이때는 마음의 뜻을 굳히고 다져야 한다. 그래서 효 풀이에서도 "무인의 기개로써 용단을 내리는 것이 이롭다"라고 했다. 그 뜻은 용맹한 무인에게 배우려면 자신의 마음속 뜻을 굳혀서 성숙해져야 한다는 말이다.

'구이'는 양강한 효爻이므로 일반적으로 순종하지 않는다. 게다가 '구이'는 '구오'와 적대적인 관계에 있으므로 구오가 구이를 의심하게 한다. 따라서 효 풀이에서는 '축사'나 '무당'이 신에게 제사하는 것처럼 경건함과 정성을 보이는데 이렇게 하면 상서롭고 화가 없을 것이라고 했다.

'구삼'과 같은 지도자는 칭찬을 받을 가치가 없으며 제멋대로 명령을 내리거나 명령을 거듭 바꾸기만 한다. 이는 근본적으로 어떤 위신이나 위엄도 없고 그저 명령만 내릴 뿐 집행할 사람이 없다는 뜻이다. 지도자가 이 단계에까지 이르렀다면 부하 직원들과의 사이에 괴리감이 생길 것임은 불 보듯 뻔한 결과이다.

---

management point

경영자의 능력을 알아보는 가장 간단한 방법은 바로 그의 명령이 순조롭게 집행되고 있는지의 여부를 살피는 것이다. 만일 거듭해서 명령을 내린 후에도 부하 직원이 명령을 따르거나 집행하지 않는다면 이런 경영자는 자신의 지위를 유지해 나갈 수 없다.

명령을 내린 뒤에는

六四, 悔亡, 田獲三品.(육사, 회망 전획삼품)

≪象≫曰: "田獲三品", 有功也(상왈: 전획삼품 유공야)

九五, 貞吉, 悔亡, 无不利; 无初有終; 先庚三日, 後庚三日, 吉.(구오,
정길 회망 무불리 무초유종 선경삼일 후경삼일 길)

≪象≫曰: 九五之吉, 位正中也.(상왈: 구오지길 위정중야)

上九, 巽在牀下, 喪其資斧; 貞凶.(상구, 손재상하 상기자부 정흉)

≪象≫曰: "巽在牀下", 上窮也; "喪其資斧", 正乎凶也(상왈: 손재상하
상궁야 상기자부 정호흉야)

▲ 獲: 얻을 획 / 庚: 일곱 번째 천간 경

【해석】

육사: 회한은 사라지며 사냥을 나가서 세 가지 물품을 얻는다.

≪상전≫에서 말하기를, 사냥을 나가 세 가지 물품을 얻는다는 것은, 용기
있게 결단하여 성공한다는 뜻이다.

구오: 정도를 지키니 상서롭고 회한이 사라지며 이롭지 않음이 없으니 출발
은 순조롭지 않으나 결과는 좋을 것이다. '변화'를 상징하는 '경일(庚日, 일곱
번째 천간)' 3일 전에 새로운 명령을 공포하고 '경일' 3일 후에 그 명령을 실행한
다. 그런 식으로 먼저 개혁을 홍보하고 나중에 개혁의 진행 상황을 면밀히
검토하여 신중하고 엄밀하게 일을 처리하면 반드시 상서로울 것이다.

≪상전≫에서 말하기를, 구오가 상서로울 수 있는 것은 중앙에 자리하여,

득정得正하기 때문이다.

상구: 겸손하게 몸을 낮춰 침상 아래에 자리하며 날카로운 도끼를 잃었으니 정도를 지켜 흉함을 방지해야 한다.

≪상전≫에서 말하기를, 겸손하게 몸을 낮춰 침상 아래에 자리한다는 것은 이미 극도로 겸손하고 순종하는 위치에 있음을 말한다. 날카로운 도끼를 잃었다는 것은 상구가 양강의 정도를 지켜 흉함을 막아야 한다는 뜻이다.

☯ 주역 경영

'육사'는 위로는 '구오'를 받들어 총애와 신임을 얻게 되므로 '성공한다'라고 했다. '구오'는 제왕의 지위에 있으나 그 전제 조건은 정도를 지키는 것이다. 정도를 지켜야만 상서로울 수 있고 회한과 불리함이 없다. '구오'가 명령을 내릴 때는 첫째, 하늘의 시기에 순응하여 변화를 상징하는 '경일'을 전후로 명령하고 집행해야 한다. 둘째, 한 번 명령을 내렸으면 그것을 추진하여 절대 용두사미로 끝나지 않게 해야 사람들의 마음을 잃지 않는다. '상구'는 높은 자리에 있지만 도리어 순종하니 이는 진심에서 우러난 것이 아니므로 '날카로운 도끼를 잃고' 흉하게 된다고 했다.

---

management point

기업들은 새해 초에 그해의 사업 목표를 발표하고 직원들도 각자 연간 목표를 세운다. 이것이 바로 '때에 맞추어 명령을 내리는 것'이다. 그러나 아무리 연초에 목표를 잘 세워도 이를 제대로 추진하고 집행하지 않는다면 용두사미로 끝나고 만다. 이는 '명령이 전달되기만 했을 뿐' 제대로 실시되지 않은 탓이다. '손괘'에서는 '명령만 내릴 것이 아니라 집행하고 추진하는 것도 신경 써야 함'을 일깨워주고 있다. 그래서 ≪상전≫에서는 "군자는 그것을 보고 명령을 내리는 한편 몸소 정사를 편다"라고 했다.

---

58. 태괘(兌卦)
유쾌하게 사는 지혜

兌: 亨, 利貞.(태: 형 이정)

≪彖≫曰: "兌", 説也. 剛中而柔外, 説以利貞. 是以順乎天而應乎人. 説以先民, 民忘其勞; 説以犯難, 民忘其死; 説之大, 民勸矣哉!(단왈: 태 열야. 강중이유외 열이이정. 시이순호천이응호인. 열이선민 민망기로 열이범난 민망기사 열지대 민권의재)

≪象≫曰: 麗澤, 兌; 君子以朋友講習.(상왈: 여택 태 군자이붕우강습)

▲ 兌: 바꿀 태 / 犯: 범할 범 / 忘: 잊을 망 / 勸: 권할 권(힘쓰다) / 麗: 고울 려

【해석】

태괘(兌卦: 兌爲澤)는 '유쾌함, 즐거움'을 상징한다. 형통하나 정도를 지키는 것이 이롭다.

≪단전≫에서 말하기를, '태'는 기쁨, 즐거움을 말한다. 양강이 가운데 있고 음유가 바깥에 있으니 사람들과 즐겁고 유쾌하게 더불어 지내며 정도를 지켜 이롭게 할 수 있다. 따라서 진정한 즐거움은 위로 정당한 천리天理를 따르고 아래로 공정한 인심人心에 부응하는 것이다. 군왕 대인이 민중과 더불어 즐겁고 기쁘게 산다는 정신을 가지고 민중을 이끌어 나가면 민중은 아무리 어렵고 힘든 일에도 수고를 마다하지 않고 그 고통을 잊을 것이다. 그리고 군왕 대인이 민중과 더불어 함께 산다는 마음으로 즐겁고 기쁘게 민중을 이끌고

고난에 대처하면 목숨이 위험한 일이 닥쳐도 민중은 그 위험을 피하지 않을 것이며 죽음도 두려워하지 않을 것이다. 즐거움과 기쁨의 의미야말로 진정 위대하여, 민중으로 하여금 스스로 힘쓰게 할 수 있다!

≪상전≫에서 말하기를, 두 못(澤)이 붙어 있어 서로 적셔줌은 '기쁨'을 상징한다. 군자는 이 괘의 이치를 살펴 벗과 함께 도리를 깨우치고 학업을 익힌다.

◎ 주역 경영

'태괘'는 즐거움의 의미이다. 회사를 경영하는 과정에서도 지도자가 앞장서서 즐거움을 만들어내고 그 분위기를 이끌어간다면 ≪단전≫에서 말한 것처럼 '민중과 더불어 즐겁고 기쁘게 산다는 정신을 가지고 그들을 이끌고 고난에 대처하면, 민중은 아무리 어렵고 힘든 일에도 수고를 마다하지 않고 그 고통을 잊으며, 목숨이 위험한 일이 닥쳐도 위험을 피하지 않고 죽음도 두려워하지 않는' 효과를 거둘 것이다. 그렇다면 세상에 그 어떤 비전(vision)이 실현되지 않을 수 있겠는가?

그러나 그것은 말처럼 그렇게 쉬운 일이 아니다. 그래서 군자는 끊임없이 배워야 하는데, 배움은 친구의 도움 없이는 이뤄질 수 없다. 혼자서 몰두하여 공부만 하면 종종 잘못된 길로 들어설 수 있으니 뜻이 맞는 친구들과 다양한 방식으로 교류해야 한다.

여기서 우리는 "뜻을 같이 하는 사람이 먼 곳에서 찾아오면 즐겁지 않겠는가?"*라는 ≪논어≫의 한 구절을 떠올릴 수도 있다.

이와 함께 배움에 임해서는 '익히는(習)' 것만 중시해서는 안 된다. 말이 실천으로 옮겨지지 않으면 아무런 의미가 없으므로 배운 후에는 그것을

---

* 有朋自遠方來 不亦樂乎.(유붕자원방래 불역락호)

반드시 실천에 옮겨야 한다. 그래서 소위 "배우고 때에 맞게 그것을 익혀 나간다"*라는 말도 나온 것이다.

management point

경영자는 회사 분위기를 즐겁게 만들 필요가 있다. 이른바 '펀(fun) 경영'이다. 그리고 항상 공부를 게을리 하지 않으며, 앞장서서 솔선수범함과 동시에 성공한 경영자와 끊임없이 교류하면서 그들에게 배운 노하우를 경영 과정에 적용해야 한다.

---

* 學而時習之 (학이시습지)

기쁨은 강제로 얻지 못한다

初九, 和兌, 吉.(초구, 화태 길)

≪象≫曰: "和兌之吉", 行未疑也.(상왈: 화태지길 행미의야)

九二, 孚兌, 吉, 悔亡.(구이, 부태 길 회망)

≪象≫曰: "孚兌之吉", 信志也.(상왈: 부태지길 신지야)

六三, 來兌, 凶.(육삼, 내태 흉)

≪象≫曰: "來兌之凶", 位不當也.(상왈: 내태지흉 위부당야)

▲ 和: 화활 화(서로 응하다, 합치다) / 孚: 미쁠 부(미덥다, 신뢰하다) / 悔: 뉘우칠 회

【해석】

초구: 사람을 즐겁게 대하니 상서롭다.

≪상전≫에서 말하기를, 사람을 즐겁게 대하니 상서롭다는 것은, 행위가 단정하여 의혹을 품게 하지 않는다는 뜻이다.

구이: 진실한 마음으로 기쁘고 온화하게 사람을 대하니 상서롭고 회한이 사라질 것이다.

≪상전≫에서 말하기를, 진실한 마음으로 기쁘고 온화하게 사람을 대하니 상서로울 수 있다는 것은, 그 뜻이 진실하고 확고함을 말한다.

육삼: 남에게 다가와 기쁨을 얻으려 하니 흉하다.

≪상전≫에서 말하기를, 남에게 다가와 기쁨을 얻으려 하니 흉하다는 것은, 그 자리가 적당하지 않음을 말한다.

⑤ 주역 경영

'초구'는 '구사'와 서로 호응하므로 '사람을 즐겁게 한다'라고 했다. 또한 하괘의 맨 아래에 위치하지만 상위자와 적극적으로 호응하므로 '길하다' 라고 했다.

'육이'는 성실과 신의로 얻은 즐거움이므로 당연히 상서로우며 회한이 없다.

'육삼'은 음효가 양의 위치에 있어 자리가 합당하지 않으나 즐거움을 간절히 원하여 소위 '위치가 부당하고 행위가 바르지 않다'라고 할 수 있으며, 그래서 '흉하다'라고 하는 것이다.

---

management point

기쁨이란 스스로 행동하고 노력함으로써 얻게 되는 것일 뿐, 강제로는 얻을 수 없다. 이 점을 이해하는 것은 오늘날 직장생활을 하는 데 매우 중요하다. 업무를 통해 기쁨을 얻으려면 스스로 노력을 기울이고 다른 사람과도 협력 하며 성실과 신의를 잃지 말아야 한다.

간사함을 물리치려면

九四, 商兌未寧, 介疾有喜.(구사, 상태미녕 개질유희)

≪象≫曰: 九四之喜, 有慶也.(상왈: 구사지희 유경야)

九五, 孚于剝, 有厲.(구오, 부우박 유려)

≪象≫曰: "孚于剝", 位正當也.(상왈: 부우박 위정당야)

上六, 引兌.(상육, 인태)

≪象≫曰: 上六"引兌", 未光也.(상왈: 상육인태 미광야)

▲ 商: 헤아릴 상(장사하다) / 寧: 편안할 녕 / 介: 끼일 개 / 剝: 벗길 박 / 引: 끌 인

【해석】

구사: 즐겁고 기쁠 것을 생각하나 마음이 편치 못하다. 음유의 간사함을 미워하여 물리칠 수 있으면 기쁨이 있을 것이다.

≪상전≫에서 말하기를, 즐거움과 기쁨은 나라의 위기를 바로잡는 공을 세움으로써 칭송받는 데서 비롯된다.

구오: 양강을 해치는 음유한 소인을 믿으면 위험하다.

≪상전≫에서 말하기를, 양강을 해치는 음유한 소인을 믿는 것은 '구오'가 소인에게 쉽게 해를 입을 위치에 있기 때문이다.

상육: 다른 사람을 끌어들여 함께 즐겁고 기쁘게 지내고자 한다.

≪상전≫에서 말하기를, 다른 사람을 끌어들여 함께 즐겁고 기쁘게 지내고자 하는 것은 '상육'이 즐거움과 기쁨을 이루는 방법이 떳떳하고 바르지 못하기 때문이다.

⑤ 주역 경영

'구사'에서 "즐겁고 기쁠 것을 생각하나 마음이 편치 못하다"라고 한 것은 아직 질환이 있기 때문이며 그래서 "음유의 간사함을 미워하여 물리칠 수 있으면 기쁨이 있을 것이다"라고 했다.

그렇다면 여기서 '질환'이란 무엇을 가리키는가? 당연히 지도자 주변에 있는 소인배를 말한다. 이런 소인배들과 적당한 거리를 유지할 수만 있다면 반드시 기쁨이 있을 것이다.

'구오'는 위치가 마땅하지만 신중함이 부족하여 소인을 믿게 된다. 일단 소인이 지도자의 총애와 신임을 얻게 되면 '소인의 사악한 도는 나날이 흥하고 군자의 바른 도는 나날이 쇠하는'* 결과를 가져오고 만다. '구오'는 '구사'의 "간사함을 미워하여 물리치는 행위"를 본받아야 한다.

'상육'은 군중으로부터 멀리 떨어져 있으므로 다른 사람을 끌어들여 자기와 함께 기뻐하게 하는데, 그 행위는 바르지 않고 그 의지는 희미하다고 할 수 있다.

---

management point

경영자는 반드시 소인에게서 멀리 떨어져야 한다. 그렇지 않고 일단 소인을 등용하게 되면 현명하고 능력 있는 인재가 떠나가고 만다. 이런 일이 반복되면 기업은 반드시 어려움에 빠지게 되고 만다.

---

* 小人道長 君子道消也.(소인도장 군자도소야)

59. 환괘(渙卦)
분열을 극복하는 법

渙: 亨, 王假有廟, 利涉大川, 利貞.(환: 형 왕격유묘 이섭대천 이정)

≪彖≫曰: "渙, 亨", 剛來而不窮, 柔得位乎外而上同. "王假有廟", 王
乃在中也; "利涉大川", 乘木有功也.(단왈: 환 형 강래이불궁 유득위호외이상동.
왕격유묘 왕내재중야 이섭대천 승목유공야)

≪象≫曰: 風行水上, 渙; 先王以享于帝立廟.(상왈: 풍행수상 환 선왕이향우
제립묘)

▲ 渙: 흩어질 환(어질다) / 假: 거짓 가, 이를 격(감동시키다) / 廟: 사당 묘 / 窮: 다할 궁 / 乘:
탈 승(오르다) / 享: 누릴 향(제사 드리다)

【해석】

환괘(渙卦: 風水渙)는 '흩어짐'을 상징한다. 형통한데 군왕이 아름다운 덕으로
써 신령을 감동시켜 종묘의 제사를 살피니, 큰 강을 건너기에 이로우나 정도
를 지켜야 이롭다.

≪단전≫에서 말하기를, 흩어져서 형통하다는 것은 양강한 자가 다가와 음
유의 한가운데에 있으면서도 곤궁하지 않고, 음유한 자는 밖에서 바른 자리
를 얻어, 위에 있는 양강과 한마음 한뜻이 되기 때문이다.

군왕이 미덕으로써 신령을 감동시켜 종묘 제사를 살핀다는 것은 군왕이 중심
에 자리하여 민심을 결집할 수 있음을 말한다. 큰 강을 건너기에 이롭다는

것은 나무배를 타고 협력하여 난관을 극복하고자 하면 반드시 성공할 수 있다는 말이다.

≪상전≫에서 말하기를, 물 위로 바람이 불어옴은 '흩어짐'을 상징한다. 선대의 군왕은 그것을 보고 하늘에 제사하고 종묘를 건립하여 민심을 모은다.

☯ 주역 경영

'환괘'는 흩어진다는 뜻이다. ≪서괘전≫에서는 "기뻐한 뒤에는 흩어지기 때문에 뒤이어 '환괘'를 배치했다. '환'은 떠나는 것이다"라고 했다. 기뻐한 후에 각자 제 갈길을 가게 되므로 '태괘'의 뒤에 '환괘'를 배치했다는 뜻이다.

주목할 만한 것은 '환괘'에서 '흩어짐'은 '제멋대로 뿔뿔이 흩어지는' 것이 아니라 '조직과 체계를 갖춘 자발적인 흩어짐'이라는 점이다. 그래야만 '음유한 자가 밖에서 바른 자리를 얻어 위에 있는 양강과 한마음 한뜻이 될 수 있게' 된다. 이는 오늘날 기업이 직원을 세계 각 지역의 시장에 파견하여 기업의 성장을 도모하는 것과 같은 원리인데, 그런 면에서 보더라도 이는 결코 '산발적인 흩어짐'이 아니다.

직원들이 흩어진 후에는 경영자가 어떻게 해야 그들의 마음을 한데 모을 수 있을까? 만일 사람들의 마음을 모으지 못한다면 조직 전체가 흩어지고 말 것이다. 그래서 ≪상전≫에서는 "선대의 군왕은 그것을 보고 하늘에 제사하고 종묘를 세워 민심을 모은다"라고 했다.

고대에는 사람의 마음을 하나로 모으려면 반드시 제사의식을 거행하고 종묘를 구축해야 했다. 이렇게 하면 사람들의 마음에 같은 신앙의 뿌리를 심을 수 있었기 때문이다. 이것은 오늘날 직원들로 하여금 기업문화를 심어주어, 회사에 대한 애정과 믿음을 갖게 하는 것과 같다.

흩어져서 성장을 꾀하다

初六, 用拯馬壯 吉.(초육, 용증마장 길)

≪象≫曰: 初六之吉, 順也.(상왈: 초육지길 순야)

九二, 渙奔其机, 悔亡.(구이, 환분기궤 회망)

≪象≫曰: "渙奔其机", 得願也.(상왈: 환분기궤 득원야)

六三, 渙其躬, 无悔.(육삼, 환기궁 무회)

≪象≫曰: "渙其躬", 志在外也.(상왈: 환기궁 지재외야)

▲ 拯: 건질 증(구조하다, 받아들이다) / 壯: 씩씩할 장 / 奔: 달릴 분 / 机: 책상 궤

【해석】

초육: 건장한 말의 힘을 빌려 흩어짐을 구제하니 상서롭다.

≪상전≫에서 말하기를, 초육이 상서로움은 마땅한 자리에 있는 인재 '구이'
를 순순히 따르기 때문이다.

구이: 흩어지는 시기에 재빨리 '안전한 곳으로(机)' 달려가니 회한이 사라질
것이다.

≪상전≫에서 말하기를, 흩어지는 시기에 재빨리 안전한 곳으로 달려간다는
것은 음양이 모이고자 하는 소망을 이룬다는 뜻이다.

육삼: 자신을 흩어버리니 회한이 없다.

≪상전≫에서 말하기를, 자신을 흩어버리는 까닭은 그 뜻이 자신에게 있지
않기 때문이다.

⟳ 주역 경영

'초육'은 '환괘'의 가장 아랫부분에 있으므로 흩어짐이 시작될 때부터 즉시 구제함으로써 뿔뿔이 흩어짐을 피해야 한다. 또한 '초육'은 기질이 온순하여 위로는 '구이'를 받드니 상서롭다.

'구이'는 흩어질 때 의탁할 곳을 찾은 후 자신의 소망을 실현하면 회한이 없을 것이다.

'육삼'이 '자신을 흩어버림'은 자발적인 흩어짐에 해당하는데 이는 '육삼'이 아랫사람들을 사방으로 파견함으로써 더 큰 성장을 도모하기 위해 취한 방법이다. 이렇게 한다면 무슨 해로움이 있겠는가?

---

management point

기업은 계획적이고 체계적으로 직원들을 목표로 하는 각 시장에 파견하여 안정적으로 자리를 잡게 해야 한다. 이러한 종류의 흩어짐은 성장을 위한 지혜로운 결정이며 모든 경영자가 배워야 할 경영방식이라고 할 수 있다.

인품과 덕

六四, 渙其群, 元吉; 渙有丘, 匪夷所思.(육사, 환기군 원길 환유구 비이소사)

《象》曰: "渙其群元吉", 光大也.(상왈: 환기군원길 광대야)

九五, 渙汗其大號, 渙王居, 无咎.(구오, 환한기대호 환왕거 무구)

《象》曰: "王居无咎", 正位也.(상왈: 왕거무구 정위야)

上九, 渙其血, 去逖出, 无咎.(상구, 환기혈 거적출 무구)

《象》曰: "渙其血" 遠害也.(상왈: 환기혈 원해야)

▲ 群: 무리 군 / 丘: 언덕 구 / 匪: (=非) / 夷: 오랑캐 이(평범함) / 汗: 땀 한 / 號: 부르짖을 호(호령, 명령) / 血: 피 혈(=恤, 구휼할 휼, 근심하다) / 逖: 멀 적(근심하다. 두려워하다)

육사: 그 무리들을 흩뜨리니 대단히 상서롭다. 할거하는 작은 무리들을 흩뜨려서 산 같은 큰 무리를 이룸은 보통 사람이 넘볼 수 있는 일이 아니다. 《상전》에서 말하기를, 그 무리들을 흩뜨리니 대단히 상서롭다는 것은, 그 덕이 광명정대함을 말한다.

구오: 몸에서 땀을 발산하듯 군왕이 흩어짐을 구제할 위대하고 올바른 명령을 내려야 한다. 흩어지는 시기에 군왕이 자리를 지키고 지휘하면 명령이 반드시 실행될 것이니 화가 없다.

《상전》에서 말하기를, 군왕이 자리를 지키고 지휘하면 명령이 반드시 실행될 것이니 화가 없다는 것은, 군왕의 존귀한 지위를 똑바로 지킨다는 말이다.

상구: 재난의 액운을 흩어지게 함으로써 마침내 시름을 멀리 떨치고 두려움

에서 벗어나니 화가 없다.

≪상전≫에서 말하기를, 재난의 액운을 흩어지게 함으로써 시름을 멀리 떨친다는 것은, 위험에서 멀리 벗어났음을 말한다.

⑤ 주역 경영

'육사'는 '구오'를 보좌하는 현명한 신하로서, 구오의 지휘 하에 있으면서 만백성의 위에 있다고 할 수 있다. 이때는 반드시 '구오'의 의심에 대비해야 하므로 "재난의 액운을 흩어지게 한다"라고 했다.

그러나 '육사'의 인품과 덕이 탁월하여 흩어짐이 극에 달한 후에는 천하가 다시 모여 산과 같은 무리를 이룬 후 '육사'를 지지하게 된다. 이는 자칫 상식에 맞지 않는 것처럼 보이지만, 인품과 덕이 얼마나 중요한지 보여주는 구절이다.

'구오'는 명령을 내리는 것이 땀을 발산하듯 하여 한 번 명령을 내린 다음에는 번복하지 않으니, 의지가 결연하다고 할 수 있다. 이와 동시에 자신의 재산을 대중에게 분배하니 반드시 사람들의 마음을 얻을 수 있어서 위험이 없다.

'상구'는 대중에게서 멀리 떨어져서 상황의 흐름에 맞춰 나아가므로 위험이 없다.

---

management point

인품과 도덕은 경영자가 지녀야 할 가장 중요한 덕목이라고 할 수 있다. 인품과 덕을 갖추면 다른 사람으로부터 도움을 얻을 수 있어서 기업의 성장을 위한 기반을 다질 수 있다.

---

60. 절괘(節卦)
절제의 도

節: 亨; 苦節不可, 貞.(절: 형 고절불가 정)

≪象≫曰: "節, 亨", 剛柔分而剛得中. "苦節不可, 貞", 其道窮也. 説
以行險, 當位以節, 中正以通. 天地節而四時成; 節以制度, 不傷財不
害民.(단왈: 절 형 강유분이강득중. 고절불가 정 기도궁야. 열이행험 당위이절 중정이통. 천지절
이사시성 절이제도 불상재불해민)

≪象≫曰: 澤上有水, 節; 君子以制數度, 議德行.(상왈: 택상유수 절 군자이
제수도 의덕행)

▲ 節: 마디 절(절개, 규칙, 제도) / 苦: 쓸 고(쓴맛, 괴로워하다) / 險: 험할 험

【해석】

절괘(節卦: 水澤節)는 '절제'를 상징한다. 형통할 수 있다. 다만 지나치게 절제
해서는 안 되며 정도를 지켜야 한다.

≪단전≫에서 말하기를, 절제하면 형통하다는 것은 양강과 음유가 아래, 위
로 분명히 나뉘어 있으면서도 양강이 득중得中했기 때문이다. 다만 지나치게
절제해서는 안 되며 정도를 지켜야 한다는 것은 그렇게 하지 않을 경우 필연
적으로 절제의 도가 궁색해질 것이기 때문이다. 마음이 기쁘면 용감하게
위험과 맞설 수 있고, 위치가 타당하면 스스로 절제할 줄 알며, 중도를 지키면
모든 일이 막힘없이 풀릴 것이다. 천지자연이 적절하게 절제함으로써 일년

사계절이 형성될 수 있으며 성현과 명군은 법과 제도로써 절제하여 재정 낭비를 막고 백성을 해치지 않는다.

≪상전≫에서 말하기를, 못에 물이 고여 있음은 절제를 상징한다. 군자는 그것을 보고 예와 법도를 제정하고 그것을 기준으로 해서 사람의 덕과 행위를 자세히 살펴 인재를 적절히 등용한다.

🌀 주역 경영

'절괘'는 절제의 의미이다. 절제는 무조건적인 억제가 아니며, 절제하는 과정에서 인품과 덕을 쌓아 성장을 도모해야 한다. 그래서 '절괘'는 우리에게 "적당한 절제는 사물이 순조롭게 발전하게 하는 중요한 요소이다"라는 것을 알려주고 있다.

괘 풀이에서는 다음의 내용을 강조한다. 첫째, 적절히 절제하면 형통하고 낭비를 막을 수 있으므로 자연히 이익이 발생한다. 둘째, 지나치게 절제해서는 안 된다. 즉, 마음의 뜻을 거스르면서까지 하는 절제는 사람들의 마음에 왜곡된 생각을 심고 종종 극단으로 치닫게 한다. 셋째, 어떤 환경에서도 반드시 정도를 지키고 이를 위배해서는 안 된다.

≪단전≫에서는 주로 어떻게 절제해야 하느냐의 관점을 서술하고 있다. 즉, 하늘의 도리에 순응하면서 절제의 제도를 마련하여, 사람들로 하여금 적절하게 절제할 수 있도록 함으로써 곤경에 처하지 않도록 해야 한다고 강조한다.

≪상전≫에서는 다음의 두 가지를 강조했다. 첫째, 적절한 절제 제도를 마련하여 사람들에게 절제의 도를 알린다. 둘째, 도덕을 중시하여 이를 인재 선발과 임용의 기준으로 삼는다.

어떤 일을 하건 '적당함'을 유지할 줄 알아야 한다. 힘이 부족하면 문제가 생기지만 힘이 넘쳐도 문제가 생기기 쉽다. 그래서 소위 '과유불급過猶不及'이라는 말도 나온 것이다.

이 때문에 기업은 전략의 방향과 규칙을 설정하여 어느 분야를 절약하고 어느 분야에 투자를 늘릴지 결정함으로써 절제의 미를 발휘할 줄 알아야 한다. 이렇게 해야만 기업의 안정적인 성장을 기대할 수 있다.

말을 삼가고 기밀을 지키다

初九, 不出户庭, 无咎.(초구, 불출호정 무구)

≪象≫曰: "不出户庭", 知通塞也.(상왈: 불출호정 지통색야)

九二, 不出門庭, 凶.(구이, 불출문정 흉)

≪象≫曰: "不出門庭凶", 失時極也.(상왈: 불출문정흉 실시극야)

六三, 不節若, 則嗟若, 无咎.(육삼, 부절약 즉차약 무구)

≪象≫曰: "不節之嗟", 又誰咎也?(상왈: 부절지차 우수구야)

▲庭: 뜰 정 / 塞: 막힐 색 / 極: 다할 극 / 嗟: 탄식할 차 / 若: 같을 약(어조사) / 嗟: 탄식할 차 / 誰: 누구 수 / 咎: 허물 구

【해석】

초구: 신중히 절제하며 집 밖으로 나가지 않으니 허물이 없을 것이다.

≪상전≫에서 말하기를, 신중히 절제하며 집 밖으로 나가지 않는다는 것은, '통하면 나아가고 막히면 머물러 있어야 하는' 도리를 잘 안다는 뜻이다.

구이: 억지로 절제하며 집 밖으로 나가지 않으니 흉하다.

≪상전≫에서 말하기를, 억지로 절제하며 집 밖으로 나가지 않는다는 것은, 적절한 시기를 놓쳤다는 뜻이다.

육삼: 절제하지 못해도 스스로 탄식하며 후회하면 허물을 면할 수 있다.

≪상전≫에서 말하기를, 절제하지 못하나 스스로 탄식하며 후회하니 또 누가 그를 해치겠는가?

476

⑤ 주역 경영

'초구'는 '절괘'의 맨 아래에 위치하여 적당히 절제해야 하므로 "집 밖으로 나가지 않는다"라고 했다. 어째서 '집 밖으로 나가지 않는다'라고 한 것일까? 그것은 말을 삼가고 비밀을 지키기 위해서이다. 문을 나서면 분명히 사람들과 어울리게 되고, 그 과정에서 자칫 비밀을 누설할 수 있기 때문에 집 밖으로 나가지 않는 것이 신중하다고 할 수 있다. 이 때문에 공자는 ≪계사전≫ 상편에서 "군왕이 비밀을 지키지 못하면 신하를 잃고, 신하가 비밀을 지키지 못하면 그 몸을 잃으며, 비밀스러운 일을 지키지 못하면 해로움이 생긴다. 그러므로 군자는 말과 행동을 신중히 하여 새어나가지 않도록 한다"라고 했다.

'구이'에서는 왜 집 밖에 나가지 않는 것이 흉하다고 했을까? 이유는 매우 간단하다. '초구'는 시기나 장소가 앞뒤로 막힌 상황이므로 삼가고 나가지 않는 게 옳지만, 그에 반해 '구이'는 막힘없이 사통팔달 대로에 직면했으므로 삼갈 필요가 없다. 만일 여전히 절제하면서 행동하려 들지 않는다면 분명히 좋은 시기를 놓치고 말 것이다. 일단 시기를 놓치면 다른 사람에게 기회를 빼앗기고 결국 자신에게도 위험이 닥칠 것이다.

'육삼'은 절제를 몰라서 슬퍼하며 탄식하는데 이는 '육삼'이 바로 뉘우쳤음을 말한다. 이런데 무슨 위험이 있겠는가?

---

management point

오늘날에는 기업의 기밀 유지가 매우 중요하다. 그러나 많은 경우 직원들의 보안의식이 약해서 새 전략을 추진하기도 전에 미리 소문이 나버려 결국 기업에 돌이킬 수 없는 피해를 입히고 만다. 이 때문에 경영자는 직원들이 말과 행동을 삼가도록 수시로 '기밀 유지' 교육을 철저히 해야 한다.

절제와 솔선수범

六四, 安節, 亨.(육사, 안절 형)

≪象≫曰: "安節之亨", 承上道也.(상왈: 안절지형 승상도야)

九五, 甘節, 吉, 往有尚.(구오, 감절 길 왕유상)

≪象≫曰: "甘節之吉", 居位中也.(상왈: 감절지길 거위중야)

上六, 苦節; 貞凶, 悔亡.(상육, 고절 정흉 회망)

≪象≫曰: "苦節貞凶", 其道窮也.(상왈: 고절정흉 기도궁야)

▲ 安: 편안할 안 / 承: 받들 승 / 甘: 달 감 / 苦: 쓸 고

【해석】

육사: 편안히 절제(安節)하니 형통하다.

≪상전≫에서 말하기를, 편안히 절제하니 형통하다는 것은 육사가 윗사람의
양강하고 중정한 도를 공손히 받들어 따름을 말한다.

구오: 적당히 절제하여 사람들에게 아름다움을 느끼게 하니 상서롭다. 적극
적으로 행동하면 칭찬과 존경을 받을 것이다.

≪상전≫에서 말하기를, 적절히 절제하여 사람들에게 아름다움을 느끼게
하니 상서롭다는 것은, '구오'가 거중하여 지나치지도 모자라지도 않음을
말한다.

상육: 지나치게 절제하여 사람들이 고통스러워하니 정도를 지켜서 흉함을
방비하면 회한이 사라질 것이다.

≪상전≫에서 말하기를, 지나치게 절제하여 사람들이 고통스러워하니 정도

478

를 지켜 흉함을 방비해야 한다는 것은, 절제의 도가 지나쳐 이미 궁색해졌음을 말한다.

ⓢ 주역 경영

'육사'는 '구오'의 지시에 순종하여 절제하므로 '편안히 절제하니 형통하게' 된다.

'구오'는 지도자로서 적당한 절제 규칙을 제정하여, 사람들에게 절제하는 가운데 아름다움을 느끼게 하니 결국 상서롭다. 그러나 이렇게 하는 것은 쉽지 않은 일이므로 지도자가 절제의 기준과 규칙을 정확하게 파악하고 있어야 한다.

'상육'은 '고통스러울 정도로 지나친 절제' 때문에 흉하다고 했지만, 이것 역시 절제하고자 하는 의도에서 나온 것이므로 정도를 지키기만 하면 회한을 피할 수 있다.

---

management point

불황이 닥치면 기업에서 제일 먼저 실시하는 것이 '긴축'이다. 그러나 절제에도 나름의 도道가 있다. 경영자는 적절한 절제 계획을 수립해서 솔선수범하고 모범을 보여야지, 무턱대고 절제하라고 하면 반감만 살 뿐이다.
절제에 있어서 최고의 경지는 '감미로운 절제(甘節)'라고 할 수 있는데, 이는 군왕의 신분으로 적당한 제도를 만들어 절제함으로써, 재정을 낭비하지 않고 백성을 해치지 않으면서 국가 전체를 적절히 통제하고 절제하는 것이다.

---

61. 중부괘(中孚卦)
믿음이란?

中孚: 豚魚, 吉, 利涉大川, 利貞.(중부: 돈어 길 이섭대천 이정)

《彖》曰: "中孚", 柔在內而剛得中; 說而巽, 孚乃化邦也. "豚魚吉", 信及豚魚也; "利涉大川", 乘木舟虛也; 中孚以利貞, 乃應乎天也.(단왈: 중부 유재내이강득중 열이손 부내화방야. 돈어길 신급돈어야 이섭대천 승목주허야 중부이이정 내응호천야)

《象》曰: 澤上有風, 中孚. 君子以議獄緩死.(상왈: 택상유풍 중부. 군자이의옥완사)

▲ 孚: 미쁠 부(진실함) / 豚: 돼지 돈 / 木·舟·虛: 모두 배(船)를 뜻함 / 緩: 느릴 완

【해석】

중부괘(中孚卦: 風澤中孚)는 '내면의 성실과 진실함'을 상징한다. 성실함이 돼지와 물고기까지 감동시킬 수 있으니 상서롭다. 큰 강을 건너기에 이로우나 반드시 정도를 지켜야 이롭다.

《단전》에서 말하기를, 마음이 진실함은 내면이 유순하고 겸허하며 정성스럽다. 또한 외면은 강건하며 중심이 충실하고 미더우므로 아랫사람은 기뻐하고 윗사람은 온화하게 된다. 이렇듯 진실한 덕이 있으면 온 나라를 교화할 수 있다.

그 진실함이 돼지와 물고기까지 감동시키니 상서롭다는 것은 진실한 덕의

혜택이 돼지나 물고기 등 세상 만물에까지 미친다는 말이다. 큰 강을 건너기에 이롭다는 것은 그런 때는 나무배를 타고 강을 건너듯이 아무 어려움 없이 순조롭게 나아갈 수 있다는 의미이다. 마음이 진실하더라도 반드시 정도를 지켜야 이롭다는 것은, 그래야 하늘의 굳세고 바른 덕에 부합될 수 있다는 뜻이다.

≪상전≫에서 말하기를, 큰 못 위로 따스한 바람이 불어옴은 마음이 진실하다는 뜻이다. 군자는 그것을 본받아 진실한 덕으로써 옥사를 심의하고 사형의 집행을 늦춘다.

주역 경영

'중부괘'는 내면이 성실하고 믿을 만하다는 의미이다.

여기서 '부孚'는 ≪주역≫에서 반복적으로 등장하는 글자로, ≪주역≫의 저자는 '부'라는 글자가 가리키는 '성실과 신의'의 가치를 처세의 기본 원칙으로 여기고 있다. '성실과 신의'가 없으면 아무 일도 이룰 수 없다고 본 것이다. 이는 공자의 견해와도 일치한다.

공자는 사람들에게 "성실과 신의가 없으면 그가 무엇을 할 수 있을지도 모를 정도이다"라고 했다.*

괘 풀이에서는 아름다운 소망, 즉, 성실과 신의가 돼지나 물고기 등의 동물에까지 덕을 미치기를 바라는 염원을 전달하고 있다. 여기서 우리는 성실과 신의가 얼마나 크고 높은 가치인지 알 수 있다. 그러나 ≪단전≫에서는 성실과 신의가 충분하지 않더라도 정도를 지키면 하늘의 도에 부합한다고 말한다.

---

* 人而無信 不知其可.(인이무신 부지기가)

《상전》에서는 상위자라면 반드시 성실과 신의의 덕을 본받아 "진실한 덕으로써 옥사를 심의하고 사형의 집행을 늦춘다"라고 하여 사람의 목숨을 중시하라고 했다.

---

management point

성실과 신의는 아무리 강조해도 지나침이 없다. 그러나 오늘날 경영자들은 손쉽게 공약을 하고 약속한 말을 끝까지 지키지 않아 종종 '신용을 잃는' 현상이 나타나게 되고, 결국 경영자와 직원들 간에 갈등이 끊이지 않는다. 사실, 기업을 이끌면서 가장 효과적인 경영 방식이란, 노사 양측이 성실과 신의를 지켜서 '말의 신용'을 지키는 것이다. 이렇게 하면 최선을 다해 맡겨진 직책을 감당할 수 있다.

벗이 화답하다

初九, 虞吉, 有它不燕.(초구, 우길 유타불연)

≪象≫曰: 初九"虞吉", 志未變也.(상왈: 초구우길 지미변야)

九二, 鳴鶴在陰, 其子和之: 我有好爵, 吾與爾靡之(구이, 명학재음 기자화지 아유호작 오여이미지)

≪象≫曰: "其子和之", 中心願也.(상왈: 기자화지 중심원야)

六三, 得敵, 或鼓或罷, 或泣或歌(육삼, 득적 혹고혹파 혹읍혹가)

≪象≫曰: "或鼓或罷", 位不當也.(상왈: 혹고혹파 위부당야)

▲ 虞: 헤아릴 우(편안하다) / 它: 다를 타(＝他) / 燕: 제비 연(편안하다) / 鳴: 울 명 / 爵: 잔 작(술잔) / 爾: 너(汝) 이 / 靡: 쓰러질 미(함께) / 敵: 원수 적 / 鼓: 북 고 / 罷: 방면할 파(고달픔) / 泣: 울 읍

【해석】

초구: 편안히 진실함을 지키니 상서로우나 달리 추구하는 바가 있으면 편안할 수 없다.

≪상전≫에서 말하기를, 편안히 진실함을 지키니 상서롭다는 것은, 달리 추구하는 바가 없는 그 뜻이 변하지 않았다는 뜻이다.

구이: 두루미가 응달에서 부르니 동무가 소리 내어 화답하도다. 내게 좋은 술이 있는데 그대와 마시며 즐기고자 하노라.

≪상전≫에서 말하기를, 두루미의 동무가 소리 내어 회답하는 것은, 마음에서 우러나 진심으로 원한다는 말이다.

육삼: 마음이 진실하지 못하여 적을 만났으니 때로는 북을 치며 진격하고,

때로는 지쳐서 후퇴하고 때로는 적의 반격이 무서워 슬피 울고, 때로는 적이 침공하지 않으니 즐겁게 노래 부른다.

≪상전≫에서 말하기를, 때로는 북을 치며 진격하고 때로는 지쳐서 후퇴한다는 것은, 육삼의 위치가 마땅하지 않음을 말한다.

🌐 주역 경영

'초구'는 하괘의 맨 아래에 위치하여 마치 모든 것을 예상할 수 있는 것처럼 여겨지나 다른 상황이 발생하면 예상했던 방향이 수정될 수 있다. 따라서 '초구'는 반드시 변함없는 마음을 유지해야 한다.

'구이'는 한 편의 시처럼 아름다운 이미지를 표현하고 있다. 특히 "두루미의 동무가 소리 내어 회답한다"라는 구절은 매우 감동적이다.

많은 경영자가 마음에 맞는 부하 직원을 찾지 못하고 있지만 '중부괘'의 '구이'는 화답할 동무가 있다고 했는데, 그것은 왜일까? 공자는 이에 대해 "군자가 자기 집에서 말을 하더라도 그것이 좋은 말이라면 천리 밖에서 응할 것이니, 하물며 가까이 있는 자에게는 어떠하겠는가? 반면 집에서 말을 하더라도 그것이 좋지 않은 말이면 천리 밖에서까지 어길 것이니, 하물며 가까이 있는 자에게는 어떠하겠는가?"*라고 했다.

여기서 우리는 ≪주역≫의 저자가 어째서 두루미를 비유로 들었는지 알 수 있다. 이것은 아름다운 말이므로 반드시 아름다운 소리로 표현해야 했기 때문이다.

'육삼'은 적을 만나서 초래될 수 있는 두 가지 결과를 모두 설명하고

---

* 君子居其室 出其善言 則千里之外應之 況其邇者乎?(군자거기실 출기선언 즉천리지외응지 황기이자호) 居其室 出其言不善 則千里之外違之 況其邇者乎?(거기실 출기언불선 즉천리지외위지 황기이자호)

있으며 뒤이어 '육삼'이 여기에 어떻게 대응하는지도 알 수 있다.

---

management point

경영자가 직원에게서 협조를 얻는 것은 사실 매우 간단한 일이다. 바로 경영
자가 스스로 마음에 성실과 신의를 품고 기업의 성장을 가능하게 할 지시를
직원들에게 내리면 된다.

민심을 얻다

六四, 月幾望, 馬匹亡, 无咎.(육사, 월기망 마필망 무구)

≪象≫曰: "馬匹亡", 絶類上也.(상왈: 마필망 절류상야)

九五, 有孚攣如, 无咎.(구오, 유부연여 무구)

≪象≫曰: "有孚攣如", 位正當也.(상왈: 유부연여 위정당야)

上九, 翰音登于天, 貞凶.(상구, 한음등우천 정흉)

≪象≫曰: "翰音登于天", 何可長也!(상왈: 한음등우천 하가장야)

▲ 幾: 기미 기 / 匹: 필 필(짝, 맞서다) / 攣: 걸릴 련(이어지다) / 翰: 날개 한

【해석】

육사: 달은 거의 찼는데 말이 짝을 잃으니 허물이 없다.

≪상전≫에서 말하기를, 말이 짝을 잃는다는 것은 육사가 배필과의 관계를 끊고 위로 구오를 받듦을 말한다.

구오: 진실한 덕으로써 천하의 민심을 사로잡으니 허물이 없을 것이다.

≪상전≫에서 말하기를, 진실한 덕으로써 천하의 민심을 사로잡는다는 것은, 구오의 위치가 바르고 마땅함을 말한다.

상구: 공중을 나는 새의 울음소리가 하늘 높이 울려 퍼지는데 공허한 소리는 멀리까지 들리지만 독실함이 부족하니 반드시 정도를 지켜 흉함을 방비해야 한다.

≪상전≫에서 말하기를, 나는 새 울음소리가 하늘 높이 울려 퍼지는데 공허한 소리는 멀리까지 들리지만 독실함이 부족하니 어찌 오래 갈 수 있겠는가?

☯ 주역 경영

'육사'는 '구오'를 바짝 뒤따라야 하기 때문에 같은 무리와의 관계를 끊는 것도 아쉬워하지 않는다. 이는 그것이 처한 위치와도 관계가 있다. 즉, 머지않아 신하로서 이르러야 할 가장 높은 단계에 이르게 되었기 때문이다. 이는 마치 달이 얼마 후에 둥글게 차오르는 것과 같다. 이때는 같은 무리의 영향으로 실패해서는 안 된다.

'구오'는 군왕으로서 마음에 성실과 신의를 품고 천하의 백성을 편안하게 해야 할 임무를 지니고 있으므로 ≪상전≫에서는 '위치가 바르고 마땅하다'라고 했다.

'상구'는 성실과 신의를 입으로만 하는 것은 가짜라고 하면서, 두루미에 비해 보통 새의 울음소리는 매우 빨리 사라지므로 '어찌 오래 갈 수 있겠는가?'라고 했다.

---

management point

경영자는 기업의 모든 구성원들에게 적당한 직위와 직책을 맡김으로써 그들이 성장할 수 있는 기회와 여건을 제시해야 할 임무를 가진다. 이를 통해 직원들이 기업에서 자신의 가치를 최대한 발휘할 수 있게 도와야 한다.

---

62. 소과괘(小過卦)
조금 지나침의 여유

小過: 亨, 利貞; 可小事, 不可大事; 飛鳥遺之音, 不宜上, 宜下, 大吉.

(소과: 형 이정 가소사 불가대사 비조유지음 불의상 의하 대길)

≪彖≫曰: 小過, 小者過而亨也; 過以利貞, 與時行也. 柔得中, 是以小

事吉也; 剛失位而不中, 是以不可大事也. 有飛鳥之象焉; "飛鳥遺之

音, 不宜上, 宜下, 大吉", 上逆而下順也.(단왈: 소과 소자과이형야 과이이정 여시

행야. 유득중 시이소사길야 강실위이부중 시이불가대사야. 유비조지상언 비조유지음 불의상 의하

대길 상역이하순야)

≪象≫曰: 山上有雷, 小過; 君子以行過乎恭, 喪過乎哀, 用過乎儉.

(상왈: 산상유뢰 소과 군자이행과호공 상과호애 용과호검)

▲ 過: 지날 과 / 遺: 끼칠 유(남기다) / 宜: 마땅할 의 / 恭: 공손할 공 / 哀: 슬플 애

【해석】

소과괘(小過卦: 雷山小過)는 '다소 지나침'을 상징한다. 형통하며 정도를 지키
는 것이 이롭다. 작은 일에서는 괜찮으나 천하의 큰일을 할 때는 지나침이
있어서는 안 된다. 나는(飛) 새가 슬픈 울음을 남길 때는 무리하게 위로 날아
서는 안 되며 내려와 편안히 깃들여야 상서로운 것과도 같다.

≪단전≫에서 말하기를, '소과'는 일상의 사소한 일에 약간의 지나침이 있으
면 형통할 수 있음을 말한다. 약간 지나치되 정도를 지키는 것이 이롭다는

488

것은 때에 맞게 '소과'의 도를 실천해야 함을 말한다. 음유가 가운데 있으면서 어디에도 치우치지 않으므로 일상의 사소한 일에서 '조금 지나침'이 있으면 상서로울 수 있다.

그러나 양강이 제자리를 잃은 데다 거중하지도 않으니 천하를 논하는 대사大事에서는 '약간의 지나침'도 있어서는 안 된다. '나는 새'의 비유적 형상을 취하여 "나는 새가 슬피 울 때는 무리하게 위로 날아가서는 안 되고 내려와 편안히 깃들이는 것이 좋으며 그렇게 하면 크게 상서로울 수 있다"라고 한 것은, 올라가 큰 뜻을 펴려 하면 쉽게 저항과 좌절에 부딪히지만 내려와 작은 일을 실행하면 편안하고 순조로울 수 있음을 말한다.

≪상전≫에서 말하기를, 산 위에서 천둥이 울림은 그 소리가 보통을 넘으므로 '약간의 지나침'을 상징한다. 군자는 그것을 본받아 행실에 있어서 공손함을 약간 지나치게 하고 상사喪事에는 슬픔을 약간 지나치게 하며, 일상의 씀씀이는 아끼기를 약간 지나치게 한다.

☯ 주역 경영

소과괘는 '다소 지나침이 있다'는 뜻으로 '너무 지나침(大過)'에 대한 상대적인 말이다. '너무 지나침'은 대부분 상서롭지 않은 일이지만, '약간 지나침'은 일반적으로 상서로울 수 있다. 물론 큰일에 임해서는 약간의 지나침도 좋지 않다.

　괘 풀이에서는 '나는 새'의 비유적 형상을 취하여 "나는 새가 슬피 울 때는 무리하게 위로 날아가서는 안 되고 내려와야 한다"라고 했다. 그것은 왜일까? 나는 새는 높이 날아야 하지만 소리가 위로 전달되면 감상하는 사람이 없어 아무런 의미가 없기 때문이다. 이럴 때는 소리가 밑으로 전달되어야 아름다움을 감상하는 이가 있는 법이다.

'소과'는 행동거지가 더욱 신중하고 조심스러워야 한다고 설명한다. 이는 지도자가 해야 할 일이다.

그래서 《상전》에서는 "군자는 그것을 본받아 행실에서는 공손함을 약간 지나치게 하고, 초상을 치를 때는 슬픔을 약간 지나치게 하며 일상의 씀씀이는 아끼기를 약간 지나치게 한다"라고 했다.

---

management point

회사 분위기가 사소한 것까지 지나치게 경직되어 있으면 구성원들이 스트레스를 심하게 받게 된다. 상대적으로 덜 중요한 일에는 어느 정도 유연하게 대처하고, 정말 중요한 일에는 한 치의 소홀함도 없도록 완벽을 기해야 한다. 그러려면 경영자가 처신에 있어서 솔선수범하여 부하 직원들에게 모범을 보이고 모든 일에서 일반 직원들보다 더 많이 애쓰고 노력하며 더욱 신중하게 임해야 한다. 이렇게 해야만 직원들로부터 존경을 받을 수 있다.

윗사람에게 충고하는 법

初六, 飛鳥以凶.(초육, 비조이흉)

≪象≫曰: "飛鳥以凶", 不可如何也.(상왈: 비조이흉 불가여하야)

六二, 過其祖, 遇其妣; 不及其君, 遇其臣, 无咎.(육이, 과기조 우기비, 불급기군 우기신 무구)

≪象≫曰: "不及其君", 臣不可過也.(상왈: 불급기군 신불가과야)

九三, 弗過防之, 從或戕之, 凶.(구삼, 불과방지 종혹장지 흉)

≪象≫曰: "從或戕之", 凶如何也.(상왈: 종혹장지 흉여하야)

▲ 祖: 할아비 조(조상) / 妣: 죽은 어미 비 / 弗: 아닐 불(=不) / 戕: 죽일 장(해를 당함)

【해석】

초육: 나는 새가 대세를 거슬러 무리하게 날아오르니 반드시 흉할 것이다.

≪상전≫에서 말하기를, 나는 새가 대세를 거슬러 무리하게 날아오르므로 흉하다는 것은, 화를 자초하니 어쩔 수 없다는 뜻이다.

육이: 그 할아버지를 넘어 할머니를 만나지만 끝내 군왕에게 이르지 못하는데 군왕이 신하를 만나면 결국 허물이 없을 것이다.

≪상전≫에서 말하기를, 그 할아버지를 넘어 할머니를 만나지만 끝내 군왕에게 이르지 못하는데, 임금이 신하를 만나니 결국 허물이 없을 것이다.

구삼: 다소 지나치게 방비하지 않으므로 반드시 남에게 해를 입을 것이니 흉하다.

≪상전≫에서 말하기를, 남에게 해를 입는다는 것은 몹시 흉함을 말한다.

☯ 주역 경영

'초육'은 한 곳에 안정적으로 머무는 것은 적합하지만 상황을 거스르고 날아오르는 것은 이롭지 않다. 그래서 나는 새처럼 거슬러 위로 올라가면 흉하다는 말이다. '초육'에게 이것은 어쩔 수 없는 일이다.

'육이'는 자신의 할아버지를 뛰어넘을 수는 있지만 군왕은 뛰어넘을 수 없다. 이것은 신하로서 지극히 중요한 원칙 가운데 하나다. 역사를 돌아보면 얼마나 많은 인재들이 제왕을 뛰어넘으려다가 죽임을 당하는 위기에 봉착했던가? 신하라면 마땅히 자기 자신의 욕망을 제어할 뿐, 재능만 믿고 자만해서는 안 된다.

'구삼'은 충분히 방비하지 않고 있다가 다른 사람으로부터 공격을 받아 흉하게 된다. 방비할 때는 제대로 방비해야지 다른 사람을 쉽게 믿으면 위험해진다고 경고한다.

---

management point

기업에서 일을 처리하는 것도 같은 원리이다. 부하 직원이라면 자신의 재능만 믿고 자만해서는 안 된다. 설령 상사가 잘못된 결정을 했다고 하더라도 이를 즉시 지적하지 말고 상대방이 받아들일 수 있는 방식을 통해 권고함으로써 불필요한 마찰을 일으키지 말아야 한다.

균형감각

九四, 无咎, 弗過遇之; 往厲必戒, 勿用, 永貞.(구사, 무구 불과우지 왕려필계 물용 영정)

≪象≫曰: "弗過遇之", 位不當也; "往厲必戒", 終不可長也.(상왈: 불과우지 위부당야 왕려필계 종불가장야)

六五, 密雲不雨, 自我西郊; 公弋取彼在穴.(육오, 밀운불우 자아서교 공익취피 재혈)

≪象≫曰: "密雲不雨", 已上也.(상왈: 밀운불우 이상야)

上六, 弗遇過之; 飛鳥離之, 凶, 是謂災眚.(상육, 불우과지 비조이지 흉 시위재생)

≪象≫曰: "弗遇過之", 已亢也.(상왈: 불우과지 이항야)

▲ 遇: 만날 우 / 戒: 경계할 계 / 弋: 주살 익(사냥하다) / 離: 떼놓을 리 / 謂: 이를 위(일컫다) / 穴: 구멍 혈 / 亢: 목구멍 항 / 眚: 눈에 백태 낄 생

【해석】

구사: 허물이 없을 것이다. 강함이 지나치지 않으므로 음유를 만날 수 있으나 나아가 그와 호응하면 위험하니 반드시 경계심을 가져야 한다. 재능을 발휘하지 말고 영원히 정도를 지켜야 한다.

≪상전≫에서 말하기를, 강함이 지나치지 않으므로 음유를 만날 수 있다는 것은, 그 위치가 마땅하지 않다는 뜻이다. 나아가 그와 호응하면 위험하니 반드시 경계심을 가져야 한다는 것은, 나아가 음유와 호응하면 허물없음이 오래 가지 못함을 말한다.

육오: 짙은 구름이 잔뜩 끼어 있으나 비는 내리지 않는데 그 구름은 우리의

서쪽 교외에서 일어난 것이다. 왕공이 활을 쏘아 동굴 속에 숨은 들짐승을 잡는다.

≪상전≫에서 말하기를, 짙은 구름이 잔뜩 끼었으나 비는 내리지 않는다는 것은, 육오의 음기가 지나치게 성하여 이미 양강의 위에 높이 자리하고 있음을 말한다.

상육: 양강을 만나지도 못하고 지나침이 극한에 이르니 나는 새가 사살당하는 것과 같이 흉하니 이를 재앙이라고 한다.

≪상전≫에서 말하기를, 양강을 만나지도 못하고 지나침이 극한에 이르렀다는 것은 상육이 이미 끝까지 올라가 높이 자리함을 말한다.

☯ 주역 경영

'구사'는 위험이 없더라도 '육오'를 만날 수 있다. 그러나 자신의 재능을 펼치기에는 적합하지 않으니 반드시 경계심을 품어야 한다.

어째서인가? 그것은 '구사'가 양효로서 음의 자리에 있고 위로는 '육오'의 음유함을 받들기 때문이다. 이때는 절대 자신의 능력만 믿고 자만하여 군왕을 넘어서는 안 된다. 그렇지 않으면 살해를 당하는 화를 불러들일 수도 있다.

'육오'에서 언급한 군왕 같은 사람은 바람직하지 않다. 왜인가? 덕망이 있는 군왕은 동굴 속에 숨어 있는 들짐승을 쏘아 죽이는 일은 하지 않기 때문이다.

'상육'은 지나침이 극한에 이르러 아무도 그와 호응하지 않는다. 마치 나는 새가 그물에 걸려 크게 흉하게 된 것처럼 말이다.

그러고 보면 '항(亢, 끝까지 올라가 높이 자리함)'은 항상 좋은 일만은 아닌 듯하다.

494

management point

무슨 일이든 지나치면 좌절을 경험할 수 있다. 기업을 경영하는 것도 마찬가지다. 기존의 전략에 지나치게 집착하면 시장에서 좋은 기회를 놓칠 수 있다. 또한 트랜드와 기회를 포착하는 데 지나치게 집착하면 기업이 본래 품었던 가치를 잃을 염려가 있다. 그러므로 경영자는 효율적이고 정도에 맞는 균형점을 찾아내야 한다.

63. 기제괘(旣濟卦)
이미 이루었다면

旣濟: 亨小, 利貞: 初吉終亂.(기제: 형소 이정 초길종란)

≪彖≫曰: "旣濟, 亨", 小者亨也. "利貞", 剛柔正而位當也. "初吉",
柔得中也. "終止則亂", 其道窮也.(단왈: 기제 형 소자형야. 이정 강유정이위당야.
초길 유득중야 종지즉란 기도궁야)

≪象≫曰: 水在火上, 旣濟: 君子以思患而豫防之.(상왈: 수재화상 기제 군
자이사환이예방지)

▲ 旣: 이미 기 / 濟: 건널 제(구제하다) / 亂: 어지러울 란 / 防: 둑 방(대비하다)

【해석】

기제괘(旣濟卦: 水火旣濟)는 '일이 이미 이루어짐'을 상징한다. 힘 약한 사람까
지 형통하나 정도를 지키는 것이 이롭다. 초심初心을 끝까지 지키지 못하면
처음에는 상서로우나 마지막에는 혼란에 빠질 것이다.

≪단전≫에서 말하기를, 일이 이미 이루어지니 두루 형통하다는 것은 이때
는 힘이 약한 자도 다 형통할 수 있음을 말한다. 정도를 지킴이 이롭다는
것은 양강과 음유 모두 행위가 반듯하고 위치가 마땅하기 때문이다. 처음에
상서롭다는 것은 그때는 약자弱者도 중용의 도를 지킬 수 있음을 말한다.
그러나 마지막에 가서 멈추면 필연적으로 혼란을 초래하게 된다는 것은,
그때는 '기제'의 도가 이미 다했음을 말한다.

≪상전≫에서 말하기를, 물이 불 위에 있음은 '일이 이미 이루어짐'을 상징한다. 군자는 그것을 보고 장차 닥칠지 모르는 환란을 생각하며 미리 방비를 한다.

주역 경영

'기제괘'는 일이 이미 이루어졌다는 뜻이다.

그러나 '기제괘'에서는 모두 '이미 이루어진 일'의 좋은 점을 강조한다기보다는 이미 얻은 것을 지키는 것의 어려움에 대해서 끊임없이 강조한다. 이것은 ≪주역≫에서 일관되게 강조하는 태도이다. "천하를 얻기는 쉬워도 그것을 지키는 것이 어렵다"라는 것은 역사적으로도 이미 증명이 된 진리이다. 여기서 알 수 있듯이 일을 이미 이룬 뒤에는 처리해야 할 일이 더욱 많아지므로 조금이라도 신중하지 않으면 공든 탑이 무너질 수 있다는 점에 주의해야 한다.

management point

창업 초창기의 어려움을 극복하고 나면 경영자는 종종 긴장을 늦추기도 한다. 하지만 경영자라면 "어떤 일이 극極에 이르면 본래 상태로 되돌아온다"라는 사물의 발전 법칙을 명심하고, 항상 경계심을 늦추지 말아야 한다. 그리고 일이 잘못되고 있음이 느껴지면 즉시 환란을 미연에 방지할 조치를 취해야 한다.

수레를 천천히 가게 늦추다

初九, 曳其輪, 濡其尾, 无咎.(초구, 예기륜 유기미 무구)

≪象≫曰: "曳其輪", 義无咎也.(상왈: 예기륜 의무구야)

六二, 婦喪其茀, 勿逐, 七日得.(육이, 부상기불 물축 칠일득)

≪象≫曰: "七日得", 以中道也.(상왈: 칠일득 이중도야)

九三, 高宗伐鬼方, 三年克之; 小人勿用.(구삼, 고종벌귀방 삼년극지 소인물용)

≪象≫曰: "三年克之", 憊也.(상왈: 삼년극지 비야)

▲ 曳: 끌 예(끌다, 고달프다) / 輪: 바퀴 륜 / 濡: 젖을 유 / 茀: 풀 우거질 불(수레의 휘장) / 逐: 쫓을 축 / 伐: 칠 벌 / 鬼方(귀방): 은나라 때 중국 서북방에 있던 부족 / 憊: 고달플 비

【해석】

초구: 수레바퀴를 뒤에서 끌어당겨 수레를 천천히 가게 늦추고, 여우 꼬리를 물에 적셔 여우가 물을 천천히 건너게 하니 화가 없을 것이다.

≪상전≫에서 말하기를, 수레바퀴를 끌어당겨 수레를 천천히 가게 늦춘다는 것은, 처지가 편안할 때 위태로워질 것을 염려하고 초심을 끝까지 지켜 삼가고 조심하여 화에 이르지 않는다는 것이다.

육이: 부인이 수레의 가리개를 잃었지만 찾으러 가지 않아도 이레 후에는 다시 찾게 될 것이다.

≪상전≫에서 말하기를, 잃어버린 수레의 가리개를 이레 후에는 다시 찾을 수 있다는 것은 중정한 도를 지킬 수 있기 때문이다.

구삼: 고종이 귀방을 토벌하여 3년 만에 이겼으니 전후 처리에 소인을 쓰지

말아야 한다.

≪상전≫에서 말하기를, 3년 만에 이겼다는 것은 몹시 피곤함을 말한다.

🔵 주역 경영

'초구'는 전진하기에 적합하지 않으므로 수레바퀴를 뒤로 끌어당겨 수레가 천천히 가게 하면 자연히 위험이 없을 것이라고 했다.

'육이'는 부인이 수레의 가리개를 잃어버려서 문 밖을 나서는 것이 좋지 않지만, 그것을 찾으러 가는 것보다 편안히 기다리는 것이 상서롭다.

'구삼'은 고종高宗*이 귀방鬼方**을 토벌한 사례를 들었다. 3년 간 공격하느라 대군이 피곤하니 이럴 때는 소인을 조심하여야 한다. 일단 소인이 뜻을 이루면 액운이 따르게 된다.

---

management point

기업을 경영할 때는 반드시 소인을 조심해야 한다. 일단 소인의 손에 경영권이 넘어간다면 결국 조직이 무너지고 사람들의 마음이 불안하여 기업은 혼란을 겪다가 더 이상 성장하지 못하고 서서히 몰락의 길로 접어들게 된다.

---

* 중국 은나라 22대 왕 무정(武丁, B.C. 1344~B.C. 1264년 전후)을 가리킴.
** 은나라 고종 통치 시기 중국 서북방 지역에 있던 부족의 이름.

화를 경계해라

六四, 繻有衣袽, 終日戒.(육사, 수유의녀 종일계)

《象》曰: "終日戒", 有所疑也.(상왈: 종일계 유소의야)

九五, 東鄰殺牛, 不如西鄰禴祭, 實受其福.(구오, 동린살우 불여서린약제 실수기복)

《象》曰: "東鄰殺牛", 不如西鄰之時也; "實受其福", 吉大來也.(상왈: 동린살우 불여서린지시야 실수기복 길대래야)

上六, 濡其首, 厲.(상육, 유기수 여)

《象》曰: "濡其首, 厲", 何可久也?(상왈: 유기수 여 하가구야)

▲ 繻: 고운 명주 수 / 袽: 해진 옷 녀(여) / 鄰: 이웃 린(인) / 禴: 종묘 제사 약 / 濡: 젖을 유 / 厲: 갈 려(여)

【해석】

육사: 화려했던 옷이 누더기로 바뀌니 온종일 화가 생길까 경계해야 한다. 《상전》에서 말하기를, 온종일 화가 생길까 경계한다는 것은, 믿지 못하고 두려워하는 바가 있기 때문이다.

구오: 동쪽 이웃나라가 소를 잡아 성대하게 제사하는 것은 서쪽 이웃나라가 간소하게 제사하고도 신령의 복을 받을 수 있는 것만 못하다.

《상전》에서 말하기를, 동쪽의 이웃나라가 소를 잡아 성대하게 제사하는 것은 서쪽의 이웃나라가 제때에 소박하게 제사하는 것만 못하다. 서쪽의 이웃나라가 신령의 복을 받을 수 있다는 것은 장차 큰 상서로움이 있을 것임을 말한다.

상육: 여우가 강을 건너며 머리를 물에 적시니 위험하다.

≪상전≫에서 말하기를, 여우가 강을 건너며 머리를 물에 적셔서 위험하니 단호한 조치를 취하지 않으면 어찌 오래 갈 수 있겠는가.

☯ 주역 경영

'육사'는 아무리 아름다운 것이라도 나쁘고 열악한 것으로 바뀔 수 있다는 진리를 전달하고 있다. 즉, 화려한 옷도 결국에는 낡아 해어지게 된다는 것이다. 따라서 잘될 때도 항상 경계심을 늦추지 말고 각별히 신중해야 한다.

'구오'는 시대와 상황의 흐름에 순응하는 것의 중요성을 말하고 있다. 얼마나 많은 자원을 투입했느냐보다는 얼마나 정확한 기회를 잡았느냐가 더 중요하다는 의미이다. 당연히 기회란 준비된 자에게 주어지는 법. 그래서 우리는 늘 기회를 맞아들일 준비를 해야 하는데, 일단 기회가 나타나면 즉시 그것을 붙잡아야 한다.

'상육'은 지나치게 조심스럽다. 강을 건너다가 머리가 젖게 되는 것처럼 자칫 경계를 늦추어 일을 소홀히 하다가는 반드시 위기에 직면하고 말 것이다.

---

management point

기업이 얼마나 크게 성장하든지 경영자는 항상 신중한 태도를 잃지 말아야 한다. 조심하지 않으면 한순간의 실수로 기업을 쇠락의 길로 이끌 수 있기 때문이다. 예전이나 지금이나 경영의 도를 위배하여 성장의 길이 가로막히는 기업의 사례가 얼마나 많은가?

---

64. 미제괘(未濟卦)
변화에는 끝이 없다

未濟: 亨: 小狐汔濟, 濡其尾, 无攸利.(미제: 형 소호흘제 유기미 무유리)

≪彖≫曰: "未濟, 亨", 柔得中也. "小狐汔濟", 未出中也; "濡其尾, 无攸利", 不續終也. 雖不當位, 剛柔應也.(단왈: 미제 형 유득중야. 소호흘제 미출중야 유기미 무유리 불속종야. 수부당위 강유응야)

≪象≫曰: 火在水上, 未濟: 君子以愼辨物居方.(상왈: 화재수상 미제 군자이 신변물거방)

▲ 未: 아직 미(아직 ~하지 못하다) / 濟: 건널 제 / 狐: 여우 호 / 汔: 거의 흘(물이 마르다) / 濡: 젖을 유 / 辨: 분별할 변

【해석】

미제괘(未濟卦: 火水未濟)는 '일이 아직 이루어지지 않음'을 상징한다. 형통하다. 어린 여우가 강을 거의 건너가서 꼬리를 적시니 이로울 바가 없다. ≪단전≫에서 말하기를, 일이 아직 이루어지지 않았으나 형통할 수 있는 것은, 유순하면서도 중도를 지킬 수 있기 때문이다.

어린 여우가 강을 거의 다 건넜다는 것은 아직 위험에서 완전히 벗어나지 못한 것을 말한다. 꼬리를 물에 적시니 이로울 바가 없다는 것은, 끝까지 노력을 다하지 못했다는 뜻이다. 여섯 효가 비록 모두 마땅한 자리는 아니지만 강건한 자와 부드러운 자가 각기 상응하므로 성공할 수 있다.

≪상전≫에서 말하기를, 불이 물 위에 있음은 일이 아직 이루어지지 않았다는 뜻이다. 군자는 그것을 보고 모든 사물을 신중하게 분별하여 각각 가장 알맞은 곳에 있게 한다.

🌀 주역 경영

'미제괘'는 일이 아직 이루어지지 않았다는 뜻이다.

이 부분을 읽을 때 사람들은 '기제괘'가 있는데 어째서 또 '미제괘'가 나왔는가? 의아해 할 것이다. 하지만 더욱 깊이 파고들어 이해해 보면 '미제괘' 역시 반드시 필요한 것이라는 점을 알게 될 것이다. 왜냐하면 ≪주역≫은 만물이 끝임 없이 변화하는 이치를 말하므로, 모든 것이 '기제괘'로만 끝날 수는 없는 셈이다. 그래서 ≪주역≫에서는 '미제괘'를 맨 마지막 괘로 삼았다. "종점은 종종 출발점을 의미한다"라고 한 것도 어쩌면 그런 의미에서일 것이다.

'미제未濟'는 큰 노력을 기울였으나 예상했던 결과를 얻지 못함을 말한다. 마치 어린 여우가 강을 건너는 것처럼 빨리 성공하려고 했으나 도리어 꼬리를 적시고 마는 것과 같다. 여기서 우리는 ≪주역≫의 저자가 진정 노력을 기울였음을 알 수 있다. 즉, 성공해서는 안 된다는 것을 강조하는 것이 아니라, 어떻게 해야 '미제'를 피할 수 있는지를 알려주고 있다. 그래서인지 미제괘는 전체적으로 '신중함'의 의미를 품고 있다.

≪상전≫역시 신중함의 가치를 강조하고 있다. 원래는 "모든 사물을 분별하여 각각 가장 알맞은 곳에 있게 한다"라는 말로도 이미 충분하다. 그런데도 ≪주역≫에서는 '분별하여'라는 말 앞에 '신중하게'라는 말을 덧붙였다. 여기서 우리는 무엇보다도 성공의 문턱에 이르렀을 때 더욱 조심하고 삼가야 함을 알 수 있다.

적절한 때, 적절한 사람, 적절한 일

初六, 濡其尾, 吝.(초육, 유기미 인)

≪象≫曰: "濡其尾", 亦不知極也.(상왈: 유기미 역부지극야)

九二, 曳其輪, 貞吉.(구이, 예기륜 정길)

≪象≫曰: 九二貞吉, 中以行正也.(상왈: 구이정길 중이행정야)

六三, 未濟, 征凶, 利涉大川.(육삼, 미제 정흉 이섭대천)

≪象≫曰: "未濟征凶", 位不當也.(상왈: 미제정흉 위부당야)

【해석】

초육: 어린 여우가 꼬리를 적셔서(濡其尾) 끝내 강을 다 건너지 못하니 유감
스럽다.

≪상전≫에서 말하기를, 어린 여우가 꼬리를 적셔서 끝내 강을 다 건너지
못하니 또한 그 결말이 어찌 될지 알 수 없다.

구이: 수레바퀴를 뒤로 끌어당겨 수레를 천천히 가게 늦추어 정도를 지키니
상서롭다.

≪상전≫에서 말하기를, 정도를 지켜서 상서롭다는 것은 '구이'의 자리가
중용의 도에 맞고 일처리가 올바름을 말한다.

육삼: 일이 아직 이루어지지 않았으니 나아가면 흉하며 큰 강을 건너는 것이
이롭다.

≪상전≫에서 말하기를, 일이 아직 이루어지지 않았으므로 나아가면 흉하다
는 것은 그 위치가 마땅하지 않다는 뜻이다.

🍵 주역 경영

'초육'은 음효가 양의 위치에 있고 '미제괘'의 제일 아래에 위치하므로 조급하게 성공을 추구하는 것은 적합하지 않다. 따라서 정성스럽고 편안하게 처신해야 하므로 강을 건너게 되면 위험하다고 했다. 그것은 어째서 인가? 그 이유는 '그 결말이 어찌될지 모르기 때문(不知極也)'이다. 어째서 결말을 알 수가 없다는 것인가? '알 수가 없다(不知)'라는 말은 이해가 되지만 '결말(極)'은 이해하기 쉽지 않다. 여기서 '극極'은 '극단極端'의 '극'도, '적극積極'에서의 '극'도 아니며 오직 '태극太極'에서의 '극'을 말한다. 소위 '태극'이라는 것은 모든 것이 정도에 알맞게 위치한다는 뜻인데 이렇게 되어야만 양과 음을 구별할 수 있게 된다. 따라서 "그 결말이 어찌될지 모른다"라는 말은 "어떻게 해야 적절히 정도를 지킬 수 있는지 모른다"라는 뜻으로 이해할 수 있다. '초육'이 가진 문제는 처세의 도리를 아직 분명히 깨닫지 못한 데 있다.

'구이'는 신중함을 유지할 수 있고 하괘의 중간에 위치하니 행위가 정직하여 상서롭다.

'육삼'은 물러서서 '구이'와 같이 정도를 지켜 '큰 강'의 어려움에 대응해야 한다. 이렇게 해야만 고난 속에서 단련되어 성장의 기회를 찾을 수 있다.

---

management point

어떤 일을 하든지 항상 '중中'이라는 글자를 기억해야 이롭다. 경영이란 "적절한 시기에 적절한 사람을 등용해서 적절한 일을 하는 것"이라고 보면 무척 간단한 일이다. 그렇다면 '경영'이야말로 《주역》에서 일관되게 강조하는 '중용의 도'를 실천하는 중요한 과정이라고 할 수 있겠다.

506

절제의 미덕

九四, 貞吉, 悔亡: 震用伐鬼方, 三年有賞于大國.(구사, 정길 회망 진용벌귀방 삼년유상우대국)

≪象≫曰: "貞吉悔亡", 志行也.(상왈: 정길회망 지행야)

六五, 貞吉, 无悔: 君子之光, 有孚, 吉.(육오, 정길 무회 군자지광 유부 길)

≪象≫曰: "君子之光", 其暉吉也.(상왈: 군자지광 기휘길야)

上九, 有孚于飮酒, 无咎: 濡其首, 有孚失是.(상구, 유부우음주 무구 유기수 유부실시)

≪象≫曰: "飮酒濡首", 亦不知節也.(상왈: 음주유수 역부지절야)

▲ 震: 벼락 진 / 悔: 뉘우칠 회 / 暉: 빛 휘 / 孚: 미쁠 부(믿음, 신뢰)

【해석】

구사: 정도를 지키면 상서롭고 회한이 사라질 것이다. 천둥이 진동하는 기세로 귀방을 토벌한 지 3년 만에 승리하여 그 상으로 대국의 제후에 봉해진다.

≪상전≫에서 말하기를, 정도를 지키면 상서롭고 회한이 사라진다는 것은, 일을 이룰 뜻을 세웠다는 뜻이다.

육오: 정도를 지키니 상서롭고 회한이 없다. 군자의 덕은 햇빛처럼 빛나서 진실로 사람들에게 상서로움을 가져다준다.

≪상전≫에서 말하기를, 군자의 덕이 햇빛처럼 빛난다는 것은, 문명의 주체로서 천하를 비추며 상서로움을 가져다준다는 말이다.

상구: 필승의 신념을 품고 잔을 들어 경축하니 화가 없다. 그러나 음주에

탐닉하면 어린 여우가 강을 건너다가 머리를 물에 적시듯 정도를 잃고 말 것이다.

≪상전≫에서 말하기를, 음주에 탐닉하면 어린 여우가 강을 건너다 머리를 물에 적시듯 한다는 것은 그렇게 하면 절제할 줄 모르게 된다는 뜻이다.

☯ 주역 경영

'구사'는 위로는 '육오'를 받들고 있으므로 공을 세우는 시기라고 할 수 있다. 따라서 귀방을 토벌한지 3년 만에 성공하여 결국 대국의 제후로 봉해진다.

'육오'는 겸손한 군자가 군왕의 지위에 있으면 자연히 군자로서의 품격과 위상이 전국에 퍼져 모든 것이 상서롭게 된다.

'상구'가 먹고 마시는 즐거움에 탐닉하기만 하면 어떻게 되겠는가? 음주에 탐닉하며 절제할 줄 모르고 행동하다가 결국 머리가 젖게 되니 비록 성실과 신의가 있다고 하더라도 그런 행동은 황당한 꼴이 될 뿐이다.

---

management point

'상구'는 높은 지위에 있는 사람을 가리키며 오늘날로 말하면 기업의 경영자라고도 할 수 있다. '미제괘'는 경영자에게 성실과 신의를 넘어서는, 보다 엄격한 요구를 하고 있다. 즉, 철저하게 절제하며 행동하라는 요구이다. 한 순간 방심으로 그간 쌓아놓은 자신의 체면과 이미지가 큰 타격을 입을 수 있기 때문이다.

계사전 강의

繫辭傳 講義

*계사전: 공자가 쓴 ≪주역≫ 해설서

조직의 비전에 걸맞은 인재

天尊地卑, 乾坤定矣. 卑高以陳, 貴賤位矣. 動靜有常, 剛柔斷矣. 方以 類聚, 物以群分, 吉凶生矣. 在天成象, 在地成形, 變化見矣. 是故剛柔 相摩, 八卦相盪. 鼓之以雷霆, 潤之以風雨, 日月運行, 一寒一暑.(천존지 비 건곤정의. 비고이진 귀천위의. 동정유상 강유단의. 방이류취 물이군분 길흉생의. 재천성상 재지성형 변화견의. 시고강유상마 팔괘상탕. 고지이뢰정 윤지이풍우 일월운행 일한일서)

▲ 陳: 줄 진(열, 방비, 진영) / 聚: 모일 취 / 摩: 갈 마(연마하다) / 盪: 씻을 탕 / 霆: 천동소리 정 / 潤: 젖을 윤

【해석】

하늘이 높고 땅이 낮으니 건괘와 곤괘의 성격이 정해진다. 낮은 것과 높은 것이 나열되니 귀한 것과 천한 것이 자리 잡는다. 움직였다가 멈추었다가 하는 것에 일정한 법칙이 있으니 군세게 할 것과 부드럽게 할 것이 결정된다. 같은 방향으로는 같은 종류끼리 모이고 만물은 무리를 지어 나눠지니 여기에서 길하고 흉함이 생겨난다. 하늘에서는 상象을 이루고 땅에서는 형形을 이루어 변화가 나타난다. 그러므로 군센 것과 부드러운 것이 서로 비비고 팔괘八 卦가 서로 움직여 천둥과 벼락으로 고무시키며 바람과 비로 적시며 해와 달이 운행하며 추웠다 더웠다 한다.

⑤ 주역 경영

공자가 지은 ≪계사전≫의 내용은 주로 ≪주역≫의 사상을 알기 쉽게

510

풀이한 것이다. 그래서 ≪주역≫을 연구하는 사람에게 ≪계사전≫은 반드시 연구해야 할 책이기도 하다.

본문에는 ≪주역≫에서 말하는 몇 가지 핵심 개념, 즉, 건乾과 곤坤, 강剛과 유柔, 길吉과 흉凶, 상象과 형形에 관한 사상이 녹아 있다. 또한 ≪주역≫이 '천지일월天地日月'과 '서로 모이는 무리의 모습'을 창작의 근거로 삼았다고 설명한다. 그 중에서도 "같은 방향으로는 같은 종류끼리 모이고 만물은 무리를 지어 나눠지니"라고 한 부분은 특히 주목할 만하다.

사람들은 사고방식이 비슷한 이들끼리 어울리게 마련이고, 사물 또한 습성이 다르면 분리되어 무리를 이루지 못하게 된다. 이러한 이치를 기업의 경영에 접목시키면 어떻게 될까?

기업은 그 기업만의 독특한 비전과 가치관, 문화에 맞는 사람을 수용해야 할 것이다. 동질감을 느낄 수 없는 사람은 회사에서 잠깐 동안 빛을 발할 수는 있어도 오래토록 머무를 수는 없다.

---

management point

아무리 인재를 구하기 어렵다고 해도 기업은 회사의 비전에 맞는 사람을 심사숙고하여 선별해야 한다. 그렇지 않고 무턱대고 겉으로 보이는 스펙이 우수한 인재만 영입하려 든다면 조직의 역량이 하나로 결집되지 못하고 분산되고 말 것이다.

건乾은 시작, 곤坤은 완성

乾道成男, 坤道成女. 乾知大始, 坤作成物. 乾以易知, 坤以簡能. 易則易知, 簡則易從. 易知則有親, 易從則有功. 有親則可久, 有功則可大. 可久則賢人之德, 可大則賢人之業. 易簡而天下之理得矣. 天下之理得, 而成位乎其中矣.(건도성남 곤도성녀. 건지대시 곤작성물. 건이이지 곤이간능 이즉이지 간즉이종 이지즉유친 이종즉유공. 유친즉가구 유공즉가대. 가구즉현인지덕 가대즉현인지업. 이간이천하지리득의. 천하지리득 이성위호기중의)

▲ 簡: 대쪽 간 / 從: 좇을 종

【해석】
'건乾'의 도는 남성을 상징하고 '곤坤'의 도는 여성을 상징한다. '건'은 만물을 창조하고 '곤'은 만물을 완성시키는 역할을 한다. '건'은 쉬운 작용으로 '시작'을 주관하고 '곤'은 간략한 작용으로 일을 마무리한다. 쉬우면 알기 쉽고 간략하면 따르기 쉬우며, 알기 쉬우면 친숙해지고 따르기 쉬우면 공을 이루게 된다. 친숙함이 있으면 오래 유지할 수 있고 공이 있으면 커진다. 오래 유지할 수 있는 것은 어진 이의 덕이요, 커질 수 있는 것은 어진 이의 일이다. 쉽고 간략해서 천하 만물이 생장하는 이치를 알게 되니, 천하 만물이 생장하는 이치를 알게 되면 그 가운데 자신의 위치를 확정할 수 있다.

◎ 주역 경영
본문은 '건괘'와 '곤괘', 두 괘의 상징과 용도, 그리고 '건', '곤'의 특색

즉, "건乾은 쉬운 작용으로 시작을 주관하고, 곤坤은 간략한 작용으로 완성한다"라는 것을 전달하고 있다.

'건', '곤'의 두 괘는 ≪주역≫을 시작하는 괘이자 만물의 시작이므로 이 두 괘를 이해하지 않고서는 ≪주역≫ 전체를 이해할 수 없다.

≪주역≫의 저자도 이 점을 잘 알기에 글을 지을 때, '건'과 '곤', 두 괘에 '쉬움'과 '간략함'이라는 의미를 부여했다. 사실 추위가 오고 더위가 가는 등, 천지 운행의 이치는 매우 간단하고 알기 쉽다. 마찬가지로 우리가 현실 속에서 처리해야 하는 일도 간단하고 쉬울 뿐, 절대 복잡하지 않다.

그런데 어째서 기업들은 여전히 경영상의 문제를 안고 있는 것일까? 그 이유는 간단하다. 경영자의 리더십이 부족해서 직원들이 따르려 하지 않고 적극적으로 일에 임하려고도 하지 않기 때문이다.

---

management point

기업을 경영하는 것은 어려운 일이 아니다. 직원들 개개인의 능력과 적성, 열정이 다르므로 직원들 각각에 맞는 일을 맡겨주고, 잘 이끌어주는 것이 '리더십'과 '경영'의 핵심이라 할 수 있다. 직원들이 각자 능력을 발휘할 수 있는 직책을 맡긴다면 기업은 반드시 순조롭게 성장해 나갈 수 있을 것이다.

하늘이 도우면 이롭지 않음이 없다

聖人設卦觀象, 繫辭焉而明吉凶, 剛柔相推而生變化. 是故吉凶者, 失得之象也; 悔吝者, 憂虞之象也; 變化者, 進退之象也; 剛柔者, 畫夜之象也. 六爻之動, 三極之道也. 是故君子所居而安者, 《易》之序也; 所樂而玩者, 爻之辭也. 是故君子居則觀其象而玩其辭, 動則觀其變而玩其占. 是以自天佑之, 吉无不利.(성인설괘관상 계사언이명길흉 강유상추이생변화. 시고길흉자 실득지상야 회린자 우우지상야 변화자 진퇴지상야 강유자 주야지상야. 육효지동 삼극지도야. 시고군자소거이안자 《역》지서야 소락이완자 효지사야. 시고군자거즉관기상이완기사 동즉관기변이완기점. 시이자천우지 길무불리)

▲ 推: 옮을 추 / 虞: 헤아릴 우 / 玩: 희롱할 완 / 佑: 도울 우

【해석】

성인聖人은 천지 만물의 모습을 살피어 괘를 베풀고 거기에 설명을 붙여서 길함과 흉함을 밝혔다. 군센 것과 부드러운 것이 서로 밀쳐서 변화를 이루어 냈다. 이런 까닭으로 길하고 흉함은 잘못된 것과 잘된 것이 상징적으로 표현된 것이고, 뉘우친다는 것과 곤란해진다는 것은 근심하고 두려워하는 것이 상징적으로 표현된 것이다.

변화라는 것은 나아가고 물러남이 상징적으로 표현된 것이고 군센 것과 부드러운 것은 낮과 밤이 상징적으로 표현된 것이다. 육효가 변동하는 것은 천天·지地·인人 세 개의 극極이 작용하는 것이다. 이런 까닭으로 군자는 한가히 거처하면서 살펴야 하는 것은 《주역》에 대한 서술이고, 즐기면서 음미해야 하는 것은 효사(爻辭, 효 풀이)이다.

514

그러므로 군자가 편안하게 지낼 때는 상징적으로 표현하는 의미를 살피고 그 괘사와 효사를 본다. 일이 있어서 움직일 때는 변하는 것을 살피고 점괘占卦를 곱씹어본다. 이런 까닭으로 하늘이 도우면 길하고 이롭지 않음이 없다.

☯ 주역 경영

'하늘이 도우면 길하고 이롭지 않음이 없는' 상황은 모든 사람이 바라는 경지이다. 보통 사람이 보기에 이는 거의 불가능한 것처럼 보이지만 공자는 우리에게 이것이 실현 가능한 경지라고 말한다. 그렇다면 어떻게 해야 이런 상황을 실현할 수 있을까? 그것은 매우 간단하다. ≪주역≫의 지침을 잘 따르면 그 안에 해답이 있다.

성인이 ≪주역≫을 지은 것은 천지 운행의 도, 사물의 흥망성쇠의 도를 충분히 이해하고 파악한 후였으므로, 모든 괘와 효가 사물 발전의 법칙을 비롯해 마땅히 취해야 할 행동, 조치를 담고 있다. ≪주역≫만 잘 이해하고 철저히 ≪주역≫의 지시대로만 행동하면 하늘의 뜻과 시대의 흐름에 순응하여 천지의 도에 부합되며 결국 '하늘이 도우면 길하고 이롭지 않음이 없는' 경지에 이를 수 있다.

그렇다면 구체적으로 ≪주역≫에서 무엇을 배워야 하는가? 공자는 이에 대해 "하늘이 돕는 것은 사람이 하늘의 순리에 순응했기 때문이요, 사람이 돕는 것은 평소에 신의를 지켰기 때문이다. 따라서 항상 신의를 행하고 하늘의 순리에 순응하며 어진 선현을 숭상한다. 이 때문에 하늘로부터 도우면 길하고 이롭지 않음이 없게 되는 것이다"*라고 했다.

그러면서 다음의 세 가지를 배워야 한다고 했다.

---

* 天之所助者 順也. 人之所助者 信也. 履信思乎順 又以尙賢也. 是以自天祐之 吉无不利. (천지소조자 순야. 인지소조자 신야. 이신사호순 우이상현야. 시이자천우지 길무불리)

515

첫째, 하늘의 순리에 순응하는 것.

둘째, 성실과 신의를 지키는 것.

셋째, 현명하고 재능 있는 사람을 임용하는 것이다.

---

management point

기업도 천지운행의 법칙에 순응할 때 성장할 수 있다.
그래서 경영자는 ≪주역≫에서 사물이 변화, 발전하는 법칙을 배우고 이를
경영의 과정에 접목시켜야 한다. 이와 함께 늘 성실과 신의를 지켜 능력과
인품, 덕을 갖춘 탁월한 인재를 찾는 데 노력해야 한다.

나아갈 방향을 제시한다

象者, 言乎象者也; 爻者, 言乎變者也. 吉凶者, 言乎其失得也; 悔吝者, 言乎其小疵也. 无咎者, 善補過也. 是故列貴賤者存乎位, 齊小大者存乎卦, 辨吉凶者存乎辭, 憂悔吝者存乎介, 震无咎者存乎悔. 是故卦有小大, 辭有險易. 辭也者, 各指其所之.(단자, 언호상자야 효자 언호변자야. 길흉자 언호기실득야 회린자 언호기소자야. 무구자 선보과야 시고열귀천자존호위 제소대자존호괘 변길흉자존호사 우회린자존호개 진무구자존호회. 시고괘유소대 사유험이. 사야자 각지기소지)

▲ 疵: 흠 자(결점) / 補: 기울 보(돕다) / 險: 험할 험

【해석】

'단사象辭'는 괘상(卦象, 괘의 모양)을 설명한 것이고 '효사爻辭'는 각 효의 변화를 말한 것이다. 길흉은 얻는 것, 잃는 것을 말한 것이다. 뉘우치는 것과 후회스러움은 작은 허물을 말한 것이다. 허물이 없다는 것은 허물을 잘 보완한 것이다.

이런 까닭으로 귀한 것과 천한 것의 배열은 효의 위치에 있고 강함과 부드러움, 크고 작은 것은 괘에 있으며, 길흉을 구별하는 것은 괘효의 '풀이(辭)'에 있다. 뉘우치거나 한스럽게 될까 근심하는 것은 갈림길 사이에 놓여 있고, 두려워해서 허물이 없는 것은 뉘우침에 있다. 이런 까닭으로 '괘'에는 크고 작음이 있으며 '사辭'에는 까다롭고 쉬움이 있다. '사'라는 것은 변화, 발전의 방향을 가리킨다.

⑤ 주역 경영

본문은 '단사'와 '효사'의 용도에 대해 설명함과 동시에 '길함(吉)' '흉함(凶)', '후회(悔)'와 '한스러움(吝)', '허물없음(无咎)' 등 《주역》에 자주 등장하는 단어를 풀이함으로써 《주역》의 독자들이 더욱 정확하게 괘사와 효사를 이해할 수 있도록 도와주고 있다.

그렇다면 무엇을 '길흉'이라고 하는가? 그것은 '얻음'과 '잃음'이다. 무엇을 '후회'와 '한스러움'이라고 하는가? 그것은 작은 문제를 말한 것이다. '허물없음'은 잘못을 저지른 후에라도 즉시 뉘우치고 그것을 고쳐나가기 때문이다.

다시 말해 괘사와 효사를 깊이 분석하기만 하면 사람들은 그 안에서 자신이 처한 위치를 찾을 수 있으며, 다음 단계에 어떻게 나아가야 할지 방향을 알 수 있게 된다는 뜻이다.

---

management point

《주역》의 괘사와 효사를 정독하고 연구하다 보면 사람들은 《주역》에서 자신이 처해 있는 상황을 발견할 수 있게 된다. 또한 《주역》은 다음 단계에서 우리가 어떤 조치와 행동을 취해야 하는지를 암시해준다.

하늘을 거스르지 않는다

≪易≫與天地準, 故能彌綸天地之道. 仰以觀于天文, 俯以察於地理, 是故知幽明之故. 原始反終, 故知死生之説. 精氣爲物, 遊魂爲變, 是故知鬼神之情狀. 與天地相似, 故不違; 知周乎萬物而道濟天下, 故不過, 旁行而不流. 樂天知命, 故不憂; 安土敦乎仁, 故能愛. 範圍天地之化而不過, 曲成萬物而不遺, 通乎晝夜之道而知. 故神无方而≪易≫无體.(≪역≫여천지준 고능미륜천지지도. 앙이관우천문 부이찰어지리 시고지유명지고. 원시반종 고지사생지설. 정기위물 유혼위변 시고지귀신지정상. 여천지상사 고불위 지주호만물이도제천하 고불과 방행이불류. 악천지명 고불우 안토돈호인 고능애. 범위천지지화이불과 곡성만물이불유 통호주야지도이지. 고신무방이≪역≫무체)

▲ 仰: 우러를 앙 / 俯: 구부릴 부 / 旁: 두루 방 / 範: 법 범

【해석】
≪주역≫은 하늘, 땅과 더불어 수준을 같이 하므로 천지의 도를 망라한다. 위로 우러러 천문天文을 관찰하고 아래로 굽어 지리地理를 살핀다. 이 때문에 은밀하여 드러나지 않는 세계와 밝게 드러나는 세계의 근원을 알게 된다. 처음 시작되는 것을 살피며, 마치는 이치를 돌이켜보기 때문에 삶과 죽음에 대한 이야기를 알 수 있다.

정밀한 기운은 엉기어 물체가 되고 떠도는 혼은 변하여 흩어진다. 이런 까닭에 귀신의 실상을 알 수 있는 것이다. 천지와 더불어 서로 비슷하기 때문에 어긋나지 않는다. 지혜가 만물에 두루 미치고 도가 천하를 구제하기 때문에

허물이 생기지 않는다. 두루 행하지만 한 곳으로 빠지는 일이 없으며 하늘의 일을 즐거워하고 천명을 알기 때문에 근심하지 않는다.

처한 곳에서 편안히 있으면서 어진 마음이 돈독하기 때문에 능히 만물을 사랑할 수 있다.

천지 변화의 범위를 정하되 잘못되지 아니하며 구석구석 만물을 이루되 빠뜨리지 않으며 낮과 밤의 작용에 통달하여 다 알기 때문에 《주역》의 신비한 대응책은 고정된 형식이 없고 《주역》은 일정한 주체가 없다.

주역 경영

본문에서는 여전히 《주역》이 만들어진 기초와 근원에 대해서 설명하고 있다.

《주역》은 성인이 '위로 우러러 천문을 관찰하고 아래로 굽어 지리를 살피며', '처음 시작되는 것을 살피고 마치는 이치를 돌이켜 보며', '정밀한 기운이 변하는 원리를 파악한' 후에 지은 것으로 최종적으로 천지운행의 도와 완전히 맞물리는 경지에 이르게 된다.

《주역》은 천지와 더불어 수준을 같이 하므로 '지혜가 만물에 두루 미치고 도가 천하를 구제하여' 성인의 공을 이루게 된다. 일단 《주역》에 통달하면 '하늘의 일을 즐거워하고 천명을 알기 때문에' 자신의 인품과 덕을 기르고 어짊과 사랑을 이룰 수 있다.

물론 본문의 본질은 "하늘과 비슷하므로 거스르지 않는다"라는 것이다. 취하는 행동이 천지운행의 도에 부합되기 때문에 천지를 거스르지 않는데 소위 "하늘보다 앞서서 행동하여도 어긋나지 않으며, 하늘보다 뒤서거니 행하여도 하늘의 변화 규칙을 따르나니"*라는 뜻이다.

---

* 先天而天弗違 後天而奉天時.(선천이천불위 후천이봉천시)

음양이 변하는 도리

一陰一陽之謂道. 繼之者善也, 成之者性也. 仁者見之謂之仁, 知者見
之謂之知. 百姓日用而不知, 故君子之道鮮矣. 顯諸仁, 藏諸用, 鼓萬
物而不與聖人同憂, 盛德大業至矣哉. 富有之謂大業, 日新之謂盛德.
生生之謂易, 成象之謂乾, 效法之謂坤, 極數知來之謂占, 通變之謂事,
陰陽不測之謂神.(일음일양지위도. 계지자선야 성지자성야. 인자견지위지인 지자견지위
지지. 백성일용이부지 고군자지도선의. 현제인 장제용 고만물이불여성인동우 성덕대업지의재.
부유지위대업 일신지위성덕. 생생지위역 성상지위건 효법지위곤 극수지래지위점 통변지위사
음양불측지위신)

▲ 顯: 나타날 현 / 諸: 모든 제 / 效: 본받을 효 / 測: 잴 측

【해석】

음이 되었다가 양이 되는 식으로 변하는 것을 도道라고 한다. 이러한 '도'를
이어받아 그 작용을 지속하는 것이 선善이고 '도'를 이어받아 이룬 상태가
성成이다. 어진 사람은 그것을 보고 어질다고 하고 지혜로운 사람은 그것을
보고 지혜롭다고 하는데 일반 사람들은 매일매일 '도'를 쓰면서도 그것이
무엇인지 알지 못한다. 그러므로 군자의 도가 행해지는 일이 드물다.

하늘의 뜻은 인仁을 실현하는 데 드러나고, 작용하는 데 감추어져 있어서
만물을 고무시키지만 성인과 같은 걱정을 하지 않는다. 성대한 공덕과 위대
한 업적이 지극하다.

넉넉하게 가지는 것을 '큰 사업(大事)'이라고 하고 날마다 새로워지는 것을

'공덕'이라고 한다. 살리고 살리는 것을 '역易'이라 하고 '상象'을 이루는 것을 '건乾'이라 하며, 본받는 것을 '곤坤'이라 하고 수를 모두 헤아려 미래의 일을 아는 것을 '점占'이라 하며, 하늘의 이치에 통달하여 변화시키는 것을 '일(事)'이라 하고 음인지 양인지 헤아릴 수 없는 것을 '신神'이라고 한다.

⊙ 주역 경영

하늘과 땅, 해와 달, 건과 곤처럼 모든 사물은 음과 양, 두 부분으로 이루어져 있다.

기업에서 음과 양은 경영진과 직원을 가리키는데, 경영진이 양이고 직원이 음을 이룬다. 음양이 적절하게 배치되고 어우러져야만 사물이 발전한다. 마찬가지로 기업에서도 경영진과 직원이 서로 조화를 이루지 못한다면 경영상의 혼란을 초래할 것이다. 이 때문에 "음이 되었다가 양이 되었다가 하며 변하는 것을 도道라고 한다"라는 구절을 경영자는 깊이 있게 이해하여야 한다.

---

management point

기업 경영의 본질은 경영진과 직원 간의 관계를 어떻게 원만하게 만들어 가느냐에 달려 있다. 경영자는 직원이 적극적으로 협조해야만 기업이 지속적이고 안정된 성장을 기대할 수 있다는 사실을 알아야 한다. 이 때문에 직원과의 관계를 잘 지속하는 것이 경영자의 첫 번째 임무라고 하겠다.

경영자의 덕목

夫《易》廣矣大矣! 以言乎遠則不御, 以言乎邇則靜而正, 以言乎天地之間則備矣. 夫乾, 其靜也專, 其動也直, 是以大生焉; 夫坤, 其靜也翕, 其動也闢, 是以廣生焉. 廣大配天地, 變通配四時, 陰陽之義配日月, 易簡之善配至德.(부《역》광의대의. 이언호원즉불어 이언호이즉정이정 이언호천지지간즉비의. 부건 기정야전 기동야직 시이대생언 부곤 기정야흡 기동야벽 시이광생언. 광대배천지 변통배사시 음양지의배일월 이간지선배지덕)

▲ 翕: 합할 흡 / 闢: 열 벽(열다, 물리치다)

【해석】

《주역》의 이치란 얼마나 크고 넓은가!

먼 곳에 있는 사물을 풀이하자면 끝이 없고 가까운 곳의 사물을 설명하자면 고요하면서도 바르다. 하늘과 땅 사이에 있는 만사만물을 설명하자면 거기에 모든 것을 다 갖추고 있다.

건은 고요할 때 한결같고 움직일 때는 곧으므로 크게 만물을 낳는다. 곤은 고요할 때에는 닫히고 움직일 때에는 열리므로 넓게 만물을 낳는다. 넓고 큼은 하늘과 땅에 짝하고, 변變하여 통通함은 네 계절에 짝하며, 음과 양이 변화하는 법칙은 해와 달에 짝하고, 쉽고 간략하게 잘 처리하는 것은 지극한 덕과 짝한다.

524

⑤ 주역 경영

앞에서 "건은 쉽고 간략하다"라고 했는데 우리는 여기서 ≪주역≫의 도리가 의외로 통속적이고 이해하기 쉬우며 실천하기 간단한 것임을 짐작할 수 있다. 노력만 하면 그 이치를 현실 속에서 얼마든지 실현할 수 있는 셈이다.

본문의 마지막에서는 "쉽고 간략하게 잘 처리하는 것은 지극한 덕과 짝한다"라고 했는데, 이와는 반대로 덕이 부족한 사람이 ≪주역≫의 도를 잘못 활용하면 잘못된 길로 들어설 수 있음을 주의해야 한다. 이는 전통 사상에서 말하는 '어울림'의 도리다. 이는 적절하게 잘 어우러져야만 아름다운 결과를 얻을 수 있다는 것으로 그렇지 않으면 나쁜 결과만을 낳을 뿐이다. ≪주역≫에서 말하는 '쉽고 간략함'은 '지극한 도'를 품은 사람과만 어울린다.

---

management point

경영자에게 있어서 덕德은 무엇보다도 중요한 가치이다. 갈수록 기업의 사회적 책임과 도덕경영이 강조되고 있는 가운데 경영자의 인품과 덕은 경영계에서 중요한 이슈가 되고 있다. 이제는 도덕적 수준을 높여 몸과 마음을 가꾸는 것이 중요한 경영의 비결 가운데 하나가 된 것이다.

덕을 높이고 사업을 넓힌다

子曰 : "《易》其至矣乎! 夫《易》, 聖人所以崇德而廣業也. 知崇
禮卑, 崇效天, 卑法地. 天地設位, 而《易》行乎其中矣. 成性存存, 道
義之門."(자왈 : 《역》기지의호. 부《역》 성인소이숭덕이광업야. 지숭례비 숭효천 비법지.
천지설위 이《역》행호기중의. 성성존존 도의지문)

【해석】

공자께서는 "《주역》의 도는 지극히 높고도 명철하도다!"라고 했다. 그만
큼 《주역》은 성인聖人이 덕을 높이고 사업을 넓히는 도구이다.

지혜는 높이고 예법은 겸손히 낮추는 것이니, 높이는 것은 하늘을 본받고
낮추는 것은 땅을 본받는다. 하늘과 땅이 자리를 베풀며 《주역》의 도가
그 가운데서 행해지니, 본성을 이루어 간직하고 간직하는 것이 도의道義를
실천하는 문이다.

◎ 주역 경영

여기서는 드디어 《주역》의 현실적인 용도가 언급되었다. '덕을 높이고
사업을 넓히는 것'은 어느 시대든지 중요한 관심사가 되었기 때문에 보편
적인 타당성을 갖추고 있는 셈이다. 그래서 요즘처럼 비즈니스 활동이
왕성해진 시대에는 덕을 높이고 사업을 넓히는 것이 무엇보다도 중요한
일이 되었다.

공자는 《주역》을 연구한 뒤 본문의 내용처럼 《주역》에 대해 객관

적이고도 정곡을 찌르는 평가를 내렸다.

사실 《주역》의 입장에서 '건'과 '곤'은 하나의 변증법적인 관계로서, 전체를 이루는 요소이다. 마찬가지로 '덕을 높이는 것'과 '사업을 넓히는 것'도 따로 떼어놓을 수 없는 같은 일이라고 볼 수 있다. 덕을 높이는 것은 하늘의 도를 배우는 일이며, 사업을 넓히는 것은 땅의 도리를 본받는 일인 셈이다.

이렇게 함으로써 우리는 '덕을 높이는 것'이 곧 '사업을 넓히기' 위한 길임을 알 수 있다. 따라서 '사업을 넓히는 것'을 '덕을 높이는 것'과 분리하여 따로 생각할 수 없는 것이다.

---

management point

기업의 발전을 촉진하는 것을 '사업을 넓히는 일'이라고 할 수 있다. 따라서 경영자는 기업의 성장을 도모하는 지도자로서 우선 '덕을 높이고' 부단히 자신의 인품과 덕을 쌓아올려야 한다. 이렇게 해야만 진정한 의미에서 '사업을 넓힐 수' 있게 된다.

헤아리고 따져 혁신을 이룬다

聖人有以見天下之賾, 而擬諸其形容, 象其物宜, 是故謂之象. 聖人有以見天下之動, 而觀其會通, 以行其典禮, 繫辭焉以斷其吉凶, 是故謂之爻. 言天下之至賾, 而不可惡也, 言天下之至動而不可亂也. 擬之而後言, 議之而後動, 擬議以成其變化.(성인유이견천하지색 이의저기형용 상기물의 시고위지상. 성인유이견천하지동 이관기회통 이행기전례. 계사언이단기길흉 시고위지효. 언천하지지색 이불가오야 언천하지지동이불가란야. 의지이후언 의지이후동 의의이성기변화)

▲ 賾: 깊숙할 색 / 擬: 헤아릴 의

【해석】

성인은 《주역》의 이치를 통해 세상 만물에 깊이 감추어져 있는 도리를 안다. 그리고 그 형용되는 모습에서 《주역》의 이치를 잘 견주어 설명하며 그 사물이 《주역》의 이치에 합당하게 되어 있는 모습을 상징적으로 표현한다. 그런 까닭에 그것을 상象이라고 한다.

성인은 《주역》의 도리로써 천하의 모든 움직임을 안다. 또한 그것이 하나로 모여 통하는 것을 살펴 그 예법을 실행하며 말을 붙여 길흉을 판단한다. 그런 까닭에 효爻라고 한다.

천하의 지극히 그윽하고 깊은 곳을 말하되 싫어하지 않아야 하고, 천하의 모든 움직임을 말하되 어지럽지 않아야 한다. 견주어 헤아린 다음에 말하고 따져본 다음에 움직이니 헤아리고 따져 그 변화를 이룬다.

528

🌕 주역 경영

본문에서는 '상象'과 '효爻'가 만들어진 근원에 대해서 설명하고 성인이 '위로 우러러 천문을 관찰하고 아래로 굽어 지리를 살핀 후' ≪주역≫을 짓게 된 과정을 더욱 깊이 묘사하고 있다.

또한 ≪주역≫에서 말하는 것이 '천하의 움직임'과 '천하의 기름(養)'임을 강조하고 있는데, 여기에는 천하 만물의 변화와 그 가운데 감추어진 도리가 포함된다.

이처럼 성인이 ≪주역≫을 지은 방법을 살펴보면 경영자가 배울 만한 가치가 있다. 비교하고 심사하며 세심하게 관찰하고 연구하고, 주관과 객관을 결합하여 최종적으로 ≪주역≫의 이치를 정한 것이다. 이와 마찬가지로 경영자는 기업문화와 기업의 신념을 설정할 때도 이 이치를 적용할 수 있다. 기업의 현재 상황을 고려한 후 주관적인 사고를 발휘하여 최종적으로 이 둘을 결합하고 적당한 기업문화와 가치를 확정지어야 한다.

---

management point

기업의 가치관과 문화를 설정할 때는 기존의 성공 기업의 경영 이념과 가치관을 맹목적으로 따라하지 말고, 기업이 처한 업계의 상황과 사업 환경, 자신의 능력과 자원을 고려해야 한다.
이를 토대로 정착된 기업문화와 가치관만이 진정으로 효과가 있으며, 이렇게 해야만 조직 내에 결집력과 구심력을 형성할 수 있다.

언행은 신중하고, 또 신중하라

"鳴鶴在陰, 其子和之. 我有好爵, 吾與爾靡之." 子曰: "君子居其室,
出其言善, 則千里之外應之, 況其邇者乎? 居其室, 出其言不善, 則千
里之外違之, 況其邇者乎? 言出乎身, 加乎民; 行發乎邇, 見乎遠. 言
行, 君子之樞機. 樞機之發, 榮辱之主也. 言行, 君子之所以動天地也,
可不愼乎?" (명학재음 기자화지. 아유호작 오여이미지. 자왈: 군자거기실 출기언선 즉천리
지외응지 황기이자호. 거기실 출기언불선 즉천리지외위지 황기이자호. 언출호신 가호민. 행발호
이 현호원. 언행 군자지추기. 추기지발 영욕지주야. 언행 군자지소이동천지야 가불신호)

▲ 鳴: 울 명 / 爵: 잔 작(술잔) / 爾: 어 이 / 靡: 쓰러질 미

【해석】

'중부괘'에서는 "우는 학이 그늘에 있는데 그 새끼가 화답을 한다. 나에게
좋은 술잔이 있으니 내가 너와 함께 기울이리라"라고 했다.

공자께서 말씀하셨다. "군자가 자기 집에 있으면서 말을 하더라도 그것이
좋은 말이라면 천리 밖에서 응할 것이니, 하물며 가까이 있는 자에게는 어떠
하겠는가? 집에서 말을 하더라도 만일 그것이 좋지 않은 말이면 천리 밖에서
조차 어기게 되니 하물며 가까이 있는 자에게는 어떠하겠는가? 말은 자기
몸에서 나가서 백성들에게 전해지며, 행동은 가까운 데서 시작하여 먼 데서
결과가 나타난다. 언행은 군자의 근본이니 그 근본을 드러내는 것에 따라서
영예와 치욕이 달려 있다. 언행은 군자가 천하를 움직이는 수단이니 어찌
신중하지 않겠는가?"

⑤ 주역 경영

"우는 학이 그늘에 있다"라는 구절은 '중부괘'에서 '구이'의 효 풀이로, 본문에 나온 공자의 말은 그에 대한 해설이다. 그러나 공자는 효사 자체에만 국한하지 않고 그 연장선상에서 '그 새끼가 화답을 한다', '천리 밖에서' '응하고', '어긴다'라는 말로 확대 해석했다.

공자의 해설에서 핵심은 "언행이 신중해야 한다"라는 부분이다. 이는 모든 사람, 특히 경영자가 명심해야 할 말이다. 현실 속에서 많은 경영자가 언행을 삼가지 못하여 그들이 한 말이 구설에 휘말리거나 종종 흐지부지되곤 한다. 그렇게 되면 그들의 말과 행동에 위엄이 없어지고 결국 직원들의 신임과 존경을 잃게 되는 결과를 가져온다.

사실 말과 행동은 한 사람의 인상과 이미지를 결정짓는 가장 중요한 요소이다. 말과 행동이 반듯하지 않으면 반드시 다른 사람의 반감을 사게 되어 있다.

---

management point

경영자에게 언행이란, 곧 그 기업의 이미지와 직결된다. 경박하고 무책임한 언행은 회사 내에서뿐만 아니라 대외적으로도 큰 손실이 아닐 수 없다. 경영자가 덕을 기르는 첫걸음은 가장 먼저 자신의 말과 행동을 삼가는 일이다.

조짐을 연구한다

≪易≫有聖人之道四焉: 以言者尚其辭, 以動者尚其變, 以制器者尚其象, 以卜筮者尚其占. 是以君子將有爲也, 問焉而以言, 其受命也如嚮, 无有遠近幽深, 遂知來物. 非天下之至精, 其孰能與于此?(≪역≫유성인지도사언 이언자상기사 이동자상기변 이제기자상기상 이복서자상기점. 시이군자장유위야 문언이이언 기수명야여향 무유원근유심 수지래물. 비천하지지정 기숙능여우차)

參伍以變, 錯綜其數. 通其變, 遂成天下之文; 極其數, 遂定天下之象. 非天下之至變, 其孰能與於此? ≪易≫, 无思也, 无爲也, 寂然不動, 感而遂通天下之故. 非天下之至神, 其孰能與于此?(참오이변 착종기수. 통기변 수성천하지문 극기수 수정천하지상. 비천하지지변 기숙능여어차. ≪역≫ 무사야 무위야 적연부동 감이수통천하지고. 비천하지지신 기숙능여우차)

夫≪易≫, 聖人之所以極深而硏幾也. 唯深也, 故能通天下之志; 唯幾也, 故能成天下之務; 唯神也, 故不疾而速, 不行而至. 子曰 "≪易≫有聖人之道四焉"者, 此之謂也.(부≪역≫ 성인지소이극심이연기야. 유심야 고능통천하지지 유기야 고능성천하지무 유신야 고부질이속 불행이지. 자왈 ≪역≫유성인지도사언자 차지위야)

▲卜: 점 복 / 筮: 점대 서 / 嚮: 향할 향 / 遂: 이를 수 / 錯: 섞일 착 / 寂: 고요할 적

【해석】

≪주역≫에는 성인이 취하는 네 가지 방법이 있다. 즉, 말로써 실천하는 사람은 괘사와 효사를 숭상하고, 행동으로 실천하는 사람은 변화의 법칙을 중시

하며, 문물 제도를 만드는 사람은 '모양새'를 중시하고, 점을 쳐서 실천하는 사람은 점치는 기능을 중시한다. 그러므로 군자가 장차 무슨 일을 하고 무슨 행동을 하려 할 때에는 점으로 물으면 말로써 제시해준다. 그가 그 명을 받는 것은 마치 메아리가 소리에 응답하는 것과 같아서 먼 것이나 가까운 것, 그윽한 것이나 심원한 것을 가리지 않고 마침내 미래의 일을 알게 된다. 천하에 지극히 정확하고 세밀한 사람이 아니면 누가 이런 일에 참여할 수 있겠는가?

각 효를 이리저리 섞어봄으로써 변화를 만들고, 그 효의 수를 섞고 뒤집어봄으로써 변화에 통달하여 천지의 모든 법칙을 이루며 그 수를 끝까지 탐구하여 천하의 모든 '모양새(象)'를 정한다. 천하에 지극히 변화를 아는 사람이 아니면 누가 이런 일에 참여할 수 있겠는가?

《주역》은 사고하거나 꾸며서 행동하는 일이 없고 고요하기만 하여 동요하지 않지만 감응하면 마침내 천하의 모든 이치에 통달한다. 천하에 지극히 신묘한 사람이 아니면 누가 이런 일에 참여할 수 있겠는가?

그러므로 《주역》은 성인이 심오함을 다하고 조짐을 연구하는 수단이다. 심오하기 때문에 세상의 이치에 통달할 수 있고 조짐을 보고 움직이기 때문에 천하의 일을 성취할 수 있다. 그 작용이 신묘하므로 빨리 가지 않아도 빠르고, 가려고 의도하지 않아도 이를 수 있다. "주역에는 성인의 도가 네 가지 있다"라고 한 공자의 말씀이 바로 이런 뜻이다.

◎ 주역 경영

본문의 내용에는 《주역》의 가치와 용도가 드러나 있다. 본문에 언급된 《주역》의 네 가지 기능은 오늘날을 사는 우리에게도 여전히 가치가 있다.

그러나 근본적인 문제가 하나 있다. 즉, 반드시 ≪주역≫을 읽고 이해하지 않으면 '마침내 미래의 일을 알게 되는' 경지에 이르지 못하며, '세상의 이치에 통달하고', '천하의 일을 성취하며', '빨리 가지 않아도 빠르고', '가려고 의도하지 않아도 이르게 되는' 경지에 이르지 못한다. 그렇다면 어떻게 해야 ≪주역≫을 이해할 수 있을까? 본문에서는 이미 "심오함을 다하고 조짐을 연구하는 수단이다"라고 언급함으로써 지극히 깊이 그 미세한 형상을 연구할 때 진정으로 ≪주역≫을 이해하게 되는 것이며 이에 따라서 행동해야 한다고 했다.

---

management point

경영자가 기업을 잘 경영하기 위해서는, 반드시 기업 경영과 관련된 모든 것을 철저하고도 투명하게 연구해야 한다. 시장, 소비자, 직원이랄 것 없이 기업 경영에 영향을 주는 모든 사소한 부분에까지 깊이 이해하고 있어야만 탁월한 경영자가 될 수 있다.

미래를 통찰하다

子曰："夫≪易≫何爲者也? 夫≪易≫開物成務, 冒天下之道, 如斯而
已者也." 是故聖人以通天下之志, 以定天下之業, 以斷天下之疑. 是
故蓍之德圓而神, 卦之德方以知, 六爻之義易以貢. 聖人以此洗心, 退
藏于密, 吉凶與民同患, 神以知來, 如以藏往, 其孰能于此哉? 古之聰
明叡知, 神武而不殺者夫! (자왈. 부≪역≫하위자야. 부≪역≫개물성무 모천하지도 여
사이이자야. 시고성인이통천하지지 이정천하지업 이단천하지의. 시고시지덕원이신 괘지덕방이
지 육효지의역이공. 성인이차세심 퇴장우밀 길흉여민동환 신이지래 여이장왕 기숙능우차재. 고
지총명예지 신무이부살자부)

▲ 冒: 무릅쓸 모 / 斯: 이 사 / 疑: 의심할 의 / 蓍: 시초 시 / 洗: 씻을 세

【해석】

공자께서는 이렇게 말씀하셨다.

"≪주역≫은 무엇을 위한 것인가? ≪주역≫은 만물에 참된 삶의 방식을 열어
주고 역할을 수행할 수 있도록 하며 천하의 모든 도리를 망라하는 것이니
이와 같을 뿐이다. 이런 까닭에 성인은 주역의 도리로써 천하의 모든 뜻에
통달하고 천하의 모든 일을 정하며 천하의 의심스러운 모든 문제를 판단한
다. 그러므로 처음의 역할은 다양하게 괘를 뽑아내는 원만함을 가지고 있으
면서도 신묘하고, 괘의 성질은 일정한 것을 가지고 있으므로 사람에게 변화
의 유형을 알려주며, 육효의 뜻은 변화의 법칙을 제시하여 사람에게 변화에
대처하는 지혜를 알려준다. 성인은 이 괘와 효의 내용을 가지고 마음의 욕심

을 씻어내고 가만히 물러나 마음속 은밀한 곳에 주역의 진리를 간직한다. 그러다가 길한 상황과 흉한 상황에 처하게 되면 백성과 함께 근심한다. 신묘한 능력으로 미래의 일을 알고 지혜로운 마음으로 과거의 일을 간직한다. 그 누가 이런 일에 참여할 수 있겠는가? 옛날의 총명하고 지혜로우며 신묘하고도 씩씩하고 사람을 함부로 죽이지 않는 자일 것이다."

주역 경영

본문은 《주역》의 역할을 포괄적으로 설명하면서 "만물에 참된 삶의 방식을 열어주고 역할을 수행할 수 있도록 하며 천하의 모든 도리를 망라하는 것이다"라고 했다. 이는 공자가 《주역》에 대해 가장 정곡을 찌르는 말이라고 할 수 있다.

《주역》을 배움으로써 사람들은 다음의 몇 가지 이점을 얻을 수 있다.

첫째, 천하의 모든 이치에 통달함으로써 세상 사람의 염원을 이해할 수 있는데, 이렇게 함으로써 사람들의 마음을 모으게 된다.

둘째, 천하의 모든 일을 정하게 되는데, 이렇게 함으로써 자신의 사업이 나아가야 할 방향을 정할 수 있을 뿐만 아니라 어떻게 발전하고 사업을 확대하는지에 관한 법칙을 알게 되므로, 침착하고 여유롭게 일에 대처할 수 있다.

셋째, 천하의 의심스러운 모든 문제를 판단하게 된다. 《주역》에서 얻은 뛰어난 지혜를 통해 세상의 각종 의문에 대해 판단하는데 사용할 수 있다.

경영자로서 일단 《주역》에 담긴 이치를 일깨우게 되면 일에 임할 때나 나아감과 물러섬에 있어서 명쾌하게 판단할 수 있다. 그리고 부하 직원들과 뜻을 함께 할 수 있으며 아무리 어려운 상황이라도 그들과 공유할 수 있다. 또한 이를 바탕으로 미래를 예상하고 다방면의 지혜와 능력을 갖추게 된다.

---

management point

≪주역≫을 공부하면 혼란과 근심을 미연에 방지할 수 있고, 기업의 미래에 대해 명확히 인식할 수 있으며, 직원들과도 일치된 마음을 유지하여 그들과 함께 기업의 성장을 촉진할 수 있다.

닫았다 열었다 하는 것이 변變

是以明于天之道, 而察于民之故, 是興神物以前民用. 聖人以此齊戒,
以神明其德夫! 是故, 闔戶謂之坤, 闢戶謂之乾. 一闔一闢謂之變, 往
來不窮謂之通, 見乃謂之象, 形乃謂之器, 制而用之謂之法, 利用出入,
民咸用之謂之神. 是故, ≪易≫有太極, 是生兩儀. 兩儀生四象, 四象
生八卦. 八卦定吉凶, 吉凶生大業.(시이명우천지도 이찰우민지고 시흥신물이전민
용. 성인이차제계 이신명기덕부. 시고 합호위지곤 벽호위지건. 일합일벽위지변 왕래불궁위지통
현내위지상 형내위지기 제이용지위지법 이용출입 민함용지위지신. 시고 ≪역≫유태극 시생양의.
양의생사상 사상생팔괘. 팔괘정길흉. 길흉생대업)

▲ 闔: 문짝 합 / 闢: 열 벽 / 見: 나타날 현

【해석】
하늘의 도를 밝힘으로써 백성의 일을 살피고, 신묘한 시초(蓍草, 점칠 때 쓰는
대나무 가지. 점대)를 만들어 백성의 쓰임에 대비하여 미리 갖추어야 한다. 성인
은 ≪주역≫을 통해 자기 자신을 수양하고 경계하며 능력을 신비하고 밝게
만들기 위해 노력한다.

이런 까닭에 문을 닫는 것을 '곤'이라 하고, 문을 여는 것을 '건'이라 하며,
닫았다가 열었다가 하는 것을 '변變'이라 한다. 가고 옴이 무궁무진한 것을
'통通'이라 하며, 나타난 것을 '상象'이라 하고 형체로 구체화된 것을 '기器'라
고 한다. 만들어 쓰는 것을 '법'이라 하고 문을 이용하여 나가고 들어가는데
이는 백성이 모두 쓰는 것이니 이를 '신神'이라고 한다.

538

이러한 까닭에 ≪주역≫에는 태극이 있으니 이것이 양陽과 음陰이 되고, 양과 음은 사상四象이 되며 사상은 팔괘八卦가 되니, 팔괘는 길흉을 정하고 길흉은 큰 사업을 미리 알려준다.

◎ 주역 경영

≪주역≫은 백성이 길함을 따르고 흉함을 피할 수 있도록 도우려고 성인이 만든 것이다.

그 안에 담긴 도리는 '음이 되었다가 양이 되어 변하는 이치'로 귀결될 수 있으며, '닫았다 열었다 하는 것을 변變이라는 상황'으로 귀결된다. ≪주역≫에서 서술하는 것은 바로 이러한 변화의 도리이다. 변화는 닫았다가 열리며, 음이 되었다가 양이 되는 상황 변환의 이치이다. 이 점을 명백하게 이해하면 사물 발전의 법칙에 통달하게 된다.

---

management point

본문에 언급된 '닫았다가 열리는' 도리를 기업의 경영자에게 적용하면 어떤 뜻이 될까? 경영자가 회사의 계획과 전략을 수립할 때는 조용하고 세심하게 임하며, 계획과 전략을 집행할 때는 적극적이고 철저하게 움직이는 행위라고 할 수 있다. 고요함 가운데 모든 것을 투명하고 세심하게 사고할 수 있으며, 적극적이고 철저하게 집행하는 가운데 계획이 현실화될 수 있다.

문명의 이기利器

是故法象莫大乎天地, 變通莫大乎四時, 縣象著明莫大乎日月. 崇高莫大乎富貴. 備物致用, 立成器以爲天下利, 莫大乎聖人. 探賾索隱, 鉤深致遠, 以定天下之吉凶, 成天下之亹亹者, 莫大乎蓍龜. 是故, 天生神物, 聖人則之. 天地變化, 聖人效之. 天垂象, 見吉凶, 聖人象之. 河出圖, 洛出書, 聖人則之.《易》有四象, 所以示也. 繫辭焉, 所以告也. 定之以吉凶, 所以斷也. (시고법상막대호천지 변통막대호사시 현상저명막대호일월. 숭고막대호부귀. 비물치용 입성기이위천하리 막대호성인. 탐색색은 구심치원 이정천하지길흉 성천하지미미자 막대호시귀. 시고 천생신물 성인칙지. 천지변화 성인효지. 천수상 현길흉 성인상지. 하출도 낙출서 성인칙지.《역》유사상 소이시야. 계사언 소이고야. 정지이길흉 소이단야)

▲ 探: 찾을 탐 / 賾: 깊숙할 색 / 鉤: 갈고랑이 구 / 深: 깊을 심 / 亹: 힘쓸 미

【해석】

이 때문에 하늘과 땅보다 더 모범이 될 만한 것이 없고, 사계절보다 더 변하고 통하는 것이 없으며, 모범을 드러내고 밝히는 데는 해와 달보다 더 큰 것이 없고, 숭고하고 따르기로는 부귀보다 더 큰 것이 없다.

인생살이에서 필요한 것을 갖추어 사용할 수 있도록 제공하고 천지자연의 형상과 이치를 파악하여 문명의 이기利器를 만들어 천하 사람들에게 편리함을 제공한 것에 있어서는 성인보다 더 큰 것이 없다. 복잡하고 어지러운 것을 더듬어서 풀어내고, 은밀한 것을 들추어내며, 헤아릴 수 없이 심오한 것을 끄집어내고, 높고 원대한 것을 이루어내어 세상의 모든 길흉을 정하며,

540

천하의 모든 사람의 부지런함을 이루는 것에 있어서는 점대와 귀갑(龜甲, 거북의 등껍질)만한 것이 없다.

이런 까닭에 하늘이 시초蓍草, 귀갑 등의 신통한 물건을 만들었으니 성인은 이것을 본받는다. 하늘과 땅이 변화하니 성인은 이것을 본받고, 하늘이 상象을 드리워 길흉을 나타내니 성인은 이것을 본받는다. 황하에서 용마의 그림이 나오고 낙수에서 거북 등에 새긴 글이 나왔으니 성인은 이것을 본받는다. 주역에 사상四象이 있음은 주역의 이치를 보여주기 위함이고, 설명하는 말을 붙인 것은 주역의 이치를 알려주기 위함이다. 길흉으로써 정한 것은 주역의 이치를 단행하기 위함이다.

☯ 주역 경영

본문은 ≪주역≫의 가치와 용도에 대해서 말하고 있다.

소위 '성인聖人'이란 오늘날로 치면 경영자에 해당하므로, 성인이 하는 모든 일은 오늘날의 경영자들에게 시사하는 바가 크다. 본문을 살펴보면 "인생살이에서 필요한 것을 갖추어 사용할 수 있도록 제공하고, 천지자연의 형상과 이치를 파악하여 문명의 이기를 만들어 천하 사람들에게 편리함을 제공한다"라는 부분이 바로 성인이 하는 일이다.

많은 사람들이 성인이 하는 일을 일반 사람은 할 수 없다고 생각한다. 하지만 여기에 언급된 것들은 그다지 어려운 일이 아니라 오늘날 경영자가 마땅히 해야 하는 일들이다. 우선 "인생살이에서 필요한 것을 갖추어 사용할 수 있도록 제공한다"라는 부분을 살펴보면 소비자가 유용하게 사용하게 할 목적으로 제품을 만들지 않는 기업이 어디 있겠는가? 만일 생산된 제품이 어떠한 사용 가치도 없다면 그 어떤 기업도 생존할 수 없을 것이다.

그 다음은 "천지자연의 형상과 이치를 파악하여 문명의 이기를 만들어 천하 사람들에게 편리함을 제공한다"라고 한 부분을 들 수 있는데 이는 사실 "인생살이에서 필요한 것을 갖추어 사용할 수 있도록 제공한다"라는 말과 같은 의미를 지닌다. 일단 생산된 제품이 사람들에게 사용된다면 반드시 사람들의 삶이 개선될 것이고, 이에 따라 기업의 이익의 폭도 커질 것이다.

---

management point

기업은 소비자의 실수요를 살피어 그것을 경영의 기반으로 삼아야 한다. 생산, 연구개발, 제조, 혁신의 전 과정이 반드시 소비자의 감성에 근거하여 이루어져야 한다. 일단 이렇게만 할 수 있다면 주역에서 말하는 "인생살이에서 필요한 것을 갖추어 사용할 수 있도록 제공하고 천지자연의 형상과 이치를 파악하여 문명의 이기를 만들고 천하 사람들에게 편리함을 제공하는" 경지에 이를 수 있을 것이다.

사업이란?

乾坤, 其≪易≫之縕邪? 乾坤成列, 而≪易≫立乎其中矣. 乾坤毁, 則
无以見≪易≫. ≪易≫不可見, 則乾坤或幾乎息矣. 是故形而上者謂
之道, 形而下者謂之器, 化而裁之謂之變, 推而行之謂之通, 擧而錯之
天下之民謂之事業.(건곤 기≪역≫지온사. 건곤성렬 이≪역≫입호기중의. 건곤훼 즉무이
견≪역≫. ≪역≫불가견 즉건곤혹기호식의. 시고형이상자위지도 형이하자위지기 화이재지위지
변 추이행지위지통 거이착지천하지민위지사업)

▲ 縕: 헌 솜 온 / 邪: 간사할 사 / 毁: 헐 훼 / 推: 옮을 추(추천하다, 받들다)

【해석】
건乾괘와 곤坤괘에는 ≪주역≫의 이치와 정수가 다 녹아 있다. 건괘와 곤괘가
배열을 이루는 가운데 ≪주역≫의 이치가 세워진다. 건곤의 이치가 없어지
면 그 이치를 알 수 없으며, 그 이치를 알 수 없으면 건곤의 이치도 발휘되지
못한다.
이런 까닭에 형체로 나타나기 이전의 상태를 '도道'라고 하고 형체로 나타난
이후의 상태를 '기器'라고 한다. '기'를 '도'의 입장으로 승화시켜 마름질 하는
것을 '변變'이라고 하고 '기'를 받들어서 '기'의 참모습을 행하는 것을 '통通'이
라고 하며, 들어서 세상 사람들에게 사용하도록 놓아두는 것을 '사업事業'이
라고 한다.

ⓢ 주역 경영

본문에 언급된 핵심 개념은 바로 '사업'이다. 사업에 관해서 사람들은 "어떤 것이 성인의 사업인가?", "어떤 것이 경영자의 사업인가?"라고 의문을 던질 것이다.

≪주역≫에서는 "들어서(擧) 세상 사람들에게 사용하도록 놓아두는 것이 사업이다"라고 이에 대한 답을 제시하고 있다. 성인의 사업은 도리를 들고 나와 천하 모든 사람이 배워 활용하게 하는 것이다.

그렇다면 경영자의 사업은 무엇인가? 직원을 가르치고 지도하여 모든 직원이 자기에게 맡겨진 일에 책임을 다하고 업무에서 자신의 가치를 극대화하는 것이다.

---

management point

경영자에게 가장 우선적인 책무는, 유능한 사람을 부하직원으로 두고 그들로 하여금 최대한 능력을 발휘하도록 지도하는 것이다. 그것이 곧 기업을 성장의 길로 이끄는 것이다.

철강왕 앤드류 카네기(Andrew Carnegie, 1835-1919)의 묘비에는 다음과 같은 묘비명이 적혀 있다: "여기 자신보다도 더 우수한 사람을 부하로 삼아 자신의 목적을 달성하는 방법을 아는 한 인간이 누워 있다."

말하지 않아도 미더운 것

極天下之賾者存乎卦, 鼓天下之動者存乎辭, 化而裁之存乎變, 推而行之存乎通, 神而明之存乎其人, 默而成之, 不言而信, 存乎德行.(극천하지색자존호괘 고천하지동자존호사 화이재지존호변 추이행지존호통 신이명지존호기인 묵이성지 불언이신 존호덕행)

▲ 神: 귀신 신 / 默: 묵묵할 묵

【해석】
천하의 모든 심오한 도리를 밝히는 것은 '괘상'에 있고, 천하의 모든 움직임을 고무시키는 것은 괘와 효의 '사辭'에 있으며, 도의 차원으로 승화시켜 마름질하는 것은 '변變'에 있고, 미루어서 도를 행하는 것은 '통通'에 있으며, 신묘하여 밝히는 것은 그것을 실행하는 '사람'에 있다. 묵묵하게 이루며 말하지 않아도 미더운 것은 '덕행'에 있다.

☯ 주역 경영
본문에서는 '괘', '사', '변', '통', '인', '덕행'의 중요성을 강조하고 각각의 가치와 의의에 대해 묘사하고 있다.

그 가운데 '덕행'은 넓은 의미로 확대되어 나온 것으로, 덕행이 기타 '괘'와 '사'와 같은 기능을 가지고 있다는 의미를 가진다. 그리고 그것의 기능은 '묵묵하게 이루며 말하지 않아도 미더운 것'에 있다.

'묵묵함'과 '말하지 않음'은 동일한 뜻으로 모두 소리를 내지 않지만 묵묵하게 일을 이루며 반드시 말을 하지 않아도 신임을 얻을 수 있다는 의미이다. 어떤 사람이 이런 경지에 이를 수 있을까? 당연히 덕을 행하는 사람일 것이다.

---

management point

경영자라면 덕행을 경영에서 가장 우선시되는 가치로 삼아야 한다. 덕행이 없다면 탁월한 능력을 발휘하더라도 부하 직원들로부터 신임을 얻을 수 없다. 경영자에 대한 신뢰감 없이 어떻게 업무에 대한 열정과 책임감이 생겨나겠는가?

스스로 그러함의 도리

八卦成列, 象在其中矣. 因而重之, 爻在其中矣. 剛柔相推, 變在其中矣. 繫辭焉而命之, 動在其中矣. 吉凶悔吝者, 生乎動者也. 剛柔者, 立本者也. 變通者, 趣時者也. 吉凶者, 貞勝者也. 天地之道, 貞觀者也. 日月之道, 貞明者也. 天下之動, 貞夫一者也. (팔괘성렬 상재기중의. 곤이중지 효재기중의. 강유상추 변재기중의. 계사언이명지 동재기중의. 길흉회린자 생호동자야. 강유자 입본자야. 변통자 취시자야. 길흉자 정승자야. 천지지도 정관자야. 일월지도 정명자야. 천하지동 정부일자야)

【해석】

팔괘八卦가 나열되니 '상象'이 그 가운데에 있다. 팔괘를 다시 포개니 '효爻'가 그 가운데 있다. 굳센 것과 부드러운 것이 번갈아 밀고 이동하니 변화가 그 가운데 있다. 거기에 설명을 붙여서 지시하니 행동원리가 그 가운데 있다. 길함과 흉함, 후회와 한스러움은 '변화'로 말미암아 생겨나는 것이다. 강함과 부드러움은 모든 것을 세우는 근본이며, 변하여 통하는 것은 시간의 흐름과 추세에 따라 행동하는 것이다. 길함과 흉함의 도는 어려운 상황을 극복하는 바탕이 되고, 천지 운행의 법칙은 ≪주역≫의 이치를 관찰하는 바탕이 된다. 해와 달의 작용은 만물을 밝히는 바탕이 되고 천하의 모든 움직임은 하나를 실천하는 바탕이 된다.

🌀 주역 경영

"천하의 모든 움직임은 하나를 실천하는 바탕이 된다"라는 구절은 다분

547

히 철학적인 느낌이지만, 그것이 전달하고자 하는 도리는 오히려 무척 객관적이고도 정확한 것이다.

세계의 모든 것은 같은 도리를 따르고 있다. 노자의 말을 빌리면 이러한 도리는 '스스로 그러함의 도리(自然之道)'라고 할 수 있다. 그렇다면 기업의 경영자는 어떻게 '스스로 그러함의 도리'를 지킬 수 있을까? 이를 위해서는 먼저 기업의 생존과 발전 법칙의 근본을 이해해야 한다. 기업의 근본은 시장의 수요에 있다. 그래서 시장의 수요를 창출하는 제품을 만들어내는 기업만이 생존할 수 있다.

---

management point

기업은 정도경영正道經營을 기반으로 해서, 시장의 수요를 최대한으로 충족시키는 것을 영원한 성장의 근본으로 삼아야 한다. 이와 더불어 항상 기업의 사회적 책임을 잊지 말아야 한다.

어짊(仁)으로써 자리를 지킨다

夫乾, 確然示人易矣. 夫坤, 隤然示人簡矣. 爻也者, 效此者也. 象也者,
像此者也. 爻象動乎内, 吉凶見乎外, 功業見乎變, 聖人之情見乎辭.
天地之大德曰生, 聖人之大寶曰位. 何以守位? 曰仁. 何以聚人? 曰財.
理財正辭禁民爲非曰義.(부건 확연시인역의. 부곤 퇴연시인간의. 효야자 효차자야. 상
야자 상차자야. 효상동호내 길흉견호외 공업견호변 성인지정견호사. 천지지대덕왈생 성인지대
보왈위. 하이수위 왈인. 하이취인 왈재. 이재정사금민위비왈의)

▲ 隤: 무너뜨릴 퇴(허물어지다) / 簡: 대쪽 간

【해석】

'건괘'는 강건함을 통해 사람들에게 '수월함'의 이치를 보여주고 '곤괘'는 부
드러움을 통해 사람들에게 '간단함'의 이치를 보여준다.

효爻란 이러한 '건', '곤'의 수월함과 간단함의 변화를 본받는 것이고, 상象이
란 이러한 모든 모습을 본뜬 것이다. 효와 상은 괘 안에서 움직이고 길흉은
괘 밖으로 드러나 사람들의 행동에 영향을 미친다. 건곤이 사람에게 베푸는
공이나 업적은 변화에서 드러나고 성인이 사람을 사랑하고 근심하는 감정은
괘사에서 드러난다.

천지의 큰 덕은 만물을 살리는 것이고 성인의 큰 보물은 자리를 지키는 것이
다. 무엇으로써 그 자리를 지키는가? 그것은 '인仁'이다. 무엇을 가지고 사람
을 모으는가? 그것은 재물이다. 재물을 다스리고 말을 바로잡아 백성이 잘못
하는 것을 막는 것이 '의義'다.

ⓒ 주역 경영

전반부에서는 '효'와 '상'에 대해서 말하고 후반부에서는 '천지의 덕'과 '성인의 도'를 논한다. '천지의 도'는 '살리는 것'이고 '성인의 보물'은 '본분을 지키는 것'이다. 이는 《주역》의 효爻와 밀접한 관계가 있다.

우리는 어떤 효爻를 평가할 때 우선 그것의 '자리가 마땅한지'에 대해서 살핀다. 위치가 합당하지 않으면 위험이 생기거나 후회하는 일이 생긴다. 그래서 '자리'는 매우 중요한 요소이다.

그렇다면 어떻게 해야 자리를 잘 보존할 수 있을까? '인仁'과 '덕德'이 바로 그 답이다.

---

management point

경영자가 합당한 자리에 위치하는 것은 매우 중요하다. 적합하지 않은 자리에 있다면 종종 부하 직원들로부터 신임과 존경을 받기 어렵다. 하지만 적당한 자리에 있다 해도 인의와 도덕이 없다면 부하 직원들로부터 신임을 얻기 힘들다.

여기에서 주목해야 하는 사실은 바로 "무엇을 가지고 사람을 모으는가? 그것은 재물이다"라는 부분이다. 재물이 있어야 사람을 모을 수 있지만, 비록 재물이 있더라도 꼭 움켜쥐고 다른 사람과 공유하려들지 않는다면 사람을 모을 수가 없다. 이는 사람들이 "재물을 독차지하면 사람들이 흩어지고, 재물을 나눠주면 사람들이 모여든다(財聚人散 財散人聚)"라는 말과도 상통하는 이치이다.

궁즉변, 변즉통, 통즉구

≪易≫窮則變, 變則通, 通則久. 是以"自天右之, 吉无不利"也.(≪역≫
궁즉변 변즉통 통즉구. 시이자천우지 길무불리야)

【해석】
≪주역≫의 도리에서 보면 궁窮하면(극한 상황에 이르면) 변變하고, 변하면 통通
하는 길이 생기고, 통하면 오래(久) 지속된다. 이 때문에 하늘로부터 도우면
길하고 불리할 것이 없다.

ⓢ 주역 경영
사실 이것은 ≪주역≫의 저자가 자연의 만물을 관찰한 연후에 그 안에
담긴 이치를 총괄한 법칙이라고 할 수 있다. 이는 사물발전의 필연적인
법칙으로 사물이 궁극에 이르면 변화하고, 거기서부터 또 다시 통달하고
지속될 수 있다는 말이다.

---

management point

"궁하면 변하고, 변하면 통하고, 통하면 오래 지속된다(窮則變 變則通 通則久)"
라는 이치는 모든 기업의 경영자가 철저하게 삶 속에서 되새기고 적용해야
할 법칙이다. 기업이 어려움에 처하면 과감하게 변화와 혁신을 추구해야 한
다. 이때는 새로운 사상과 전략을 추진하는 기업만이 새로운 돌파구를 찾아
내어 어려움을 빠져나가 통달할 수 있다.

군자의 도, 소인의 도

陽卦多陰, 陰卦多陽, 其故何也? 陽卦奇, 陰卦耦. 其德行何也? 陽一君而二民, 君子之道也. 陰二君而一民, 小人之道也(양괘다음 음괘다양 기고하야. 양괘기 음괘우. 기덕행하야. 양일군이이민 군자지도야 음이군이일민 소인지도야)

【해석】

양괘에는 음이 많고 음괘에는 양이 많은데 그 까닭은 무엇인가? 양괘는 홀수이고 음괘는 짝수이기 때문이다. 음괘와 양괘의 마땅한 행위는 무엇인가? 양괘에는 임금이 하나이고 백성이 둘이니 군자의 도이다. 음괘에는 임금이 둘이고 백성이 하나이므로 소인의 도이다.

☯ 주역 경영

양괘에도 많은 음효가 있을 수 있고 음괘에도 많은 양효가 있을 수 있는데, 이는 ≪주역≫에서 각 괘가 가지는 하나의 특징이다. 여기서 이렇게 분석한 것은 뒷부분의 '군자의 도'와 '소인의 도'를 강조하기 위해서다.

'군자의 도'는 '군왕이 하나이고 백성이 둘'인 것으로 군자가 양효이고 백성은 음효가 되므로 음효가 양효보다 많은 경우다. '소인의 도'는 '군왕이 둘이고 백성이 하나'로, 양효가 음효보다 많은 경우이다. 하나의 백성이 두 임금을 섬기게 되면 도대체 누구의 지시를 따라야 할지 알 수 없으므로 의심할 여지없이 '소인의 도'가 더욱 비합리적인 상황이라고 할 수 있다.

기업을 경영하는 과정에서 지도층이 하나로 통합되지 않고 분열된 상황이 이에 해당한다.

---

management point

기업을 경영하는 과정에서는 반드시 경영진이 하나로 통합되어 일관된 리더십을 보여야 한다. 일단 지도층이 분산되면 직원들은 어떻게 처신해야 할지 혼란스럽게 된다. 그러면 기업 내부의 커뮤니케이션이 원활하지 않게 되므로 불필요한 비용이 증가하고 운영 효율이 떨어진다.

쓰임을 제대로 발휘하려면

子曰: "天下何思何慮? 天下同歸而殊塗, 一致而百慮. 天下何思何慮? 日往則月來, 月往則日來, 日月相推而明生焉. 寒往則暑來, 暑往則寒來, 寒暑相推而歲成焉. 往者屈也, 來者信也, 屈信相感而利生焉, 尺蠖之屈, 以求信也; 龍蛇之蟄, 以存身也. 精義入神, 以致用也; 利用安身, 以崇德也."(자왈, 천하하사하려. 천하동귀이수도 일치이백려. 천하하사하려. 일왕즉월래 월왕즉일래 일월상추이명생언. 한왕즉서래 서왕즉한래 한서상추이세성언. 왕자굴야 내자신야 굴신상감이리생언 척확지굴 이구신야 용사지칩 이존신야. 정의입신 이치용야 이용안신 이숭덕야)

▲ 殊: 죽일 수 / 塗: 진흙 도 / 慮: 생각할 려 / 暑: 더울 서 / 蠖: 자벌레 확 / 蟄: 숨을 칩

【해석】

공자께서 말씀하셨다. "천하 만물이 무엇을 생각하고 무엇을 헤아리는가? 천하 만물은 같은 목적으로 나아가지만 길은 다르고, 삶으로 가는 길은 일치하지만 생각은 다양하니, 천하 만물이 삶을 통해 무엇을 생각하고 무엇을 근심하겠는가?"

해가 가면 달이 오고 달이 가면 해가 와서, 해와 달이 서로 밀고 가서 밝음이 생긴다. 추위가 가면 더위가 오고, 더위가 가면 추위가 와서 추위와 더위가 서로 밀고 가서 한 해가 이루어진다.

가는 것은 굽히는 것이고 오는 것은 펴는 것이니 굽히고 폄이 서로 교감하여 이로움이 생긴다. 자벌레가 굽히는 것은 펼 것을 추구하기 때문이고 용과

뱀이 움츠리는 것은 자기 몸을 보존하기 위해서이다. 의리에 정밀하고 신묘한 경지에 들어가는 것은 쓰임을 다 발휘하기 위해서다. 이롭게 쓰고 몸을 편하게 하는 것은 덕망을 높이기 위해서이다.

🌀 주역 경영

본문은 《계사전》의 저자인 공자의 말을 인용한 구절이다.

우선 "같은 목적으로 나아가지만 길은 다르고 삶으로 가는 길은 일치하지만 생각은 다양하니"라고 서술한데 이어서 "해가 가면 달이 오고 달이 가면 해가 오며, 추위가 가면 더위가 오고 더위가 가면 추위가 온다"라며 천지 만물의 생존의 법도를 설명했다.

이와 동시에 자벌레, 용과 뱀을 비유로 들어 "굽히는 것은 펴는 것이고, 펴는 것은 굽히는 것이다"라고 함으로써 나아갈 때는 나아가고 물러설 때는 물러설 줄도 알아야 한다는 인생의 큰 뜻을 설명했다.

마지막으로는 이 모든 목적이 다 '쓰임을 발휘하기 위해서'라고 했으며 쓰임 받지 못하면 이 모든 연구는 무의미하고 무가치한 것이 되고 만다고 했다.

---

management point

《주역》의 도를 학습하고 깊이 이해한 후에는 이를 기업 경영에 접목하여, 흥망성쇠의 변화에 대응해야 한다. 만일 배우고도 현실에 적용하지 못한다면 배우지 않음만 못하다.

연장을 날카롭게 하라

子曰: "隼者, 禽也. 弓矢者, 器也. 射之者, 人也. 君子藏器于身, 待時
而動, 何不利之有? 動而不括, 是以出而有獲. 語成器而動者也." (자왈,
준자 금야. 궁시자 기야. 사지자 인야. 군자장기우신 대시이동 하불리지유. 동이불괄 시이출이유획.
어성기이동자야)

▲ 隼: 새매 준 / 禽: 날짐승 금 / 括: 묶을 괄

【해석】

공자께서 말씀하셨다.

"매는 새이고 활과 화살은 기구이며 쏘는 것은 사람이다. 군자는 기구를
몸에 지녔다가 때를 기다려 행동하니 어찌 이롭지 않겠는가? 움직이더라도
방해를 받지 않는다. 그 때문에 밖으로 나아가서도 수확이 있다. 이것은 기물
을 먼저 갖추고 난 뒤에 움직이는 것을 말한다."

🉑 주역 경영

"기물을 먼저 갖추고 난 뒤에 움직이라"라는 부분에서는 "일을 잘하려면
먼저 연장을 날카롭게 하라"*는 ≪논어≫의 구절이 떠오른다.

　이 두 구절은 표현 방법은 달라도 같은 의미를 전달하고 있다. 즉, 어떤
일을 시작하려면 반드시 숙련된 다음에 임해야 하고, 적당한 도구를 선택
해야 일을 잘할 수 있으며 성과가 있다는 말이다.

---

* 工欲善其事 必先利其器.(공욕선기사 필선리기기)

잘 살펴보면 이 둘은 일을 처리함에 있어서 순서대로 나아가는 관계임을 발견할 수 있다. 즉, 먼저 좋은 도구를 갖춘 뒤 부단히 훈련하여 숙련된 다음에 행동을 취해야 '나아가서도 수확이 있게' 되는 것이다.

---

management point

새로운 시스템이나 전략을 기업 내에 도입하려면, 먼저 적당한 방법과 도구를 찾은 후 이를 가지고 일상 속에서 부단히 활용하고 실천해 본 다음에 기업 내부에 전면적으로 보급해야 기업이 순조롭게 성장, 발전할 수 있다.

축적의 힘

善不積不足以成名, 惡不積不足以滅身. 小人以小善爲无益而弗爲也,
以小惡爲无傷而弗去也, 故惡積而不可掩, 罪大而不可解.(선부적부족이성
명 악부적부족이멸신. 소인이소선위무익이불위야 이소악위무상이불거야 고악적이불가엄 죄대이
불가해)

▲ 滅: 멸망할 멸 / 益: 더할 익/ 掩: 가릴 엄

【해석】
공자께서 말씀하셨다.
"선행이 쌓이지 아니하면 아름다운 이름을 이룰 수 없고, 악행이 쌓이지
아니하면 자신을 망치지 않는다. 소인은 조그만 선행을 무익하다고 생각하
여 행하지 않고, 작은 악행을 해로울 것이 없다고 생각하여 버리지 않는다.
그러므로 악행이 쌓이면 숨길 수 없게 되고 죄가 커지면 벗어날 수 없다."

☯ 주역 경영

어떤 일이든 부단히 축적하는 과정이 있어야만 성공을 거머쥐게 된다.
마찬가지로 아름다운 명성도 선한 행위가 꾸준히 이어져야 이룰 수 있는
경지이다. 죄악도 소소한 범죄가 꾸준히 쌓여서 이루어지듯이 말이다.
단 한 번에 명성을 얻을 수도 없으며 단 한 번의 실수로 죄악이라고 불릴
만한 일도 없다.
　기업도 마찬가지이다. 오랜 세월의 노력이 축적되어야만 성장할 수

있다. 한발 한발 나아가는 역사가 없다면 기업의 발전과 성공은 불가능할 것이다.

---

management point

기업은 반드시 비즈니스 도덕을 준수하여 경영되어야 한다. "작은 선이라고 해서 행하지 않아서는 안 되고, 잘못이 작다고 해서 행하면 안 된다(勿以善小而不爲, 勿以惡小而爲之)"라는 말처럼 정확한 도덕적 기준을 세우고 순간순간 냉철하게 판단하여 기업을 경영해야 한다. 만일 뉘우침 없이 계속 그대로 행동하면 결국 돌이킬 수 없는 지경에 이르고 만다.

몸이 편안해야 국가가 보존된다

子曰 : "危者, 安其位者也; 亡者, 保其存者也; 亂者, 有其治者也. 是故君子安而不忘危, 存而不忘亡, 治而不忘亂, 是以身安而國家可保也."(자왈, 위자 안기위자야 망자 보기존자야 난자 유기치자야. 시고군자안이불망위 존이불망망 치이불망란 시이신안이국가가보야)

【해석】

공자께서 말씀하셨다.

"위태로울 것으로 생각하고 대비하는 자는 자기의 지위를 안정시킬 수 있다. 멸망할지도 모른다고 생각하여 대비하는 자는 자기의 존재를 보존할 수 있다. 혼란스러울 수 있다고 생각하여 대비하는 자는 안정된 상태를 유지할 수 있다. 이 때문에 군자는 편안히 거처하면서도 언젠가 위태롭게 될지도 모를 상황을 항상 염두에 두어야 한다. 또한 편안히 있으면서도 망할지도 모른다는 사실을 잊지 말고, 안정된 상태에 있으면서도 혼란하게 될지 모른다는 사실을 잊지 말아야 한다. 이렇게 함으로써 몸이 편안해지고 국가가 보존될 수 있다."

주역 경영

평소 자신의 위치가 안정적이지 못했던 사람은 위기에 봉착했을 때 그 충격이 상대적으로 작다. 평소 재산과 명예, 지위를 가지고 있지 않던 사람은 무언가 잃을 것 때문에 염려하지도 않는다. 그런 사람에게는 더 이상 잃을 만한 것이 없기 때문이다.

어려움을 극복한 기업은 더 이상 혼란스럽게 되는 것을 두려워하지 않게 된다. 그런 기업은 이미 어려운 상황에 처해봤기 때문에 어떻게 해야 혼란한 국면을 극복할지 알기 때문이다. 이것은 어쩌면 많은 사람이 알고 있는 도리일지 모른다. 하지만 과연 얼마나 많은 사람이 이 도리를 삶에 적용하여 실천하고 있을까?

그래서 공자는 《주역》의 도리에 근거해 우리에게 "위태로울 것으로 생각하고 대비하는 자는 자기의 지위를 안정시킬 수 있다. 멸망할지도 모른다고 생각하여 대비하는 자는 자기의 존재를 보존할 수 있다. 혼란할 수 있다고 생각하여 대비하는 자는 안정된 상태를 유지할 수 있다"라고 일깨우고 있는 것이다.

---

management point

기업은 성장가도를 달릴 때일수록 언젠가 쇠퇴할 날이 다가올 것임을 명심해야 한다. 또한 안정기일수록 언젠가 혼란스러운 시기가 다가올지도 모른다는 위기의식을 품어야 한다. 이와 함께 시장에서 주도권을 쥐고 있다 하더라도 늘 시장의 동향을 파악하면서 그간 쌓은 공든 탑이 무너지지 않도록 주의해야 한다.

직책은 감당할 만한 것으로

子曰："德薄而位尊, 知小而謀大, 力小而任重, 鮮不及矣. ≪易≫曰:
'鼎折足, 覆公餗, 其形渥, 凶.' 言不勝其任也." (자왈: 덕박이위존 지소이모대
역소이임중 선불급의. ≪역≫왈: 정절족 복공속 기형악 흉. 언불승기임야)

▲ 薄: 엷을 박 / 謀: 꾀할 모 / 鮮: 고을 선 / 覆: 뒤집힐 복 / 餗: 죽 속 / 渥: 두터울 악

【해석】

공자께서 말씀하셨다.

"덕德이 얕은데도 그 지위가 높고, 지혜가 부족함에도 큰 일을 도모하며,
힘이 부족하면서도 무거운 짐을 지면 화禍가 미치지 않을 도리가 없다. ≪주
역≫에서 '솥의 다리가 부러져 왕공이 먹을 음식을 엎으면 그 형벌로 목을
벨 것이니 흉하다'라고 한 것은, 감당할 수 없는 직책을 감당하고 있는 상황을
뜻한다."

☯ 주역 경영

오늘날 능력과 인품이 부족함에도 기업의 고위직을 맡고 있는 사람이
적지 않다.

능력이 없는 게 분명한데도 기업에서 중책을 맡게 되면 각종 문제를
일으킬 뿐만 아니라 기업의 성장에 큰 장애가 될 것이다. 경영자라면
누구나 자신이 그 일을 감당할 능력이 있는지 없는지 스스로 잘 알고
있을 것이다. 자신이 그 일을 맡으면 실패로 끝나리라는 것을 잘 알면서도

많은 경영자가 여전히 그 일에 뛰어들고 있다.

---

management point

경영자는 회사에 맞는 직원을 채용한 후 그들을 적재적소에 배치함으로써 각자의 능력을 최대한 발휘할 수 있도록 해야 한다. 그리고 경영자는 자신의 능력을 파악하여 부족한 것을 보완하기보다는 잘할 수 있는 일에 집중해야 한다.

기미를 알아채는 것

子曰: "知幾其神乎? 君子上交不諂, 下交不瀆, 其知幾乎? 幾者, 動之
微, 吉之先見者也. 君子見幾而作, 不俟終日… 君子知微知彰, 知柔知
剛, 萬夫之望."(자왈: 지기기신호. 군자상교불첨 하교부독 기지기호. 기자 동지미 길지선견
자야. 군자견기이작 불사종일… 군자지미지창 지유지강 만부지망)

▲ 幾: 기미 기(낌새) / 諂: 아첨할 첨 / 瀆: 도랑 독(더러워지다) / 微: 작을 미 / 俟: 기다릴 사
/ 彰: 밝을 창

【해석】
공자께서 말씀하셨다.

"기미(幾微, 일이 일어날 조짐)를 알 수 있다면 그것을 가리켜 신묘하다고 한다.
군자는 윗사람과 사귀더라도 아첨하지 않고 아랫사람과 사귀더라도 자만하
거나 아랫사람을 모독하지 아니하니, 기미를 아는 것이다. 기미란 사소한
움직임이나 사전에 길함이 미리 드러난 것을 가리킨다. 군자는 기미를 보고
일을 처리하니 종일 기다리지 않는다. … 군자는 숨은 징조를 알고 드러난
모습도 알며, 부드러운 것도 알고 굳센 것도 안다. 그러므로 모든 사람이
우러러본다."

☯ 주역 경영

무엇을 가리켜 "기미를 안다"라고 하는가? 공자는 "윗사람과 사귀더라
도 아첨하지 않고, 아랫사람과 사귀더라도 자만하거나 아랫사람을 모독

564

하지 않는 것이 기미를 아는 것이다"라고 대답한다.

그러나 현실에서 이것을 실행하기란 쉽지 않다. 사람들은 여전히 상사와 보스 앞에서 아첨하며 경영자는 부하 직원을 소홀히 여기고 무시한다. 이러한 상황에 대해 공자는 "기미를 보고 일을 처리하되 종일 기다리지 마라"라고 권유한다. 우유부단하여 결정하지 못한 채 망설일 것이 아니라 신속하게 행동으로 들어가라는 말이다.

그렇게 되면 결국 '감추어진 미미한 징조를 알고 드러난 모습도 알며 부드러운 것도 알고 굳센 것도 알게' 될 뿐만 아니라 '하늘보다 앞서서 행동하여도 어긋나지 않으며, 하늘보다 뒤서거나 행하여도 하늘의 변화 규칙을 따르는' 경지에 이르게 되니 자연히 '모든 사람이 우러러보게' 된다.

---

management point

직원은 객관적인 태도로써 상사와 소통해야지 아첨하는 태도로 대해서는 안 된다. 이와 함께 윗사람도 늘 아랫사람을 존중하여 모든 부하 직원이 편안하고 자유롭게 일할 수 있는 분위기를 만들어주어야 한다.

도와주는 사람이 없으면

子曰: "君子安其身而後動, 易其心而後語, 定其交而後求. 君子修此
三者, 故全也. 危以動, 則民不與也; 懼以語, 則民不應也; 无交而求,
則民不與也: 莫之與, 則傷之者至矣." (자왈: 군자안기신이후동 역기심이후어
정기교이후구. 군자수차삼자 고전야. 위이동 즉민불여야 구이어 즉민불응야 무교이구 즉민불여
야 막지여 즉상지자지의)

▲ 懼: 두려워할 구 / 傷: 상처 상

【해석】
공자께서 말씀하셨다.
"군자는 몸이 편안해진 뒤에 움직이고, 마음을 다스린 뒤에 말하며 사귐을
확고하게 한 뒤에 남에게 요구한다. 군자는 이 세 가지를 닦아서 완수하기
때문에 온전하다. 자기 몸이 위태로운 상태에서 움직이면 백성들이 함께
하지 않을 것이고, 마음에 두려움을 간직한 채 말을 하면 백성들이 호응하지
않으며, 사귐이 확고하지 않은 상태에서 요구하면 백성이 도와주지 않는다.
도와주는 사람이 없으면 해치는 자가 생긴다."

☯ 주역 경영

"몸이 편안해진 뒤에 움직이고 마음을 다스린 뒤에 말하며 사귐을 확고
하게 한 뒤에 남에게 요구한다"라는 말은 군자가 훈련해야 할 세 가지
행동 법칙이다.

566

현실 생활에 이를 접목시키면 '행동', '의견', '이익추구'라는 세 가지 측면에서 주의하며 사람을 대해야 한다. 어느 누가 곤경에서 벗어나려고 급급한 사람을 따르며, 어느 누가 두려운 표정이 가득한 사람의 말을 믿을 것이며, 어느 누가 알지도 못하는 사람을 도우려 하겠는가? 이처럼 '당신을 도우려는 사람이 없다면 당신을 해하려는 사람이 다가올 것'이라는 사실을 잊지 말아야 한다.

사람이 조직을 떠나면 다른 사람의 도움과 지원도 잃게 된다. 그러면 자연히 음흉한 속셈을 지닌 사람이 접근하고, 그들로부터 공격을 당해 해를 입고 말 것이다. 그래서 군자란 '다른 사람의 지원과 도움을 얻기 위해서 애써야 하는' 것이다.

그래서 본문에서는 "몸이 편안해진 뒤에 움직이고, 마음을 다스린 뒤에 말하며, 사귐을 확고하게 한 뒤에 남에게 요구하라"라고 하여, 세 가지 측면에서 훈련되어야 한다고 말한 것이다.

---

management point

경영자라면 반드시 천둥소리에도 흔들리지 않는 침착한 기백을 가져야 한다. 이렇게 해야만 곤경에 처해도 몸과 마음에 안정을 얻을 수 있다. 이와 동시에 경영자는 평상시에 부하 직원들과 원활히 소통하고 교류할 수 있게 노력해야 한다. 이렇게 해야만 기업이 위기에 처했을 때 직원들에게 공동으로 난관을 극복할 것을 호소할 수 있다.

과거를 알고 미래를 살핀다

夫《易》, 彰往而察來, 而微顯闡幽. 開而當名辨物, 正言斷辭則備矣. 其稱名也小, 其取類也大. 其旨遠, 其辭文, 其言曲而中, 其事肆而隱. 因貳以濟民行, 以明失得之報.(부《역》 창왕이찰래 이미현천유. 개이당명변물 정언 단사즉비의. 기칭명야소 기취류야대. 기지원 기사문 기언곡이중 기사사이은. 인이이제민행 이명 실득지보)

▲ 彰: 밝을 창 / 闡: 열 천 / 幽: 그윽할 유 / 旨: 맛있을 지(아름답다) / 肆: 방자할 사

【해석】
무릇 《주역》은 지나간 것을 분명히 알고 훗날의 일을 살피며 숨어 있는 이치를 밝히는 것이다. 만물의 이치를 열어 마땅하게 이름을 붙이고 만물이 처한 상황을 잘 분별하며, 말을 바르게 하고 과감하게 언사를 단행하니, 모든 것을 갖출 수 있다.

《주역》에서 언급되는 명칭은 비록 사소하더라도 그것이 상징하는 일은 무척 넓고 크다. 그 의미는 심원하고 그 언사는 세련되며, 그 말은 완곡하면서도 정곡을 찌르고, 그것이 인용한 사례는 통속적이면서도 심오한 뜻을 품고 있다. 음과 양, 두 가지 방면의 도리를 통해 백성에게 행위의 방침을 알려줌으로써 그들로 하여금 길흉과 득실을 알게 한다.

☯ 주역 경영

《주역》은 역사의 발전 과정에 근거해서 창조된 철학서이다. 《주역》

을 지은 목적은 사람들로 하여금 인류의 역사를 통해 실천적 경험과 교훈을 얻도록 하는 것이다. 한 마디로 '지나간 것을 분명히 알고 훗날의 일을 살피게' 하는 셈이다.

기업을 경영하는 과정에서도 마찬가지로 '지나간 것을 분명히 알고 훗날의 일을 살피는' 원리는 무척 중요하다.

얼마 전 일부 기업의 성공사례를 공유하기 위한 세미나에 참석한 적이 있었다. 과거의 사례를 분석하여 오늘날 직면한 위기 상황에 대응방안을 마련하자는 취지였다. 이는 바로 "지나간 것을 분명히 알고 훗날의 일을 살핀다"라는 원리와 상통한다. 과거의 사례를 분석할 때마다 훗날 어떤 전략과 조치를 취해야 할지 시사점을 얻을 수 있을 것이다.

---

management point

기업 내부에서, 그리고 기업 간에 끊임없이 성공과 실패 사례 공유를 위한 모임을 마련하면 이는 과거의 사건을 통해 새로운 사상과 경험을 얻어가는 좋은 기회가 될 수 있다.

근심거리에 대하여

≪易≫之興也, 其于中古乎? 作≪易≫者, 其有憂患乎?(≪역≫지흥야 기우중고호, 작≪역≫자 기유우환호)

【해석】
≪주역≫이 생겨나 흥한 것은 중고中古 시대 때부터인가? ≪주역≫을 만든 사람은 근심거리에 대한 위기의식을 가지고 있었구나!

☯ 주역 경영

≪주역≫은 세상 사람들에게 신중함을 유지하라고 가르치는 책으로 사람들이 흥하고 성장할 때일수록 언젠가 쇠잔하고 약해질 것을 대비하며 항상 깨어 있으라고 일깨운다.

이러한 마음가짐이 있어야만 갑작스러운 위기에 지혜롭게 대처할 수 있다. 끊임없이 변화하는 세상 한가운데 놓여 있다는 사실을 인식하고 신중하고 조심스럽게 행동해야만 무탈하게 지낼 수 있다.

---

management point

빌 게이츠(Bill Gates)는 "마이크로소프트(MS)는 파산 3개월 직전의 회사다"라고 말한 적이 있다. 모든 기업가는 빌 게이츠처럼 이러한 위기의식과 위기 대처법을 마음속에 늘 명심해야 할 것이다.

유일하게 변하지 않는 것은 '변화'

爲道也屢遷, 變動不居, 周流六虛, 上下无常, 剛柔相易, 不可爲曲要, 唯變所適. 其出入以度, 外內使知懼. 又明于憂患與故. 无有師保, 如臨父母.(위도야루천 변동불거 주유육허 상하무상 강유상역 불가위곡요 유변소적. 기출입이도 외내사지구. 우명우우환여고. 무유사보 여림부모)

▲ 屢: 창 루(누) / 遷: 옮길 천 / 適: 갈 적

【해석】

≪주역≫에서 드러난 도의 법칙과 양상은 항상 변하고 움직이면서 가만히 있지 않는다. 여섯 개의 효 위에서 순환, 유동하며 위아래로 고정된 법칙 없이, 굳센 것과 부드러운 것으로 서로 전환된다. 고정된 형식이 없고 늘 변화에 따라 적응할 뿐이다. 나가고 들어가는 것이 법도에 맞아 안팎의 모든 사람들로 하여금 두려움을 알게 한다. 또한 사람들로 하여금 미래의 우환과 지난날의 모습을 알게 한다. 모든 이치에 밝기 때문에 태사太師와 태보太保* 같은 지도자가 없어도 부모처럼 지도해 준다.

☯ 주역 경영

≪주역≫은 우리에게 고정된 규칙을 알려주는 것이 아니라 부단히 변화하는 이치를 보여준다. 이는 ≪주역≫의 핵심 개념이라고 할 수 있다. 세상의 만사만물이 시시각각 변하지만 이러한 변화에는 일정한 규칙이

---

* 고대에 제왕을 보좌하고 왕실의 자제를 가르치던 관료.

있는데 그것은 "어떤 사물이 극에 다다르면 다시 원래의 상태로 돌아온다"는 것이다. 이 때문에 본문에서는 "나가고 들어가는 것이 법도에 맞다"라고 했다.

《주역》을 배우는 궁극적인 목적은 이러한 변화를 이해하고 순응하여 '변화에 따라 적용하기' 위함이다. 마치 형체가 없는 물처럼 외부 세계의 모습이 변하면 자신도 모습을 달리한다는 것이다. 일단 이렇게만 하면 "스스로 그러한 이치에 따라 일이 이루어진다"라는 의미의 '자연이연自然而然'의 경지에 이르게 될 것이다.

---

management point

《주역》에서는 "모든 것은 변한다"는 이치를 말하고 있다 그리고 이 세상에서 유일하게 변하지 않는 것은 바로 '변화' 뿐이라고 말한다. 그러므로 경영자는 반드시 변화에 적용해야 한다.

《주역》은 우리에게 작은 일에서부터 사물의 발전 추세를 파악하고 사소한 실수가 큰 문제로 악화되지 않게 주의하라고 가르친다. 시시각각 각종 변화에 주목하고 거기에 적용해야 함을 강조하는 것이다.

주역의 이치를 안다

六爻相雜, 唯其時物也. 其初難知, 其上易知, 本末也. 初辭擬之, 卒成之終. 若夫雜物撰德, 辯是與非, 則非其中爻不備. 噫! 亦要存亡吉凶, 則居可知矣. 知者觀其象辭, 則思過半矣.(육효상잡 유기시물야. 기초난지 기상역지 본말야. 초사의지 졸성지종. 약부잡물찬덕 변시여비 즉비기중효불비. 희 역요존망길흉, 즉거가지의. 지자관기단사 즉사과반의)

▲ 雜: 섞일 잡 / 擬: 헤아릴 의 / 撰: 지을 찬/ 噫: 탄식할 희

【해석】

여섯 개의 효가 서로 섞이는 것은 오직 그 상황과 물성에 달려 있다. 초효는 이해하기 어렵지만 상효는 알기 쉬우니 그것은 초효가 뿌리이고 상효가 끝이기 때문이다. 초효의 효사에서 헤아리고 마침내 마지막의 상효에서 이룬다. 음물과 양물을 섞고 덕을 헤아리며 옳고 그름을 가려내려면 2효와 5효, 즉, 중간의 효가 아니면 구비되지 않는다. 아아! 또한 존망과 길흉을 요약하면 주역의 이치를 거의 알 수 있으며, 지혜로운 자는 괘사와 효사를 보면 주역의 이치를 거의 헤아릴 수 있다.

⑤ 주역 경영

본문에서는 육효의 역할에 대해 서술했다. 육효는 여섯 가지 상황을 나타내는데 초효가 표현하는 것은 사물의 최초이자 기원으로 '뿌리'이며, 상효는 사물의 발전이 극에 이른 것으로 결과이자 '끝'이라고 할 수 있다.

물론 사물의 발전을 이해하려면 기원과 끝을 아는 것만으로는 턱없이 부족하므로 중간의 네 가지 효에 대해서도 파악해야 한다.

하나의 괘 안에 있는 여섯 개의 효는 여섯 가지 상황의 결말, 그리고 상황별로 어떤 조치와 전략을 취해야 하는지 보여준다. 그래서 본문에서는 "존망과 길흉을 요약하면 주역의 이치를 거의 알 수 있으며 지혜로운 자는 괘사와 효사를 보면 주역의 이치를 거의 헤아릴 수 있다"라고 한 것이다.

---

management point

≪주역≫에서 각 효는 인생에서 우리가 어느 상태에 처해 있는지를 보여주고 있다. 지혜로운 사람은 그 안에서 대처 방안과 전략을 배울 수 있다. 그래서 ≪주역≫을 배우는 것은 인생에서 성장의 지침을 찾는 것이나 마찬가지라고 할 수 있다.

감당할 능력

二與四同功而異位, 其善不同, 二多譽, 四多懼, 近也. 柔之爲道, 不利遠者, 其要无咎, 其用柔中也. 三與五同功而異位, 三多凶, 五多功, 貴賤之等也. 其柔危, 其剛勝邪.(이여사동공이이위 기선부동 이다예 사다구 근야. 유지위도 불리원자 기요무구 기용유중야. 삼여오동공이이위 삼다흉 오다공 귀천지등야. 기유위 기강승사)

▲ 異: 다를 이 / 懼: 두려워할 구 / 危: 위태할 위 / 邪: 간사할 사

【해석】

2효와 4효는 기능이 같으나 자리가 다르므로 둘이 상징하는 이해득실의 상황도 다르다. 2효에는 아름답고 영예로움이 많은 반면 4효에는 두려움이 많은데, 그것은 4효가 5효에 가까운 곳에 위치하기 때문이다.

음유의 법칙은 양강에서 지나치게 멀리 떨어진 것이 적합하지 않다. 음효가 결과적으로 허물이 없는 것은 유순하고 정도를 지키기 때문이다. 3효와 5효는 기능이 같으나 자리가 다르므로 3효에는 흉함이 많고 5효에는 공적이 많다. 그것은 귀천의 차등이 있기 때문이다. 3효나 5효가 음효일 경우에는 위태롭고 양효일 경우에는 자기의 역할을 감당할 수 있다.

🜔 주역 경영

본문에서는 괘의 중간에 위치한 2효, 3효, 4효, 5효에 대해 설명하고 있다. 2효와 4효는 음효이나 둘은 위치가 다르므로 그 결과도 다르다. 2효는

영예로움이 있는 반면 4효는 두려움이 많은 것은 4효가 5효에서 지나치게 가깝기 때문에 5효의 의심을 쉽게 받을 수 있다. 따라서 늘 신중함을 잃지 말아야 한다. 그러나 2효는 하괘의 중간 자리에 있어서 위치가 합당하다고 할 수 있으며, 위로는 5효를 짊어지고 있으므로 영예롭다.

3효, 5효는 모두 양효이나 3효가 하괘의 끝에 위치하므로 흉함이 많다. 5효는 군왕의 지위에 있으며 2효와 아래로 호응하니 많은 공적이 있다. 주목할 만한 점은 ≪계사전≫에서 공자는 3효와 5효, 두 효가 "음효일 경우에는 위태롭고 양효일 경우에는 자기의 역할을 감당할 수 있다"라고 했는데, 그것은 왜일까? 둘의 위치가 모두 탁월한 지도 능력을 가져야 하는데 음유자는 이를 능히 감당할 수 없기 때문이다.

---

management point

어떤 직책이든 반드시 그 자리를 감당할 능력이 있는 사람을 임용해야 한다. 만일 적합하지 않은 사람을 채용하면 기업이든 개인에게든 결국에는 모두 해를 입힐 뿐이다.

두려워하는 마음

≪易≫之興也, 其當殷之末世, 周之盛德邪? 當文王與紂之事邪? 是
故其辭危. 危者使平, 易者使傾. 其道甚大, 百物不廢. 懼以終始, 其要
无咎, 此之謂≪易≫之道也. (≪역≫지흥야 기당은지말세 주지성덕사. 당문왕여주지사
사. 시고기사위. 위자사평 이자사경. 기도심대 백물불폐. 구이종시 기요무구 차지위≪역≫지도야)

▲ 紂: 말고삐 주 / 傾: 기울 경/ 廢: 폐할 폐

【해석】

≪주역≫이 생겨나 흥하게 된 것은 은殷나라 말기, 주周나라 문왕文王의 덕이
성행하던 시기다. 서술된 내용은 대개 주나라 문왕과 상商나라 주왕紂王의
일에 해당한다. 그래서 ≪주역≫의 괘사와 효사에는 위태로움에 대처하는
형태가 많다. 위태하다고 여기고 대처하는 자에 대해서는 평안하게 만들고,
안이하게 대처하는 자에 대해서는 일을 그르치게 한다. ≪주역≫의 도는
아주 커서 만물의 삶을 다 충족시키고 폐지하지 않는다. 두려워하는 마음으
로 일관해야 하는 것이니 그 요점은 허물이 없도록 하는 데 있다. 이렇게
하는 것을 ≪주역≫의 도라고 한다.

ⓢ 주역 경영

≪주역≫의 도는 "두려워하는 마음으로 일관해야 하는 것이니, 그 요점
은 허물이 없도록 하는 데 있다"라고 드디어 간단명료하게 언급되었다.
　≪주역≫은 세상 사람에게 늘 경계하고 깨어 있으라고 가르친다. ≪주

역≫은 64개의 괘, 384개의 효를 통해 인생에서 맞닥뜨릴 수 있는 온갖 상황을 서술함과 동시에 그러한 상황에 대한 대응방법과 전략을 제시하고 있다. 이러한 대응책과 전략은 '신중함'과 '바름'이라는 단어로 요약할 수 있다. 이 둘은 '바른 도를 지켜 위기와 회한을 방비하는' 것으로 그 의미가 같다.

이 세상에서 살아남기 위해서는 반드시 '신중함'이라는 말을 명심해야 한다. 늘 조심스럽게 행동해야 순조로운 삶을 영위할 수 있으며, 경계하는 마음을 유지해야 흉함을 미리 방비하고 길함을 받아들일 수 있게 된다.

---

management point

기업을 경영할 때는 "깊은 못에 들어가듯, 살얼음을 밟듯 조심하고 또 조심한다"는 ≪시경≫의 말처럼 시시각각 경계심을 늦추지 말고 조심하면서 위기를 방비해야 한다.

눈앞의 일을 점쳐 미래를 안다

變化云爲, 吉事有祥. 象事知器, 占事知來. 天地設位, 聖人成能. 人謀鬼謀, 百姓與能.(변화운위 길사유상. 상사지기 점사지래. 천지설위 성인성능. 인모귀모, 백성여능)

▲ 祥: 상서로울 상 / 設: 베풀 설 / 謨: 꾀 모

【해석】

변화가 많은 상황에서는 상서로운 일에 조짐이 나타나게 마련이다. 나타나는 형상을 관찰하다 보면 거기에 대처하는 기구를 만들 줄 알게 되고, 눈앞의 일에 대해 점을 침으로써 앞으로 어떻게 대처해야 할지 알게 된다. 하늘과 땅이 강건함과 부드러움, 존귀함과 비천함의 위치를 확정하고 성인은 ≪주역≫의 기능을 넓게 펼친다. 이에 사람에게 모의하고 귀신에게 모의함으로써 백성이 참여하여 바르게 살 수 있는 능력을 얻을 수 있게 된다.

☯ 주역 경영

≪주역≫의 가치는 사람들로 하여금 인생의 각 단계에서 어떻게 결단하고 선택할지 알게 한다는 점에 있다. 또한 사람들로 하여금 어떤 사건이 시작될 때 그 결말을 예견하게 한다.

물론 가장 중요한 것은 스스로 철저하게 ≪주역≫의 지시를 따라 행동해야 하는 데 있다. 이것이 소위 말하는 "눈앞의 일에 대해 점을 침으로써 앞으로 어떻게 대처해야 할지 알게 된다"라는 말이다.

579

뛰어난 경영자는 ≪주역≫을 숙독하여 그 속의 모든 괘, 효를 자신이 속한 조직에 접목시켜 생각함으로써 살아가면서 어떻게 대처해야 할지 결정할 수 있다. 일단 ≪주역≫의 도에 부합되게 행동하기만 하면 단체나 기업의 성장과 발전을 이룰 수 있을 것이다.

---

management point

눈앞의 일을 열심히 분석하면 미래의 성장을 예견할 수 있다. 물론 이를 위해서는 그에 상응하는 노력을 기울여야 한다는 것을 전제로 한다. ≪주역≫은 불확실한 인생에서 가야할 길을 제시해주고 있다.

가까운 진리를 터득하지 못하면

變動以利言, 吉凶以情遷. 是故愛惡相攻而吉凶生, 遠近相取而悔吝生, 情僞相感而利害生. 凡《易》之情, 近而不相得則凶, 或害之, 悔且吝. 將叛者其辭慙, 中心疑者其辭枝. 吉人之辭寡, 躁人之辭多. 誣善之人其辭游, 失其守者其辭屈.(변동이리언 길흉이정천.시고애오상공이길흉생 원근상취이회린생 정위상감이리해생. 범《역》지정 근이불상득즉흉 혹해지 회차린. 장반자기사참 중심의자기사지. 길인지사과 조인지사다. 무선지인기사유, 실기수자기사굴)

▲ 遷: 옮길 천 / 僞: 거짓 위 / 叛: 배반할 반 / 慙: 부끄러울 참 / 寡: 적을 과 / 躁: 성급할 조 / 誣: 무고할 무 / 游: 헤엄칠 유 / 屈: 굽을 굴

【해석】

각 효의 변화와 움직임이 합당한지의 여부는 '이로움' 혹은 '불리함'으로 표현된다. 결말이 길한지 흉한지는 헤아리는 사물의 상황을 기준으로 변하게 된다.

이 때문에 사랑하는 것과 미워하는 것이 서로 충돌하여 길흉이 생겨나고, 먼 것과 가까운 것을 서로 번갈아 취하기 때문에 후회할 일이나 곤란한 일이 생기게 되며, 참과 거짓이 서로 교감하여 이로움과 해로움이 생긴다.

무릇 《주역》이 깨우쳐 주는 진리가 가까이 있는데도 서로 터득하지 못하면 흉하게 되고, 혹 그 진리를 해치면 후회하게 되고 곤란하게 된다. 장차 배신하려는 사람은 그 말에 부끄러움이 있고 마음속에 의심을 품는 사람은 그 말이 지리멸렬하다. 길한 사람은 말수가 적고 조급한 사람은 말이 많다. 착한 사람

을 속이려는 사람은 그 말이 번지르르하고 지조를 잃은 사람은 그 말이 비굴하다.

◎ 주역 경영

본문에서는 육효의 변화를 통해 온갖 유형의 사람이 하는 말의 상태를 추론하고 있는데 매우 현실적인 의미가 있다.

≪계사전≫에서 공자는 육효를 논하면서 "깨우쳐 주는 진리가 가까이 있는데도 서로 터득하지 못하면 흉하게 된다"라고 했다. 그것은 왜일까? 그 도리는 매우 간단하다. 즉, 원래는 서로 의지하던 사람이 서로 도와야 하지만, 만일 서로 돕지 않는다면 반드시 양측이 서로 오해하거나 충돌하기 때문이다. 이렇게 되면 둘 사이에는 불행한 일이 발생하게 된다.

한 기업에서 만일 상사와 부하 직원 간에 서로 도울 수 없게 된다면 그것은 반드시 둘 사이에 충돌을 불러일으키고 결국 기업의 경영 효율을 떨어뜨리고 말 것이다.

뒤이어 본문에서는 '장차 배신하려는 사람', '마음속에 의심을 품은 사람', '길한 사람', '조급한 사람', '착한 사람을 속이려는 사람' 등으로 그 특징을 나열했는데, 오늘날에도 이를 기준으로 삼아 직원을 평가할 수도 있을 정도로 그 관점이 매우 신선하다.

---

management point

경영자는 반드시 자기의 부하 직원과 서로 돕고 협조해야 한다. 일단 둘 사이에 협력할 수 없는 분위기가 형성된다면 이는 기업의 경영 효율을 크게 떨어뜨리는 결과를 초래하고 말 것이다.

582

유방의 참모학

역사상 최고의 참모 한신 · 장량 · 소하의 지략!

"내가 천하를 얻을 수 있었던 것은 한신, 장량, 소하 세 사람을 참모로 잘 쓸 수 있었기 때문이다. 그러나 항우는 단 한 사람의 참모 범증조차 쓰지 못했다. 이것이 내게 패한 이유이다."
— 천하를 제패한 후 한고조 유방이 한 말

항우에 비해 보잘 것 없던 유방은 어떻게 한(漢)제국 황제에 오를 수 있었을까? 유방에게는 인재들이 모여들었고 유방은 그들을 적재적소에 기용하여 재능을 발휘하게 해주었다. 참모들을 경쟁시키고 서로 이해하게 하면서도 하나의 목적을 위해 종횡으로 협조케 하는 유방의 용병술!

이시야마 다케시 지음 | 이강희 옮김 | 값 13,000원

노년의 탄생

2009년 문화체육관광부 우수 교양도서

자유롭고 열정적으로 장수를 누린 거장들

인상주의 이후 최고의 화가 파블로 피카소(92세)는 70대의 나이에 새로운 형식의 유파를 개척했고, 90세가 넘어 죽을 때까지 그림을 그렸다. 20세기 최고의 연주자인 첼리스트 파블로 카잘스(97세)는 생의 마지막 날에도 새로운 곡을 연주할 계획을 세웠고 또한 연습을 했다. 어느 기자가 "역사상 가장 위대한 첼리스트이신 선생님께서 아직도 하루에 6시간씩 연습을 하신다는데, 이유가 무엇입니까?"라고 묻자, 카잘스는 이렇게 대답했다. "95세인 지금도 연습을 통해 조금씩 나아지고 있다네."

이재규 지음 | 값 13,000원

효율의 법칙

'경영지도의 신(神)'이라고 불리는 저자가 들려주는 경영·경제·인생 강좌 34편!

오랫동안 '사람에 대한 연구'를 하다보니 '능숙하게 살아가는 비법'을 깨닫게 되었습니다. 그것은,

① 자랑하지 말 것. ② 자기주장은 필요한 것만 최소한 할 것. ③ 가능한 한 남에게 자신의 주장을 강요하지 말 것. ④ 남을 부정하거나 악담을 하지 말 것. ⑤ 남의 결점이나 단점을 지적하지 말 것 ⑥ 위협하거나, 남을 괴롭히거나 남의 성공을 방해하지 말 것. ⑦ 세상에 큰 해가 될 일 말고는 비판을 하지 말 것… 등입니다.

후나이 유키오 지음 | 박현석 옮김 | 값 9,000원

남자의 건강법

남자의 후반생을 행복으로 이끌어주는 지침서

50대는 남자의 성적 능력의 분기점이다. 여기서 꺾이면 그후에도 능력을 발휘하지 못한다. 반면 이 시기에 더욱 건강해지는 사람은 평생 현역으로 행복한 사람이 될 수 있다. 작가이자 건강프로그램 진행자인 이 책의 저자는 40대 후반에 정력이 감퇴했다는 것을 느끼고 당황하여 지푸라기라도 잡는 심정으로 동서고금의 회춘(回春)에 대한 책을 섭렵하기 시작했다. 그후 15년 동안 그 하나하나를 실천, 그 성과를 직접 체험하고, 60세가 넘어서도 건강하다는 것을 확인한 뒤에야 확고한 자신감을 가지고 이 책을 썼다고 밝히고 있다.

다치카와 미치오 지음 | 박현석 옮김 | 값 10,000원